本成果获得教育部人文社会科学重点研究基地重大项目（17JJD790002）资助
本成果部分章节是国家社会科学基金重点项目（20AZD048）的阶段性成果
本著作获得复旦大学理论经济学Ⅰ类高峰学术专著计划项目资助出版
本著作获得教育部人文社科重点研究基地复旦大学世界经济研究所资助

行业生产网络下创新保护与中国企业外贸竞争力提升研究

Research on Innovation Protection and the Promotion of Chinese Enterprises' Foreign Trade Competitiveness under the Industrial Production Networks

沈国兵 著

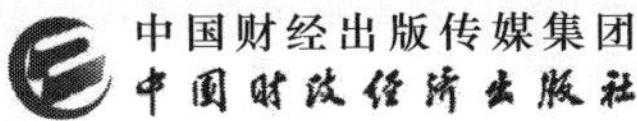

图书在版编目（CIP）数据

行业生产网络下创新保护与中国企业外贸竞争力提升研究／沈国兵著. --北京：中国财政经济出版社，2022.2

ISBN 978-7-5223-1086-2

Ⅰ.①行… Ⅱ.①沈… Ⅲ.①企业-对外贸易-知识产权保护-研究-中国 Ⅳ.①D923.404

中国版本图书馆 CIP 数据核字（2022）第 017673 号

责任编辑：吕小军　　　　责任校对：胡永立
封面设计：卜建辰　　　　责任印制：党　辉

中国财政经济出版社 出版

URL：http：//www.cfeph.cn
E-mail：cfeph@cfeph.cn

社址：北京市海淀区阜成路甲 28 号　邮政编码：100142
营销中心电话：010-88191522
天猫网店：中国财政经济出版社旗舰店
网址：https：//zgczjjcbs.tmall.com
北京财经印刷厂印刷　各地新华书店经销
成品尺寸：170mm×240mm　16 开　23.75 印张　416 000 字
2022 年 2 月第 1 版　2022 年 2 月北京第 1 次印刷
定价：86.00 元
ISBN 978-7-5223-1086-2
（图书出现印装问题，本社负责调换，电话：010-88190548）
本社质量投诉电话：010-88190744
打击盗版举报热线：010-88191661　QQ：2242791300

前　言

QIANYAN

美欧金融危机爆发后，世界主要市场增长乏力，导致国际贸易保护主义抬头、国际经贸摩擦频发。中国已从依赖出口导向型发展转向出口进口并重、进出口协同发展。而同期中国经济增长出现了持续下滑。据国家统计局统计，2011—2020 年我国经济增长速度呈现持续下降态势，从 2011 年的 9.6% 下降至 2013 年的 7.8%、2015 年的 7.0%、2017 年的 6.9% 和 2019 年的 6.0%，2020 年新冠肺炎疫情冲击下中国经济增长速度更是下滑至 2.3%。由此，引发对中国经济增长的忧虑。同期，人民币汇率压力、环保压力和劳动力及土地等要素成本上升压力，这些因素要求中国的外贸必须实现转型发展、创新驱动，形成新的对外贸易竞争力。2019 年 11 月 24 日，国家印发《关于强化知识产权保护的意见》，提出“加强知识产权保护，是完善产权保护制度最重要的内容，也是提高我国经济竞争力的最大激励”。2021 年 3 月 12 日，新华社发布《中华人民共和国国民经济和社会发展第十四个五年规划和 2035 年远景目标纲要》（以下简称“十四五”规划），提出“创新能力不适应高质量发展要求”“实施知识产权强国战略，实行严格的知识产权保护制度”“完善产业链供应链保障机制，推动产业竞争力提升”。但是，如何实现从中国制造转向中国创造来提高企业产品贸易技术含量？如何从制造大国转向制造强国来提升企业出口产品质量？本著作通过构建行业知识产权保护强度指标，基于行业企业创新主体，探究行业生产网络下创新保护与中国企业外贸竞争力提升问题，进而为“十四五”规划和 2035 年远景目标纲要等政策决策提供有力的理论和经验支持。

本著作围绕“行业生产网络下创新保护与中国企业外贸竞争力提升研究”，以行业生产网络、知识产权保护和创新为切入点，系统探究了中国企业外贸竞争力提升问题。本著作分为导论、三大主体部分及调查问卷分析部分总共十三章进行研究，主要内容如下：

第一，回答了行业生产网络、知识产权保护对中国行业企业出口竞争力的影响问题。一是揭示出国际生产网络下中国行业增加值出口竞争力的变化。国际生产网络下中国大多数行业增加值出口竞争力都明显上升，其主要源自出口行业内效应，而非出口行业间效应。二是揭示出行业价值链治理模式对中国行业增加值出口竞争力的影响。模块型行业价值链治理模式对提升我国行业增加值外贸竞争力的影响最大，而阶层型影响最小，关系型和领导型的影响介于两者之间。三是构建出行业知识产权保护强度，揭示出行业知识产权保护对中国制造业增加值出口竞争力的影响。中国部分行业知识产权保护与其增加值出口竞争力存在着显著的“倒U形”关系。

第二，厘清了行业生产网络、知识产权保护对中国企业创新的影响。一是揭示出创新模式与知识产权保护交互作用对医药企业研发创新的影响。英美创新模式下医药行业知识产权保护对医药企业研发创新的促进效应要依次大于欧洲大陆和中国创新模式的情形。引入企业研发人员强度与医药行业知识产权保护交互项的促进作用也是如此。二是引入进口中间品揭示出行业生产网络下其对中国企业创新的影响。进口中间品引致行业间后向联系增强促进了中国企业创新，而行业内水平渗透率上升和行业间前向联系的增强抑制了企业创新。三是揭示出知识产权保护通过进口中间品对中国企业创新的影响。更高的知识产权保护协调进口中间品获得的知识溢出，使得进口中间品企业比非进口的有着更好的创新表现。

第三，揭示出行业生产网络、知识产权保护及通过创新对中国企业出口竞争力提升的影响。一是改进企业出口技术含量测度，揭示出行业生产网络中知识产权保护对中国企业出口技术含量提升的影响。加强知识产权保护通过上游渠道对企业出口技术含量有提升作用，而通过水平和下游渠道产生不利影响。二是揭示出企业参与垂直分工通过创新对中国企业出口产品质量提升的影响。中国企业参与垂直分工对其出口产品质量产生直接促进作用，并通过创新显著地促进其出口产品质量提升。三是揭示出企业互联网化对中国企业创新及其出口提升的影响。企业互联网化不仅对企业创新产生显著促进作用、对企业出口产生显著的直接促进效应，而且通过企业创新间接地促进了中国企业出口。四是揭示出互联网化、创新保护对中国企业出口产品质量提升的影响。企业互联网化活动强化了创新保护对中国企业出口产品质量的促进作用。

第四，调查问卷分析表明，互联网已成为企业提升对外贸易规模和创新水平的重要途径；行业生产网络下需要加强知识产权保护，提高中国企业产品质量和技术含量，以提升企业外贸竞争力。当前，一是确保企业能够切实维护自身知识产权不受侵犯；二是企业需要积极利用互联网渠道并改善企业组织结构；三是需要为企业创新、竞争力提升提供国际一流的营商环境。

面对当今世界百年未有之大变局，"十四五"规划提出"实行严格的知识产权保护制度""健全知识产权侵权惩罚性赔偿制度，加大损害赔偿力度""坚持创新驱动发展，全面塑造发展新优势"。据此，需要加强知识产权保护，激励激发企业创新活力来提升我国企业外贸竞争力。

本著作是在教育部人文社会科学重点研究基地重大项目（17JJD790002）的最终研究成果基础上扩展而成。相关阶段性研究成果分别发表于《世界经济》2019 年第 9 期、2020 年第 11 期，以及《经济研究》2020 年第 1 期，入选"2020 年世界经济学最佳论文 TOP10 榜单"，并获第二十一届"安子介国际贸易研究奖"优秀论文奖。本著作聚焦研究主题，进行系统阐述，有助于加深人们对行业生产网络、创新保护与中国企业外贸竞争力提升问题的理解。其中设计的有关"行业生产网络下创新保护与中国企业外贸竞争力提升研究"的企业调查问卷，通过对企业问卷分析，得出一些有益的调查研究发现。由此，本研究具有较强的现实政策含义和学术影响，在学术同行、商务部门及外贸企业中产生强烈的学术共鸣和社会影响。

沈国兵

2021 年 11 月

于复旦大学世界经济研究所

摘　要
ZHAIYAO

本著作聚焦“行业生产网络下创新保护与中国企业外贸竞争力提升研究”，以行业生产网络、知识产权保护和创新为切入点，探究中国企业外贸竞争力提升问题。[①] 为此，本著作紧扣“行业生产网络下创新保护与中国企业外贸竞争力提升研究”这一逻辑主线，使用文献归纳与逻辑推理、规范与实证分析、数理模型与计量方法、统计比较和调查问卷分析等，系统探究了行业生产网络下创新保护与中国企业外贸竞争力提升问题。本著作分为导论、三大主体部分及调查问卷分析共十三章进行研究：

导论部分包括两章，即引言和文献综述，明确界定了行业生产网络，提出行业知识产权保护强度和行业企业外贸竞争力的测度方法，并厘清了三者内在的逻辑关系。行业生产网络是指一个行业中生产和提供中间品、最终产品的一系列企业关系，这种关系将与该行业相关的生产价值链环节和贸易增加值活动连接起来，形成国际生产的行业网络。行业知识产权保护强度计算为中国知识产权实际保护强度乘以行业知识产权相对保护水平。中国行业企业外贸竞争力提升是指提高中国行业企业增加值出口竞争力（贸易数量型）和提升中国企业出口质量（贸易质量型）。行业生产网络是企业外贸竞争力提升依托的平台；保护知识产权就是保护创新，是企业外贸竞争力提升的重要制度保障。

三大主体部分包括十章，围绕三个联动的问题进行研究：

第一，探究了行业生产网络、知识产权保护对中国行业企业出口竞争力的影响。研究表明：

① 需要说明的是，我国是最大的发展中人口大国、全球制造品生产大国，以及对外贸易最主要的卖方，据此，本著作将中国行业企业外贸竞争力提升界定为：提高中国行业企业增加值出口竞争力（贸易数量型竞争力）和提升中国企业出口质量（贸易质量型竞争力）。

（1）国际生产网络下中国大多数行业增加值出口竞争力都呈明显上升态势，其主要源自于出口的行业内效应，而非出口的行业间效应；中国行业增加值出口竞争力上升主要不是来自出口行业本身直接增加值效应，而是来自上游行业间接增加值效应。

（2）行业价值链治理模式对我国行业增加值外贸竞争力提升表现为：行业标准化程度提高会促进我国行业外贸竞争力提升，而行业集中度提高会导致我国行业外贸竞争力下降；模块型行业价值链治理模式对我国行业外贸竞争力提升的影响最大，而阶层型治理模式对我国行业外贸竞争力提升的影响最小；关系型和领导型行业价值链治理模式的影响居于两者之间。

（3）行业知识产权保护对中国制造业增加值出口竞争力的影响存在“倒U形”关系，进口国加强知识产权保护会提升中国制造业增加值出口竞争力。只有部分行业知识产权保护与其增加值出口竞争力之间存在显著的“倒U形”关系，并且进口国知识产权保护对中国分行业出口竞争力的影响变得不确定。中国与进口国知识产权保护相对程度弱还是强会间接提升中国行业出口竞争力，但分行业的影响变得不明确。

第二，探究了行业生产网络、知识产权保护对中国企业创新的影响。研究表明：

（1）加强行业知识产权保护对医药企业研发创新具有显著的促进作用，不同创新模式的影响具有显著差异，表现为英美创新模式对医药企业研发创新的促进作用更大，英美创新模式下医药行业知识产权保护对医药企业研发创新的促进效应依次大于欧洲大陆和中国创新模式的情形。引入企业研发人员强度与医药行业知识产权保护交互项的促进作用也是如此。

（2）行业生产网络下进口中间品对中国企业创新提升在于：进口中间品引致行业间后向联系的增强促进了中国企业创新，而带来行业内水平渗透率上升和行业间前向联系的增强抑制了企业创新。以一般贸易或从发达国家进口中间品的企业创新受到行业内水平渗透率和行业间前向联系的抑制效应更小，而以加工贸易进口中间品的企业创新遭受抑制效应更大；同期企业行业间后向联系对企业创新的促进作用更大。

（3）知识产权保护、进口中间品对中国企业创新提升作用是：加强省级知识产权保护显著促进了企业产品创新，而对进口中间品的企业创新有着抑制作用，但是更高的知识产权保护协调进口中间品获得的知识溢出，使得进口中间品企业比非进口的有着更好的创新表现。区分来源国和贸易方式后，企业从 OECD 国家进口中间品、以一般贸易方式进口中间品都有着更高的创新概率。

第三，探究了行业生产网络、知识产权保护及通过创新对中国企业出口竞争力的影响。研究表明：

（1）行业生产网络中知识产权保护对中国企业出口技术含量提升的影响是：加强知识产权保护通过上游渠道对企业出口技术含量有着提升作用，而通过水平和下游渠道不利于企业出口技术含量的提升。进一步地，加强省级—上游行业知识产权保护通过进口投入品技术渠道提高了中国企业出口技术含量；加强省级—水平行业知识产权保护对中国企业出口技术含量产生混合影响；加强省级—下游行业知识产权保护对面临强下游议价能力的企业产生抑制作用，但对知识吸收能力强的企业有显著提升作用。

（2）创新在中国企业参与垂直分工、提升其出口产品质量中发挥出中介效应和调节效应作用。中国企业参与垂直分工会由于技术溢出、种类成本、规模效应等积极效应强于低端锁定等负面效应，促进中国企业出口产品质量提升。中国企业参与垂直分工对其出口产品质量产生直接促进作用的同时，并通过企业创新这一中介渠道显著地促进其出口产品质量提升。不过，中国企业参与垂直分工会因企业创新水平的不同，对其出口产品质量的调节作用并不稳定。

（3）企业互联网化对中国企业创新及其出口提升的影响是：企业互联网化对中国企业创新能力有着显著的提升作用，虽然随所有制不同而有些差异，但其促进效应具有明显的普遍性。不论高科技还是低科技行业、行业竞争程度高低，企业互联网化均能够发挥对企业创新的促进作用。由此，制造业企业同互联网融合是提高企业创新能力的一个重要渠道。企业互联网化不仅对企业创新产生显著促进作用，也对企业出口产生显著的直接促进效应，而且通过企业创新选择行为间接促进了企业出口。

（4）互联网化、创新保护对中国企业出口产品质量提升的影响是：加强创新保护本身及其通过激励企业使用高质量的中间投入品，促进了中国企业出口产品质量提升，且企业互联网化活动能够协调创新保护对中国企业出口产品质量的促进作用。加强创新保护对中国企业出口产品质量的提升作用因企业自身贸易方式、所处行业竞争程度和地理区位不同而有差异，对一般贸易、竞争程度较大行业和东部地区企业的出口产品质量提升作用更加显著。

最后，第十三章基于调查问卷统计分析表明：问卷样本的企业利用互联网水平较低，不利于创新水平和对外出口规模提升；行业生产网络下企业创新不仅来源于自身原创性研发活动，更来源于上下游和水平行业中其他企业知识溢出以及开展的研发合作；中国企业已逐渐重视通过申请知识产权来保护创新成果，但国际化还十分缺乏；产品质量是中国企业在全球市场竞争中具备的主要核心优势；现阶段高科技行业需要强化知识产权保护，而传统行业需要谨防保护过高对创新造成的不利影响。现阶段，需要多方合力为企业研发创新、对外贸易竞争新优势的提升提供国际一流的营商环境。

目　录

MULU

第一部分　导　论

第二部分 行业生产网络、知识产权保护与中国行业企业出口竞争力

第三部分 行业生产网络、知识产权保护与中国企业创新

第四部分　行业生产网络、创新保护与中国企业出口竞争力提升

第五部分　调查问卷分析

第一部分

导　　论

第一部分导论共分为两章。第一章引言，聚焦研究的背景与主题，精炼出研究的主要内容、方法和创新点及对策。第二章为文献综述，围绕相关指标界定及三个联动的问题进行文献梳理：一是聚焦行业生产网络、知识产权保护、创新以及行业企业外贸竞争力等做出界定和测度研究；二是聚焦行业生产网络、知识产权保护与中国行业企业出口竞争力研究；三是聚焦行业生产网络、知识产权保护与中国企业创新研究；四是聚焦行业生产网络、创新保护与中国企业出口竞争力研究。该章在文献综述的基础上，给出文献评述。需要说明的是，由于中国是最大的发展中人口大国、全球制造品生产大国，以及对外贸易最主要的卖方，本著作将中国行业企业外贸竞争力提升界定为：提高中国行业企业增加值出口竞争力（贸易数量型竞争力）和提升中国企业出口质量（贸易质量型竞争力）。据此，本著作分为导论、三大主体部分及调查问卷分析，总共十三章内容，聚焦探究行业生产网络下创新保护对中国企业外贸竞争力提升的影响。[①]

① 本著作中的“中国”或者“华”是指中国境内，不包括中国的香港、澳门特区和台湾地区的数据统计。

第一章

引 言

本章首先从现实背景出发，围绕行业生产网络下创新保护与中国企业外贸竞争力提升主题涉及的几个主要问题，提出确立“行业生产网络下创新保护与中国企业外贸竞争力提升研究”作为选题的重要意义和现实价值。其次，围绕与本主题相关的联动问题给出主要研究内容、基本思路框架和研究方法。最后，提炼出本著作研究的边际创新点，并给出政策建议。

第一节 研究背景与主题

2007—2009 年美国次贷危机和欧洲主权债务危机爆发后，世界主要市场经济增长乏力。国际层面上，2017 年伊始，为积极应对经济增长乏力，美国特朗普政府强调竞争在经济增长中起着至关重要的作用，提出将着重改变创造不公平竞争环境的政府政策，消除强加给创新的障碍，将使私营部门重新焕发出创新活力（美国总统经济报告，2020）。[①] 国内层面上，中国依赖出口导向型策略的经济增长已呈现持续下滑态势。据《中国统计年鉴（2021）》统计，2006—2010 年中国年均经济增长率 11.3%，2011—2015 年中国年均经济增长率 7.9%，而 2016—2019 年中国年均经济增长率已下降至 6.6%，并且新冠肺炎疫情下 2020

① 资料来源：https：//www. whitehouse. gov/articles/2020 - economic - report - of - the - president/。

年中国经济增长率降至 2.3%。同期，基于美元计算，2006—2010 年中国外贸年均出口增长率 13.0%，2011—2015 年中国年均出口增长率下降至 4.6%，而 2016—2020 年中国年均出口增长率略升至 5.4%。由此，引发对中国经济增长和外贸出口增长策略的反思。这就要求中国的经济增长必须实现转型发展、创新驱动，形成新的外贸出口竞争力。2019 年 11 月 19 日，《中共中央 国务院关于推进贸易高质量发展的指导意见》提出，“强化制造业创新对贸易的支撑作用”“着力扩大知识产权对外许可。积极融入全球创新网络。提高产品质量”。2019 年 11 月 24 日，《关于强化知识产权保护的意见》提出，“牢固树立保护知识产权就是保护创新的理念”。2020 年 10 月 29 日，中国“十四五”规划建议提出“提升企业技术创新能力”“推进贸易创新发展，增强对外贸易综合竞争力”。2020 年 11 月 9 日，国务院办公厅印发的《关于推进对外贸易创新发展的实施意见》提出，“加快贸易数字化发展”。2021 年 3 月 12 日，“十四五”规划和 2035 年远景目标纲要提出“实施知识产权强国战略，实行严格的知识产权保护制度”“提升企业技术创新能力”。据此，加强知识产权保护、提升企业技术创新、优化中间品进口投入、提升企业贸易互联网化应用等，这些对实现从中国制造转向中国创造，提高中国企业出口技术含量、出口产品质量以及增强中国企业在全球产业链中出口竞争力都至关重要。

实际上，早在 1995 年世界贸易组织（WTO）刚刚建立的同时，就要求所有成员方同时成为与贸易有关的知识产权协定（简称 TRIPS 协定）的缔约方。TRIPS 协定是迄今有关知识产权方面最为全面的多边协定，它开创了知识产权多边保护和执行的新时代（沈国兵，2011，p. 1）。2001 年 12 月 11 日，中国成为 WTO 正式成员方后，TRIPS 协定下强化中国知识产权保护问题变得日益重要，它将知识产权保护下的创新与对外贸易提升紧密联系在一起。2017 年 1 月 20 日，特朗普就任美国第 45 任总统，极力践行“美国利益优先”战略。8 月 14 日，特朗普授权美国贸易代表罗伯特·莱特希泽重点调查在技术转让领域里中国是否涉嫌违反美国的知识产权保护。8 月 18 日，莱特希泽宣布将根据美国《1974 年贸易法》第 301 条款，在涉及技术转让、知识产权和创新领域正式对中国启动调查。2018 年 3 月 22 日，美国贸易代表处（USTR）发布了对中国有关技术转让、知识产权和创新相关的行为、政策和做法的“301 调查”结果后，特朗普宣布将有可能对从中国进口的 600 亿美元商品加征关税。4 月 3 日，USTR 宣布于 7 月 6 日对原产于中国的价值 500 亿美元进口商品加征 25% 关税。7 月 6 日，美国正式对价值 340 亿美元的中国输美商品加征 25% 关税；8 月 23 日，又对 160 亿美元的中国商品加征 25% 关税；9 月 24 日，美方再对 2000 亿美元的中国输美商品加征10%关税。相应地，中方做出关税反制措施。由此，中美贸易摩擦不断升级为中美贸易战。

2021年3月，美国拜登政府发布《2021年贸易政策议程》，宣布将继承特朗普政府的对华关税政策，并在钢铁、铝、光纤、太阳能等关键行业寻求与盟国合作对抗中国。[①] 伴随着疫情变化和美国经济复苏，拜登总统将不同于前总统特朗普挑起单边摩擦，很可能将采取各种措施修复和拉拢美国所谓亲密盟友，重塑以美国为核心的国际机构，将对来自中国的“最严峻的竞争者”进行遏制。由此，经贸摩擦叠加疫情全球蔓延使得国际贸易保护主义盛行。面对复杂严峻的对外经贸新形势，我国正采取多种政策措施来完善有关技术转让、知识产权和创新领域相关的政策和做法。

第一，中国知识产权法律法规建设在稳步推进和完善。加入世界贸易组织时，为遵守TRIPS协定，2000年8月，中国第二次修正《中华人民共和国专利法》；2008年12月27日，第三次修正《中华人民共和国专利法》。2001年10月，第二次修正《中华人民共和国商标法》，第一次修正《中华人民共和国著作权法》；2013年8月30日，第三次修正《中华人民共和国商标法》；2019年4月23日，第四次修正《中华人民共和国商标法》；2010年2月26日，第二次修正《中华人民共和国著作权法》。2017年11月4日，全国人大修订通过了《中华人民共和国反不正当竞争法》。并且，中国进一步加大了知识产权保护执法力度，持续推进重点领域治理，不断强化知识产权保护，使得我国知识产权保护变得更加法制化、科学化。

第二，中国知识产权强国建设在稳步实施。一是2008年6月5日，我国发布《国家知识产权战略纲要》。2014年8月31日，全国人大常委会通过《关于在北京、上海、广州设立知识产权法院的决定》。二是落实《2018年深入实施国家知识产权战略加快建设知识产权强国推进计划》。三是启动了面向2035年的知识产权强国战略纲要的制定工作。四是完成《国家知识产权战略纲要》实施十年评估。五是重新组建国家知识产权局，实现专利、商标、原产地地理标志集中统一管理，版权由宣传部统一管理，成立最高人民法院知识产权法庭，持续优化审判资源配置，强化了知识产权行政执法力度。

第三，中国密集出台政策措施来推动和强化知识产权保护。一是2019年10月31日，中共十九届四中全会提出，“健全以公平为原则的产权保护制度，建

---

① https：//ustr. gov/about - us/policy - offices/press - office/press - releases/2021/march/biden - administration - releases - 2021 - presidents - trade - agenda - and - 2020 - annual - report.

立知识产权侵权惩罚性赔偿制度”。二是2019年11月19日，《中共中央 国务院关于推进贸易高质量发展的指导意见》强调，“大力发展高质量、高技术、高附加值产品贸易”“加大对侵权违法行为的惩治力度。加强知识产权保护国际合作”。三是2019年11月24日，国家发布《关于强化知识产权保护的意见》提出“加强知识产权保护，是提高我国经济竞争力的最大激励”。四是2019年12月31日，我国发布《中华人民共和国外商投资法实施条例》，强调“国家加大对知识产权侵权行为的惩处力度，持续强化知识产权执法”。五是2021年3月12日，新华社发布“十四五”规划和2035年远景目标纲要提出，“创新能力不适应高质量发展要求”“实施知识产权强国战略，实行严格的知识产权保护制度”。由此，指出了堵点问题是“创新能力不适应高质量发展要求”，而加强知识产权保护是激励激发企业创新的原动力。为此，我国已密集出台了一系列政策举措，旨在加强知识产权保护、改善营商环境、扩大高水平开放、推进贸易高质量发展，来提升企业外贸竞争力，化解中国经济增长和外贸出口增长乏力的新困局。

基于此，本著作聚焦“行业生产网络下创新保护与中国企业外贸竞争力提升研究”主题，基于企业生产碎片化形成的行业生产网络，通过构建行业知识产权保护强度指标，探究加强行业知识产权保护来激励企业创新，进而促进提升中国行业企业出口竞争力。具体地，本著作将围绕与主题相关的几个联动问题展开研究：一是探究行业生产网络、知识产权保护与中国行业企业出口竞争力问题；二是探究行业生产网络、知识产权保护对中国企业创新的影响问题；三是探究行业生产网络、知识产权保护通过创新对提升中国企业出口竞争力的影响问题。在此基础上，聚焦主题，进行调查问卷统计分析。基于这些研究，期望为加强知识产权保护、推进贸易高质量发展、提升我国外贸出口竞争力等政策措施提供强有力的理论和经验支撑。

第二节 研究主要内容与具体思路

本节概要提炼出本著作研究的主要内容和具体思路，并精炼出研究内容框架图。

一、研究的主要内容

本著作围绕“行业生产网络下创新保护与中国企业外贸竞争力提升研究”主题，以行业生产网络、知识产权保护和创新为切入点，聚焦中国企业外贸竞争力提升问题，使用规范与实证分析、数理模型与计量方法、统计比较和调查问卷分析等，系统探究了行业生产网络下创新保护与中国企业外贸竞争力提升问题。本著作主要研究内容如下：

第一部分导论分为两章。第一章引言，从研究背景出发，提出该研究选题的重要价值，给出主要内容和研究方法，以及主要创新点。第二章文献综述，围绕几个联动的问题做出文献梳理、给出文献评述，引出该研究关注的重要问题。基于文献归纳和逻辑推理，明确界定了行业生产网络的内涵，给出行业知识产权保护强度和中国行业企业外贸竞争力的具体测度方法，并揭示出三者内在的逻辑关系。

第二部分聚焦行业生产网络、知识产权保护与行业企业出口竞争力问题，探究行业生产网络、知识产权保护对中国行业企业出口竞争力的影响。这部分包括第三章至第五章。第三章国际生产网络下中国行业增加值出口竞争力的变化；第四章行业价值链治理模式与中国行业增加值外贸竞争力提升；第五章行业知识产权保护对中国制造业贸易增加值出口竞争力的影响。

第三部分聚焦行业生产网络、知识产权保护与企业创新问题，探究行业生产网络、知识产权保护对提升中国企业创新的影响。提升企业创新本身是提升中国企业出口质量的基础。这部分包括第六章至第八章。第六章创新模式与知识产权保护对医药企业研发创新的影响：国际比较；第七章行业生产网络下进口中间品对中国企业创新的影响；第八章知识产权保护、进口中间品对中国企业创新的影响。

第四部分聚焦行业生产网络、创新保护与企业出口竞争力问题，探究行业生产网络、知识产权保护及其通过创新对中国企业出口竞争力提升的影响。这部分包括第九章至第十二章。第九章行业生产网络中知识产权保护与中国企业出口技术含量提升；第十章企业参与垂直分工、创新与中国企业出口产品质量提升；第十一章企业互联网化、创新与中国企业出口提升；第十二章企业互联网化、创新保护与中国企业出口产品质量提升。

第五部分基于企业调查问卷，探究行业生产网络下知识产权保护与中国企业创新发展和企业外贸竞争力提升。这部分即第十三章行业生产网络下创新保护与中国企业外贸竞争力提升：调查问卷分析。

二、研究的具体思路

本著作研究的具体思路框架示意如图 1－1 所示。

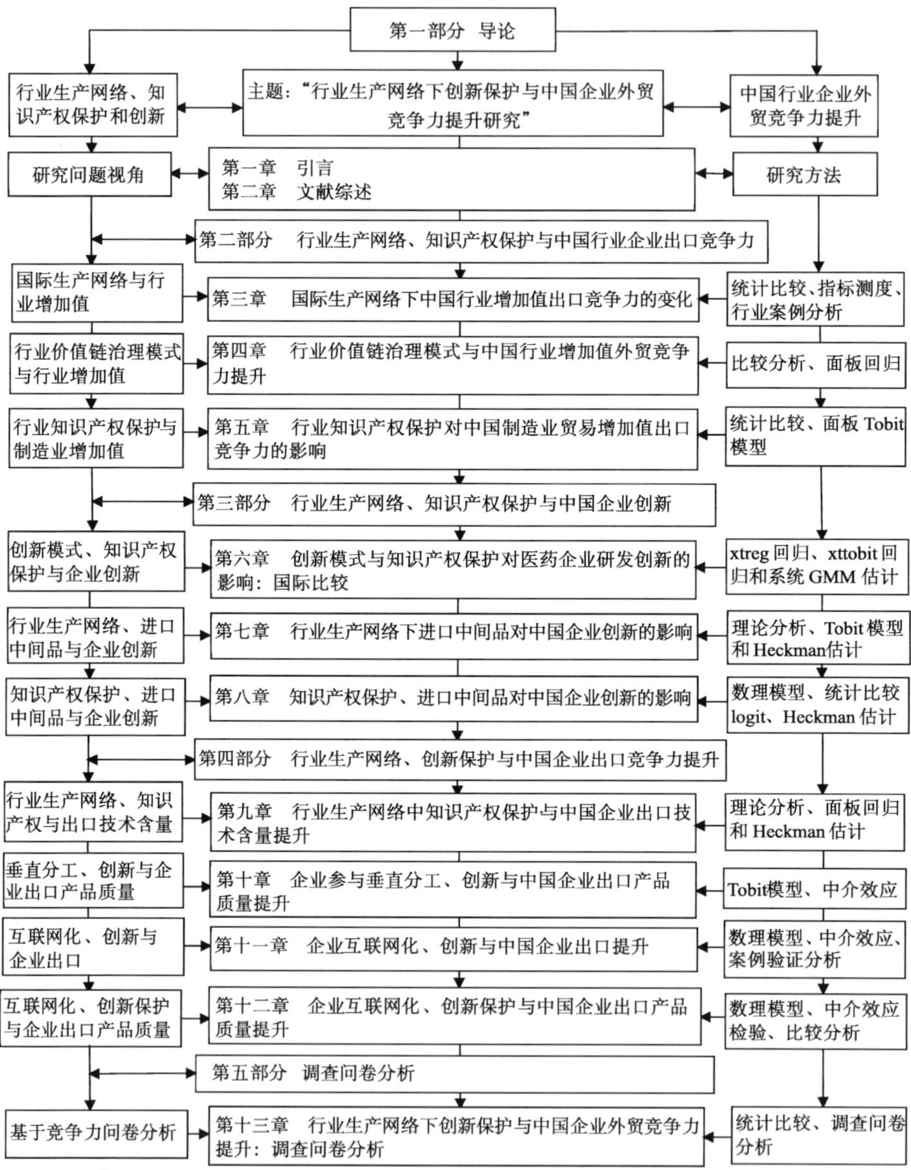

图 1－1 “行业生产网络下创新保护与中国企业外贸竞争力提升研究”思路框架

第三节 研究方法

本著作研究中实际使用到的经济学研究方法主要有：

1. 文献归纳与逻辑推理相结合。第一章提出“行业生产网络下创新保护与中国企业外贸竞争力提升研究”主题，第二章文献综述，聚焦该主题进行相关文献梳理。第三章至第十二章各章的第一节问题提出及文献综述，均使用文献归纳和逻辑推理出各章研究的问题和贡献点。第六章第二节理论机制分析，第七章第二节的影响机制，第九章第二节行业生产网络中知识产权保护对企业出口技术含量影响的理论机制，第十章第二节理论机制分析。这些都使用了文献归纳与逻辑推理。

2. 规范分析与实证分析相结合。第二章文献综述和评述，采用了规范分析。第三章第五节中国行业增加值出口竞争力变化的成因，第五章第二节指标构建和统计分析，都使用了规范和实证分析。第四章第二节指标构建，第六章第二节理论机制分析，都使用了规范分析。第九章第六节的影响渠道检验，第十一章第四节变量描述性统计和回归方法选用，第十二章第六节对命题二进行检验的回归分析、第七节稳健性检验分析，都使用了规范和实证分析。

3. 数理模型与计量方法相结合。第四章第三节模型构建与变量数据说明、第四节经验结果分析；第五章第三节模型构建与变量数据说明、第四节行业知识产权保护对其贸易增加值出口竞争力的影响：经验分析；第六章第三节模型构建、第四节经验回归分析；第七章第三节模型设定、第五节基准回归、第六节异质性分析；第八章第二节理论及计量模型、第四节经验分析、第五节企业异质性特征对企业创新的影响。第九章第三节至第五节模型构建、基准回归和异质性分析；第十章第三节至第五节模型设定、经验分析，以及中介效应和调节效应检验。这些都使用了数理模型与计量方法相结合；第十一章第二节理论模型、第三节模型构建和第五节基准回归及稳健性检验；第十二章第二节至第五节理论模型、计量模型构建、基准回归以及中介效应和异质性检验。这些都使用了数理模型与计量方法。

4. 比较静态分析与动态分析相结合。第二章第一节行业生产网络、知识产权保护、创新和外贸竞争力的相关界定和测度研究，采用比较静态分析。第三章

第三节、第四节关于行业增加值出口竞争力的变化；第七章第四节数据处理及统计分析；第八章第三节数据处理及统计分析；第十三章第四节关于提升中国企业外贸竞争力的举措，都使用了比较静态分析与动态分析。

5. 统计比较与调查问卷分析相结合。第三章第三节、第四节关于行业增加值出口竞争力的变化，第六章第三节中的变量统计描述，都使用了统计比较分析。第十三章使用了调查问卷和统计比较分析，具体是第十三章第一节是调查问卷背景及统计性描述，第二节、第三节对问卷企业关于“行业生产网络下创新保护与中国企业外贸竞争力提升”使用了横向比较、纵向比较分析。

第四节 创新点及对策

本著作围绕“行业生产网络下创新保护与中国企业外贸竞争力提升研究”，以行业生产网络、知识产权保护和创新为切入点，旨在提高中国行业企业增加值出口竞争力（贸易数量型）和提升中国企业出口质量（贸易质量型），聚焦行业生产网络下创新保护与中国企业外贸竞争力提升研究这一逻辑主线，使用文献归纳与逻辑推理、规范与实证分析、数理模型与计量方法、统计比较和调查问卷分析等，系统探究了行业生产网络下创新保护与中国企业外贸竞争力提升问题。本著作主要创新点及对策是：

第一，回答了行业生产网络、知识产权保护对中国行业企业出口竞争力的影响。

(1) 基于国际生产网络与行业增加值，构建出贸易增加值的市场渗透率，揭示出国际生产网络下中国行业增加值出口竞争力的变化。统计比较和行业分析发现，国际生产网络下中国大多数行业增加值出口竞争力都明显上升，其主要源自于出口的行业内效应，而非出口的行业间效应，主要不是来自出口行业本身直接增加值效应，而是来自其他上游行业间接增加值效应。对策是，需要细分国家行业市场来推动企业拓展市场空间、提高出口竞争力；大力发展生产性服务业，提供协同配套支持。

(2) 基于行业价值链治理模式与行业增加值，刻画出行业价值链治理模式特征，揭示出行业价值链治理模式对中国行业增加值出口竞争力的影响。比较分析、面板回归表明，提高行业标准化程度提升了我国行业增加值外贸竞争力，而行业集中度上升会降低行业增加值外贸竞争力。模块型行业价值链治理模式对提升我国行业增加值外贸竞争力的影响最大，而阶层型行业价值链治理模式的影响最小，同时关系型和领导型行业价值链治理模式的影响介于两者之间。对策是，需要区分行业价值链治理模式，采取差别性措施来提升我国行业增加值外贸竞争力。

（3）基于行业知识产权保护与制造业增加值，构建并测算出行业知识产权保护强度，揭示出行业知识产权保护对中国制造业增加值出口竞争力的影响。统计比较、Tobit 模型证实，行业知识产权保护与中国制造业增加值出口竞争力之间存在“倒 U 形”关系，进口国加强知识产权保护会提升中国制造业增加值出口竞争力。细分行业，中国部分行业知识产权保护强度与其增加值出口竞争力存在显著“倒 U 形”关系，进口国保护强度对中国分行业出口竞争力的影响变得不确定。对策是，把握好中国与进口国知识产权保护的相对程度，促成对中国行业知识产权保护的正向影响，提升中国行业出口竞争力。

第二，厘清了行业生产网络、知识产权保护对中国企业创新的影响。

（1）基于创新模式、知识产权保护与医药企业研发创新，引入创新模式和企业研发人员强度，揭示出其与知识产权保护交互作用对医药企业研发创新的影响。使用 xtreg、xttobit 回归和系统 GMM 估计证实，加强行业知识产权保护对整体医药企业研发创新具有显著的促进作用，不同创新模式的影响具有显著的差异。英美创新模式对医药企业研发创新的促进作用要比欧洲大陆和中国创新模式的作用更大，并且英美创新模式下医药行业知识产权保护对医药企业研发创新的促进作用也依次大于欧洲大陆和中国创新模式的情形。引入企业研发人员强度的交互作用也是如此。对策是，需要完善中国知识产权保护体系，推动中国创新模式转型，以发挥医药行业知识产权保护与创新模式的协调作用，并提升医药企业研发人员强度增强其创新活力。

（2）基于行业生产网络、进口中间品与企业创新，引入进口中间品揭示出行业生产网络下其对中国企业创新的影响。Tobit 模型和 Heckman 估计表明，进口中间品引致行业间后向联系的增强促进了中国企业创新，而带来的行业内水平渗透率上升和行业间前向联系的增强抑制了企业创新。以一般贸易或从发达国家进口中间品的企业创新受到行业内水平渗透率和行业间前向联系的抑制效应更小；同期企业行业间后向联系对企业创新的促进作用更大。对策是，推动中国企业参与国际生产网络并积极向行业中上游拓展，可充分获取进口中间品通过行业间后向联系获得的知识溢出带来的创新效应。

（3）基于知识产权保护、进口中间品与企业创新，揭示出知识产权保护通过进口中间品渠道对中国企业创新的影响。数理模型、logit 模型和 Heckman 估计证实，加强省级知识产权保护显著促进了企业产品创新，而对进口中间品的企业创新有着抑制作用，但是更高的知识产权保护协调进口中间品获得的知识溢出，使得进口中间品企业比非进口的有着更好的创新表现。区分来源国和贸易方式后，企业从 OECD 国家进口中间品、以一般贸易方式进口中间品都有着更高的创新概率。对策是，扩大企业参与国际生产分工的程度，扩大企业进口中间品的产品种类，引导企业积极以一般贸易方式参与国际生产网络分工，才能在最大程度上利用全球资源获得知识溢出效应来促进企业创新发展。

第三，揭示出行业生产网络、知识产权保护及其通过创新对中国企业出口竞争力提升的影响。

（1）改进了出口技术含量测度，揭示出行业生产网络中知识产权保护对中国企业出口技术含量提升的影响。面板回归和 Heckman 估计证实，加强省级知识产权保护通过上游渠道对企业出口技术含量有提升作用，而通过水平和下游渠道不利于企业出口技术含量提升。进一步讲，加强省级—上游行业知识产权保护通过进口投入品技术渠道提高了中国企业出口技术含量，但上游议价能力渠道会削弱其提升作用；加强省级—水平行业知识产权保护产生混合影响；加强省级—下游行业知识产权保护对知识吸收能力强的企业出口技术含量有显著提升作用。对策是，加强知识产权保护时，需要区分行业上下游和水平渠道，配合以行业创新支持和反垄断政策，以推动中国企业出口技术含量提升。

（2）基于垂直分工、创新与企业出口产品质量，揭示出企业参与垂直分工通过创新对中国企业出口产品质量提升的影响。Tobit 模型、中介效应检验证实，创新在中国企业参与垂直分工、提升其出口产品质量中发挥出中介效应和调节效应作用。中国企业参与垂直分工对其出口产品质量产生直接促进作用，并通过创新中介渠道显著促进其出口产品质量提升。不过，中国企业参与垂直分工会因企业创新水平的不同，对其出口产品质量的调节作用并不稳定。对策是，在国际生产分工网络下，需要激励中国企业积极参与垂直分工，并通过增强企业创新来发挥其对中国企业出口产品质量的提升作用。

（3）基于互联网化、创新与企业出口，揭示出企业互联网化对中国企业创新及其出口提升的影响。数理模型、中介效应检验证实，无论出口还是非出口企业，企业互联网化都对中国企业创新能力有着显著提升作用。不同所有制下，企业互联网化都对中国企业创新能力有着促进作用。企业互联网化不仅对企业创新产生显著促进作用，而且也对企业出口产生显著的直接促进效应。此外，企业互联网化通过企业创新间接促进了中国企业的出口。对策是，支持企业加强对互联网的应用，传统制造业企业应根据自身条件，积极同互联网进行融合，在提高企业创新能力的同时提升企业出口。

（4）基于互联网化、创新保护与企业出口产品质量，揭示出互联网化、创新保护对中国企业出口产品质量提升的影响。数理模型、中介效应和调节效应检验证实，加强创新保护本身及其通过激励企业使用高质量的中间投入品，促进了中国企业出口产品质量提升，且企业互联网化活动能够协调创新保护对中国企业出口产品质量的促进作用。加强创新保护对中国企业出口产品质量的提升作用因企业自身贸易方式、所处行业竞争程度和地理区位不同而有差异，对一般贸易、竞争程度较大行业和东部地区企业的出口产品质量提升作用更加显著。对策是，鼓励传统制造业出口企业将生产和业务同互联网适度进行融合，降低信息搜寻和信息交流成本，同时大力优化营商环境，提升企业出口产品质量。

最后，调查问卷分析表明，行业生产网络下互联网已成为企业提升对外贸易规模和创新水平的重要途径；问卷企业进行自主创新的经济目标主要是对原有业务的改进和对贸易市场的拓展；行业生产网络下知识产权保护强度与企业研发活动密切相关，需要重点提升中国企业产品质量和技术含量，以提升中国企业外贸竞争力。当前，一是应确保企业能够切实维护自身知识产权不受侵犯；二是企业需要积极利用互联网渠道并改善企业组织结构；三是需要为企业创新、对外贸易竞争新优势的提升提供国际一流的营商环境。

第二章

文献综述

比较优势、要素禀赋和规模经济等推动着全球产品生产工序的碎片化，世界贸易中一项产品的标准化、批量生产愈发离不开成熟的全球性行业生产网络和良好的知识产权保护制度保障。在互联互通的行业生产网络下，通过加强知识产权保护来激励企业创新，通过创新来促进中国行业企业出口竞争力提升就变得尤为重要。Dosi 等（2015）使用国家行业出口市场份额来衡量一国外贸竞争力。Feenstra 和 Romalis（2014）从供求角度测算出国家层面的出口质量。沈国兵、黄铄珺（2019）基于改进的出口产品复杂度测算出中国企业出口技术含量。据此，本著作将中国行业企业外贸竞争力提升界定为：提高中国行业企业增加值出口竞争力（贸易数量型）和提升中国企业出口质量（贸易质量型）。

第一节

行业生产网络、知识产权保护和创新：相关界定和测度研究

一、关于行业生产网络（IPN）的界定研究

在技术创新变革与市场需求变化的推动下，跨境资本流动的兴起，以及跨国外包活动的广泛开展，使得企业生产活动进入跨国界行业生产网络的时代。一是文献中已探究了不同的行业生产网络，如戴尔电脑（Kraemer 和 Dedrick，2002）、电信（Amighini，2005）、中国集成电路（Chen 和 Xue，2010）、东亚电子产品

(Ernst, 2004), 以及商用飞机 (Bowen, 2007) 等。二是基于企业生产碎片化形成的行业生产网络。参照 Ernst (2000)、Ernst 和 Kim (2002), 本著作将行业生产网络界定为一个行业中生产和提供中间品、最终产品的一系列企业关系, 这种关系将与该行业相关的生产价值链环节和贸易增加值活动连接起来, 形成国际生产的行业网络。相应地, 不同企业进入不同行业的生产网络节点之上。沈国兵、姚白羽 (2010) 认为, 当完成基本的知识和技术积累之后, 企业便着眼拓宽世界市场范围, 将贸易拓展到世界市场中去。三是通过工业互联网平台拉长行业生产产业链网络,[①] 形成更紧密的行业生产网络。通过工业互联网平台, 能够把生产设备、生产线、工厂、供应商、中间品和最终产品, 以及客户更加紧密地连接起来, 既拉长了行业生产产业链, 又提升了制造业信息智能化水平。这样, 通过加强对工业互联网的创新保护来推动我国制造业高质量发展、提升企业出口竞争力。李燕 (2019) 认为, 工业互联网平台可引领企业生产方式智能化变革, 加强企业内部、上下游企业之间互联互通, 促进产业发展提质增效。徐晓兰 (2019) 认为, 工业互联网有力支撑制造业、全产业链、全价值链连接互通, 为经济高质量发展提供关键驱动力。陈志列 (2019) 提出, 工业互联网可实现生产要素的连通, 降低中小微企业的经营成本, 提高效率。2020 年 3 月 20 日, 工业和信息化部发布《关于推动工业互联网加快发展的通知》指出"深化工业互联网行业应用"。

二、关于知识产权保护 (IPP) 和创新的界定及测度研究

(一) 有关国家和省级层面知识产权保护的测度研究

关于国家层面上知识产权保护的测度研究可谓汗牛充栋, 可分为国家知识产权名义保护水平和实际保护强度两个维度, 前者体现在国家知识产权保护立法水平上, 后者更强调国家执法力度。Rapp 和 Rozek (1990)、Ginarte 和 Park (1997)、Park (2008) 使用指标打分法来测度国家知识产权名义保护水平。这对于发展中国家立法水平与执法水平存在较大差距的情况下并不符合实际。韩玉雄和李怀祖 (2005)、许春明和陈敏 (2008)、沈国兵和刘佳 (2009)、董雪兵等 (2012)、尹志锋等 (2013)、Maskus 和 Yang (2013)、杨珍增 (2016) 等测度

① 工业互联网平台是以智能技术为主要支撑, 基于云平台把设计、生产、流通、消费与服务各环节连接融合起来, 支撑制造资源泛在连接、弹性供给、高效配置, 形成行业产用融合、制造与服务融合、资源协同、共创分享的新业态新模式。

了中国知识产权实际保护强度。而且，世界经济论坛（WEF）每年发布的全球竞争力指数，其中包含国家及地区知识产权保护指数（IPPI）得分。国际知识产权联盟（IPRA）每年发布的国家及地区知识产权保护指数（IPRI）得分更能够衡量一国及地区知识产权实际保护强度。

由于各省份之间在执法力度上存在差异，因而需要细分省级知识产权保护进行测度。许春明和陈敏（2008）、史宇鹏和顾全林（2013）、代中强（2014）、吴超鹏和唐药（2016）考虑省级差异，测算出中国省级知识产权保护水平。

（二）有关行业层面知识产权保护的测度研究

由于不同行业对于知识产权保护的敏感度不同，因而需要区分行业来测度行业知识产权保护。Vichyanond（2009）提出用行业专利密度（即行业专利授权数除以行业产值）来度量行业对知识产权保护的依赖，将行业专利密度乘以 GP 指数得到行业知识产权保护水平。Hu 和 Png（2013）使用美国行业数据测度行业研发密度（即行业专利授权数除以行业销售额），表示行业对知识产权依赖程度，但是其假定世界各国相同行业的研发密度是一样的明显过于严格。尹志锋等（2013）使用每个国家行业组中企业研发密度（研发投入除以销售额）均值来表示该国不同行业对知识产权保护的依赖程度，并将其与 GP 指数相乘作为行业知识产权保护程度。余长林（2016）利用中国行业大中型企业研发活动内部支出经费占销售收入比值作为行业研发密度，利用各行业发明专利授权数与行业年平均人员数的比值作为行业专利密度，以此来测度行业知识产权保护水平。但是，以行业研发投入与国家知识产权保护程度相乘得出的行业知识产权保护水平存在一个缺陷，即行业研发投入不一定都能转化为成果，也就不能真实地反映出行业知识产权保护强度。据此，本著作使用行业专利授权数占行业专利申请数之比与国家专利授权数占国家专利申请数之比的比值来反映行业知识产权保护特征，再乘以国家知识产权实际保护强度就得到行业知识产权实际保护强度，既放弃了同一行业的专利强度在不同国家是相同的严格假定，也反映出行业相对保护强度。

（三）有关创新的界定和测度研究

第一，对创新的界定研究。创新是由美籍奥地利经济学家约瑟夫·熊彼特于 1912 年在其名著《经济发展理论》中率先提出，并在 1939 年所著的《经济周期》一书中系统完成。按照熊彼特观点，创新是建立一种新的生产函数，即企业家对企业要素实行新的组合，包括新产品开发、新工艺或新技术采用、新市场开拓、新资源开发，以及新的管理方法或组织形式推行。熊彼特的创新理论阐释的是经济发展中的创新。据《2018年全球创新指数报告》，创新在当今被广泛看作是经济增长和发展的核心驱动力，创新质量是以QS排名当地高校质量、专利发明的国际化、科学出版物质量来衡量。据此，中国创新质量全球排名第17位。创新是创造性破坏过程的引擎，创新企业和企业家不断推动要素配置效率和生产率增长（Schumpeter，1942）。奥斯陆手册（Oslo Manual）① 将创新定义为“实施新的或显著改进的产品（或服务）或工艺、新的营销方式、在商业实践和工作场所组织或外部关系中实施新的组织方法”。徐婉漪（2013）认为，创新是一个过程，其中包含各种创新活动。创新活动又包括与具体创新不直接相关的研发活动。《奥斯陆手册》将创新活动分为研发、产品与工艺创新，以及营销与组织创新。Dosi等（2015）使用授权专利来衡量创新活动。Cirera和Muzi（2020）认为，创新需要将知识资本或创新投入转化为创新产出，如引进新产品或新工艺、提高现有产品或工艺的质量，以及营销或组织变革。

第二，关于创新的测度研究。Qiu和Yu（2010）指出，衡量创新有两种方法：创新投入和创新产出。虽然还没有完善的创新投入和创新产出的测算法，但通常是使用一定时期内专利申请量来衡量创新产出，用一定时期内研发支出来代表创新投入。Deng等（2014）使用研发产出即新产品销售额占总销售额比重而非研发投入来测算创新，其优势是包含了未获得专利但在生产过程中采用了的创新。Gamba（2017）提出，创新被测算为发明者申报的专利申请数。张亚峰等（2018）指出，测量创新的常用指标有专利、论文、研发经费、科技人员、新产品等，其中专利在很多研究中甚至被用作唯一的指标。但是，专利作为创新指标在广泛使用的同时也存在争议，因为专利既不能代表所有创新，也不能反映不同创新的重要程度。Bruce和de Figueiredo（2020）指出，使用传统的专利测算作为创新产出的测度，虽然信息量大，但会因政府创新的性质和种类而产生偏差。创新被区分为技术创新、组织创新、监管创新和政策创新。Cirera和Muzi（2020）认为，构成创新的内容在不同国家可能会有所不同，创新测度会因调查工具而异。创新投入以研发支出来测度，创新产出被区分为产品、工艺、营销和组织。需要更好地测度出企业水平的创新。安同良等（2020）提出，创新是一个多维过程，R&D活动只是创新的一种投入，它作为创新指标有局限性。全要素生产率自身存在估算问题，专利也并非与创新完全对应。安同良等提出了创新

① 经济合作与发展组织（OECD）于1992年正式推出《奥斯陆手册》，从统计角度对技术创新（产品创新和工艺创新）进行了界定，为制造业领域的技术创新统计提供了可依据的技术规范。1997年OECD对奥斯陆手册做了修订，更新了相关国际分类标准，并将技术创新定义和测度从制造业扩大到服务业。具体参见徐婉漪：“创新统计的基本规范——《奥斯陆手册》简介”，《中国统计》2013年第3期。

分级测度，它不是简单考虑企业研发投入的增长或专利申请增多来表征创新程度，而是考虑企业或行业四级首创程度的增减。但是，安同良等的创新测度也存在问卷样本和主观答卷的偏差问题。沈国兵（2019）认为，随着知识产权保护的加强，中国企业会更倾向于加大创新研发投入。沈国兵、于欢（2019）使用企业新产品产出密度来测度企业创新。沈国兵、袁征宇（2020a）提出，企业的创新活动是以企业每年的专利申请数来衡量。韩兆洲、程学伟（2020）提出，创新产出具有明确的时滞效应，在使用时如果没有把产出指标相对于投入指标作相应滞后处理，则专利申请数更为准确。若考虑了时滞效应，则专利授权数会更加准确。

第二节 创新保护和外贸竞争力：相关界定和测度研究

一、关于知识产权保护和创新保护研究

本著作中，创新保护就是指通过加强知识产权保护来激励创新。政策层面上，保护知识产权就是保护创新。2019 年 11 月 24 日，中共中央办公厅、国务院办公厅印发《关于强化知识产权保护的意见》提出“牢固树立保护知识产权就是保护创新的理念”。辰昕（2019）认为，创新是引领发展的第一动力，知识产权保护是激励创新的基本手段。设立最高人民法院知识产权法庭，就是以创新的方式保护创新。Gamba（2017）证实，创新对知识产权保护很敏感，但是对知识产权保护程度不敏感。WIPO（2019）提出，创新越来越集中在“热点”城市。这些热点城市正在与世界各地连接和合作。随着技术变得越来越复杂，创新正变得越来越具有协作性。Arkolakis 等（2017）认为，创新生产率较高的国家往往专注于创新，但是本地市场效应会产生力量，将生产集中在“市场潜力”大的国家，同时将创新吸引到“生产潜力”大的国家。

二、关于外贸竞争力的界定和测度研究：贸易数量型和质量型视角

Costa da Silva 和 Carmo Hermida（2018）研究表明，给定模仿和技术创新的能力，一国经济增长速度主要取决于其国际竞争力。据此，研究一国外贸竞争力的重要性凸显。中国作为全球制造品生产大国和最主要的对外贸易卖方，聚焦探

究中国对外贸易出口竞争力就变得十分重要。根据产业内贸易理论，规模经济效应使得一国可以凭借经济规模大的优势形成竞争力。由此，关于外贸出口竞争力的界定和度量，我们将区分为贸易数量型和贸易质量型：一是使用贸易市场份额测度贸易数量型竞争力指标；二是使用出口技术含量和出口产品质量测度贸易质量型竞争力指标。

（一）有关贸易数量型出口竞争力指标研究

已有文献中有关贸易数量型出口竞争力的测度指标主要有：一是世界市场占有率，用来测度一国国际竞争力（Tandon，2015）。二是商品出口占该国总出口比重（Lall 等，2006）。三是使用贸易额或增加值测算市场渗透率来度量（茅锐和张斌，2013；沈国兵和李韵，2017）。四是使用贸易额或增加值测算显性比较优势来衡量出口竞争力（余东华和孙婷，2017；Koopman 等，2014）。五是出口竞争力指数（文东伟等，2009；陈媛媛，2013）。六是贸易竞争指数（刘容欣，2002）。七是显性竞争优势指数（Vollrath 和 Vo，1988）。八是净出口显性比较优势（Balassa，1989）。九是产业内贸易指数（杨丹辉和侯民军，2003）。

此外，Garcia Pires（2012）认为，处于更大市场中的企业具有更高的竞争力，可以更好地进入国际市场，出口更多，进而提升其在国际市场上的市场份额，因为在更大市场中的企业能够利用研发上更大的规模经济。Dosi 等（2015）的研究表明，国家的部门市场份额主要是由技术因素决定，而成本优势或劣势似乎没有发挥重要作用。相对“更有竞争力”的企业可以进入出口市场并抢占更大的市场份额，而竞争力较弱的企业无法获取出口机会。由此，市场份额变成企业竞争力。Ceglowski（2017）认为，以出口中所含国内增加值测度的一国出口竞争力看上去非常不同于以总出口测度的出口竞争力，将显性比较优势（RCA）视为衡量竞争力而不是比较优势是更加适当的。中国在电气和光学设备上 RCA，以增加值测度仅为总出口测度的 1/3。据此，需要考虑贸易增加值视角下的出口竞争力。Hakobyan（2016）使用伙伴方进口份额来测度一国产品的出口竞争力。由此，可以避免转出口遗漏统计问题。Gupta 等（2016）认为，一个企业在市场中的竞争力反映了它通过商业关系使用创新营销理念占领市场的能力。Costa da Silva 和 Carmo Hermida（2018）认为，测度一国国际竞争力的方法是考量市场份额指标，基本上是一国出口到世界市场的份额。

综合上述文献观点，传统的出口竞争力指标是从传统统计的贸易市场份额角度来考量的，本著作参考 Hakobyan（2016），将从贸易增加值视角使用伙伴方进口市场份额来测度贸易数量型出口竞争力。

（二）有关贸易质量型出口竞争力指标研究

出口技术提升既能从国家层面、区域层面来测度，也能从微观企业、产品层面来测度。Narula 和 Wakelin（1998）认为，企业竞争力受到所在国的总体经济结构的影响，包括部门之间联系、国家创新体系和贸易专业化模式。从技术提升角度测度出口竞争力的主要指标有：出口技术复杂度、出口技术含量和出口产品质量。

第一，关于出口技术复杂度研究。一是 Hausmann 等（2007）提出测算出口技术复杂度方法。Hausman 等（2007）基于 RCA 指数和比较优势理论提出了出口复杂度指数。Rodrik（2006）测算了各国出口技术复杂度。Poncet 和 de Waldemar（2013）、Maggioni 等（2016）计算了企业出口技术复杂度。朱诗娥和杨汝岱（2009）计算出全国及每个省每年总的出口竞争力和本土企业出口竞争力，发现我国本土企业出口竞争力显著提升。二是对 Hausmann 等（2007）指标进行标准化处理改进。杨连星和刘晓光（2016）对 Hausmann 等（2007）方法进行标准化处理，测算出中国行业和产品层面的出口技术复杂度。三是对测算的权重和技术水平进行改进。Jarreau 和 Poncet（2012）采用产品进口占一国总进口来替代 Hausmann 计算方法中的权重。许治和王思卉（2013）采用各行业具体劳动生产率来表征每个行业技术水平。四是采用增加值方法、剔除进口中间品来测算出口技术复杂度（Gangnes 等，2014）。

第二，关于出口技术含量研究。Narula 和 Wakelin（1998）认为，外国企业在国内经济中的活动显著地影响到出口竞争力。熊俊和于津平（2012）剔除加工贸易进口，对中国东中西部地区出口技术含量进行了测算。Tacchella 等（2013）提出“适合度法（fitness）”[①] 对 Hausmann 等（2007）测度产品复杂度进行了改进，沈国兵、黄铄珺（2019）再对 Tacchella 等（2013）中 RCA 的判定方法进行了细化，区分弱显性和强显性比较优势，改进了对产品复杂度和国家适度性的计算，并基于改进的出口产品复杂度测算出中国企业出口技术含量。Montalbano 和 Nenci（2014）认为，全球供应链的出现增强了南方新兴经济体出口产品的技术含量。

第三，关于出口产品质量研究。根据测算方法，分为四类：（1）用价格来表征质量。董敏杰等（2011）采用中国制造业出口价格指数来衡量各行业的出口竞争力。Auer 和 Chaney（2009）、Bastos 和 Silva（2010）、Manova 和 Zhang

① 适合度法（fitness），主要是通过迭代计算出国家的出口适合度和出口产品复杂度。

（2012）、Manova 和 Yu（2017）均采用价格来测算企业出口产品质量。（2）特定产品特征法。Crozet 等（2012）依据相关评级标准，对 6500 种香槟进行打分，分值越高则质量越高。Chen 和 Juvenal（2016）依据商品本身的物理属性测算出 209 个企业出口的 6720 种香槟的质量，并依据商品的社会属性（盲人品尝打分、消费者意见和投票）等测算出 181 个企业出口的 3969 种香槟的质量。（3）需求信息回归推断法。一是给定出口价格，消费者需求量的多少就代表一种产品的质量高低。Khandelwal 等（2013）利用需求信息推断法，估计了中国纺织和服装行业的出口产品质量。Fan 等（2015）采用企业所在地区的平均工资作为价格工具变量，解决了质量回归中的内生性问题。二是给定出口价格，净出口越高，质量就越高。Hallak 和 Schott（2011）证实，对于具有相同出口价格的两个国家来说，净出口越多的国家，其出口产品质量相对更高。（4）供给需求信息加总测算法。Feenstra 和 Romalis（2014）从供需视角测算出 1984—2011 年 185 个国家的出口质量。余淼杰和张睿（2017）基于 2000—2006 年中国微观企业数据，测算出了中国制造业企业的出口产品质量。

综合上述文献看法，在厘清相关概念界定和测度之后，本著作选择采用企业出口技术含量和企业出口产品质量来测度贸易质量型企业出口竞争力，进而探究行业生产网络下创新保护与中国企业外贸竞争力提升问题。

第三节 有关行业生产网络、知识产权保护与行业企业出口竞争力研究

一、关于国际分工下行业生产网络与行业增加值出口竞争力研究

一国深度融入国际分工下行业生产网路，并不意味着该国外贸竞争力实现了同等程度的提升。对国际分工下行业出口竞争力的核算，需要考虑“质”和“量”两个方面。

第一，按照传统的最终出口品贸易统计方法，极易夸大以贸易量见长的中国出口竞争力。《世界贸易统计评论 2020》统计显示，2019 年中国商品进口、出口额分别占到世界进口、出口额的 10.8% 和 13.2%，中国作为世界“贸易大国”的地位日益凸显，但是中国的出口竞争力并未上升到相应的水平。正如 Koopman 等（2008）指出的“重要的不是出口了多少，而是出口了什么”。因此，按照传

统的贸易规模统计口径势必高估了中国的出口竞争力水平。沈国兵、李韵（2017）认为，出口的行业内增加值上升和出口向国内增加值高的行业转移，共同构成了中国增加值出口竞争力上升的原因，但主要是来自出口的行业内效应，而非出口的行业间效应。

第二，行业生产网络下使用贸易增加值方法测算一国出口竞争力研究。Hummels 等（2001）使用投入产出表，把一国出口分解为国内和外国贸易增加值部分。该方法假定出口品只作为最终品，忽略了中间品在行业生产网络中的传递。在此基础上，Koopman 等（2010）提出把贸易增加值拆分成最终品出口、中间品间接出口，构建出衡量贸易增加值的框架，即 KPWW 方法。Stehrer 等（2012）基于 KPWW 方法，在世界投入产出表（WIOD）基础上提出一个关于一国进出口增加值属地及行业分解的统一框架。Koopman 等（2014）、王直等（2015）从增加值视角修正显性比较优势指数，作为出口竞争力的指标。黎峰（2014）核算了中国出口的属地、属权贸易收益，指出中国的世界第一出口所实现的属地收益大部分归属于日本、韩国以及我国台湾地区的东亚生产网络。

二、关于行业价值链治理模式与行业增加值外贸竞争力研究

第一，关于行业价值链治理模式研究。Gereffi 等（2005）将行业价值链治理模式分为五类：阶层型、领导型、关系型、模块型和市场型，并指出供应商市场地位、交易的可编码程度和交易的复杂性是区分这五类价值链治理模式的因素。本著作认为，交易可编码性的强弱和供应商市场地位的高低可用来区分出模块型、关系型、领导型和阶层型四种行业价值链治理模式，并使用行业标准化程度度量交易的可编码性，使用行业集中度度量供应商的市场地位，通过这两个变量对外贸竞争力的影响来揭示出四种行业价值链治理模式对外贸竞争力的影响问题。

第二，关于行业标准化程度、行业集中度对外贸竞争力的影响研究。一是主张行业标准化程度对外贸竞争力有着直接的提升作用。钟高峥（2010）基于食品加工、煤炭等六个行业，证实行业标准化进程的推进有助于促进出口并提升行业外贸竞争力。冯雪和刘芳（2011）认为，制度层面、技术层面的标准化建设都可以优化行业的贸易状况。二是认为行业集中度上升会降低行业创新能力，不利于行业外贸竞争力提升。Inderst 和 Wey（2007）认为，某一行业集中度的提升会减少上下游企业的研发投入和创新动力。王永进和施炳展（2014）证实，垄断会扭曲行业产品价格，导致行业成本上升，不利于行业竞争力。沈国兵、李伟汉（2020）证实，提高行业标准化程度提升了我国行业增加值外贸竞争力，

而行业集中度上升降低了我国行业增加值外贸竞争力。此外，模块型行业价值链治理模式对提升我国行业增加值外贸竞争力的影响最大，而阶层型的影响最小，关系型和领导型介于两者之间。

三、关于行业知识产权保护与行业增加值出口竞争力研究

就现有文献来看，一是行业知识产权保护与行业增加值出口竞争力之间呈非线性关系。沈国兵、张学建（2018）证实，中国行业知识产权保护强度与其出口竞争力之间存在显著的“倒 U 形”关系。Woo、Jang 和 Kim（2015）证实，知识产权总体上提高了行业增加值，但随着知识产权执法力度的加大，其积极作用有所减弱。二是加强行业知识产权保护可通过增加中间品进口，进而提升中国出口竞争力。Ivus（2010）发现，加强发展中国家的专利权保护有助于提高发达国家的出口，其中对专利较敏感的高技术行业出口的影响较为显著。Fink 和 Maskus（2005）证实，更强的知识产权保护对发展中经济获取国外技术、吸引 FDI 和提升外贸竞争力都很重要。余长林（2011）认为，加强知识产权保护通过增加从高收入国家技术密集型行业进口中间品，提升了中国出口竞争力。沈国兵（2011）认为，美国国际贸易委员会对中国发起涉及知识产权争端的“337 调查”案件最主要集中在机电产品、化工产品等行业上，意味着中国对美在机电、化工行业内贸易上竞争性程度在不断上升。

第四节 有关行业生产网络、知识产权保护与企业创新研究

在国际贸易保护主义势力抬头的形势下，随着全球市场上出口竞争的加剧，包括中国在内的越来越多的国家政府决策者愈发重视加强知识产权保护，推进技术创新，以增强出口竞争力和提升出口结构。

一、关于创新模式、知识产权保护与企业（研发）创新研究

第一，有关创新模式与企业创新研究。创新模式包括引进再创新（模仿创新）、独立创新（自主创新）和集群式创新（合作创新）（Veugelers 和 Cassiman，1999）。中国创新模式被界定为引进再创新的模仿创新模式。Sharif 和 Baark（2005）认为，中国香港地区创新体系的巨大优势是吸收能力和对现有技

术的利用能力极强，并且逐步由引进再创新向自主创新转变。英美创新模式是一种独立自主创新，欧洲大陆创新模式是介于以上两种模式之间合作创新模式（Miozzo 和 Dewick，2002）。潘峰华和王缉慈（2010）认为，深圳手机产业集群是典型的社会网络模式，本地化嵌入程度高，在迅速发展的过程中积累了研发和创新能力。

第二，有关知识产权保护与企业创新研究。一是加强知识产权保护会促进企业创新。Chen（2015）证实，创新提高了产品质量，加强知识产权保护将导致模仿强度的外生降低。南方国家加强知识产权保护，将降低模仿风险，提高企业创新动力。Hwang 等（2016）认为，在发展中国家，模仿和创新可能共存，更严格的知识产权保护政策可以鼓励本地创新。Sharma 和 Kumar（2018）认为，知识产权作为一种外在的激励因素，为拥有巨大市场和资源使其产品商业化的企业和行业提供了创新支持。二是加强知识产权保护未必促进企业创新。Allred 和 Park（2007）证实，对于发展中经济体，专利强度对国内专利申请有着负面影响。Stiglitz（2014）认为，经验研究至多为知识产权强度与创新水平之间简单关系提供了模棱两可的支持。更强的知识产权保护可能导致更低的创新速度。Brüggemann 等（2016）研究表明，授予知识产权会阻碍创新，尤其是对于创新过程中具有较强连续性的行业更是如此。三是知识产权保护与企业创新之间呈非线性关系。知识产权保护强度对企业研发创新存在“倒 U 形”影响（Allred 和 Park，2007）。Furukawa（2010）认为，尽管更强的知识产权保护会促进 R&D 和创新，但是在长期内会通过妨碍“干中学”过程而抑制创新。Woo、Jang 和 Kim（2015）认为，专利权保护通过保护专利不被发明占有和向公众披露知识来促进创新，但是也产生可能阻碍进一步创新的过度垄断力。

第三，有关创新模式、知识产权保护与企业研发创新研究。知识产权保护是企业选择自主创新模式的重要推动力。加强知识产权保护，提高了企业模仿成本，促使其转向投入更多的人力物力进行自主创新（Marjit 和 Yang，2015；黄先海等，2016）。

二、关于行业生产网络、进口中间品与企业创新研究

第一，关于进口中间品促进了企业创新研究。Grossman 和 Helpman（1991）基于内生增长模型发现，进口中间品投入实现的技术溢出可以促进创新和经济增长。Acharya 和 Keller（2009）使用 16 个国家制造业行业数据研究表明，进口通过研发（R&D）溢出效应促进了进口国的创新活动。Shepherd 和 Stone（2012）、Goldberg 等（2010）分别以 17 个发展中国家 13 个部门及印度企业为研究对象，

发现进口中间品对企业技术创新产生积极的影响。李平、姜丽（2015）基于省级面板数据证实，中间品进口每增加 10%，技术创新会提高 1.6%。

第二，关于进口中间品对企业创新的影响并非单向的。Liu 和 Qiu（2016）证实，中间投入品进口对企业创新的负面影响的驱动力是高质量投入品进口替代了企业内部创新，投入品关税降低会导致中国企业创新活动下降。张杰、郑文平（2017）发现，进口能够促进一般贸易企业的创新活动，但是对加工贸易企业创新有着显著的抑制作用。沈国兵、张勋（2018）证实，进口中间品通过行业内水平渗透率和行业间前向联系对中国企业创新产生抑制作用，而通过行业间后向联系对中国企业创新产生促进作用；参与行业生产网络的企业向行业中上游拓展，可充分获取进口中间品通过行业间后向联系获得知识溢出带来的创新效应。

三、关于知识产权保护、进口中间品与企业创新研究

第一，关于知识产权保护对企业创新的影响研究。Ang 等（2014）使用中国高技术企业数据实证发现，更好地执行知识产权保护政策可引导企业进行更多的 R&D 投资，获得更多的创新专利并生产和销售更多的新产品。尹志锋等（2013）证实，增强知识产权保护会提高对企业研发投入，进而对企业创新产生正向显著的影响。宗庆庆等（2015）认为，在垄断程度较高的行业中，过于严厉的知识产权保护会削弱企业研发动机；在竞争程度较高的行业中，知识产权保护显著地提高了企业创新激励。

第二，关于知识产权保护、进口中间品对企业创新的影响研究。进口中间品内含进口来源国的先进技术和知识，通过知识溢出机制的作用促进了进口国的技术进步（Sutton，2007；Acharya 和 Keller，2009；Seker 和 Rodriguez – Delgado，2011）。Chu 等（2018）发展了一个开放经济研发型增长模型，其中两个中间生产部门分别使用国内和国外的投入。研究发现，加强知识产权保护对使用国内投入部门的创新有着积极影响，但是对使用外国投入部门的创新既有积极影响，也有消极影响。

第五节 有关行业生产网络、创新保护与中国企业出口竞争力研究

一、关于行业生产网络、知识产权保护与企业出口技术含量研究

第一，有关知识产权保护与投入品技术水平研究。知识密集型和技术密集型产品对高技术投入依赖度强（刘艳，2014）。Ivus（2010）和余长林（2011）研究发现，加强知识产权保护后，发展中国家能够从发达国家进口更多的技术密集型产品。

第二，有关知识产权保护、创新和企业核心竞争力研究。知识产权保护提高了企业模仿的成本，使得创新企业能够获得超额利润，促进了企业创新（Gangopadhyay 和 Mondal，2012）。张杰、芦哲（2012）认为，提高自身核心竞争力是中国本土企业应对严格知识产权保护、提升竞争力的主要途径。代中强（2014）认为，中国省级知识产权保护实际执行力度与省级出口技术复杂度呈“倒 U 形”关系，超过临界值后太强的知识产权保护产生垄断而不利于技术提升。

二、关于垂直分工、创新与企业出口产品质量研究

第一，有关垂直分工、中间品进口与企业出口产品质量研究。贺灿飞和陈航航（2017）采用各省区加工贸易占总贸易额比率来测度垂直专业化指数，发现中国各省参与垂直分工直接促进了出口产品质量升级。马述忠和吴国杰（2016）、许家云等（2017）使用中国企业微观数据证实，中间品进口能促进中国企业出口产品质量的提升。

第二，有关垂直分工通过创新对企业出口产品质量的影响研究。Ciocanel 和 Pavelescu（2015）认为，经济体的竞争力之路要走创新之路，这使企业能够迅速适应技术变革的步伐，以提高竞争力。陈爱贞和刘志彪（2011）、李静和楠玉（2016）证实，参与垂直分工对技术创新会产生不利影响或存在着技术进步的迟滞现象。沈国兵、于欢（2019）证实，中国企业参与垂直分工通过创新这一中介渠道显著地促进其出口产品质量提升。不过，中国企业参与垂直分工会因企业创新的不同，对其出口产品质量的调节作用并不稳定。

三、关于企业互联网化、创新与企业出口研究

第一，有关互联网化与企业创新研究。Ernst 和 Kim（2002）认为，全球生产网络在知识的国际扩散中扮演了重要的催化剂作用，企业为了参与到跨国公司主导的供应链网络中，会积极学习提高本身的生产和服务能力，提升了竞争力。Chen 等（2017）利用制造业企业数据研究发现，进口引致的知识溢出效应可以降低创新的成本，激励企业创新。Lucas（2009）提出，作为实际解决问题以及产生新知识的个体本身如何通过人与人之间想法的交换和知识的传播来影响技术变革。Abouzeedan 和 Busler（2007）、Abouzeedan 等（2013）认为，企业互联网化是组织管理上的创新，强化了企业进行经营、生产、创新等活动的能力。

第二，有关企业互联网化对企业创新及出口行为的影响研究。Mody 和 Yilmaz（2002）认为，基于进口技术的创新努力可以成为发展国内创新能力的先导。技术改进能有助于扩大企业在国际市场上的出口份额，提升出口竞争力。Dosi 等（2015）认为，创新数量对大多数行业的出口产生积极影响，许多研究表明，创新对企业层面出口具有积极的影响。Koellinger（2008）发现，基于互联网技术的流程和产品创新要比基于传统技术的流程和产品创新对企业绩效的影响更好。Bertschek 等（2013）认为，宽带互联网对企业的创新活动有着积极显著的影响。岳云嵩和李兵（2018）发现，电子商务平台主要通过提高生产效率、交易匹配效率和降低出口门槛等促进出口。沈国兵、袁征宇（2020a）证实，企业进行互联网转型对中国企业创新能力有着显著的提升作用，企业互联网化对中国企业创新及其出口活动有着显著的促进作用，且通过企业创新选择行为间接地促进企业出口。

四、关于企业互联网化、创新保护与企业出口产品质量研究

第一，有关互联网化与企业组织管理能力研究。Litan 和 Rivlin（2001）认为，互联网除了对企业生产效率的影响外，还对企业在产品开发、供应链管理和商业运作方面的效率都有极大提升。Luo 等（2013）认为，企业越来越多提倡使用社交媒体等互联网技术来管理产品和进行企业转型。Lu 和 Ramamurthy（2004）发现互联网技术的运用有助于提高企业运营调整的敏捷性，但对企业市场资本化敏捷性没有影响。

第二，有关互联网化、创新保护对企业出口产品质量影响研究。Abouzeedan 和 Busler（2007）、Abouzeedan 等（2013）认为，企业互联网化是组织管理上的创新，可强化企业进行经营、生产、创新等活动所需资源的获取能力以及节约相

关支出的能力。沈国兵、袁征宇（2020b）证实，加强创新保护能够促进中国企业出口产品质量提升，并且加强创新保护通过激励企业使用高质量进口中间投入品提升了中国企业出口产品质量。此外，企业互联网化与创新保护之间存在协调效应，发现企业互联网化增强了创新保护对企业出口产品质量的提升作用。

第六节 文献评述

第一，基于文献归纳和逻辑推理，明确界定了行业生产网络是一个行业中生产和提供中间品、最终产品的一系列企业关系，这种关系将与该行业相关的生产价值链环节和贸易增加值连接起来，形成国际生产的行业网络。行业知识产权保护强度测度为中国知识产权实际保护强度乘以行业知识产权相对保护强度。创新保护是指通过加强知识产权保护来激励创新，由此保护知识产权就是保护创新。中国行业企业外贸竞争力提升是指提高中国行业企业增加值出口竞争力（贸易数量型）和提升中国企业出口质量（贸易质量型竞争力）。三者内在的逻辑关系是行业生产网络是行业企业外贸竞争力提升依托的平台；保护知识产权就是保护创新，是企业外贸竞争力提升的制度保障。据此，在深度融入国际行业生产网络，通过加强知识产权保护、激励创新来提升中国出口竞争力的同时，需要形成有效的市场需求和行业供给，积极稳定好行业产业链、供应链和价值链。

第二，从知识产权保护来看，已有文献对国家层面知识产权保护和省级知识产权保护的测度进行了大量的研究，本著作区分具体行业来测度行业知识产权实际保护强度，避免了行业加总造成的知识产权保护水平扭曲。从创新和创新保护来看，已有大量文献对创新内涵进行了深入研究，并从创新投入和创新产出两个角度来测度创新，尽管如此，现有文献对创新的科学测度仍存在较大的差异。不过，发展中新兴市场经济与发达市场经济对保护知识产权就是保护创新的理念已形成了共识。从外贸竞争力来看，已有大量文献对外贸竞争力的测度进行了研究，但目前测度外贸竞争力指标的差异很大，本著作区分贸易数量型和贸易质量型两个维度，将测算出中国行业企业出口竞争力指标，避免了单一指标形成的测量片面性。

第三，从行业生产网络、知识产权保护与行业企业出口竞争力来看，国际分工下按照传统的最终出口品贸易统计方法，极易夸大以贸易量见长的中国出口竞争力。行业生产网络下需要使用贸易增加值方法来测算中国行业企业出口竞争力。行业标准化程度对外贸竞争力有着直接的提升作用，而行业集中度上升会降低行业创新能力，不利于行业外贸竞争力提升。已有文献表明，行业知识产权保护与行业增加值出口竞争力之间呈非线性关系；强的行业知识产权保护可通过增加中间品进口，进而提升中国出口竞争力。本著作将探究行业生产网络、知识产权保护对中国行业企业出口竞争力的影响。

第四，从行业生产网络、知识产权保护与企业创新来看，现有文献中有关行业生产网络、知识产权保护与企业创新之间的关系并不稳定。一是企业参与行业垂直分工对企业技术创新的影响是混合的；二是加强知识产权保护未必一定会促进企业创新，两者呈现出非线性关系；三是进口中间品对企业创新的影响并非单向的，加强知识产权保护对使用外国投入部门的创新的影响是混合的。本著作将厘清行业生产网络、知识产权保护对中国企业创新的影响。

第五，从行业生产网络、创新保护与中国企业出口竞争力来看，已有文献探究了行业生产网络下知识产权保护对企业创新、外贸竞争力提升的影响，主要有：一是加强知识产权保护对投入品技术水平的影响；二是企业参与垂直分工通过创新对企业出口产品质量的影响；三是企业互联网化对企业组织管理能力、企业创新及企业出口的影响；四是企业互联网化与创新保护对企业出口产品质量的影响。本著作认为仅仅加强知识产权保护并不能形成企业出口竞争力的线性提升，需要引入企业互联网化，揭示出互联网化、创新保护对中国企业出口竞争力提升的影响。

综上所述，在推动形成全面开放新格局下，我国需要积极构建要素高度市场化配置的行业生产网络，将企业生产碎片化通过行业生产网络和工业互联网平台紧密连接起来，形成上下游企业联动的行业生产产业链和贸易增加值链。2019年11月，中共中央办公厅、国务院办公厅印发的《关于强化知识产权保护的意见》提出，“加强知识产权保护，是完善产权保护制度最重要的内容，也是提高我国经济竞争力的最大激励”“牢固树立保护知识产权就是保护创新的理念”。2021年3月12日，新华社发布《中华人民共和国国民经济和社会发展第十四个五年规划和2035年远景目标纲要》提出，“实施知识产权强国战略，实行严格的知识产权保护制度”“提升企业技术创新能力”“完善产业链供应链保障机制，推动产业竞争力提升”。据此，中国要想提升行业企业外贸竞争力，就需要形成由企业主导的行业生产网络，并“牢固树立保护知识产权就是保护创新的理念”。中国企业须积极参与行业垂直分工，通过加强行业知识产权实际保护强度即强化对创新保护强度，进而促进中国行业企业出口竞争力的提升。为此，本著作提出“行业生产网络下创新保护与中国企业外贸竞争力提升研究”就具有很强的理论和政策应用价值。

第二部分

行业生产网络、知识产权保护与中国行业企业出口竞争力

本部分探究行业生产网络、知识产权保护对中国行业企业出口竞争力的影响，包括第三章至第五章，分别考察国际生产网络下中国行业增加值出口竞争力的变化，行业价值链治理模式与中国行业增加值外贸竞争力提升，以及行业知识产权保护对中国制造业贸易增加值出口竞争力的影响问题。

第三章

国际生产网络下中国行业增加值出口竞争力的变化[①]

本章使用贸易增加值的市场渗透率指标，从最终品进口市场视角研究表明，一是国际生产网络下中国大多数行业增加值出口竞争力都呈明显上升。中国在增强先进制造业、先进服务业增加值出口竞争力的同时，并没有放弃传统制造业、传统服务业的竞争优势。二是中国行业增加值出口竞争力上升主要源自出口的行业内效应，而非出口的行业间效应。三是中国行业增加值出口竞争力上升主要不是来自出口行业本身直接增加值效应，而是来自上游行业间接增加值效应，中国制造业行业出口本身处在全球价值链的低端，仍有很大的上升空间。

第一节　问题提出及文献综述

随着世界各主要经济体之间的联系越发紧密，国际贸易已不仅仅反映国家和地区之间行业商品与服务的交换，更反映不断深化的国际分工。这使得国际生产组织形式日益呈现出全球范围内“行业生产网络（IPN）”状态。综合 Ernst（2000）、Ernst 和 Kim（2002）等的研究，全球范围内行业生产网络是由领导厂

① 本章测算方法内容可参见沈国兵、李韵：“全球生产网络下中国出口竞争力的变化及其成因——基于增加值市场渗透率的分析”，《财经研究》2017 年第 3 期。本章已对其做出了修改和完善。

商将旗下的独资公司、合资公司等实体企业，与外部的独立供应商、独立承包商、独立分销商及战略伙伴联盟等联结在一起，通过行业分工和有机结合，在不同国家和地区行业生产过程之间建立起以价值链为纽带的高度依存的行业网络关系。以行业生产网络为组织形式的全球化大生产的一个重要特征是垂直专业化分工，这对传统贸易核算提出了巨大挑战，尤其是对分工参与国的产业国际贸易竞争力及其价值链定位提出了重新认识的需求。

加入世界贸易组织后，中国取得的巨大成绩是与对行业生产网络的深度参与密不可分的。然而，中国过去的贸易大发展也因“加工贸易”使得中国的产业结构陷于全球价值链的中低端。美欧金融危机以来，世界经济在深度调整中增长乏力，国际贸易环境因全球贸易保护主义势力抬头而走向恶化。疲软的国际市场需求又加剧了国际贸易保护主义。这些都外生地侵蚀着中国的外贸竞争力。中国“十三五”规划纲要中提出：“世界经济在深度调整中增长乏力；中国经济传统的比较优势减弱，创新能力不强，经济下行压力加大。”2020 年 10 月 29 日，中共十九届五中全会通过的《中共中央关于制定国民经济和社会发展第十四个五年规划和二〇三五年远景目标的建议》指出，“加强国际产业安全合作，形成具有更强创新力、更高附加值、更安全可靠的产业链供应链”。与此同时，主要发达国家不断强化知识产权保护，加大高技术产品出口管制，拒绝向发展中经济体进行技术转让。在这些外在压力下，中国推进“中国组装”“中国制造”对接“全球生产”，更主动地参与到国际生产网络的塑造中去，提升自身外贸竞争力等，就变得尤为重要。由此，我们构建出一个基于增加值市场渗透率的出口竞争力指标，测算出国际生产网络下中国在主要国家及地区、主要行业增加值的出口竞争力及其变化。

贸易增加值核算（TiVA）已成为在行业生产网络下核算一国真实贸易收益和竞争力水平的有效方法。该方法从跨国投入产出表的分解入手，追溯价值链各个环节在最终产品中创造的增加值份额。已有文献中基于增加值的出口竞争力分析（Hummels 等，2001；Koopman 等，2008；Koopman 等，2010；Johnson 和 Noguera，2012；Timmer 等，2014；罗长远和张军，2014；Koopman 等，2014；王直等，2015），已经从出口的角度完成了增加值分解，并且用增加值核算修正了传统的显性比较优势（RCA）（Koopman 等，2014；王直等，2015），构成代表出口竞争力的指标。然而，这些研究在出口竞争力的核算方面还有两大问题：第一，只有总量指标，不能刻画一国出口在不同市场上的差异化表现；第二，只从出口角度进行增加值分解，缺乏考虑国际生产网络下增加值在经由中间品贸易在不同国家、不同行业间渗透传递的特征。我们将 TiVA 方法与衡量行业贸易竞争力的市场渗透率（MPR）指标相结合，构造出基于最终品进口市场的增加值市场渗透率（MPRVA）指标，进而测度、分析国际生产网络下中国行业增加值出口竞争力的变化及成因。

在国际生产网络下，聚焦讨论一国行业出口竞争力的文献研究，主要集中在以下几个方面：

第一，主张行业生产网络对一国出口竞争力变化的影响是把“双刃剑”。通过融入全球范围内 IPN，一国可以获得与先进技术、资本等要素对接的机遇，得到提升外贸竞争力的机会，但也可能经由“锁定效应”而陷入国际价值链的低端（Ernst，2000；Ernst，2002）。一个经济体深度融入国际生产网路，并不意味着该国贸易竞争力实现了同等程度的提升。由此，融入全球范围内 IPN 程度并不能作为衡量一国或地区贸易竞争力的指标，对行业出口竞争力的核算，需要同时兼顾“质”和“量”两个方面。

第二，行业生产网络下单纯从贸易量入手进行核算，易于高估中国的行业出口竞争力。根据世界银行发布的《世界贸易报告》，2014 年中国的进口和出口额分别占到世界总额的 10.55% 和 12.71%，中国作为世界“贸易大国”的地位毋庸置疑，但这并不意味着中国的出口竞争力也上升到相应的程度。Koopman 等（2008）指出，“重要的不是出口了多少，而是出口了什么”。次贷危机前，中国、东亚其他国家和美国之间形成了一个“三角”生产和贸易格局（Ng 和 Yeats，2003；Ahn，2004）。Koopman 等（2008）估算表明，中国制造品出口中的外国成分接近 50%。因此，按照传统的最终出口品贸易统计方法，极易夸大以贸易量见长的中国出口竞争力。

第三，行业生产网络下使用贸易增加值方法是测度出口竞争力的有效方法。Hummels 等（2001）利用投入产出表，把一国出口分解为国内和外国贸易增加值，以出口中进口中间品所占比重作为衡量垂直专业化指标，即 HIY 方法。该方法假定出口品只作为最终品，忽略了中间品在行业生产网络中的传递。在此基础上，一系列改进增加值测度的方法被相继提出。Daudin 等（2011）提出 DRS 方法，测算进口品中包含的增值折返部分。Koopman 等（2010）提出把贸易增加值拆分成最终品出口、中间品间接出口，构建出衡量贸易增加值的框架，即 KPWW 方法。Johnson 和 Noguera（2012）基于全球贸易分析数据库（GTAP）提出一个利用跨国投入产出表来计算出口国内增加值的分析框架，被称为“JN 框架”。Stehrer 等（2012）基于 KPWW 方法，在世界投入产出表（WIOD）基础上提出一个关于一国进出口增加值属地及行业分解的统一框架。Timmer 等（2014）展示了应用 WIOD 进行出口增加值分解的具体过程。Koopman 等（2014）、王直等（2015）从增加值视角修正显性比较优势指数，作为出口竞争力的指标，并系统总结出基于跨国投入产出表的贸易增加值核算方法的基本框架。

第四，基于增加值核算的中国出口竞争力研究，从总量上揭示出中国当前正处在从“加工车间”向“生产基地”升级的进程中。关于中国行业增加值贸易，罗长远和张军（2014）通过“JN 框架”，描述了国际生产网络背景下中国出口中本地增加值水平在行业内部和跨行业间的演化路径。Koopman 等（2008）估算表明，中国制造品出口中的外国成分接近 50%。黎峰（2014）核算了中国出口的属地、属权贸易收益，指出中国的世界第一出口所实现的属地收益大部分归属于日本、韩国以及我国台湾地区的东亚生产网络。唐海燕（2013）基于产品内国际分工理论和价值链分解技术，指出中国在全球范围内行业生产网络中角色已从加工贸易、三角贸易模式下的“加工车间”逐步演进为“生产基地”。

基于上述文献研究，我们认为，第一，在以行业生产网络为组织形式的国际分工体系中，呈现出垂直专业化分工的特征，但是关于出口竞争力的核算，需要综合考虑贸易的“质”和“量”。第二，对融入全球性行业生产网络的中国，因为加工贸易盛行，因而基于贸易增加值分解来评估出口竞争力是一种有效的方法。借助贸易增加值核算，可以有效地排除加工贸易模式对中国出口竞争力造成的夸大偏估。该方法已成为测度中国出口竞争力的重要方法（Koopman 等，2008；罗长远和张军，2014；唐海燕，2013；黎峰，2014）。

本章的边际贡献是：（1）我们沿用 Koopman 等（2010）方法，在 WIOD 数据基础上建立进出口增加值核算（Stehrer 等，2012；Timmer 等，2014），从最终品进口市场做出增加值分解，再结合贸易竞争力指标——市场渗透率（波特，2007；茅锐和张斌，2013），构建出贸易增加值的市场渗透率（MPRVA），将国际生产网络与行业出口竞争力测度连接起来，揭示出中国行业增加值出口竞争力的变化及成因。（2）基于 MPRVA 测度的中国在主要国家及地区和主要行业市场上的出口竞争力，为中国下一步谋求拓展外贸发展市场空间和行业空间提供了可资借鉴的指向标。（3）基于对中国出口增加值的市场渗透率做直接、间接和行业内、行业间效应的分解，揭示出中国行业增加值出口竞争力上升的成因是出口的行业内增加值上升和出口向国内增加值高的行业转移，且主要来自出口的行业内效应。

第二节
测度方法及行业贸易增加值数据说明

一、出口竞争力的测度方法比较

通过对进出口贸易量及其他辅助指标的深度处理，我们构造出反映国家贸易竞争力水平的指标。常用的指标主要有：显性比较优势指数（RCA）及其扩展型、贸易竞争指数（TCI）、显性竞争优势（CA）、市场渗透率（MPR）、出口复杂度指数（ESI），以及增加值显性比较优势等。具体参见表3－1。

表3－1　出口竞争力指标

指数名称	计算公式	文献出处
市场渗透率（MPR）	$MPR_{ijk} = X_{ijk}/M_{jk}$	茅锐和张斌（2013）
显性比较优势（RCA）	$RCA_{ij} = \frac{X_{ij}}{X_{nj}}/\frac{X_{it}}{X_{nt}}$	Balassa（1965、1989）
贸易竞争指数（TCI）	$TCI_{ik} = \frac{X_{ik} - M_{ik}}{X_{ik} + M_{ik}}$	Amighini（2005）
显性竞争优势（CA）	$CA_{ijk} = RCA_{ijk} - \frac{M_{ik}}{M_i}/\frac{M_{wk}}{M_w}$	陈佳贵和张金昌（2002）
出口复杂度指数（ESI）	$ESI_{jk} = \sum_k \frac{X_{jk}}{X_j} PRODY_k$、$PRODY_k = \sum_j \frac{(X_{jk}/X_j)}{\sum_j (X_{jk}/X_j)} Y_j$	Hausmann 等（2007）
增加值显性比较优势（RCAVA）	$RCA\_ValueAdded_i^r = \frac{(vax\_f_i^r + rdv\_f_i^r)/\sum_i^n (vax\_f_i^r + rdv\_f_i^r)}{\sum_r^G (vax\_f_i^r + rdv\_f_i^r)/\sum_r^G \sum_i^n (vax\_f_i^r + rdv\_f_i^r)}$	王直等（2015）

注：表中X表示出口；M表示进口；Y表示产出；下标i表示出口来源地；j表示出口目的地；k表示行业分类；n或w表示区域或世界总量；X_{ijk}表示国家i向国家j第k种行业产品出口；M_{jk}表示国家j第k种行业产品总进口；$vax_f_i^r$表示国家r行业i前向增加值出口；$rdv_f_i^r$表示国家r行业i出口折返增加值。

资料来源：作者根据相关文献整理。

市场渗透率（MPR）是衡量行业竞争力的传统指标。波特（2007）评价了产业国际竞争力的市场份额法，并计算出美、日、德等主要国家各行业国际市场渗透率。茅锐和张斌（2013）使用市场渗透率（MPR）测度中国制造业出口的国际竞争力水平。该指数计算简单，且能够针对不同市场进行计算。Balassa（1965）提出的显性比较优势（RCA）指数被广泛应用于国家出口竞争力的测算，该指数能有效比较不同国家在特定产品市场中的出口竞争力，但它没有考虑进口的影响。Amighini（2005）提出兼顾进口和出口的净贸易指数。对 RCA 指数改进的还有显性竞争优势指数（CA），它整合了显性比较优势和净贸易指数。陈佳贵和张金昌（2002）使用显性竞争优势指数来度量中国的贸易竞争力水平。不过，RCA 改进型指数并不能区分不同市场上的贸易竞争力。Hausmann 等（2007）提出出口复杂度（ESI）指数，该指数对具体产品行业以各出口国人均 GDP 为权重，对各国在该产品出口上显性比较优势做加权平均，得到产品技术复杂度 PRODY，在此基础上核算国家 j 行业 k 产品的出口复杂度。出口复杂度指数综合考虑了贸易比重的不同侧面，缺点是使用人均 GDP 的加权均值来度量技术复杂度并无足够的理论和现实依据。

以上传统的竞争力指标都是基于贸易量构造的，并不能很好地刻画国际生产网络下垂直专业化分工。TiVA 方法对此提供了很好的补充。王直等（2015）提出了增加值修正的显性比较优势（RCAVA），即行业增加值占该国出口中总国内增加值的比重相对于所有国家出口中该部门创造的增加值占全球总出口国内增加值比重的比值。该指数完成了 RCA 指数与垂直专业化分工特征的结合，但是该指数测度的仅仅是行业出口增加值的相对能力。作为考察国家出口竞争力的指标，RCAVA 至少还可以在两个方面加以补充：第一，国内上游行业的中间品配套能力是国家综合出口竞争力的一部分，需要在竞争力核算中加以反映；第二，测度核算工作应细分到具体地区、具体行业市场。为此，针对出口竞争力的测算方式，我们使用出口方在进口市场上贸易增加值的市场渗透率（MPRVA）来测度该出口方的出口竞争力。MPRVA 指标既保留了 MPR 指数多层面多角度测度的灵活性，能够区分出口方在不同地区、不同行业最终品进口市场上的出口竞争力，也能够经由 TiVA 核算来克服如下缺陷：经济规模对贸易竞争力的遮蔽，以及没有考虑国际生产网络下垂直分工引致的中间品贸易对出口竞争力的影响。此外，MPRVA 指标还有一大优势，即可以深入行业出口的直接增加值和间接增加值层面，探讨出口行业在全球价值链上的地位。

二、基于行业贸易增加值的市场渗透率

由贸易增加值的市场渗透率来核算出口竞争力。这个方法与传统的市场渗透

率核算方法的差异，可以通过图 3－1 进行展示。

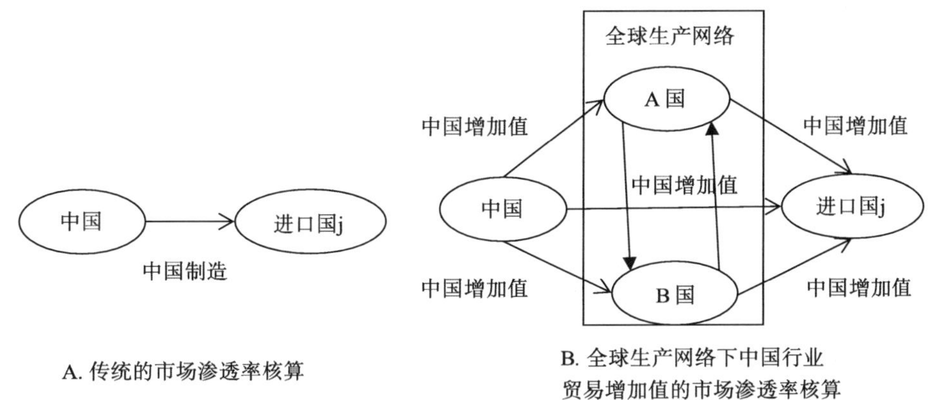

图 3－1　行业贸易增加值的市场渗透率与传统市场渗透率的核算方法对比

相比来看，传统的市场渗透率 $MPR_{ijk} = X_{ijk} / M_{jk}$，核算的是第 i 国在第 j 国第 k 类产品市场上的出口份额，其中只涉及双边贸易的计算，并不包括第 i 国出口中的增加值比重信息。我们提出贸易增加值的市场渗透率（MPRVA）是在多边贸易框架下计算的，是将第 j 国第 k 类产品市场上从全球所有贸易伙伴进口中的中国增加值进行加总，得到中国在第 j 国第 k 类产品最终品进口市场上提供的增加值份额。MPRVA 核算的完全是来自中国的贸易增加值，就更能体现出中国通过全球范围内行业生产网络传递到任何一个最终品进口市场的增加值比重，进而说明中国在国际生产网络下真正出口竞争力。

理论上，MPRVA 核算需要对世界投入产出表内每一个国家、每一个行业最终品进口额做增加值来源的分解，在来源地和行业两个维度上定位增加值的归属。这个过程借助 TiVA 方法来实现的。根据 Stehrer 等（2012）对 KPWW 核算方法（Koopman 等，2010）的整理，这里以 N 个国家、S 个行业部门为例：$V = [V^1, \cdots, V^N]$ 表示总产出中增加值；里昂惕夫矩阵 $L = (I - A)^{-1}$，A 为中间投入矩阵；VM_{ij} 表示第 j 国吸收的来自第 i 国的进口增加值。这样，对第 j 国贸易增加值 $VT_j = (VX_j, VM_j)$ 做分解：（1）出口的增加值（$VX_j = \sum VX_{jP}$），表示第 j 国对其他所有伙伴出口的增加值，包含出口的国内增加值（DVX）和出口的国外增加值（FVX）。（2）进口的增加值（$VM_j = \sum VM_{ij}$），表示第 j 国进口的增加值，包含双边进口的国外增加值、进口包含的国内转进口和进口的外国多边增加值。

贸易增加值的市场渗透率指标的测算，需要对目标市场的贸易增加值做上述分解，然后加总计算出该市场 j 进口的来自中国 C 的增加值（分行业 k 向量）：$VA_{Cjk} = \sum_{i \neq j} V_{Ck} L_{Cik} VM_{ijk}$。这里的各项为第 j 国从其他国家或地区 i 第 k 行业产品的最终进口中包含的中国增加值。由此，可以计算出中国在第 j 国或地区第 k 行业市场上贸易增加值的市场渗透率：

$$MPRVA_{Cjk} = \frac{VA_{Cjk}}{M_{jk}}$$

其中，M_{jk} 表示第 j 国在第 k 行业上进口额；VA_{Cjk} 是根据 TiVA 方法计算的第 j 国在第 k 行业上进口中吸收的中国增加值。将它在行业 k 维度上加总，得到中国在国家 j 的出口竞争力；将它在国家 j 维度上加总，得到中国在行业 k 市场上的出口竞争力；将它在国家 j 和行业 k 两个维度上加总，就得到中国的总体出口竞争力。具体来看，在行业产品 k 维度上加总时，我们选取国家 j 在第 k 行业的进口量占国家 j 所有最终品进口的比重（M_{jk}/M_j）作为权重。在国家 j 维度上加总时，则选取国家 j 在第 k 行业的进口量占扣除中国的世界市场在第 k 行业的进口量的比重（M_{jk}/M_{OWk}）作为权重。

上述变量都是相应分行业增加值组成的向量，从中可以区分出行业直接增加值和上游行业提供的间接增加值，进而对 MPRVA 指标构建行业内效应和行业间效应的分解，展示其变化背后的行业结构因素；也可以通过直接增加值对间接增加值的比重来展示具体某国某行业本身增加值的出口能力。

三、行业贸易增加值数据说明

这里选取 WIOD 数据库于 2016 年 11 月发布的世界投入产出数据表中 43 个国家及地区（包括 28 个欧盟国家含脱欧的英国和 15 个其他国家及地区，不考虑数据库里世界其他地区）作为考察对象，① 时间从 2000—2014 年。56 个部门数据是按照国际标准工业分类（ISIC）Rev. 4 进行分类的，IO 表使用的是国民经济账户体系 2008 版本。据此，来考察 2000—2014 年国际生产网络下主要国家和地区出口竞争力变化的格局。需要指出的是，WIOD 数据库有一个“比例假设”，即假定在对进口中间品的使用上，出口产品和内销产品的生产技术是一样的。该

① 这 43 个国家及地区包括澳大利亚、奥地利、比利时、保加利亚、巴西、加拿大、瑞士、中国大陆、塞浦路斯、捷克、德国、丹麦、西班牙、爱沙尼亚、芬兰、法国、英国、希腊、克罗地亚、匈牙利、印度尼西亚、印度、爱尔兰、意大利、日本、韩国、立陶宛、卢森堡、拉脱维亚、墨西哥、马耳他、荷兰、挪威、波兰、葡萄牙、罗马尼亚、俄罗斯、斯洛伐克、斯洛文尼亚、瑞典、土耳其、美国，以及中国台湾地区。

假设并不能完美地刻画“加工贸易”盛行的中国情况。尽管如此，WIOD 数据库的时间跨度和覆盖面仍然是其他数据库不能比拟的，并且 WIOD 数据库为国际贸易一般均衡模型研究和贸易增加值研究提供了很大的便利。

与仅仅中国自身的投入产出表相比，依托跨国投入产出表开发的数据库，既可以区分出口的国内增加值和国外增加值，也可以跟踪国外增加值的具体来源地。因为这一数据覆盖了世界上的代表性国家和地区，可做国际比较，并可从行业层面对产出增加值属地做出分解，可以追踪到价值链上的每一个环节。我们采用 WIOD 数据，基于贸易增加值测算出 43 个国家和地区、56 个行业在进口市场渗透率，来刻画 2000—2014 年国际生产网络下中国行业增加值出口竞争力变化及其成因，以及中国外贸主要行业增加值出口竞争力及其变化。

第三节 中国行业增加值出口竞争力的变化：统计比较

根据 WIOD 数据库和 TiVA 测算方法，我们测算出中国各行业在各个市场上增加值的市场渗透率指数。据此，分别从增加值的中国总体出口竞争力、主要国家和地区出口竞争力（国家和行业两个维度加总）、中国在主要国家和地区市场上出口竞争力（行业加总）、中国在主要国家及地区行业市场上出口竞争力，以及中国对外行业增加值出口竞争力（国家或地区加总），来考察国际生产网络下中国行业增加值出口竞争力的变化及其国际地位。

一、基于增加值的中国总体出口竞争力：纵向比较

图 3 -2 中的线性实线是 2000—2014 年由增加值的市场渗透率在国家和行业产品两个维度上加总得到的中国总体出口竞争力指标。柱状图为该指标的年度变化率。

如图 3 -2 所示，2000—2014 年，基于增加值的市场渗透率测度的中国总体出口竞争力保持着稳定上升态势。2001 年中国入世后，稳定的世界贸易组织（WTO）成员方的市场预期，使得基于增加值的中国总体出口竞争力进入平稳的增长期，从 2001 年的 4.07% 增长到 2004 年的 5.70%。2005 年汇率制度改革后，中国总体出口竞争力仍保持着持续上升态势，从 2005 年的 6.38% 上升至 2014 年的 12.00%。但是，这一期间中国总体出口竞争力变化已出现较大的起伏，2005

年增速为0.68%，2011年增速仅为0.35%。一种解释是，2009年中国开启了大规模的经济刺激计划，以及“产业结构升级”的政策导向，通过国际生产网络回转进入最终产品的进口市场，成为推升中国总体出口竞争力的动力，但其推升效应已出现减弱。相比来看，2001—2014年基于增加值的中国总体出口竞争力保持着持续上升态势，尽管其增速已减弱。

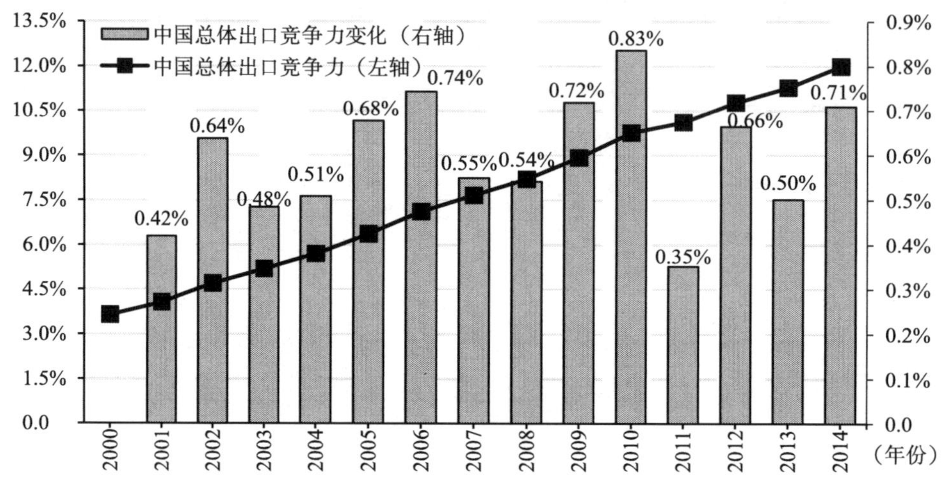

图3-2 基于增加值的市场渗透率测度的中国总体出口竞争力指标及其变化

资料来源：作者根据WIOD数据库计算得出。

二、中国在主要国家和地区市场上增加值的出口竞争力：统计比较

由增加值的市场渗透率在行业维度上加总，得到中国在主要国家和地区市场上增加值的出口竞争力。表3-2列示了根据WIOD数据测算出的2001—2014年中国在主要国家和地区市场上增加值的出口竞争力水平。

表3-2 中国在主要国家和地区市场上增加值的出口竞争力 单位：%

类别 \ 年份	2001	2002	2003	2004	2005	2006	2007	2008	2009	2010	2011	2012	2013	2014
美国	4.31	5.24	6.13	6.92	8.04	8.89	9.67	9.89	11.29	11.82	11.78	12.63	13.18	14.10
德国	2.13	2.40	2.86	3.27	3.81	4.39	4.83	5.14	5.58	6.25	6.21	6.15	6.62	6.92
日本	10.08	11.10	12.66	13.39	14.03	14.02	14.35	13.90	15.97	15.93	15.75	15.92	17.29	18.31
英国	2.40	2.57	2.79	3.24	3.78	4.05	4.47	5.29	5.32	6.40	6.35	6.65	8.36	7.36
法国	1.76	1.90	2.41	2.77	3.15	3.55	4.11	4.35	4.71	5.42	5.43	5.41	5.47	5.87
意大利	1.75	2.05	2.32	2.73	3.10	3.67	4.03	4.62	4.69	6.01	5.97	5.50	5.79	6.41

续表

类别 \ 年份	2001	2002	2003	2004	2005	2006	2007	2008	2009	2010	2011	2012	2013	2014
荷兰	1.77	1.81	1.98	2.29	2.54	2.86	3.60	3.75	4.44	5.42	5.58	5.47	7.71	8.25
加拿大	2.33	2.97	3.47	4.28	4.92	5.65	6.32	6.80	7.17	7.34	7.85	8.32	8.72	9.30
澳大利亚	5.02	5.91	6.60	7.55	8.46	9.32	10.11	10.66	12.10	13.04	13.63	13.78	14.50	15.89
中国台湾	3.77	4.84	6.08	7.12	7.49	8.82	8.87	9.49	9.94	10.17	10.60	11.47	12.42	14.73
韩国	7.41	8.68	9.36	9.99	10.56	11.31	12.05	13.21	13.12	13.12	14.21	14.11	15.52	16.35
俄罗斯	5.26	5.96	7.01	7.43	8.69	9.40	11.93	11.50	13.26	15.64	14.91	15.06	16.48	17.52
印度	3.62	4.30	4.40	5.18	5.79	6.17	7.12	7.19	8.43	8.53	9.88	9.66	10.17	11.99
巴西	2.41	3.07	4.01	4.84	5.21	6.28	6.59	7.94	8.42	9.63	10.00	10.66	11.34	12.29
墨西哥	1.89	2.69	3.22	3.96	4.36	5.70	6.10	7.00	7.60	8.68	9.27	9.49	9.97	10.78
爱尔兰	0.83	1.03	1.41	1.60	2.14	2.61	2.44	2.45	2.01	1.95	2.01	2.20	2.40	2.38
印度尼西亚	5.80	6.86	7.28	7.69	7.88	9.34	9.34	11.40	11.87	12.54	12.65	13.91	15.35	16.71

资料来源：作者根据WIOD数据库计算得出。

比较来看，2001年中国加入WTO，是中国在主要出口市场上增加值的市场渗透率上升的第一波；2007年美国次贷危机后，特别是2009年中国推出经济刺激计划和“产业升级”政策，这些构成了推升中国在主要国家和地区市场上出口增加值上升的第二波动力。主要表现为中国对17个主要发达和新兴市场经济体的出口竞争力均有着明显地增加趋势。其中，（1）中国在日本市场上增加值的出口竞争力最高，且呈明显上升趋势，只是在2007—2008年美国次贷危机冲击、2010—2011年中日钓鱼岛争端冲击后出现暂时性下降，2013—2014年又呈明显增长。（2）中国在韩国市场上增加值的出口竞争力次之，且呈显著上升趋势，只是在2008—2010年美欧金融危机冲击后出现了暂时性下降，2013—2014年又呈增长态势。（3）中国在俄罗斯市场上增加值的出口竞争力排在第三位，且呈上升态势，只是在2011—2012年受原油、石油产品、煤炭价格下行冲击后出现暂时性下降，2013—2014年又呈明显增长。（4）中国在印度尼西亚的增加值出口竞争力排在第四位，且呈明显上升趋势，只是在2007年受美国次贷危机冲击出现下挫。（5）中国在澳大利亚的增加值出口竞争力排在第五位，2001—2014年一直呈持续上升趋势。（6）中国在美国市场上增加值的出口竞争力排在第六位，除了2008年受美国次贷危机、2011年受美国“2011年货币汇率监督改革法案”冲击下挫后，一直呈持续上升趋势。（7）中国在金砖国家暨新兴市场巴西和印度市场上增加值的出口竞争力排在第8位和第9位，且都呈现出持续增长的趋势（除了2012年在印度市场出现暂时性下降之外）。这表明在金砖加新兴经济体市场上中国仍有进一步拓展其增加值的出口市场空间。2013年，中国提出了“一带一路”倡议，旨在实现“互联互通、共谋发展”，将更大地拓展中国对外贸易市场。由此，基于增加值市场渗透率测度的中国在主要国家和地区市场上出口竞争力，正可以构成“一带一路”倡议下中国提升贸易增加值、拓展外贸地域空间的参考依据。

三、中国在主要国家及地区行业市场上增加值的出口竞争力：统计比较

在WIOD数据库中，除了中国自身之外，还有43个国家和地区（包括其他世界（ROW））的56个行业贸易增加值数据。这56个行业包括3个农牧林渔业、1个采矿业、19个制造业、3个电力与燃气及水生产和供应业、1个建筑业、29个服务业（3个批发与零售业、5个运输与仓储和邮政业、1个住宿与餐饮业、2个出版与音像业、2个信息技术服务业、3个金融业、1个房地产业、5个科技服务业、2个行政与社保业、1个教育业、3个卫生与社会工作以及1个国际组织活动）。图3－3反映了中国在除自身之外的43个国家及地区共计2408个行业市场上增加值的出口竞争力变化。我们再分别考察中国在入世前后（2000年、2002年）、美欧金融危机前后（2006年、2012年），以及2014年分别同中国入世当年（2001年）、同美国次贷危机当年（2007年）基于增加值的出口竞争力在行业市场上的表现进行直观刻画比较。

如图3－3a所示，其数据观察点的趋势线斜率略小于1，意味着2002年相比于2000年，中国对外出口总体行业的MPRVA稍微下降。具体是，与入世前的2000年相比，2002年中国在43个国家和地区交互56个行业的2408个行业市场上增加值的出口竞争力总体上呈现下降。在全部2408个行业市场上，中国增加值出口竞争力上升的有1151个行业，占比47.8%。其中，出口增加值市场渗透率增长较快的地区行业主要集中在中国对土耳其的贱金属制造业、木材与软木制品和秸秆及编织业、广告与市场研究业、科学研究与发展，对印度的焦炭与精炼石油品制造业，对塞浦路斯、罗马尼亚、葡萄牙和中国台湾的其他运输设备制造业，对日本的邮递活动业、记录媒体的印刷与复制业，对保加利亚的木材与软木制品和秸秆及编织业，对加拿大和法国的人类健康与社会工作活动，对芬兰的其他服务活动等。同期，在2408个行业市场上，中国增加值出口竞争力下降的有1215个行业，占比50.5%。其中，出口增加值市场渗透率明显下降的地区行业主要是：中国对印度的贱金属制造业，对立陶宛的食物制品与饮料和烟草业，对

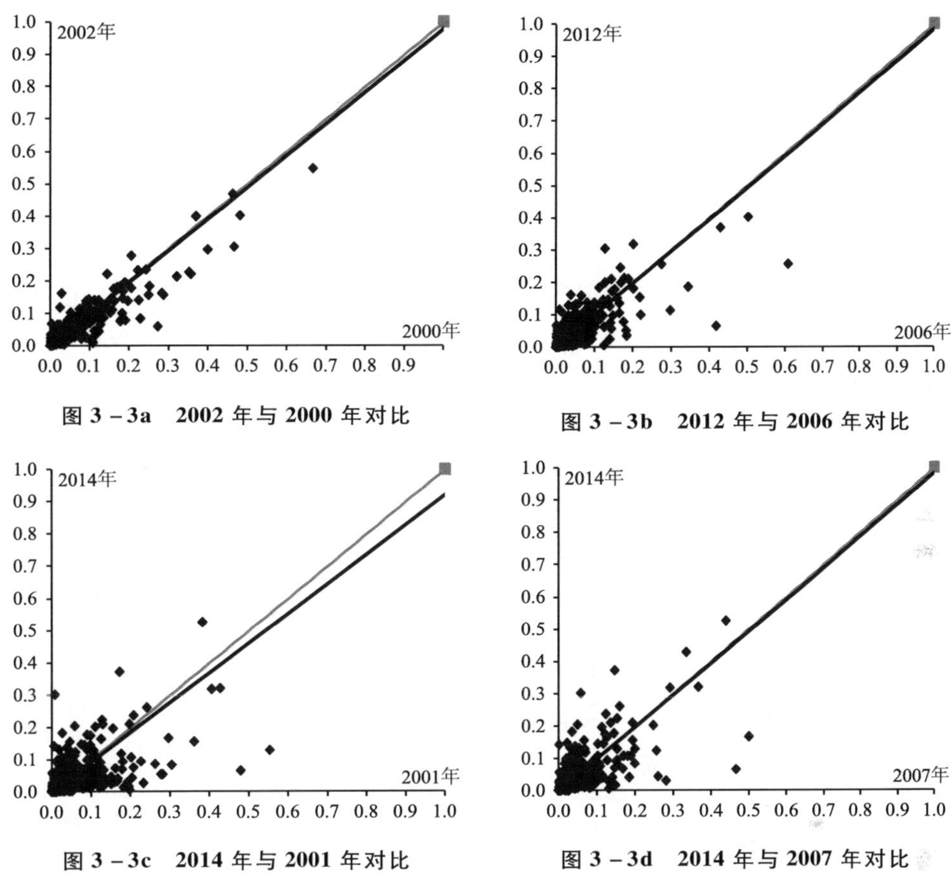

图 3－3a　2002 年与 2000 年对比

图 3－3b　2012 年与 2006 年对比

图 3－3c　2014 年与 2001 年对比

图 3－3d　2014 年与 2007 年对比

图 3－3　中国在主要国家及地区行业市场上增加值出口竞争力对比

（43 个地区交互 56 个行业）

注：散点图中的每个点代表一个国家或地区、具体行业的最终品进口市场上中国增加值的市场渗透率（MPRVA）；横轴与纵轴分别是两个对比年度，虚线是对角线，斜率为 1，落在对角线上代表 MPRVA 没有发生变化，落在之上部分表示 MPRVA 上升，落在之下部分为下降。实线是所有数据点的趋势线，其斜率大于 1，表示 MPRVA 上升，反之则下降。

资料来源：作者根据 WIOD 数据库计算得出。

英国的采矿与采石业，对芬兰、葡萄牙、英国、爱尔兰、韩国、法国的保险与再保险和养老，对澳大利亚、日本和世界其他地区的家庭作为雇主与家庭自用产品与服务业，对挪威的计算机程序与咨询及信息服务业，对卢森堡的其他运输设备制造业、计算机与电子及光学品制造业，对奥地利的林业与伐木业，对俄罗斯的法律与会计和管理咨询业，对斯洛文尼亚的除保险与养老金外的金融服务、邮递活动等。在这些地区行业市场上，中国增加值出口竞争力都发生了下降。两相比较，在全部2408个行业市场上，2002年相比于2000年中国增加值出口竞争力下降的行业占据更大的数量和更高的比重。

如图3-3b所示，该样本数据观察点的趋势线斜率近乎与1重叠，意味着2012年相比于2006年，中国对外出口总体行业的MPRVA几乎未变。与美国次贷危机前的2006年相比，美欧金融危机后的2012年中国在43个国家和地区交互56个行业的2408个行业市场上增加值的出口竞争力已恢复到危机前的水平，因而中国对外出口总体行业的MPRVA表现出几乎不变。尽管如此，在全部2408个细分市场上，中国增加值出口竞争力上升的有1355个行业，占比56.3%。其中，出口增加值市场渗透率增长较快的地区行业主要是：中国对墨西哥、克罗地亚的邮递活动业，对爱尔兰、罗马尼亚的出版活动业，对爱尔兰的人类健康与社会工作活动，对印度尼西亚的集水与处理和供水，对卢森堡的科学研究与发展，对挪威的其他运输设备制造业，对印度的贱金属制造业，对克罗地亚的住宿与餐饮服务业、电力与燃气和蒸汽及空调供应、教育、法律与会计和管理咨询、陆路运输与管道运输，对日本的其他服务活动等。同期，在这些国家行业市场上，中国增加值出口竞争力下降的有1011个行业，占比42%。其中，出口增加值市场渗透率明显下降的地区行业主要是：中国对马耳他、土耳其的贱金属制造业，对墨西哥、葡萄牙的法律与会计和管理咨询，对土耳其、罗马尼亚的木材与软木制品和秸秆及编织业，对俄罗斯、韩国、捷克和澳大利亚的集水与处理和供水，对丹麦的教育、人类健康与社会工作活动，对捷克的邮递活动，对澳大利亚的广告与市场研究，对葡萄牙的批发业，对爱尔兰的电力与燃气和蒸汽及空调供应，对墨西哥的记录媒体的印刷与复制业。两相比较，在全部2408个行业市场上，2012年相比于2006年中国增加值出口竞争力上升的行业占据明显更大的数量和更高的比重。

如图3-3c所示，此样本数据观察点的趋势线斜率明显小于1，意味着2014年相比于2001年，中国对外出口总体行业的MPRVA明显下降。具体是，与加入世界贸易组织时的2001年相比，2014年中国在43个国家和地区交互56个行业的2408个行业市场上增加值的出口竞争力总体上呈现出明显的下降。在全部2408个行业市场上，中国增加值出口竞争力上升的有1055个行业，占比43.8%。其中，出口增加值市场渗透率增长较快的地区行业主要是：中国对奥地利、爱尔兰、加拿大的人类健康与社会工作活动，对加拿大、波兰、斯洛伐克、澳大利亚、爱沙尼亚、立陶宛、保加利亚的教育，对墨西哥的邮递活动，对印度尼西亚的集水与处理和供水，对韩国的记录媒体的印刷与复制业，对爱尔兰的出版活动，对俄罗斯的其他服务活动，对加拿大、西班牙和中国台湾的科学研究与发展等。同期，在这些国家行业市场上，中国增加值出口竞争力下降的有1311个行业，占比54.4%。其中，出口增加值市场渗透率明显下降的地区行业主要是：中国对墨西哥、葡萄牙的法律与会计和管理咨询业，对立陶宛的零售业，对塞浦路斯的作物与动物生产和狩猎及相关服务，对日本、意大利、瑞典的邮递活动，对马耳他的贱金属制造业，对捷克的集水与处理和供水，对奥地利的其他服务活动，对澳大利亚的除保险与养老金外的金融服务，对葡萄牙的批发业，对澳大利亚、克罗地亚、希腊、塞浦路斯、瑞士、加拿大和英国的家庭自用产品与服务业。两相比较，在全部2408个行业市场上，2014年相比于2001年中国增加值出口竞争力下降的行业占据明显更大的数量和更高的比重。

如图3－3d所示，该样本数据观察点的趋势线斜率几乎与1重叠，意味着2014年相比于2007年，中国对外出口总体行业的MPRVA几乎未变。具体是，与美国爆发次贷危机的当年相比，2014年中国在2408个行业市场上增加值的出口竞争力总体上已恢复到次贷危机前的水平，因而中国对外出口总体行业的MPRVA表现出几乎不变。不过，在全部2408个细分行业市场上，中国增加值出口竞争力上升的有1245个行业，占比51.7%。其中，出口增加值市场渗透率增长较快的地区行业主要是：中国对爱尔兰、奥地利的人类健康与社会工作活动，对印度尼西亚的集水与处理和供水，对墨西哥的邮递活动，对爱尔兰、罗马尼亚的出版活动，对挪威、爱尔兰的公共行政与国防及强制性社保，对俄罗斯的其他服务活动，对印度的贱金属制造，对荷兰的陆路运输与管道运输，对芬兰的其他运输设备制造，对波兰的保险与再保险和养老金，对韩国的记录媒体的印刷与复制，对爱沙尼亚的电力与燃气和蒸汽及空调供应，对日本的科学研究与发展等。同期，在这些国家行业市场上，中国增加值出口竞争力下降的有1121个行业，占比46.6%。其中，出口增加值市场渗透率下降的地区行业主要是：中国对丹麦的教育，对巴西的焦炭与精炼石油品制造，对加拿大、墨西哥的记录媒体的印刷与复制，对葡萄牙的法律与会计和管理咨询，对丹麦的人类健康与社会工作活动，对塞浦路斯、爱尔兰的邮递活动，对俄罗斯、韩国、澳大利亚的集水与处理和供水，对葡萄牙的批发业，对马耳他的贱金属制造，对土耳其、罗马尼亚的木材与软木制品和秸秆及编织业等。两相比较，在全部2408个行业市场上，2014年相比于2007年中国增加值出口竞争力上升的行业占据更大的数量和更高的比重。

四、基于国家和地区市场加总的中国对外行业增加值出口竞争力：统计比较

从国家和地区市场加总的中国对外行业增加值出口竞争力来看，在56个行业市场上，我们发现：第一，尽管图3－3a中从43个国家和地区交互56个行业

的2408个行业市场来看，2002年相比于2000年中国增加值出口竞争力下降的行业数量更多、比重更高，但是如图3－4a所示，基于国家和地区市场加总的中国对外56个行业增加值出口竞争力来看，2002年相比于2000年中国在大多数行业增加值出口竞争力却呈上升态势。具体表现为该样本数据观察点的趋势线斜率大于1，意味着与加入世界贸易组织前的2000年相比，2002年中国对外56个行业增加值的出口竞争力表现为上升状态。

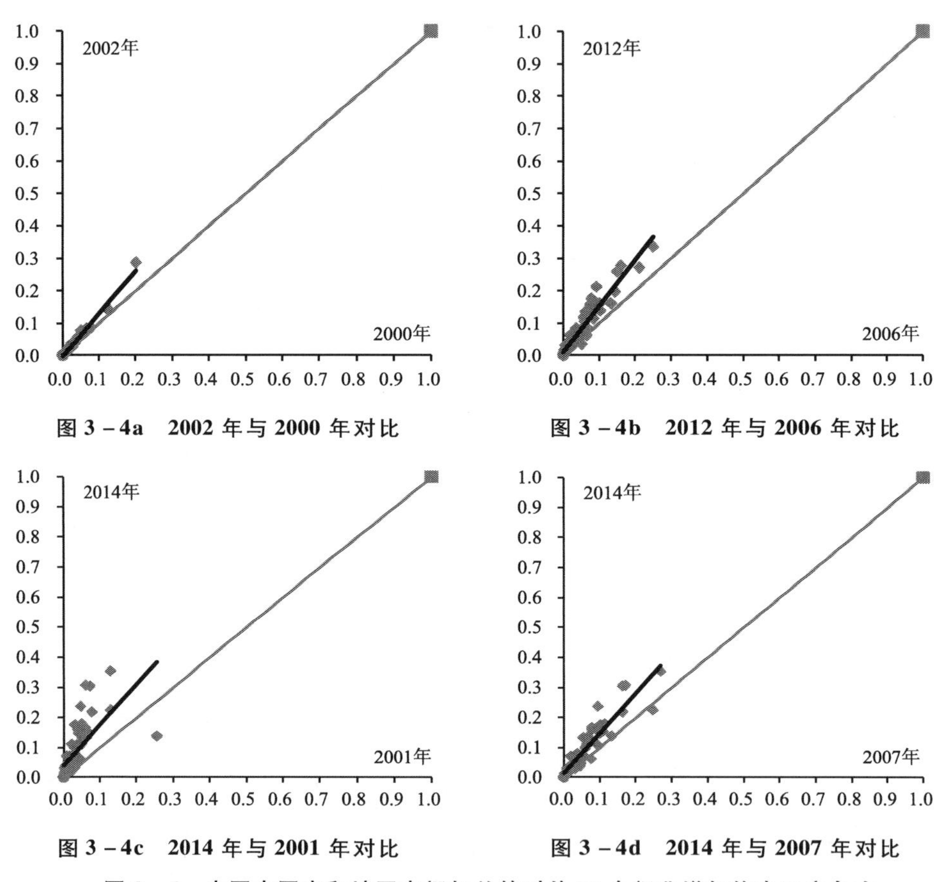

图3－4a　2002年与2000年对比

图3－4b　2012年与2006年对比

图3－4c　2014年与2001年对比

图3－4d　2014年与2007年对比

图3－4　中国在国家和地区市场加总的对外56个行业增加值出口竞争力：不同年度对比

注：散点图中的每个点代表一个具体行业的最终品进口市场上中国增加值的市场渗透率（MPRVA）。横轴与纵轴分别是两个对比年度，虚线是对角线，斜率为1，落在对角线上代表MPRVA没有发生变化；落在对角线之上部分表示MPRVA上升，落在之下部分表示下降。实线是所有数据点的趋势线，其斜率大于1，表示MPRVA上升，反之则下降。

资料来源：作者根据WIOD数据库计算得出。

第二，如图 3 - 3b 所示，从全部 2408 个行业市场来看，2012 年相比于 2006 年中国增加值出口竞争力上升的行业数量明显更多、比重更高。并且，如图 3 - 4b 所示，基于国家和地区市场加总的中国对外 56 个行业增加值出口竞争力来看，2012 年相比于 2006 年中国增加值行业出口竞争力呈明显上升态势。具体表现为该样本数据观察点的趋势线斜率明显大于 1，意味着与美国次贷危机前的 2006 年相比，危机后的 2012 年中国对外行业增加值出口竞争力表现为明显的上升状态。据此，2012 年相比于 2006 年，无论是细分国家行业市场，还是中国在国家和地区市场加总的对外行业贸易上，绝大多数行业增加值的出口竞争力都有了明显上升。

第三，如图 3 - 3c 所示，从全部 2408 个行业市场来看，2014 年相比于 2001 年中国增加值出口竞争力下降的行业数量明显更多、比重更高。但是，如图 3 - 4c 所示，从国家和地区市场加总的中国对外 56 个行业增加值出口竞争力来看，2014 年相比于 2001 年中国增加值行业出口竞争力却呈明显上升趋势，表现为该样本数据观察点的趋势线斜率明显大于 1。据此，相比于 2001 年中国入世时在 2408 个行业市场上增加值出口竞争力是不平衡的、下降的行业数量更多，而 2014 年按照国家和地区市场加总的 56 个行业里中国绝大多数行业增加值的出口竞争力呈明显上升趋势。

第四，如图 3 - 3d 所示，从全部 2408 个行业市场来看，2014 年相比于 2007 年中国增加值出口竞争力上升的行业数量更多、比重更高。如图 3 - 4d 所示，从国家和地区市场加总的中国对外 56 个行业增加值出口竞争力来看，2014 年相比于 2007 年中国增加值的行业出口竞争力呈明显上升态势，表现为该样本数据观察点的趋势线斜率明显大于 1。据此，2014 年相比于美国次贷危机爆发的 2007 年，无论是细分国家行业市场，还是中国在国家和地区市场加总的对外行业贸易上，大多数行业增加值的出口竞争力都有明显上升。

第四节 中国外贸主要行业增加值出口竞争力的变化：统计比较

我们再基于国家和地区市场加总的中国对外 56 个行业增加值的出口竞争力指标，测算出 2000—2014 年各个行业跨年度的均值，然后选取均值的中位数及以上的行业作为统计比较参照行业。如表 3 - 3 所示，中国行业增加值的出口竞争力（以各个行业跨年度的均值衡量）处于中位数及以上的28个行业分类型、按照增加值出口竞争力大小排序分别是：（1）属于先进制造业的行业有：计算机与电子及光学品制造、电气设备制造、机械设备制造、其他运输设备制造、化工产品制造、汽车与挂车及半挂车制造、基本药物与药物制剂业；（2）属于传统制造业的行业有：纺织与服装及皮革制造、家具制造业、其他非金属矿物制品、金属制品（机械设备除外）、橡胶与塑料制品业、除家具外木材与软木制品和秸秆及编织业、记录媒体的印刷与复制、贱金属制造、食物制品与饮料和烟草业、纸与纸制品制造；（3）属于先进服务业的行业有：法律与会计和管理咨询、其他服务活动、航空运输；（4）属于传统服务业的行业有：零售业（除汽车与摩托车外）、水上运输、批发业（除汽车与摩托车外）、住宿与餐饮服务、陆路运输与管道运输；（5）属于建筑业的有：建筑；（6）属于传统农牧渔林业的有：作物与动物生产和狩猎及相关服务、渔业与水产养殖。相比来看，中国行业增加值具有出口竞争力相对优势的行业主要集中在10个传统制造业行业、7个先进制造业行业、5个传统服务业行业，以及3个先进服务业行业。据此，中国在增强先进制造业、先进服务业行业产品增加值出口竞争力的同时，并没有放弃传统制造业、传统服务业行业产品增加值出口的竞争优势。

表3-3　中国外贸主要行业增加值的出口竞争力及其变化（年份略减）

类别	2000年	2002年	2003年	2004年	2005年	2006年	2011年	2012年	2013年	2014年
纺织与服装及皮革制造	0.123	0.144	0.165	0.185	0.222	0.251	0.325	0.334	0.349	0.355
法律与会计和管理咨询	0.124	0.145	0.144	0.156	0.189	0.211	0.276	0.272	0.213	0.226
计算机与电子及光学品制造	0.049	0.077	0.098	0.118	0.143	0.162	0.251	0.276	0.291	0.307
其他服务活动	0.202	0.285	0.227	0.164	0.151	0.135	0.152	0.160	0.157	0.140
电气设备制造	0.067	0.085	0.097	0.110	0.130	0.149	0.234	0.259	0.278	0.304
家具制造业	0.079	0.086	0.095	0.092	0.120	0.144	0.150	0.197	0.208	0.220
其他非金属矿物制品	0.044	0.056	0.062	0.069	0.082	0.093	0.173	0.214	0.236	0.236
金属制品（机械设备除外）	0.045	0.059	0.066	0.077	0.090	0.101	0.144	0.161	0.170	0.180
零售业（除汽车与摩托车外）	0.055	0.075	0.070	0.068	0.071	0.078	0.151	0.175	0.162	0.168
橡胶与塑料制品业	0.061	0.071	0.073	0.079	0.092	0.103	0.125	0.140	0.149	0.154
机械设备制造	0.024	0.038	0.046	0.057	0.065	0.079	0.155	0.153	0.165	0.176
建筑	0.036	0.046	0.054	0.070	0.066	0.080	0.154	0.159	0.154	0.148
除家具外木材与软木制品和秸秆及编织业	0.031	0.043	0.047	0.057	0.065	0.077	0.135	0.156	0.157	0.161

续表

类别	2000年	2002年	2003年	2004年	2005年	2006年	2011年	2012年	2013年	2014年
航空运输	0.041	0.056	0.061	0.069	0.072	0.085	0.119	0.116	0.115	0.112
水上运输	0.041	0.054	0.056	0.062	0.068	0.084	0.116	0.113	0.117	0.116
批发业（除汽车与摩托车外）	0.042	0.060	0.056	0.055	0.058	0.062	0.122	0.136	0.129	0.137
记录媒体的印刷与复制	0.059	0.068	0.066	0.063	0.058	0.059	0.094	0.107	0.120	0.133
其他运输设备制造	0.020	0.025	0.035	0.040	0.046	0.057	0.122	0.118	0.113	0.113
贱金属制造	0.037	0.044	0.056	0.068	0.060	0.068	0.080	0.085	0.094	0.109
住宿与餐饮服务	0.039	0.051	0.050	0.057	0.062	0.066	0.065	0.063	0.063	0.063
化工产品制造	0.026	0.035	0.039	0.042	0.049	0.054	0.086	0.085	0.090	0.100
食物制品与饮料和烟草业	0.032	0.037	0.039	0.042	0.048	0.054	0.067	0.068	0.072	0.074
陆路运输与管道运输	0.026	0.033	0.032	0.034	0.033	0.036	0.074	0.084	0.083	0.082
作物与动物生产狩猎及相关服务	0.034	0.040	0.048	0.037	0.046	0.044	0.044	0.043	0.045	0.047
渔业与水产养殖	0.026	0.037	0.045	0.052	0.048	0.053	0.039	0.037	0.033	0.038
汽车与挂车及半挂车制造	0.008	0.011	0.013	0.018	0.022	0.028	0.060	0.064	0.069	0.073
基本药物与药物制剂业	0.015	0.016	0.019	0.021	0.025	0.030	0.052	0.056	0.061	0.062
纸与纸制品制造	0.014	0.018	0.018	0.017	0.018	0.019	0.048	0.062	0.067	0.072
计算机程序与咨询及信息服务	0.011	0.014	0.015	0.018	0.021	0.024	0.045	0.049	0.052	0.047
焦炭与精炼石油品制造	0.023	0.033	0.032	0.030	0.024	0.020	0.032	0.033	0.037	0.041
电力与燃气和蒸汽及空调供应	0.017	0.023	0.022	0.024	0.024	0.026	0.038	0.041	0.042	0.047
邮递活动	0.025	0.027	0.025	0.026	0.024	0.026	0.033	0.032	0.031	0.028
集水与处理和供水	0.027	0.029	0.034	0.036	0.031	0.025	0.027	0.031	0.032	0.035
电信	0.022	0.023	0.021	0.022	0.021	0.022	0.034	0.034	0.035	0.033
人类健康与社会工作活动	0.006	0.008	0.009	0.009	0.010	0.012	0.038	0.038	0.041	0.039
采矿与采石	0.017	0.023	0.021	0.019	0.018	0.016	0.019	0.020	0.021	0.023
教育	0.009	0.013	0.013	0.015	0.013	0.015	0.021	0.022	0.024	0.023
公共行政与国防及强制性社保	0.009	0.014	0.014	0.015	0.013	0.014	0.021	0.023	0.024	0.023
保险与再保险和养老金（强制性社保除外）	0.004	0.006	0.006	0.007	0.009	0.011	0.029	0.031	0.030	0.035

续表

类别	2000年	2002年	2003年	2004年	2005年	2006年	2011年	2012年	2013年	2014年
运输仓储及支撑活动	0.003	0.004	0.004	0.004	0.004	0.005	0.030	0.033	0.033	0.033
机械设备修理与安装	0.006	0.007	0.009	0.011	0.012	0.015	0.023	0.023	0.024	0.026
污水与废物收集处理和废料回收及其他管理	0.007	0.007	0.007	0.008	0.007	0.009	0.014	0.026	0.026	0.028
其他专业性科技活动及兽医活动	0.004	0.006	0.007	0.008	0.010	0.011	0.015	0.017	0.016	0.018
林业与伐木	0.006	0.008	0.007	0.006	0.007	0.009	0.015	0.016	0.017	0.020
科学研究与发展	0.002	0.002	0.003	0.003	0.003	0.004	0.016	0.015	0.015	0.017
汽车与摩托车批发零售及修理	0.004	0.005	0.006	0.007	0.008	0.009	0.010	0.011	0.012	0.013
行政与支持服务活动	0.002	0.003	0.003	0.004	0.004	0.005	0.008	0.015	0.015	0.016
除保险与养老金外的金融服务	0.003	0.002	0.003	0.003	0.004	0.004	0.011	0.013	0.012	0.012
出版活动	0.002	0.003	0.003	0.003	0.004	0.005	0.009	0.012	0.012	0.013
域外组织与机构活动	0.002	0.002	0.003	0.004	0.004	0.006	0.010	0.010	0.010	0.012
建筑与工程及技术试验分析	0.002	0.003	0.003	0.003	0.004	0.005	0.009	0.009	0.009	0.010
电影与音像和广播业	0.002	0.003	0.003	0.003	0.004	0.004	0.006	0.007	0.008	0.009
广告与市场研究	0.001	0.002	0.002	0.003	0.003	0.002	0.006	0.006	0.007	0.007
金融与保险服务辅助活动	0.001	0.001	0.001	0.002	0.002	0.002	0.004	0.004	0.004	0.004
房地产活动	0.001	0.001	0.001	0.002	0.003	0.003	0.003	0.003	0.003	0.003
家庭作为雇主与家庭自用产品与服务	0.000	0.000	0.001	0.001	0.001	0.001	0.001	0.001	0.001	0.001

注：按照2000—2014年各个行业跨年度的均值大小排序的行业。

资料来源：作者根据WIOD数据库计算整理得出。

具体来讲，从2000—2014年中国对外56个行业增加值的出口竞争力发展变化来看：

第一，在先进制造业行业市场上，一是计算机与电子及光学品制造、电气设备制造、机械设备制造、化工产品制造、汽车与挂车及半挂车制造等行业，中国行业增加值的出口竞争力呈明显上升趋势；二是其他运输设备制造行业，中国行业增加值的出口竞争力长期内呈上升，近年来出现下降态势；三是记录媒体的印刷与复制行业，中国行业增加值的出口竞争力呈先平缓下降，后明显上升态势；四是基本药物与药物制剂业，中国行业增加值的出口竞争力呈平缓上升趋势。

第二，在传统制造业行业市场上，一是纺织与服装及皮革制造、其他非金属矿物制品、金属制品（机械设备除外）、除家具外木材与软木制品和秸秆及编织业等行业，中国行业增加值的出口竞争力呈一直上升态势；二是家具制造、焦炭与精炼石油品制造行业，中国行业增加值的出口竞争力在波动中呈先上升后下降再上升态势；三是橡胶与塑料制品、食物制品与饮料和烟草业、出版活动，中国行业增加值的出口竞争力呈平缓上升态势；四是贱金属制造业，中国行业增加值的出口竞争力在波动中呈上升态势；五是纸与纸制品制造业，中国行业增加值的出口竞争力呈先平稳后明显上升态势。

第三，在先进服务业行业市场上，一是法律与会计和管理咨询、航空运输、计算机程序与咨询及信息服务行业，中国行业增加值的出口竞争力呈先平缓上升，近年来下降态势；二是其他服务活动行业，中国行业增加值的出口竞争力呈先短暂上升后显著下降态势；三是电信、教育、公共行政与国防及强制性社保、机械设备修理与安装、其他专业性科技活动及兽医活动、行政与支持服务活动、除保险与养老金外的金融服务、建筑与工程及技术试验分析、域外组织与机构活动、电影与音像和广播业、广告与市场研究、金融与保险服务辅助活动等行业，中国行业增加值的出口竞争力在小幅波动中呈平缓上升态势；四是人类健康与社会工作活动行业，中国行业增加值的出口竞争力先小幅平缓上升，2007 年出现跳跃性攀升后再呈现小幅波动态势；五是保险与再保险和养老金（强制性社保除外）、科学研究与发展，中国行业增加值的出口竞争力呈先平缓上升后波动中上升态势；六是运输仓储及支撑活动，中国行业增加值的出口竞争力呈先平缓上升后明显上升态势；七是汽车与摩托车批发零售及修理，中国行业增加值的出口竞争力除了美欧金融危机在底谷外呈平缓上升态势；八是房地产活动、家庭作为雇主与家庭自用产品与服务，中国行业增加值的出口竞争力呈先上升后下降再上升态势。

第四，在传统服务业行业市场上，一是零售业（除汽车与摩托车外）、批发业（除汽车与摩托车外）行业，中国行业增加值的出口竞争力在波动中呈上升态势；二是水上运输、住宿与餐饮服务、陆路运输与管道运输等行业，中国行业增加值的出口竞争力呈先平缓上升，近年来下降态势；三是邮递活动行业，中国行业增加值的出口竞争力在波动中呈平缓上升，近年来下降态势。

第五，在电力与燃气及水生产和供应业市场上，一是电力与燃气和蒸汽及空调供应行业，中国行业增加值的出口竞争力在波动中呈平缓上升态势；二是污水与废物收集处理和废料回收及其他管理，中国行业增加值的出口竞争力在小幅波动中呈平缓上升态势；三是集水与处理和供水行业，中国行业增加值的出口竞争力在波动中呈先上升后下降再上升态势。

第六，在建筑行业市场上，中国行业增加值的出口竞争力呈平缓上升，近年来下降态势。

第七，在传统农牧渔林业市场上，一是作物与动物生产和狩猎及相关服务行业，中国行业增加值的出口竞争力呈波动变化之中；二是渔业与水产养殖业，中国行业增加值的出口竞争力呈先上升后下降态势；三是林业与伐木，中国行业增加值的出口竞争力先上升后下降再平缓上升趋势。

第八，在采矿和采石业市场上，中国行业增加值的出口竞争力呈先上升后下降再小幅平缓上升。

相比来看，一是在国际先进制造业市场上，中国在 7 个先进制造业行业上（计算机与电子及光学品制造、电气设备制造、机械设备制造、化工产品制造、汽车与挂车及半挂车制造、记录媒体的印刷与复制、基本药物与药物制剂业），中国行业增加值的出口竞争力呈上升趋势。这与中国在这一期间内大力推进先进制造业、信息技术行业的激励政策相一致。二是在国际先进服务业市场上，中国在 19 个先进服务业行业上（电信、教育、公共行政与国防及强制性社保、机械设备修理与安装、其他专业性科技活动及兽医活动、行政与支持服务活动、除保险与养老金外的金融服务、建筑与工程及技术试验分析、域外组织与机构活动、电影与音像和广播业、广告与市场研究、金融与保险服务辅助活动、人类健康与社会工作活动、保险与再保险和养老金（强制性社保除外）、科学研究与发展、运输仓储及支撑活动、汽车与摩托车批发零售及修理、房地产活动、家庭作为雇主与家庭自用产品与服务），中国行业增加值的出口竞争力呈上升趋势。这表明在后工业化时代，中国已经在 19 个现代先进服务业上取得了行业增加值出口竞争力的长足发展，这是下一阶段中国新的增长动力。

第五节 中国行业增加值出口竞争力变化的成因

一、中国行业增加值出口竞争力变化的行业贸易结构因素

罗长远、张军（2014）提出一个核算框架，用来计算出口本地增加值变化中的产业内效应和产业间效应。本章借鉴这一方法，从行业贸易结构入手解释中国增加值出口竞争力的变化，分为行业内效应和行业间效应，来揭示中国增加值

的出口竞争力指标（MPRVA）变化的行业贸易结构因素。根据这一思路，我们把中国增加值的出口竞争力指标变化做如下分解：一是设定行业 k 从基年到当年在国际市场上行业进口比重不变，聚焦考察该行业 k 内中国增加值的市场渗透率变化带来的效应，称之为行业内效应；二是设定该行业 k 的中国增加值的市场渗透率不变，聚焦考察该行业 k 从基年到当年在国际市场上行业进口比重变化带来的效应，称之为行业间效应。具体如下：

$$MPRVA_t(imsh_0) - MPRVA_0 = \sum_k (MPRVA_{kt} - MPRVA_{k0}) \times imsh_{k0} \quad (3-1)$$

$$MPRVA_t - MPRVA_t(imsh_0) = \sum_k MPRVA_{kt} \times (imsh_{kt} - imsh_{k0}) \quad (3-2)$$

其中，$MPRVA_t$ 是当年 t 时中国增加值的市场渗透率；$MPRVA_0$ 是基年中国增加值的市场渗透率。式（3－1）、式（3－2）分别捕捉的是行业内效应和行业间效应，把它们加起来就是中国增加值出口竞争力变化的总效应（$MPRVA_t - MPRVA_0$）。这里，$imsh_0$ 表示基年在国际市场上行业进口比重；$MPRVA_t(imsh_0)$ 是以基年在国际市场上行业进口的比重计算的当年 t 时 MPRVA 指标。

据此，对中国在样本期内增加值的市场渗透率指标（MPRVA）变化，以及其中的直接增加值市场渗透率（DMPRVA）和间接增加值市场渗透率（IMPR-VA）指标做出分解，以期揭示中国在样本期内增加值的出口竞争力变化背后的行业贸易结构因素。相关分解结果见表 3－4。

表 3－4　中国增加值出口竞争力变化的行业内效应和行业间效应分解　单位：%

类别		1995 年为基年			2002 年为基年		2007 年为基年
		2002 年对 1995 年	2007 年对 1995 年	2011 年对 1995 年	2007 年对 2002 年	2011 年对 2002 年	2011 年对 2007 年
总体效应	加总	4.92	9.75	13.66	4.83	8.74	3.90
	行业内	4.50	9.00	13.07	5.42	9.48	3.89
	行业间	0.42	0.75	0.59	－0.58	－0.74	0.02
直接效应	加总	2.04	3.45	4.84	1.40	2.80	1.39
	行业内	1.94	3.36	4.91	1.62	3.02	1.34
	行业间	0.10	0.09	－0.07	－0.21	－0.22	0.05
间接效应	加总	2.88	6.31	8.82	3.43	5.94	2.51
	行业内	2.56	5.64	8.16	3.80	6.46	2.54
	行业间	0.32	0.67	0.66	－0.37	－0.52	－0.03

资料来源：作者根据 WIOD 数据库计算得出。

如表 3 -4 所示，第一，从总体效应来看，以 1995 年为基年，无论 2002 年、2007 年还是 2011 年，MPRVA 变化的行业内效应和行业间效应都为正。这表明中国出口行业内增加值上升和出口向国内增加值高的行业转移，共同构成了整个出口增加值市场渗透率上升的原因，但发挥主导作用的是出口的行业内效应，即各出口行业本身的增加值比重上升。以 2002 年为基年，MPRVA 指标变化的行业间效应为负，说明中国出口竞争力的增长出现行业贸易结构向全球价值链低端移动的现象。以 2007 年为基年，这一向增加值比重低转移的不利态势得到了遏制。因为这一期间内行业间效应已回到正效应。

第二，从直接增加值效应来看，无论以哪一年为基年考察，推动指标随时间增长的主要因素都来自出口的行业内效应，而非来自行业间效应。这表明我国出口竞争力的上升主要来自出口行业本身出口国内增加值的上升，而非出口向国内增加值高的行业间转移。特别是以 2002 年为基年，行业间效应对中国出口直接增加值的市场渗透率（DMPRVA）指标增长的贡献都为负数，表明就出口直接增加值的能力来说，中国外贸结构发生了恶化。不过，以 2007 年为基年，这种不利态势已逆转。

第三，从间接增加值效应来看，同样，推动指标增长的主要因素都来自出口的行业内效应，而非来自行业间效应。若以 2002 年为基年，行业间效应对我国行业间接增加值的市场渗透率（IMPRVA）指标增长的贡献也为负数，说明就出口间接增加值的能力而言，中国外贸结构也在向增加值出口能力低的行业转移。但是以 2007 年为基年，行业间效应的下降已减弱，说明中国行业贸易结构沿着全球价值链向低端产业移动的态势已得到有效地遏制。

二、中国行业出口增加值的能力及其在全球价值链上地位提升

贸易增加值对 WIOD 数据进行分解，得到的是第 j 国或地区第 k 行业进口中吸收的中国增加值。通过整理，可以核算出其中的直接增加值市场渗透率（DMPRVA）和间接增加值市场渗透率（IMPRVA）。DMPRVA 和 IMPRVA 分别测度最终品进口市场上吸收的来自出口国（中国）行业 k 的增加值，以及来自中国行业 k 的上游行业创造的增加值。前者反映中国在国际市场上本行业 k 出口增加值的能力；后者反映在国际市场上中国其他所有行业通过对行业 k 的中间品供应而对最终产品出口增加值的能力。DMPRVA 和 IMPRVA 都是一国综合出口竞争力的一部分，其中 DMPRVA 更是直接反映出口行业自身在国际生产网络中的地位。对于垂直专业化分工程度很高的制造业而言，DMPRVA 是反映行业价值链地位的重要指标。DMPRVA 和 IMPRVA 指标可参见表 3 -4 中直接效应和间接效

应的加总指标。从加总视角来看，中国的 DMPRVA 和 IMPRVA 指标在样本期内保持增长，其中 IMPRVA 比 DMPRVA 增长得更快，这表明中国出口竞争力提升更多来自国内完备的工业体系所提供的上游配套能力，而较少来自行业本身增加值出口能力的提高。

在这里，本章将直接增加值市场渗透率（DMPRVA）除以间接增加值市场渗透率（IMPRVA）的比值，记为 DI 值（即 $DI = \frac{DMPIVA}{IMPIVA}$）。DI 值反映的是中国出口增加值中由出口行业直接贡献的部分与其他中国上游行业通过中间品供应而对最终产品出口增加值贡献的部分之比。DI 值大于 1，意味着中国在该行业国际市场上创造的增加值中，有超过一半来自中国该行业的生产部门。该指标数值本身反映行业特征，其数值变化可以反映中国行业出口增加值的能力及其在国际生产网络中的地位变迁。如果 DI 值上升，说明中国该行业自身实现了价值链上的地位提升。从 DMPRVA 和 IMPRVA 指标本身的变化中，可以较好地反映中国出口部门在国际生产网络中的行业地位，同时可以揭示出中国寻求产业升级的空间和行业方向。

表 3-5　1995—2011 年中国 35 个行业出口增加值的 DI 值统计比较

类别	1995 年	1998 年	2002 年	2007 年	2011 年
农业、狩猎业、林业与渔业	3.54	2.65	2.16	2.06	2.23
采矿业与采石工程	1.47	1.34	0.62	1.3	1.48
食物生产、饮料与烟草	0.46	0.49	0.53	0.44	0.44
纺织品及纺织制品	0.8	0.97	0.86	0.69	0.73
皮革与制鞋业	0.48	0.5	0.53	0.46	0.47
木材及木制品	0.78	0.85	0.8	0.76	0.73
纸浆、造纸、纸制品、印刷和出版业	0.78	0.82	0.76	0.5	0.37
炼焦、石油及核燃料加工业	0.28	0.24	0.22	0.13	0.16
化工及化学制品	0.63	0.6	0.56	0.49	0.48
橡胶与塑料工业	0.54	0.55	0.6	0.45	0.44
非金属矿物制造业	0.76	0.73	0.75	0.62	0.61
金属冶炼及金属制品业	0.77	0.67	0.72	0.69	0.68
机械设备制造业	0.53	0.53	0.51	0.49	0.48
电子与光学设备制造业	0.61	0.59	0.69	0.53	0.52
交通设备	0.26	0.25	0.26	0.28	0.29

续表

类别	1995 年	1998 年	2002 年	2007 年	2011 年
其他制造业、资源回收业	0.51	0.61	0.71	0.61	0.59
电力、气体与水供给	1.09	0.89	0.87	0.6	0.59
建筑业	0.47	0.37	0.33	0.37	0.37
机动车维护与销售、汽油销售	—	—	—	—	—
批发与经济贸易（除机动车贸易外）	0.05	1.37	1.47	1.67	1.56
零售贸易（除机动车贸易外）	0.01	1.25	1.42	1.77	1.72
酒店与饭店业	0.8	0.75	0.72	0.65	0.66
陆路运输业	1.68	1.46	1.69	1.29	1.26
水路运输业	0.44	0.41	0.84	1.18	1.2
航空运输业	0.74	0.67	0.7	0.44	0.44
其他方式的运输业	1.21	0.91	0.55	0.53	0.49
邮电与通信	1.8	1.43	1.4	1.7	1.64
金融中介	1.42	0.79	0.33	0.55	0.6
房地产	0.02	0.01	0.01	0.01	0.02
租赁和商务服务业	0.54	0.73	0.92	0.85	0.77
公共管理和国防社会安全	0.82	0.56	0.88	0.87	0.81
教育	1.6	1.25	1.42	1.15	1.03
医疗保健与社会工作	0.73	0.62	0	0.59	0.59
其他社区、社会和个人服务业	1.14	1.05	1.13	1.05	1.01
家政服务业	—	—	—	—	—

资料来源：作者根据 WIOD 数据库计算得出。

依据表 3－5，第一，从原材料行业（农牧林渔业、采矿业等）和非贸易的服务业来看，这些行业自身的属性决定了它们是没有深度参与垂直专业化分工的行业，其 DI 值相对更高。这表明中国这些行业出口竞争力提升更多来自行业本身增加值出口能力的提高。尽管如此，随着中国对外开放的深化，这些行业 DI 指标数值出现下降，部分反映出上游中间投入的增加，可以认为这些行业开始参与国际生产网络化程度提高。第二，从初级工业原料制造业和能源行业（如木材及木制品、纸浆造纸和印刷业、炼焦石油及核燃料业、化工及化学制品、橡胶与塑料工业、非金属矿物制造业，以及金属冶炼及金属制品业等）来看，其 DI 值都小于 1，说明中国在这些行业的全球价值链上的地位都处在较低的水平，虽然深度参与国际生产网络，但是更多是来自中国国内完备的工业体系所提供的上游配套能力，而较少来自这些行业本身增加值出口能力的提高。第三，从食品饮料烟草、纺织品、皮革与制鞋业来看，这些轻工业消费品行业的DI值都小于1，说明我国轻工业消费品行业本身尚未建立起强有力的增加值出口竞争优势，仍处在全球价值链的低端，尚需要在品牌建设、营销创新等方面加强提升。第四，从制造业出口竞争力增速亮点的装备制造业（如机械设备、电子与光学设备制造业等）来看，这些行业本身生产链条较长、垂直专业化分工更细，DI指标数值较低是该类行业属性的真实反映，但其演化趋势可反映该行业自身的品牌、管理、知识产权等出口竞争力优势。中国的机械设备、电子与光学设备制造业出口的DI值不断走低，交通设备制造业的DI值略微上升但仍小于0.3，说明我国这些行业增加值的出口竞争力主要不是来自出口行业本身直接增加值效应，而是来自其他上游行业协同贡献的间接增加值效应，出口行业本身还需谋求在国际生产网络中更高增加值比重的环节领域。

鉴于制造业是中国出口的重心，同时也是真正深入参与到国际生产网络的部门，考察中国制造业的DMPRVA、IMPRVA以及DI值比其他行业更加重要。而且，制造业DI值的增长更能反映出口行业本身的价值链地位变化。为此，图3-5中左图呈现出中国制造业出口的直接增加值市场渗透率和间接增加值市场渗透率指标，右图呈现出两者的比值DI指标。

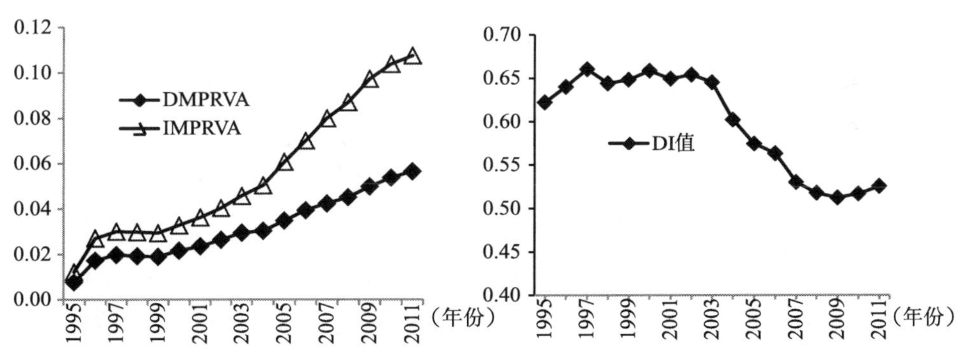

图3-5　中国制造业出口增加值的DMPRVA和IMPRVA以及DI值

资料来源：作者根据WIOD数据库计算得出。

对比发现，第一，1997—1998年亚洲金融危机后，中国制造业出口的直接增加值、间接增加值市场渗透率都有了明显上升，并且IMPRVA比DMPRVA显著上升得更快，特别是2003年之后，IMPRVA指标的增速明显提升，使得中国制造业出口的DI值显著下降。第二，中国制造业出口的DI值一直小于1，处于较低水平，并在2003—2009年发生持续下滑；2003年之前，该指标约在0.65，具体是中国制造业出口增加值中约 39.3% 是直接增加值，60.7% 是间接增加值；2009 年该 DI 值跌至谷底 0.51，此时中国制造业出口直接增加值占 33.9%、间接增加值占 66.1%；2009 年后，中国制造业出口的 DI 值进入止跌回升通道。比较来看，中国制造业出口到国际市场上增加值中，占主导份额的是间接增加值。1995—2003 年中国制造业出口间接增加值占 60.7%，2004—2011 年上升至 64.8%，而 1995—2003 年中国制造业出口直接增加值占 39.3%，2004—2011 年下降至 35.2%。因此，在中国制造业出口创造的国内增加值中，超过 60% 归因于国内的上游行业，制造业总体上还处在“微笑曲线”的底部，行业本身创造出口直接增加值的能力有限。这符合中国在这段时期内以加工贸易、三角贸易为特征的对外贸易产业结构。美欧金融危机后，中国开始实施转型发展、创新驱动战略，以期提升行业出口本身的增加值，在全球价值链上力求向“U 形”曲线两端地位提升。从中国制造业出口的 DI 值统计来看，这一“转型发展、创新驱动”战略的实施是卓有成效的，表现为 2009 年后中国制造业的 DI 值已经止跌回升。

第六节 主要结论及政策建议

本章基于 WIOD 数据库，从最终品进口市场角度，使用贸易增加值的市场渗透率（MPRVA）指标，对国际生产网络下中国行业增加值出口竞争力的变化及成因做出分析揭示，得出以下主要结论：

第一，基于增加值市场渗透率测度的中国总体出口竞争力保持着稳定上升态势，但其增速已减弱。加入 WTO 是中国在主要出口市场上增加值市场渗透率上升的第一波；为应对美欧金融危机，中国推出经济刺激计划和“产业升级”政策，构成推升中国在主要国家和地区市场上出口增加值上升的第二波动力。由此，基于增加值市场渗透率测度的中国在国家及地区市场上出口竞争力，构成“一带一路”下中国提升贸易增加值、拓展外贸市场空间的参考依据。

第二，在全部 2408 个行业市场上，2014 年相比于 2001 年中国增加值出口竞争力下降的行业占据明显更大的数量和更高的比重，但是加总的 56 个行业里中国绝大多数行业增加值的出口竞争力呈明显上升趋势，说明入世后中国的出口行业结构发生了明显变化。相比于 2007 年，2014 年无论是细分国家行业市场，还是在国家及地区加总的行业贸易上，中国大多数行业增加值出口竞争力都有明显上升，说明美欧金融危机后中国的出口行业结构已有显著提升和改善。

第三，中国行业增加值具有出口竞争力相对优势的行业主要集中在10个传统制造业行业、7个先进制造业行业、5个传统服务业行业，以及3个先进服务业行业。据此，中国在增强先进制造业、先进服务业行业增加值出口竞争力的同时，并没有放弃传统制造业、传统服务业行业增加值出口的竞争优势。相比来看，中国在7个先进制造业行业增加值的出口竞争力呈上升趋势，在19个先进服务业行业增加值的出口竞争力也呈上升趋势。这与中国在这一期间大力推进先进制造业、信息技术行业的激励政策相一致。同时表明在后工业化时代，发展现代先进服务业将是下一阶段中国新的增长动力。

第四，中国出口的行业内增加值上升和出口向国内增加值高的行业转移，共同构成了中国出口行业增加值市场渗透率上升的原因，但中国行业增加值出口竞争力上升的主要因素是来自出口的行业内效应，而非来自行业间效应。

第五，中国行业增加值的出口竞争力主要不是来自出口行业本身的直接增加值效应，而是来自其他上游行业协同贡献的间接增加值效应。也就是，在中国制造业出口创造的国内增加值中，占主导份额的是来自国内上游行业的间接增加值。由此，中国行业出口竞争力提升更多是来自国内完备的工业体系所提供的上游配套能力，而较少来自于行业本身增加值出口能力的提高。

据此，为提升中国行业增加值出口在全球价值链上的地位，优化中国行业出口贸易结构已成为当务之急。基于本章的研究结论，相关政策建议有：

1. 明确从贸易增加值视角拓展外贸市场空间。中国行业增加值出口竞争力的未来增长空间是有限的，给定资源环境约束下，中国增加值总体出口竞争力保持稳定上升态势实属不易。据此，中国外贸发展的重点不应是单纯追求贸易量的增长，更应深入挖掘细分国家和行业市场，依据增加值市场渗透率测算的中国在主要国家和地区市场、在主要国家及地区的行业市场，以及在主要行业市场上等提高增加值出口竞争力，来推动中国在主要国家市场、主要行业市场上提升贸易增加值、拓展外贸发展市场空间。

2. 明确未来提升中国出口在全球价值链中的地位必须要优化行业出口结构，大力发展生产性服务业，为提升出口部门竞争力提供协同配套支持。一方面，针对中国制造业出口的国内增加值中，行业本身创造的出口直接增加值能力有限，因而需要加大对企业创新的支持、向出口高品质的部门倾斜。另一方面，在制造业与服务业之间，需要大力发展生产性服务业部门，为出口部门提供更高增加值的现代先进服务业协同配套服务。

3. 明确企业创新对提升制造业企业在全球价值链中地位的重要性。中国制造业仍处在全球价值链的中低端，需要加大对企业创新的支持力度，打造自主品牌、营销、专利等竞争优势，提高制造业部门出口本身的直接增加值比重，提升其在全球价值链中的地位。所幸的是，美欧金融危机后中国开始实施转型发展、创新驱动战略，降低对加工贸易的过度依赖，努力从“微笑曲线”的底部走向两端，提升其在全球价值链中的地位。此外，我们也不能忽视贸易增加值较低的行业本身，而应看到其通过进口中间品对其他部门产生的正向溢出效应（即间接增加值效应）。

第四章

行业价值链治理模式与中国行业增加值外贸竞争力提升[①]

本章使用行业标准化程度和行业集中度来测度行业价值链治理模式，并细分模块型、关系型、领导型和阶层型四种模式，探究了不同类型行业价值链治理模式对中国行业增加值外贸竞争力的影响。

第一节
问题提出及文献综述

2017 年以来，时任美国总统特朗普积极推行“美国利益优先”战略，在全球范围内挑起以提高关税为主要手段的贸易摩擦，给中国行业企业外贸竞争力提升带来了严峻的挑战。2019 年 7 月 23 日，中国商务部外贸司负责人解读稳外贸政策措施，提出“推动外贸稳中提质，增强出口竞争力”。2019 年 12 月 10 日至 12 日，中央经济工作会议提出“推动对外贸易稳中提质”。2020 年 10 月 29 日，中共十九届五中全会提出“我国已转向高质量发展阶段，制度优势显著，治理效能提升。”为此，对我国行业出口竞争力提升的研究变得尤为重要。生产价值

① 本章主要内容参见沈国兵、李伟汉：“行业价值链治理模式与我国行业增加值外贸竞争力提升”，载 2020 年“中国高校人文社会科学信息网”，https：//www. sinoss. net/show. php? contentid = 99172。本章对其做出了修改和完善。

链在全球范围内的分工是当前国际贸易的重要特征，价值链的制度安排和管理模式会对国际贸易产生深远的影响。De Groot 等（2004）认为，价值链分工制度的建立会促进国际贸易的发展。Gereffi 等（2005）阐释了价值链治理模式的类别和应用。价值链分工在各个国家和区域不断拓展、渗透，造成行业在地理上分布不均、各地经济发展不同步，这些问题使得有关行业价值链治理模式对中国行业增加值外贸竞争力的影响研究变得愈发重要。

一、有关行业价值链治理模式研究

Gereffi（1994）率先提出“国际产品链”概念，这是价值链治理模式理论的雏形。从产品链角度出发，通过研究产品生产环节之间的连接形式而引出了治理模式的概念。Kaplinsk 和 Morris（2001）分析了价值链治理模式中价值链各个环节的从属关系和权利机制，指出价值链治理模式可类比政治学的国家权力结构理论。Ponte 和 Gibbon（2005）认为，价值链治理模式的功能在于对包括原材料、中间品、物流、劳动力等资源在整条价值链上的统筹分配。Humphrey 和 Schmitz（2002、2008）指出，不同行业拥有不同的价值链治理模式，价值链治理模式是一套价值链自带的管理体系和协调机制，连接并协调着价值链上各个生产环节。Gereffi 等（2005）将价值链治理模式分为五类：阶层型、领导型、关系型、模块型和市场型，并指出供应商市场地位、交易的可编码程度和交易的复杂性是区分这五类价值链治理模式的因素。Altenburg（2006）聚焦行业层面，研究了行业交易结构、行业制度等因素对价值链治理模式的影响。Ponte 和 Strugeon（2014）从宏观、中观、微观三个视角研究价值链治理模式，提出了从全球价值链到行业层面，再到企业层面的传导机制。

我们以 Gereffi 等（2005）对行业价值链治理模式的论述为理论框架，认为交易可编码性的强弱和供应商市场地位的高低可用来区分出模块型、关系型、领导型和阶层型四种行业价值链治理模式（见表 4－1）。据此，我们用行业标准化程度度量交易的可编码性，用行业集中度度量供应商的市场地位，并通过这两个变量对外贸竞争力的影响来说明上述四种行业价值链治理模式对外贸竞争力的影响问题。

二、有关行业标准化程度对外贸竞争力的影响研究

提升行业标准化程度能够降低行业内交易成本、为行业上下游的商品交易和信息交流减轻负担，因而行业标准化程度对外贸竞争力有着直接的提升作用。钟高峥（2010）选取了食品加工、煤炭等六个行业的面板数据分析了行业标准化

表 4-1 行业价值链治理模式分类标准

行业价值链治理模式	交易可编码性	供应商市场地位
模块型	强	高
关系型	强	低
领导型	弱	高
阶层型	弱	低

资料来源：引自 Gereffi 等（2005）。

程度对行业出口额的影响，发现行业标准化进程的推进有助于促进出口并提升行业外贸竞争力。冯雪和刘芳（2011）认为，制度层面的标准化建设和技术层面的标准化建设都可以优化行业的贸易状况，并借此对经济发展产生促进作用。此外，行业标准化程度还能通过影响其他变量间接地促进外贸竞争力的提升。

一是行业标准化程度的提升能促进技术创新。David 和 Rothwell（1996）指出，行业标准化程度能提升该行业的研发投入和专利数目，进而促进该行业的技术革新。Kano（2000）提出一个行业在进行技术创新时是杂乱无章的，行业有关技术标准的制定可以统一行业内的话语体系并减少沟通障碍。

二是行业标准化程度的提升能促进劳动生产率的增长。程鉴冰（2008）以柯布—道格拉斯生产函数为理论基础，实证验证了劳动生产力的提升得益于行业标准数量的增长。

此外，标准化程度还能促进经济发展。信春华和赵金煜（2009）基于内生经济增长理论讨论了高技术标准对经济增长的促进作用，认为行业内高技术标准能够增加行业相关知识存量并提升生产过程中知识存量的利用效率。于欣丽（2008）证实，特定经济体中行业标准化程度的提升对经济发展起到促进作用。

三、行业集中度对外贸竞争力的影响

行业集中度是描述市场结构的基本指标，它反映了某个市场上居于主导地位的企业分布情况。行业集中度提升会通过降低行业创新能力和导致行业低效两个方面来降低行业外贸竞争力。

第一，行业集中度提升会降低行业创新能力。Inderst 和 Wey（2007）指出，某一行业集中度的提升会挤占该行业上下游企业的利润空间，进而减少了上下游企业的研发投入和创新动力。张金艳（2018）指出，市场垄断地位抑制了国企的自主创新能力，并倡导要完善与反垄断相关的法律法规。第二，行业集中度提

升会导致行业经济低效。马歇尔新古典主义经济学分析框架指出，垄断会造成社会整体福利水平下降，导致经济效率损害。王永进和施炳展（2014）认为，垄断会扭曲行业产品价格，导致资源分配低效，行业成本上升，进而对行业竞争力产生负面影响。陆文香和何有良（2018）引用异质性企业贸易理论，讨论了垄断通过影响行业价格、行业生产率等因素来对行业出口产生负面影响。

四、文献评述

基于上述文献研究，本章的边际贡献是：第一，对行业价值链治理模式的主流研究聚焦于理论层面，本章进行了经验回归分析。鉴于交易的可编码性和供应商市场地位是决定行业价值链治理模式的主要因素，我们选取行业标准化程度来度量交易的可编码性、选取行业集中度来度量供应商市场地位，采用实证分析揭示出行业价值链治理模式对中国外贸竞争力提升的影响。第二，目前直接研究行业价值链治理模式和外贸竞争力相关性的文献尚属起步，我们通过引入行业标准化程度和行业集中度两个度量变量，将行业价值链治理模式和行业增加值外贸竞争力这两个变量联系起来，研究发现行业模块型价值链治理模式对行业增加值外贸竞争力提升的影响最大，而阶层型价值链治理模式对行业增加值外贸竞争力提升的影响最小，关系型价值链治理模式和领导型价值链治理模式对行业增加值外贸竞争力提升的影响处于前两者之间。

第二节 行业标准化程度、行业集中度和行业增加值外贸竞争力的指标构建

一、行业标准化程度的指标构建

在研究行业标准化过程中普遍采用行业现存标准数量来度量行业的标准化程度。刘冰和侯俊军（2008）用行业标准和国家标准数量来度量行业标准化进程，并研究了标准化与经济增长之间的关系。王耀中和陈文娟（2007）使用机械行业的行业标准数量来探究机械行业标准化程度对该行业进出口贸易量的作用。葛京和王益谊（2008）用中国行业每年产生的国家标准数量和国际标准数量来度量行业年度标准化程度，并探究了行业标准对不同类型国家之间贸易的影响。我们沿用其处理方式，同时为了消除行业规模对行业标准存量的影响，我们使用累

计行业标准数量 STA_{jt} 和行业总产值 $Output_{jt}$ 的比值计算该指标，并将该指标界定为行业相对标准数量（RST），其数学表达为：

$$RST_{jt} = \frac{STA_{jt}}{Output_{jt}} \tag{4-1}$$

其中，RST_{jt} 表示第 t 年行业 j 的相对标准数量；STA_{jt} 表示第 t 年行业 j 的累计标准数量；$Output_{jt}$ 表示第 t 年行业 j 的行业总产值。

二、行业集中度的指标构建

我们使用赫芬达尔指数构建出行业集中度指标。赫芬达尔指数（HHI）全称为赫芬达尔—赫希曼指数，它和市场集中度指标一样是站在量的角度来衡量行业集中度的，其数学表达式为：

$$HHI_{jt} = \sum_{f=1}^{N}\left(\frac{R_{jft}}{\sum_{f=1}^{N} R_{jft}}\right)^2 \tag{4-2}$$

其中，HHI_{jt} 表示第 t 年行业 j 的赫芬达尔指数；R_{jft} 表示第 t 年行业 j 公司 f 的营业收入；N 表示第 t 年行业内的公司总数，该指数取值在 0 到 1 之间。赫芬达尔指数是行业内公司市场占有率的平方和。如果 $HHI=1$，该行业拥有最高的集中程度；如果 HHI 接近于 0，此时该行业具有最高的竞争程度。

三、行业增加值外贸竞争力的指标构建

外贸竞争力指标包括市场占有率指数（MPR）、贸易竞争力指数（TC）、显性比较优势指数（RCA）等。这些指标的思路都是通过出口产品数量的多寡来度量外贸竞争力。金碚等（1997）使用贸易竞争力指数（TC 指数）来度量外贸竞争力。沈国兵和张学建（2018）构建增加值市场渗透率指数来测度行业的外贸竞争力，使用增加值数据可以剔除不属于出口国的国外增加值部分，更为真实地反映出一国某行业在进口国市场的出口竞争力。本章使用沈国兵和张学建（2018）的方法，使用行业贸易增加值的市场占有率指标来度量行业增加值外贸竞争力，该指数的数学表达式为：

$$MPRVA_{ijt} = \frac{EXVA_{cijt}}{EXVA_{wijt}} \tag{4-3}$$

其中，$MPRVA_{ijt}$ 表示第 t 年中国对国家 i 行业 j 出口商品贸易增加值的市场渗透率指数；$EXVA_{cijt}$ 为第 t 年中国对国家 i 行业 j 出口商品的国内增加值；$EXVA_{wijt}$ 为第 t 年世界对国家 i 行业 j 出口商品的贸易增加值，该指标延续市场渗

透率的思路，并以贸易增加值而非贸易总量为基础来计算市场份额。考虑到目前全球贸易所得的分配是基于贸易增加值进行的，该指数更加精确地刻画了各个国家的商品在全球产业链中的地位，对于多国各个行业的外贸竞争力研究更具有指导意义。

第三节 模型构建与变量数据说明

一、模型构建

通过研究行业标准化程度和行业集中度对行业增加值外贸竞争力的影响来判断不同行业价值链治理模式对行业增加值外贸竞争力的影响。据此，本章实证分析分两步进行：（1）探究行业集中度和行业标准化程度对行业增加值外贸竞争力的影响；（2）通过行业集中度和行业标准化程度区分模块型、关系型、领导型和阶层型四种行业价值链治理模式，探究四种行业价值链治理模式对行业增加值外贸竞争力提升的影响。

（一）行业标准化程度、行业集中度对行业增加值外贸竞争力影响的模型构建

我们将行业增加值外贸竞争力作为被解释变量，用贸易增加值视角下的市场渗透率（MPRVA）对其进行度量；将行业标准化程度和行业集中度作为核心解释变量，分别使用行业相对标准数量（RST）和赫芬达尔指数（HHI）对其进行度量。

为了更精准地探究行业标准化程度和行业集中度对行业增加值外贸竞争力的影响，我们引入三个控制变量：进口国人均 GDP、进口国人口数量和进口国关税水平。这三个控制变量都是国家层面变量，其独立于两个行业层面的解释变量。

我们使用 Y_{it} 表示第 t 年进口国 i 的人均 GDP；用 POP_{it} 表示第 t 年进口国 i 的人口数量；使用 TAR_{ijt} 表示第 t 年进口国 i 对本国行业 j 征收的关税税率。POP_{it} 和 Y_{it} 数据来源于世界银行；TAR_{ijt} 数据来源于经济合作与发展组织的 TiVA 数据库。

依据 Gereffi 等（2005）对价值链治理模式的分析框架，同时基于文献对行

业标准化程度、行业集中度和行业增加值外贸竞争力的作用机制论述，我们构建出行业增加值外贸竞争力模型如下：

$$\ln MPRVA_{ijt} = \beta_0 + \beta_1 RST_{jt} + \beta_2 HHI_{jt} + \beta_3 \ln Y_{it} + \beta_4 \ln POP_{it} + \beta_5 TAR_{ijt} + \lambda_j + \lambda_t + \varepsilon_{ijt} \tag{4-4}$$

其中，$MPRVA_{ijt}$ 表示第 t 年中国在进口国 i 行业 j 的市场渗透率；RST_{jt} 表示第 t 年行业 j 的相对标准数量，用于度量行业标准化程度；HHI_{jt} 表示第 t 年行业 j 的赫芬达尔指数，用于度量行业集中度。该模型加入三个控制变量：Y_{it}、POP_{it} 和 TAR_{ijt}。为了控制不同行业和不同年份的影响，模型中我们还加入了行业固定效应 λ_j 和年份固定效应 λ_t。我们对 Y_{it} 和 POP_{it} 取了自然对数处理，是基于以下考虑：一是对人均 GDP、人口数量等宏观指标，我们主要讨论其增量而非存量；二是由于进口国人均 GDP 和人口数量指标的数值较大，我们对其取自然对数处理，可以消减变量间的异方差。

（二）四种价值链治理模式和外贸竞争力的模型构建

为探究不同类型行业价值链治理模式对行业增加值外贸竞争力提升的影响，我们依据 Gereffi 等（2005）的价值链治理模式分类，将样本数据按照价值链治理模式分为四类：模块型、关系型、领导型和阶层型。行业标准化程度可以度量交易的可编码性，其与交易的可编码性是呈正向关系；行业集中度可以度量供应商的市场地位，其与供应商的市场地位是呈反向关系。据此，我们基于行业标准化程度和行业集中度来区分四种价值链治理模式：行业标准化程度高、行业集中度低的行业是模块型行业；行业标准化程度高、行业集中度高的行业是关系型行业；行业标准化程度低、行业集中度低的行业是领导型行业；行业标准化程度低、行业集中度高的行业是阶层型行业（见表 4－2）。

表 4－2　行业价值链治理模式分类标准

行业价值链治理模式	行业标准化程度	行业集中度
模块型	高	低
关系型	高	高
领导型	低	低
阶层型	低	高

注：行业标准化程度用来度量交易的可编码性，行业集中度用来度量供应商的市场地位。

我们以两个解释变量行业标准化程度（RST_{jt}）和行业集中度（HHI_{jt}）的

平均值为标准，将样本分为四组：

1. 将行业标准化程度指标高于其平均水平，且行业集中度指标低于其平均水平的样本分到第一组，该组包含模块型行业的样本，表示第 t 年行业 j 具有模块型治理模式的特征；

2. 将行业标准化程度指标高于其平均水平，且行业集中度指标高于其平均水平的样本分到第二组，该组包含关系型行业的样本，表示第 t 年行业 j 具有关系型治理模式的特征；

3. 将行业标准化程度指标低于其平均水平，且行业集中度指标低于其平均水平的样本分到第三组，该组包含领导型行业的样本，表示第 t 年行业 j 具有领导型治理模式的特征；

4. 将行业标准化程度指标低于其平均水平，且行业集中度指标高于其平均水平的样本分到第四组，该组包含阶层型行业的样本，表示第 t 年行业 j 具有阶层型治理模式的特征。

依据表 4－2，我们令虚拟变量 $D1_{jt}$、$D2_{jt}$、$D3_{jt}$、$D4_{jt}$ 来分别表示上述四个组别，$D1_{jt}$ 取值为 1 时，表示第 t 年行业 j 的价值链治理模式为模块型；$D2_{jt}$ 取值为 1 时，表示第 t 年行业 j 的价值链治理模式为关系型；$D3_{jt}$ 取值为 1 时，表示第 t 年行业 j 的价值链治理模式为领导型；$D4_{jt}$ 取值为 1 时，表示第 t 年行业 j 的价值链治理模式为阶层型。

为了探究行业价值链治理模式对行业增加值外贸竞争力的影响，我们根据文献研究，设定以下计量模型：

$$\ln MPRVA_{ijt} = \gamma_0 + \gamma_1 D1_{jt} + \gamma_2 D2_{jt} + \gamma_3 D3_{jt} + \gamma_4 \ln Y_{it} + \gamma_5 \ln POP_{it} + \gamma_6 TAR_{ijt} + \lambda_j + \lambda_t + \varepsilon_{ijt} \tag{4-5}$$

其中，$\ln MPRVA_{ijt}$ 为贸易增加值视角下行业市场渗透率，取了自然对数值；$D1_{jt}$、$D2_{jt}$、$D3_{jt}$ 分别代表模块型行业、关系型行业、领导型行业价值链治理模式的虚拟变量，我们选择阶层型虚拟变量 $D4_{jt}$ 作为基准水平；系数 γ_1、γ_2、γ_3 分别表示模块型、关系型、领导型行业价值链治理模式对行业增加值外贸竞争力的影响中超过阶层型行业价值链治理模式对行业增加值外贸竞争力影响的部分；γ_0 是常数项。我们沿用以下三个控制变量：第 t 年进口国 i 人均 GDP 的自然对数值 $\ln Y_{it}$、第 t 年进口国 i 总人口的自然对数值 $\ln POP_{it}$，以及第 t 年进口国 i 向中国行业 j 征收的关税税率 TAR_{ijt}。

二、数据来源说明

我们使用行业相对标准数量 RST_{jt} 来度量行业标准化程度，使用赫芬达尔—

赫希曼指数 HHI_{jt} 来度量行业集中度，使用贸易增加值视角下的市场渗透率指数 $MPRVA_{ijt}$ 来度量行业的外贸竞争力。这三个指标的数据来源如下：

行业标准化程度的数据来源于工标网（http：//www. csres. com），行业集中度数据来源于1998年至2013年的中国工业企业数据库，行业增加值外贸竞争力测度的数据来源于经济合作与发展组织的TiVA数据库。鉴于上述三个数据来源关于行业分类的标准不统一，我们基于数据可得性、行业定义的内涵等因素对这三类数据来源按行业匹配，具体匹配规则见表4－3。由于工业企业数据库只包含工业类的公司数据，因而最后有效数据涵盖了五个行业，分别是石油化工行业、化工行业、汽车行业、医药行业和电子行业。

表4－3 匹配规则

海关HS行业分类	HS行业中文译名	工标网对应行业	国民经济行业分类代码	国民经济行业分类
Crop and animal production, hunting and related service activities	农作物和动物生产、狩猎和相关服务活动	农业行业标准（NY）	01	农业
Fishing and aquaculture	渔业和水产养殖	水产行业标准（SC）	04	渔业
Manufacture of coke and refined petroleum products	焦炭和精炼石油产品的生产	石油化工行业标准（SH）	25	石油、煤炭及其他燃料加工业
Manufacture of chemicals and chemical products	化学品和化工产品的制造	化工行业标准（HG）	26	化学原料和化学制品制造业
Manufacture of basic pharmaceutical products and pharmaceutical preparations	基本医药产品和药物制剂的制造	医药行业标准（YY）	27	医药制造业
Manufacture of computer, electronic and optical products	计算机、电子和光学产品的制造	电子行业标准（SJ）	39	计算机、通信和其他电子设备制造业
Manufacture of motor vehicles, trailers and semi－trailers	汽车、挂车和半挂车的制造	汽车行业标准（QC）	36	汽车制造业
Water collection, treatment and supply	水的收集、处理和供应	水利行业标准（SL）	76	水利管理业

续表

海关 HS 行业分类	HS 行业中文译名	工标网对应行业	国民经济行业分类代码	国民经济行业分类
Air transport	航空运输	民用航空行业标准(MH)	56	航空运输业
Publishing activities	出版活动	新闻出版行业标准(CY)	86	新闻和出版业
Telecommunications	电信	通信行业标准(YD)	63	电信、广播电视和卫星传输服务

资料来源：中国工业企业数据库、TiVA 数据库，以及工标网 http：//www.csres.com。

第四节 经验结果分析

一、行业标准化程度、行业集中度与中国外贸竞争力：回归分析

在进行回归分析之前，我们先对模型（4－4）的所有解释变量做相关系数分析。如表 4－4 所示，各个解释变量之间的相关性较小，由此，我们排除了解释变量之间多重共线性对回归分析的影响。

表 4－4 相关系数矩阵

类别	RST_{jt}	HHI_{jt}	$\ln Y_{it}$	$\ln POP_{it}$	T_{ijt}
RST_{jt}	1				
HHI_{jt}	－0.2925	1			
$\ln Y_{it}$	0.0128	0.0130	1		
$\ln POP_{it}$	0.0003	0.0006	－0.4228	1	
TAR_{ijt}	0.1616	－0.3963	－0.1109	－0.0031	1

资料来源：工标网（http：//www.csres.com）、中国工业企业数据库，TiVA 数据库、世界银行数据库。

根据计量模型（4-4），经计量检验，我们使用随机效应模型进行回归，计量结果如表4-5所示。

表4-5 回归分析结果

变量	$lnMPRVA_{ijt}$
RST_{jt}	3.6509***
	(0.0717)
HHI_{jt}	-0.0735***
	(0.0153)
lnY_{it}	-5.78E-14
	(0.0008)
$lnPOP_{it}$	-1.99E-14
	(0.0002)
TAR_{ijt}	0.0165***
	(0.0008)
常数项	-3.2354***
	(0.0146)
行业固定效应	是
年份固定效应	是
观测数	2419

注：(1) 圆括号内为稳健标准差；(2) ***、**和 * 分别表示在1%、5%和10%统计水平下显著。

第一，行业标准化程度（RST_{jt}）对中国行业增加值外贸竞争力的提升有着显著的正向影响，而行业集中度（HHI_{jt}）对中国行业增加值外贸竞争力有着显著的不利影响。这两个主要解释变量对行业增加值外贸竞争力的影响与我们理论推导的结果相一致，即行业标准化程度提高会导致我国行业增加值外贸竞争力的提升，而行业集中度提高会导致我国行业增加值外贸竞争力降低。

第二，相比来看，行业标准化程度（RST_{jt}）提高对行业增加值外贸竞争力的提升效应要超过行业集中度（HHI_{jt}）提高对行业增加值外贸竞争力的负面影响，因而行业增加值外贸竞争力对行业标准化程度的变化反应更加敏感，说明具备高的行业标准化程度、高的行业集中度特征的关系型行业价值链治理模式比具备低的行业标准化程度、低的行业集中度特征的领导型行业价值链治理模式更能促进行业增加值外贸竞争力的提升。

第三，控制变量TAR_{ijt}对行业增加值外贸竞争力有着显著的正向影响。主要原因可能是由于进口国为保护本国产业，对国外具有更高竞争力的商品征收高关税，因而表现出进口国 i 对行业 j 的关税税率与该行业增加值外贸竞争力呈现出同方向变化的结果。

综上，这里的经验回归结果与本章的理论分析相一致，证实了行业标准化程度提高有助于提升行业增加值外贸竞争力，而行业集中度的提高是不利于行业增加值外贸竞争力的提升。

二、行业价值链治理模式与中国外贸竞争力：回归分析

在这里，进一步区分模块型、关系型、领导型和阶层型这四种行业价值链治理模式，来探究其对我国行业增加值外贸竞争力的影响差异。我们将样本分成模块型、关系型、领导型和阶层型四个组别，并令虚拟变量$D1_{jt}$、$D2_{jt}$、$D3_{jt}$、$D4_{jt}$来分别表示上述四个组别。我们选择阶层型虚拟变量$D4_{jt}$作为基准水平。根据计量模型（4－5），得到回归结果如表 4－6 所示。三个主要解释变量$D1_{jt}$、$D2_{jt}$、$D3_{jt}$对因变量的影响分别比$D4_{jt}$大 1.116、0.641、0.126，因此，四个虚拟变量对我国行业增加值外贸竞争力提升的影响从大到小排序为：$D1_{jt}$、$D2_{jt}$、$D3_{jt}$、$D4_{jt}$。具体来看：

表 4－6　　区分行业价值链治理模式的回归分析结果

变量	$lnMPRVA_{ijt}$
$D1_{jt}$	1.1163***
	(0.0314)
$D2_{jt}$	0.6406***
	(0.0274)
$D3_{jt}$	0.1258***
	(0.0181)
$\ln Y_{it}$	－5.12E－14
	(0.0009)
$\ln POP_{it}$	－1.29E－14
	(0.0002)
TAR_{ijt}	0.0040
	(0.0025)
常数项	－3.1799***
	(0.0178)

续表

变量	$lnMPRVA_{ijt}$
行业固定效应	是
年份固定效应	是
观测数	2419

注：(1) 圆括号内为稳健标准差；(2) ***、**和 * 分别表示在1%、5%和10%统计水平下显著。

第一，模块型行业价值链治理模式（$D1_{jt}$）对我国行业增加值外贸竞争力提升的影响最大。依据表4-5，由于行业标准化程度的提高能够促进行业增加值外贸竞争力的提升，而行业集中度下降也会提升行业增加值外贸竞争力。因此，具备高的行业标准化程度和低的行业集中度特征的模块型行业价值链治理模式对我国行业增加值外贸竞争力的提升作用的叠加效应最大。

第二，阶层型行业价值链治理模式（$D4_{jt}$）对我国行业增加值外贸竞争力提升的影响最小。根据回归结果，三个主要解释变量$D1_{jt}$、$D2_{jt}$、$D3_{jt}$皆产生了显著的正向影响。因此，作为基准水平的阶层型行业价值链治理模式（$D4_{jt}$）对行业增加值外贸竞争力的边际影响最小。这个结果符合理论分析，因为具备低的行业标准化程度和高的行业集中度的阶层型治理模式都会降低我国行业增加值外贸竞争力，因而具备低的行业标准化程度和高的行业集中度特性的阶层型行业价值链治理模式对我国行业增加值外贸竞争力提升的边际效应最小。

第三，关系型行业价值链治理模式（$D2_{jt}$）和领导型行业价值链治理模式（$D3_{jt}$）对我国行业增加值外贸竞争力提升的边际影响处于模块型和阶层型行业价值链治理模式的效应之间。依据理论分析，具备高的行业标准化程度、高的行业集中度特性的关系型行业价值链治理模式，以及具备低的行业标准化程度、低的行业集中度特性的领导型行业价值链治理模式对我国行业增加值外贸竞争力的正向影响程度居于期间。如果对这两者进行比较，发现行业增加值外贸竞争力对行业标准化程度的弹性的绝对值要大于行业增加值外贸竞争力对行业集中度即行业集中度的弹性的绝对值。因此，关系型行业价值链治理模式对行业增加值外贸竞争力提升的正向效应要比领导型行业价值链治理模式对行业增加值外贸竞争力提升的影响更大。

第五节 主要结论及政策建议

使用行业标准化程度和行业集中度两个度量变量，本章探究了行业价值链治理模式对我国行业增加值外贸竞争力提升的影响，得出了两个主要结论是：

第一，行业标准化程度提高会促进我国行业增加值外贸竞争力提升，而行业集中度提高会导致我国行业增加值外贸竞争力下降。具体地，行业标准化程度提高会降低行业的交易成本，进而提升行业增加值外贸竞争力；而行业集中度上升会造成行业经济低效，进而降低行业增加值外贸竞争力。

第二，模块型行业价值链治理模式对我国行业增加值外贸竞争力提升的影响最大，而阶层型行业价值链治理模式对我国行业增加值外贸竞争力提升的影响最小。同时，关系型行业价值链治理模式和领导型行业价值链治理模式对我国行业增加值外贸竞争力提升的影响居于前面两者之间。根据行业标准化程度和行业集中度的高、低，可以区分出四种行业价值链治理模式，不同的行业价值链治理模式通过行业标准化程度和行业集中度这两个因素对行业增加值外贸竞争力产生不同的影响。

基于上述结论，相应的政策建议是：

首先，需要不断推动各行业的标准化建设，通过提高行业标准化程度来促进行业增加值外贸竞争力提升。提高行业标准化程度即统一行业的术语规范、技术标准、文书格式等，高度标准化的行业能够有效降低行业上下游在商业信息交流、行业技术普及、商业合同签订等方面的成本，提升全行业的交易效率。因此，行业标准化建设能有效地促进行业技术创新和劳动生产率的提高，进而对行业增加值外贸竞争力的提升产生积极影响。

其次，需要加强反垄断，削弱行业垄断现象，坚持市场化、多元化竞争取向。削弱行业垄断能够提高行业创新能力，为行业的发展提供新的驱动力。行业集中度较高一定程度上反映出行业垄断程度较高，这会导致行业内企业更倾向于通过垄断地位获取不当收益，进而使得该类行业企业缺乏创新动力。

最后，出口导向型行业企业需要考虑建立模块型行业价值链治理模式。模块型价值链治理模式的行业拥有高的行业标准化程度和低的行业集中度，在促进行业市场化竞争、节省行业交易成本和提高行业创新能力等方面都具有明显的优势。更为重要的是，模块型行业价值链治理模式在提升行业增加值外贸竞争力指标上的表现都强于其他行业价值链治理模式。

第五章

行业知识产权保护对中国制造业贸易增加值出口竞争力的影响①

加强行业知识产权保护是否能提升一国制造业出口竞争力？本章基于行业知识产权保护和贸易增加值视角的制造业出口竞争力来探究之。为此，本章构建出中国行业知识产权实际保护强度指标，并使用 TiVA 数据库测算出中国制造业贸易增加值的市场渗透率作为行业出口竞争力指标，进而揭示出行业知识产权保护对我国制造业贸易增加值出口竞争力的影响。

第一节 问题提出及文献综述

2007—2009 年美欧金融危机后，国际贸易保护主义盛行，美欧等试图通过贸易保护将危机压力转移至他国。在此形势下，美国积极推行量化宽松的货币政策，拒绝中国加入世界贸易组织 15 年后自动获得市场经济地位。此外，美国通过知识产权保护等新型贸易壁垒来遏制中国的出口。如图 5 - 1 所示，2001 年以来中国已连续 10 多年成为遭受美国知识产权“337 调查”数量最多的国家，近

① 本章主要内容参见沈国兵、张学建：“行业知识产权保护对中国出口竞争力的影响：基于行业增加值市场渗透率的分析”，《浙江学刊》2018 年第 2 期。本章对其做出了修改和完善。

年来还呈上升态势。[①]

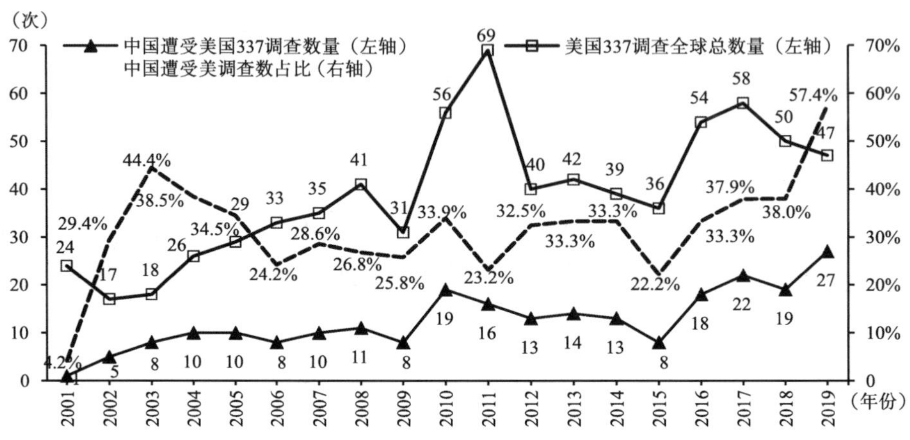

图 5－1　2001—2019 年中国遭受美国知识产权“337 调查”数量走势

资料来源：作者根据《中国贸易救济信息网》数据整理绘制。

根据《中国统计年鉴》统计，2015 年中国 GDP 增长率跌破 7%，2016 年又降至 6.7%。中国经济增长放缓伴随有中国进、出口增速持续放缓，2015 年甚至出现进、出口同比“双降”的现象。如何提升中国制造业出口竞争力，实现外贸转型发展已成为当务之急。同时，中国经济增长放缓伴随有产能过剩、劳动力成本上涨、贸易环境趋向严峻等，这些都要求中国急需转变外贸发展方式，提升制造业出口竞争力。中国“十三五”规划纲要中提出，“实施严格的知识产权保护制度。推动高端装备出口，提高出口产品科技含量和附加值”。2020 年 10 月 29 日，《中共中央关于制定国民经济和社会发展第十四个五年规划和二〇三五年远景目标的建议》指出，“加强知识产权保护，大幅提高科技成果转移转化成效”。“推动贸易和投资自由化便利化，推进贸易创新发展，增强对外贸易综合竞争力”。由此，行业生产网络下通过加强中国知识产权保护、激励创新，来提升中国行业出口竞争力，特别是提升中国制造业出口竞争力研究就显得更加重要。

在当前国内外环境下，中国如何在美国和其他国家更严格的知识产权保护政

① “337 条款”源于 1930 年美国《关税法》第 337 条。“337 条款”将美国进口中不正当贸易分为两类：一般不正当贸易和有关知识产权的不正当贸易。后者指所有人、进口商或承销商向美国进口，为进口而买卖或进口后在美国销售属于侵犯了美国法律保护的专利权、商标权、版权、集成电路布图设计权和设计方案权的产品的行为。只要美国存在与该产业相关的行业或正在建立该行业，有关知识产权的不正当贸易做法就构成非法，而不是以其对美国产业造成损害为要件。

策下提升出口竞争力，实现外贸转型发展成为当前面临的一道难题。当今的世界经济是一个密切联系的整体，垂直专业化和国际分工使得生产网络已发展成为全球性的行业生产网络。本章在国际生产网络的工序贸易和外包盛行的背景下，通过构建行业知识产权保护强度指标和行业贸易增加值出口竞争力指标，进而考察两者之间关系，并探究其作用机制，为提升中国制造业出口竞争力提供有益的借鉴。

本章对关于行业生产网络下知识产权保护、外贸竞争力指标，以及知识产权保护与外贸竞争力的关系研究进行综述，主要聚焦于以下几个方面。

一、聚焦国家和行业知识产权保护水平测度研究

第一，国家层面知识产权保护测度研究。Ginarte 和 Park（1997）在 Rapp 和 Rozek（1990）方法基础上，把测度知识产权保护的指标分为 5 大类：保护覆盖范围、国际条约成员、保护的损失条款、执法机制和专利保护期限。这 5 大类得分之和为知识产权保护（IPP）水平。Park（2008）指出，Ginarte 和 Park 测算的是 5 大类指标得分之和，无法反映专利制度的质量；新的指数考虑了 TRIPS 协定和涉及新兴技术的知识产权立法的影响。沈国兵和刘佳（2009）认为，GP 指数和 Park（2008）方法测算的 IPP 水平过高，可通过增加经济发展水平、法治水平和知识产权执法水平来改进 IPP 的测度，但是赋予三者同样的权重来测算中国知识产权保护强度是有问题的。本章在执法层面上借鉴沈国兵、刘佳（2009）方法进行测度，但是赋予三者不同的权重，并且对经济发展水平进行测度时使用中国人均国民收入占世界银行中高收入上限值的比重作为经济发展水平指标。

第二，行业层面知识产权保护测度研究。Hu 和 Png（2013）提出，GP 指数本质上是衡量专利法律法理上的完备性，并没有反映专利权的实际执行状况。Hu 和 Png 将代表专利法的 GP 指数与代表法律执行的 Fraser 指数相乘，得到有效专利权指数（effective patent rights index）；将行业专利授权量除以该行业总销售额来衡量行业专利强度。研究认为，更强的专利权是与更高的专利密集型行业的快速增长相关的，也与增加值测算的更快的行业增长相关的。但是，Hu 和 Png 假设所有其他国家相同行业的专利强度与美国一样的是不符合实际的。尹志锋等（2013）参考 Hu 和 Png 方法，采用算术平均测算出实际 IPP 指数，并构造出国家—产业层面的名义与实际 IPP 指数。杨珍增（2016）参照 Hu 和 Png 方法，将 GP 指数与 Fraser 指数相乘，得到有效 IPP 指数；将行业专利授权量除以行业增加值，得到行业增加值的专利强度。但是，该文假定同一行业的专利强度在不同国家是相同的也是不符合实际的。为此，我们使用行业专利授权量占申请量之比

与国家专利授权量占申请量之比的比值来反映行业知识产权保护特征，既放弃了同一行业的专利强度在不同国家是相同的严格假定，也反映出行业相对保护强度。

二、聚焦行业外贸（出口）竞争力测度研究

行业外贸竞争力的测度分为质量型和数量型两类。第一，质量型指标关注的是产品质量本身或者企业战略。从亚当·斯密的绝对成本论、大卫·李嘉图的比较优势论到产品生命周期理论，这些都是基于产品质量比较来判断贸易竞争力的大小。从质量角度来考察外贸竞争力的研究有三个角度：一是外贸产品质量角度（Khandelwal，2010；Crozet 等，2012；Manova 和 Zhang，2012；Bas 和 Strauss - Kahn，2015；殷德生，2011；施炳展等，2013；张杰等，2014；张杰等，2015）。二是产品贸易成本角度，这又包括运输成本、关税壁垒、非关税壁垒等（Bernard 等，2003；Trefler，2004；陈勇兵等，2012）。三是从生产产品的企业自身构建自主品牌的角度（张建忠和刘志彪，2011）。质量型指标不易于量化处理，且较少用于不同行业的比较，因而本章主要采用数量型的测度方法。

第二，数量型指标通过具体贸易额或市场占有率等来比较国家间外贸竞争力水平。Balassa（1965）提出显性比较优势指数（RCA），衡量国家 i 第 k 行业或产品对外出口竞争力。贸易竞争力指数是指一国贸易差额占其进出口贸易总额的比重（金碚，1997）。由于显性比较优势未考虑进口方面的因素，Vollrath 和 Vo（1988）设计了一个显性竞争优势指数（CA），表示为出口显性比较优势指数减去进口显性比较优势指数。出口复杂度始于 Michaely（1984）提出的贸易专业化指数，假设某一种出口产品的技术含量与出口国的人均收入水平相关。另一种出口复杂度指标是出口相似度指标，由 Finger 和 Kreinin（1979）提出，其后 Schott（2008）研究世界各国出口到美国的商品和 OECD 国家出口到美国的商品的相似程度。张金昌（2001）使用国际市场占有率指标来测度一国在世界出口中的份额，提出一国产品在某国市场的渗透率指标。茅锐和张斌（2013）使用出口目的地市场渗透率指数（MPR），衡量一国行业出口在目的地市场行业贸易竞争力。

现有指标都是使用传统的贸易流量进行统计，存在着统计失真问题。2010年，世界贸易组织呼吁从全球价值链角度改进国际贸易核算方法，关注各国在对外贸易中的增加值含量。这样，基于贸易增加值的外贸竞争力测度盛行起来（张杰等，2013；王直等，2015）。Ceglowski（2017）认为，一国出口竞争力是以出口中所含的国内增加值来衡量，与使用出口总额来衡量是非常不同的。沈国

兵和李韵（2017）将TIVA方法与衡量行业外贸竞争力的市场渗透率指标相结合，构造出基于最终品进口市场的行业增加值市场渗透率指标，来分析揭示国际生产网络下中国行业出口竞争力的变化格局。

三、聚焦（行业）知识产权保护对一国贸易乃至出口竞争力的影响研究

第一，主张知识产权保护对一国贸易的影响是不确定的，但对高技术行业进口、出口的影响显著。Maskus和Penubarti（1995）率先在理论上提出知识产权保护对贸易具有市场势力效应和市场扩张效应。当知识产权保护加强时，市场势力效应会导致一国出口减少，而市场扩张效应会使得厂商选择扩大出口规模。结果，这两种效应使得知识产权保护对贸易的影响是不确定的。沈国兵和姚白羽（2010）研究认为，加强知识产权保护对中国高技术产品进口的作用具有显著的、国别性差异。Ivus（2010）发现加强发展中国家的专利权有助于提高发达国家的出口，其中对专利较敏感的高技术行业出口的影响较为显著。

第二，认为行业知识产权保护通过增加中间品进口，提升中国出口乃至出口竞争力。Fink和Maskus（2005）证实，更强的知识产权保护是许多国家经济增长的主要引擎，对发展中经济获取国外技术、吸引FDI和提升外贸竞争力都很重要。Awokuse和Yin（2010）实证发现，加强知识产权保护会显著地促进中国高技术产品的进口。余长林（2011）研究显示，加强知识产权保护总体上显著增加了中国技术密集型行业的进口贸易。通过增加从高收入国家技术密集型行业进口中间品，从而提升中国出口竞争力。郭小东和吴宗书（2014）认为，知识产权保护在创意产品贸易中的正效应大于在货物贸易中的正效应，因而创意行业产品贸易对知识产权保护更加敏感。沈国兵（2011）认为，美国国际贸易委员会对中国发起涉及知识产权争端的“337调查”案件最主要集中在机电产品、化工产品等行业上，意味着中国对美在机电、化工行业内贸易上竞争性程度在不断上升。

与文献相比，本章主要边际贡献在于：第一，不再强假设各行业的研发密度或对知识产权保护依赖程度是一样的，而是根据中国具体行业特征，使用行业专利授权数占行业专利申请数之比与国家专利授权数占申请数之比的比值来刻画行业知识产权保护特征。第二，使用行业贸易增加值数据来测度中国在世界各国的行业市场渗透率格局，来考察中国制造业出口竞争力。本章证实中国部分行业知识产权实际保护强度与其出口竞争力之间存在着“倒U形”关系。也就是，加强知识产权保护会促进中国制造业出口竞争力提升，但过强的知识产权保护会产生逆转效应，不利于中国制造业出口竞争力提升。

第二节 指标构建和统计分析

一、行业知识产权实际保护强度指标的构建

基于 Ginarte 和 Park（1997）测算国家知识产权保护水平的方法，通过赋值计算出知识产权保护覆盖范围、国际条约成员、保护的损失条款、执法措施和专利保护期限五个次指标的得分。然后，依据 GP 方法将次指标得分加总计算出国家知识产权名义保护水平。如表 5－1 所示，基于 GP 方法和参考沈国兵、刘佳（2009）方法，我们测算出 2000—2014 年中国知识产权名义保护水平，结果显示自 2003 年以来中国知识产权名义保护水平稳定不变。

表 5－1　基于 GP 方法测度的 2000—2014 年中国知识产权名义保护水平

年份	覆盖范围	国际条约成员	保护的损失	执法措施	专利保护期限	知识产权名义保护水平
2000	0.86	0.88	0.33	0.33	1	3.40
2001	0.86	1	0.33	1	1	4.19
2002	0.86	1	0.33	1	1	4.19
2003	0.86	1	0.67	1	1	4.53
2004	0.86	1	0.67	1	1	4.53
2005	0.86	1	0.67	1	1	4.53
2006	0.86	1	0.67	1	1	4.53
2007	0.86	1	0.67	1	1	4.53
2008	0.86	1	0.67	1	1	4.53
2009	0.86	1	0.67	1	1	4.53
2010	0.86	1	0.67	1	1	4.53
2011	0.86	1	0.67	1	1	4.53
2012	0.86	1	0.67	1	1	4.53
2013	0.86	1	0.67	1	1	4.53
2014	0.86	1	0.67	1	1	4.53

资料来源：作者基于 GP 方法及相关数据来源整理测算出来。

参考韩玉雄和李怀祖（2005）、沈国兵和刘佳（2009）的方法，本章主要考虑经济发展水平、法律执行和社会意识三个层面来构建执法层面的因素，具体如下：

第一，经济发展水平。本章使用中国人均 GNI 占世界银行中等收入上限值的比值作为经济发展水平指标，之所以取上限值是考虑到下限值是进入中等收入的门槛，而上限值则是迈向中高收入水平的必经之路。

第二，法律执行。本章使用国家知识产权局每年公布的知识产权违法侵权结案数与立案数之比作为法律执行的指标。

第三，社会意识。本章选用《中国统计年鉴》中公民完成九年制义务教育人口占比作为社会意识的指标，因为完成九年制义务教育的公民至少有基本的法律意识，知晓违法及其带来的后果。

在这里，我们使用 Matlab 对三者的权重进行测算，并将三者与其相应权重的乘积求和即可得出执法强度的指标值。其中，经济发展水平的权重为 0.4154，法律执行的权重为 0.25，社会意识的权重为 0.3346。该执法强度指标乘以中国知识产权名义保护水平可得到中国知识产权实际保护强度。如表 5－2 所示，当把执法强度因素考虑在内后，中国知识产权保护水平明显偏高了，而且从 2003 年后中国知识产权名义保护水平一直保持稳定不变，无法反映中国不断加强知识产权保护水平的努力。相比来看，2000—2014 年中国知识产权实际保护强度虽有小幅波动，但总体上呈现出逐步上升的态势，表明中国知识产权实际保护强度是在不断强化的。这更加符合中国不断加强知识产权保护的现实状况。

表 5－2　　2000—2014 年中国知识产权实际保护强度

年份	中国知识产权名义保护水平	经济发展水平	法律执行	社会意识	执法强度	中国知识产权实际保护强度
2000	3.40	0.31	0.91	0.49	0.52	1.77
2001	4.19	0.34	0.91	0.49	0.53	2.22
2002	4.19	0.37	0.90	0.49	0.54	2.28
2003	4.53	0.42	0.85	0.49	0.55	2.49
2004	4.53	0.46	0.88	0.49	0.57	2.60
2005	4.53	0.51	0.88	0.49	0.59	2.69
2006	4.53	0.57	0.87	0.49	0.62	2.79
2007	4.53	0.67	0.85	0.49	0.65	2.96
2008	4.53	0.80	0.86	0.49	0.71	3.21

续表

年份	中国知识产权名义保护水平	经济发展水平	法律执行	社会意识	执法强度	中国知识产权实际保护强度
2009	4.53	0.93	0.87	0.49	0.76	3.46
2010	4.53	1	0.80	0.62	0.82	3.72
2011	4.53	1	0.91	0.62	0.85	3.85
2012	4.53	1	0.88	0.62	0.84	3.81
2013	4.53	1	0.93	0.62	0.85	3.87
2014	4.53	1	1.00	0.62	0.87	3.95

资料来源：作者根据国家知识产权局年度报告、《中国统计年鉴》和世界银行数据整理计算得出。

但是，对于不同行业而言，知识产权保护程度是不一样的。这样，需要考虑行业知识产权保护强度的差异。本章参照沈国兵、张学建（2018），使用行业专利授权数占行业专利申请数之比与国家专利授权数占国家专利申请数之比的比值作为该行业知识产权保护特征来考察行业知识产权保护强度。一般认为，企业对自身知识产权保护的需要会通过申请专利等方式来实现，行业专利申请数体现了该行业内所有企业期望得到的保护程度，然而只有经过国家知识产权局授权的专利才会真正实现知识产权保护。为此，我们使用行业专利授权数占行业专利申请数之比反映出该行业知识产权保护特征，但是为了跨行业可比，再除以当年国家专利授权数与国家专利申请数比值，可以得到该行业知识产权相对保护强度。再使用中国知识产权实际保护强度乘以行业知识产权相对保护强度，可以得到中国行业知识产权实际保护强度。用公式可以表示为：

$$IPP_{Cjt} = IPP_{Ct} \times IND_{Cjt}$$

其中，IPP_{Cjt} 表示第 t 年中国第 j 行业知识产权实际保护强度；IPP_{Ct} 为第 t 年中国知识产权实际保护强度；IND_{Cjt} 为第 t 年中国第 j 行业专利授权数占行业专利申请数之比与国家专利授权数占国家专利申请数之比的比值。

囿于因变量制造业行业贸易增加值出口数据所限，本章使用行业知识产权保护特征仅计算出 2000—2014 年中国 16 个制造业行业知识产权实际保护强度。如表 5－3 所示，可以发现中国 16 个制造业行业知识产权实际保护强度相互之间差异较大，而且同一行业知识产权实际保护强度在不同年份也呈明显变化。由此，引出的问题是，中国制造业贸易增加值出口竞争力对不同行业知识产权实际保护强度产生怎样的反应？

表 5-3 2000—2014 年中国 16 个制造业行业知识产权实际保护强度

行业／年份	行业A	行业B	行业C	行业D	行业E	行业F	行业G	行业H	行业I	行业J	行业K	行业L	行业M	行业N	行业O	行业P	实际保护强度
2000	1.32	1.75	1.35	1.51	1.30	0.88	1.60	1.73	2.50	1.59	1.14	2.02	2.03	1.57	1.35	1.89	1.77
2001	2.03	2.25	2.71	1.96	1.17	1.40	2.71	1.46	2.84	1.98	1.45	2.68	2.38	2.61	3.24	2.89	2.22
2002	1.83	1.35	3.44	2.45	2.21	1.44	2.62	2.16	2.25	1.55	2.04	2.79	2.84	2.81	2.12	2.58	2.28
2003	1.80	2.47	3.20	2.43	3.23	2.34	2.95	2.23	2.59	1.96	2.38	3.05	3.12	2.68	2.76	3.16	2.49
2004	1.64	2.65	2.44	2.14	3.37	3.58	2.47	2.10	2.81	2.54	2.24	2.48	2.90	2.76	2.59	2.98	2.60
2005	2.21	2.60	2.88	2.97	2.59	2.77	2.55	2.16	2.91	2.90	2.45	2.47	2.86	3.01	2.97	3.08	2.69
2006	2.16	3.00	2.17	2.90	2.21	2.49	2.93	3.46	2.58	2.47	2.25	3.07	3.28	3.23	2.95	3.20	2.79
2007	1.67	3.20	3.52	3.14	2.32	2.23	2.98	3.45	2.33	2.12	2.56	3.48	3.31	3.42	3.04	3.54	2.96
2008	1.82	3.41	3.53	3.84	2.04	1.89	3.27	1.95	2.85	2.25	4.09	3.85	3.58	3.23	2.88	3.44	3.21
2009	1.95	3.65	3.73	4.09	3.00	2.40	4.00	3.12	3.80	3.94	4.55	3.67	3.79	4.14	3.81	4.06	3.46
2010	2.16	3.93	4.83	3.92	2.59	2.13	3.78	2.40	3.07	3.37	9.94	3.99	4.48	4.07	3.72	4.14	3.72
2011	2.10	4.18	3.84	4.04	2.95	3.11	3.63	3.13	3.59	4.01	4.26	4.11	4.07	4.37	3.37	4.15	3.85
2012	2.67	3.76	3.42	3.92	3.22	2.82	3.78	4.46	3.52	3.76	4.41	4.08	4.07	3.93	3.65	4.13	3.81
2013	2.54	3.50	4.02	3.91	4.24	2.91	3.96	3.63	3.35	3.13	4.42	4.45	4.14	4.24	3.72	4.43	3.87
2014	1.73	3.56	4.17	4.10	4.33	2.81	4.02	3.83	3.27	3.52	4.67	4.89	4.47	4.69	4.34	4.84	3.95

注：A 为食品、饮料和烟草行业；B 为纺织类、纺织品、皮革和鞋类行业；C 为木材和软木制品行业；D 为纸浆、纸制品与印刷和出版行业；E 为焦炭、精炼石油产品和核燃料行业；F 为化学品和化工产品行业；G 为橡胶和塑料制品行业；H 为其他非金属矿产品行业；I 为贱金属行业；J 为金属制品（机械设备除外）行业；K 为电脑、电子与光学产品行业；L 为电气设备行业；M 是未分类机械和设备行业；N 为机动车辆、挂车和半挂车行业；O 为其他运输设备行业；P 是其他制造、机械与设备修理及安装行业。

资料来源：作者根据国家知识产权局年度报告及相关资料整理计算出来。

二、行业贸易增加值市场渗透率指标的构建

表 5-4 将测度外贸竞争力的指标进行汇总比较。这些指标都是使用传统的贸易流量进行统计，存在着统计失真的现象，且部分指标在不同的行业间难以进行比较。据此，本章采用贸易增加值进行测算，由于需要进行不同行业的对比，因而我们使用行业贸易增加值的市场渗透率指标来进行测度。

表 5-4　　外贸竞争力测度指标汇总

指标名称	公式	优缺点	相关文献
显性比较优势指数	$显性比较优势指数 = \dfrac{\frac{X_{ik}}{X_i}}{\frac{X_{wk}}{X_w}}$	剔除了国家间规模差别，但不能区分国家和地区	Balassa（1965）
贸易竞争力指数	$贸易竞争力指数 = \dfrac{X_{ik} - M_{ik}}{X_{ik} + M_{ik}}$	考虑了进口因素的影响，只能用于产品层面	金碚（1997）
显性竞争优势指数	$显性竞争优势指数 = \dfrac{\frac{X_{ik}}{X_i}}{\frac{X_{wk}}{X_w}} - \dfrac{\frac{M_{ik}}{M_i}}{\frac{M_{wk}}{M_w}}$	剔除国家间规模的影响，且考虑了进口因素的影响	Vollrath 和 Vo（1988）
出口复杂度	$PRODY_k = \sum_j \dfrac{X_{jk}/X_j}{\sum_j X_{jk}/X_j} Y_j$ $EXPY_j = \sum_k \dfrac{X_{jk}}{X_j} PRODY_k$	不能区分国家和地区的不同市场	Michaely（1984）；Hausmann 等（2005）；Xu（2010）
国际市场占有率	$国际市场占有率 = \dfrac{X_{ik}}{X_{wk}}$	简单便利，不能区分不同市场	张金昌（2001）
市场渗透率	$市场渗透率 = \dfrac{X_{ijk}}{M_{jk}}$	能区分不同国家和市场	张金昌（2001）；茅锐和张斌（2013）

注：X 表示出口；M 表示进口；Y 表示产出；i 表示出口国；j 表示进口国；k 为行业或产品分类；w 为世界。

资料来源：作者根据相关文献整理归纳。

在行业生产网络下，由于产品内贸易和工序贸易等新型贸易方式盛行，越来越多学者指出，单纯使用“贸易流量”指标来衡量进出口情况和实际贸易利得是不准确的。因为在行业生产网络中，每个生产商都购买自己的投入品，加工成产品，而这又被下游的生产商购买成为他们的投入品。以此类推，单纯的数量统计就存在重复计算问题，因而需要使用贸易增加值方法来统计各国的贸易情况，以及测算世界各国基于贸易增加值的外贸竞争力（Koopman 等，2010；张杰等，2013；罗长远和张军，2014；Ma 等，2015）。

Hummels 等（2001）最早提出垂直专业化，并在此基础上计算国内增加值部分，但是 HIY 方法假定生产国内最终品和出口产品两者的进口投入比例相同，且使用的进口中间品是没有国内增加值的。之后，Koopman 等（2008）对 HIY 方法进行改进，将出口总额分解为最终产品出口、由进口国进口加工并消费的中间品、由进口国加工处理并出口至本国的中间品和由进口国加工处理并向第三国出口的中间品，由此来计算国内增加值。王直等（2015）对此进行扩展，根据贸易品的价值来源、最终吸收地和吸收渠道的不同，将其分为16个部分，并用来计算国内增加值。增加值方法能够更清晰地测算一国在国际贸易中的真实贡献，因而得到了广泛的应用。

现在国际机构较多地采用Koopman等（2012）的方法，通过投入产出表进行增加值分解，本章也采用此方法，并使用OECD的TiVA数据库2000—2011年的贸易增加值数据，来计算国家行业层面市场渗透率指标，以此来表示一国某行业的出口竞争力。市场渗透率指标，最初被用于测度产品在市场的渗透程度，后被发展为可以测度企业或行业层面市场渗透率。茅锐、张斌（2013）使用市场渗透率来测度中国产品在世界市场的出口竞争力。

本章采用市场渗透率指标是基于几个方面的考量：一是能反映出口的行业在进口国的市场占有率情况；二是具有国别可比性，相比出口量来说，可以避免因国家规模差异而导致的出口量不同；三是使用贸易增加值数据来测算市场渗透率能更真实地反映出一国某行业在进口国的出口竞争力。由此，得出本文计算的中国行业贸易增加值的出口竞争力的公式为：

$$MPRVA_{ijt} = \frac{XDVA_{cijt}}{XDVA_{wijt}}$$

其中，$MPRVA_{ijt}$为第t年中国第j行业在i国市场贸易增加值的市场渗透率；$XDVA_{cijt}$为第t年中国向i国第j行业出口的国内增加值部分；$XDVA_{wijt}$是第t年世界向i国第j行业出口的国内增加值加总。按照市场渗透率的定义，分母应为第t年i国第j行业从世界进口的外国增加值总和，由于i国从世界进口的外国增加值等于世界向i国出口的国内增加值，且增加值多是和出口一起使用，因而本章使用此公式来测算，但其基本含义没有发生变化。

第三节 模型构建与变量数据说明

知识产权保护对贸易流量的影响是不确定的。Maskus和Penubarti（1995）认为，知识产权保护通过市场控制力效应和市场扩张效应影响贸易流量，但由于方向相反，因而对于贸易流量的影响是不确定的。由此，知识产权保护对外贸竞争力的影响也存在分歧。本章通过考察行业知识产权实际保护强度与行业贸易增加值的市场渗透率的关系，来探究行业知识产权保护对其出口竞争力是促进作用还是抑制作用。为此，参照 Maskus 和 Penubarti（1995）、Ivus（2010）的模型，我们将模型设定为：

$$\ln MPRVA_{ijt} = \beta_0 + \beta_1 \ln IPP_{Cjt} + \beta_2 (\ln IPP_{Cjt})^2 + \beta_3 \frac{IPP_{Ct}}{IPP_{it}} \times \ln IPP_{Cjt} + \beta_4 \ln YPC_{it} + \beta_5 Tariff_{ijt} + \beta_6 \ln IPP_{it} + \beta_7 Dum_t + \varepsilon_{ijt}$$

其中，因变量 $\ln MPRVA_{ijt}$ 是第 t 年中国第 j 行业在 i 国市场贸易增加值的市场渗透率，用来反映中国行业 j 在 i 国真实的出口竞争力。

解释变量：$\ln IPP_{Cjt}$ 是第 t 年中国第 j 行业知识产权实际保护强度。理论上，存在二次项的负向影响。$\frac{IPP_{Ct}}{IPP_{it}} \times \ln IPP_{Cjt}$ 为第 t 年中国知识产权实际保护强度与 i 国知识产权保护强度之比与第 t 年中国第 j 行业知识产权实际保护强度的交互项，用来反映中国与贸易伙伴国知识产权保护强度差异是否通过对行业知识产权保护的影响，间接地影响到中国行业 j 在 i 国市场的出口竞争力。

控制变量：$\ln YPC_{it}$ 是第 t 年 i 国的人均实际 GDP。$Tariff_{ijt}$ 是第 t 年 i 国对第 j 行业进口征收的关税水平。$\ln IPP_{it}$ 是第 t 年 i 国知识产权保护强度。Dum_t 为时间哑变量，反映美欧金融危机带来的不利影响，本文把 2008 年之后设为 1，其他年份设为 0。ε_{ijt} 是随机扰动项。

本章使用 2013 年 1 月 OECD 和 WTO 联合发布的全球贸易增加值数据库的 2000—2011 年 59 个国家 16 个制造业贸易增加值数据。同时，使用本文测算的中国行业知识产权实际保护强度作为核心解释变量。人均实际 GDP 数据是基于世界银行的人均名义 GDP 除以 GDP 平减指数得到。关税数据是根据世界银行 WITS 数据库的关税数据，将其与海关编码的关税数据按大类进行行业匹配，得到 TiVA 数据库的 16 个制造业的关税水平数据，每个行业都是把 HS 编码的关税进行算术平均，然后考虑非零关税所占比例得到的数据，但是制造维护与修理、回收业的关税数据是缺失的。各国的知识产权保护程度是使用世界经济论坛每年发布的世界竞争力报告中的各国知识产权保护指数，其中包括 2008—2011 年的数据。根据 GP 方法测算出的知识产权保护水平，由于 GP 指数每 5 年测度一次，本章采用其 2000 年和 2005 年的数据。这样，进口国知识产权保护程度有着 6 年数据。

第四节 行业知识产权保护对贸易增加值出口竞争力的影响：经验分析

一、总的样本回归

从总的样本来看，由于因变量行业增加值的市场渗透率是取值在0和1之间的离散数据（非年度连续性数据），因而我们针对总的样本使用Tobit模型进行回归。由于是“短面板”数据，我们首先使用横截面的Tobit模型做出总的样本回归，从总体层面来考察行业知识产权保护强度与其出口竞争力之间关系。然后，使用随机效应面板Tobit模型进行行业样本回归，来考察中国行业知识产权保护强度对其在i国市场出口竞争力的影响。

如表5-5所示，回归（1）是未控制进口国知识产权保护强度（$\ln IPP_{it}$）下总的样本回归，聚焦考察中国行业j知识产权实际保护强度（$\ln IPP_{Cjt}$）对其在i国市场出口竞争力（$\ln MPRVA_{ijt}$）的影响，并且考虑了可能的二次项的影响。

表5-5　　总的样本估计：Tobit模型回归结果

$\ln MPRVA_{ijt}$	总的样本		
	(1)	(2)	(3)
$\ln IPP_{Cjt}$	2.005***	2.299***	1.878***
	(0.172)	(0.351)	(0.393)
$(\ln IPP_{Cjt})^2$	-0.175**	-0.320**	-0.354**
	(0.0829)	(0.137)	(0.138)
$\ln YPC_{it}$	-0.184***	-0.352***	-0.359***
	(0.0204)	(0.0349)	(0.0350)
$Tariff_{ijt}$	0.0293***	0.0414***	0.0416***
	(0.00443)	(0.0060)	(0.0060)
Dum_t	0.135***	-0.195***	-0.255***
	(0.0479)	(0.0555)	(0.0609)

续表

$lnMPRVA_{ijt}$	总的样本		
	(1)	(2)	(3)
$\ln IPP_{it}$		0.638***	1.286***
		(0.138)	(0.304)
$\frac{IPP_{Ct}}{IPP_{it}} \cdot \ln IPP_{Cjt}$			0.590**
			(0.246)
cons	-3.672***	-2.793***	-3.676***
	(0.223)	(0.357)	(0.513)
观察数	5011	3414	3414

注：***、**、* 分别表示在1%、5%和10%统计水平下显著。

资料来源：作者根据TiVA数据库、国家知识产权局、世界银行等相关资料数据整理得出。

回归（2）是控制了进口国知识产权保护强度下总的样本回归，聚焦考察在控制了进口国知识产权保护强度后，中国行业j知识产权保护强度对其在i国市场出口竞争力的影响，也考虑了可能的二次项的影响。

回归（3）是既控制了进口国知识产权保护强度，也控制了中国与进口国的国家知识产权保护强度相对值与中国行业知识产权实际保护强度的交互项，然后进行总的样本回归。聚焦考察中国行业j知识产权实际保护强度对其在i国市场出口竞争力的影响，以及二次项的影响。同时，也考察了该交互项是否通过对行业知识产权保护的影响，间接地影响到中国行业j在i国市场的出口竞争力。

从回归（1）至回归（3）比较来看，第一，在1%统计水平下，中国行业j知识产权保护强度（$\ln IPP_{Cjt}$）对其在i国市场的出口竞争力（$lnMPRVA_{ijt}$）存在显著的一次项正向影响，并且在5%统计水平下存在显著的二次项负向影响。这表明在中国行业知识产权实际保护强度与其在i国市场出口竞争力之间存在“倒U形”关系，意味着中国适度地加强行业知识产权保护强度会促进该行业在i国市场出口竞争力提升，但是太强的行业知识产权保护强度反而会不利于该行业在i国市场出口竞争力上升。

第二，在引入进口国知识产权保护强度（$\ln IPP_{it}$）后，发现在1%统计水平下，进口国i知识产权保护强度对中国行业在i国市场出口竞争力有着显著的正向影响，意味着进口国i加强知识产权保护，会提升中国行业在i国市场出口竞争力。这表明中国对外出口产品结构已发生了巨大变化，由原先主要出口劳动与资源密集型产品转向主要出口机电产品、计算机与电子和光学设备等资本和技术密集型产品，后者对进口国知识产权保护强度敏感度要求在上升。

第三，在引入交互项（$\frac{IPP_{Ct}}{IPP_{it}} \cdot \ln IPP_{Cjt}$）后，显示在5%统计水平下，该交互项对中国行业j在i国市场出口竞争力有着显著的正向影响，表明中国与进口国知识产权保护相对程度已通过对中国行业知识产权保护的影响，进而间接地提升了中国行业j在i国市场出口竞争力。

第四，其他控制变量的影响是：一是进口国人均实际GDP对中国行业j在i国的出口竞争力有着显著的负向影响，意味着中国行业j在i国的出口竞争力并不因美欧金融危机后进口国i人均实际GDP下降而削弱，说明i国从中国进口的资本和技术密集型产品具有刚性。二是进口国关税水平对中国行业j在i国的出口竞争力有着统计上显著的正向影响，这说明i国从中国进口的资本和技术密集型产品确实具有刚性，即使进口国增加行业进口关税，也不会削减中国在i国的行业出口竞争力。三是在控制了进口国知识产权保护强度以及交互项之后，时间哑变量已变得统计上显著地负向影响，说明美欧金融危机确实对中国行业j在i国的出口竞争力产生了不利的冲击影响。

二、行业样本回归

对行业层面的回归共有两组，第一组回归是对未控制进口国知识产权保护强度以及交互项进行的随机效应面板Tobit模型回归，第二组回归是对控制了进口国知识产权保护强度以及交互项进行的面板Tobit模型回归。每个行业涉及中国在全球贸易增加值数据库中的58个进口国、6年数据，以此来进行稳健性检验。

（一）未控制进口国知识产权保护强度和交互项进行的行业回归

未控制进口国知识产权保护强度，以及中国与进口国知识产权保护强度相对值与中国行业知识产权保护强度的交互项，我们对16个制造业中每一个行业进行随机效应面板Tobit模型回归，其回归结果如表5-6所示，具体分析如下：

表5-6　行业回归的Tobit模型估计结果——待续

$\ln MPRVA_{ijt}$	行业A	行业B	行业C	行业D	行业E	行业F	行业G	行业H
$\ln IPP_{Cjt}$	6.82***	2.68***	2.61***	-0.66	0.07	2.02***	3.59***	8.92***
$(\ln IPP_{Cjt})^2$	-5.53***	-0.61**	-0.82***	1.85***	-0.07	-1.29***	-1.35***	-4.63***
$\ln YPC_{it}$	-0.03	0.12	0.26***	0.10	-0.37*	0.21*	0.21***	0.75***
$Tariff_{ijt}$	0.01**	0.002	-0.04***	-0.002	-0.04	0.01	-0.04***	-0.02***
Dum_t	0.28***	-0.04	-0.01	0.03	0.31	0.26***	0.24***	0.15***

续表

$lnMPRVA_{ijt}$	行业 A	行业 B	行业 C	行业 D	行业 E	行业 F	行业 G	行业 H
cons	-5.97***	-5.01***	-7.23***	-7.64***	-1.75	-6.49***	-7.14***	-13.61***
观察数	335	335	334	333	329	335	334	335
组数量	58	58	58	58	58	58	58	58
时间效应	是	是	是	是	是	是	是	是

$lnMPRVA_{ijt}$	行业 I	行业 J	行业 K	行业 L	行业 M	行业 N	行业 O	行业 P
$\ln IPP_{Cjt}$	33.93***	4.50***	3.53***	12.19***	8.08***	-3.66**	5.10***	-12.83***
$(\ln IPP_{Cjt})^2$	-14.03***	-2.17***	-0.92***	-4.47***	-2.53***	4.11***	-2.43***	7.91***
$lnYPC_{it}$	0.44***	0.89***	-0.09	-0.16	-0.02	-0.02	-0.08	-0.03
$Tariff_{ijt}$	-0.01	-0.02***	-0.003	-0.02	-0.02*	0.01	-0.01	
Dum_t	-0.08	0.29***	0.19***	0.20***	0.02	-1.51***	0.90***	-1.22***
cons	-27.70***	-13.41***	-4.31***	-9.08***	-8.55***	-5.64***	-5.44***	1.97*
观察数	335	334	335	334	335	334	334	348
组数量	58	58	58	58	58	58	58	58
时间效应	是	是	是	是	是	是	是	是

注：***、**、*分别表示在1%、5%和10%统计水平下显著。

A 为食品、饮料和烟草行业；B 为纺织类、纺织品、皮革和鞋类行业；C 为木材和软木制品行业；D 为纸浆、纸制品与印刷和出版行业；E 为焦炭、精炼石油产品和核燃料行业；F 为化学品和化工产品行业；G 为橡胶和塑料制品行业；H 为其他非金属矿产品行业；I 为贱金属行业；J 为金属制品（机械设备除外）行业；K 为电脑、电子与光学产品行业；L 为电气设备行业；M 是未分类机械和设备行业；N 为机动车辆、挂车和半挂车行业；O 为其他运输设备行业；P 是其他制造、机械与设备修理及安装行业。

第一，细分制造业来看，16 个制造业中 12 个制造业的行业知识产权保护强度（$\ln IPP_{Cjt}$）与中国行业 j 在 i 国的出口竞争力（$lnMPIVA_{ijt}$）之间存在统计上显著的“倒 U 形”关系。这表明在行业层面上加强中国行业知识产权保护强度能够促进中国行业 j 在 i 国的出口竞争力提升，但是在行业知识产权保护强度提高到一定强度后，太强的行业知识产权保护强度反而会造成中国行业 j 在 i 国的出口竞争力下降。

第二，进口国人均实际 GDP 水平对中国行业 j 在 i 国的出口竞争力的影响关系是存在差异的，其中有 6 个行业存在统计上显著的正向影响。其可能的理论机制是，进口国人均实际 GDP 水平提高会增加对一般产品的需求，也会增加对中国制造品的需求，因而有可能会产生更多的外包、产品间贸易、产品内贸易和工序贸易等，从而促进部分中国行业产品在 i 国出口竞争力提升。同样，由于进口国人均实际 GDP 水平提高伴随着更严格的行业知识产权保护要求，使得其对从中国进口产品的知识产权保护要求也相应提高，结果有可能出于节约成本的考虑，中国将外包行为转到人力资本更低的东盟或非洲国家，或是在 i 国直接进行生产也有利可图。这些因素不利于中国制造业产品技术创新，也不利于中国在 i 国行业出口竞争力的上升。这两种效应相抵，使得不同行业中进口国人均实际 GDP 水平提高对其出口竞争力的效应是存在差异的，净效应可能为正，也可能为负。

第三，进口国关税水平对中国部分行业在 i 国的出口竞争力存在着负向影响，在表 5－6 中有 5 个行业存在统计上显著的负向影响。一般而言，进口国关税水平提高是不利于行业进口的，这既使得中国向 i 国行业出口的增加值减少，也可能使得世界向 i 国行业出口的增加值也减少，从而使得大多数行业表现出对其出口竞争力的影响不显著。

在这里，仅是未控制进口国知识产权保护强度和交互项进行的行业回归结果，我们仍需要加入重要的影响变量来进行进一步回归分析。

（二）控制了进口国知识产权保护强度和交互项进行的行业回归

我们采用世界经济论坛数据库中的中国和其他 58 个国家的知识产权保护程度指标数据，来控制进口国知识产权保护强度对因变量的影响。同时，我们也控制了中国与进口国知识产权保护程度相对值与中国行业知识产权实际保护强度的交互项对因变量的影响。据此，我们使用行业面板 Tobit 模型进行回归。每个行业涉及中国在全球贸易增加值数据库中 58 个进口国、6 年数据。表 5－7 展示了所有行业回归的估计结果，具体分析如下：

表 5－7 控制进口国知识产权保护强度和交互项的分行业 Tobit 模型估计——待续

$\ln MPRVA_{ijt}$	行业 A	行业 B	行业 C	行业 D	行业 E	行业 F	行业 G	行业 H
$\ln IPP_{Cjt}$	125.1***	－6.05	41.48**	1437***	－168.9	－7.04***	10.79	－1007***
$(\ln IPP_{Cjt})^2$	－86.12***	2.72	－14.25**	－519.0***	84.11	3.97***	－5.25	499.7***
$\ln IPP_{it}$	－0.33	－0.16	0.10	0.09	2.29	0.65	0.02	－0.15
$\frac{IPP_{Ct}}{IPP_{it}} \cdot \ln IPP_{Cjt}$	－0.29	－0.14	0.004	0.24	－0.15	－0.07	－0.09	－0.28**
$\ln YPC_{it}$	－0.17	－0.07	0.02	－0.11	－0.84***	－0.52***	－0.18**	－0.13*
$Tariff_{ijt}$	－0.01	－0.01**	－0.01	－0.08**	0.03	－0.01	－0.02	－0.004
Dum_t	－1.14***	－0.01	－0.29**	－0.48***	6.76	0.24**	0.58***	49.10***
cons	－45.59***	2.96	－32.85***	－997.8***	77.35	3.51**	－6.43	449.4***

续表

$lnMPRVA_{ijt}$	行业 A	行业 B	行业 C	行业 D	行业 E	行业 F	行业 G	行业 H
观察数	228	228	227	227	228	228	227	228
组数量	58	58	58	58	58	58	58	58
时间效应	是	是	是	是	是	是	是	是

$lnMPRVA_{ijt}$	行业 I	行业 J	行业 K	行业 L	行业 M	行业 N	行业 O	行业 P
$\ln IPP_{Cjt}$	49.91***	-155.3***	-12.43***	-57.86	70.24***	-912.2***	103.6	-12616***
$(\ln IPP_{Cjt})^2$	-20.66***	59.91***	3.35***	22.22	-24.35***	318.2***	-40.78	4474***
$\ln IPP_{it}$	0.46	-0.05	-0.37	1.42	-0.48	0.96	-0.32	0.21
$\frac{IPP_{Ct}}{IPP_{it}} \cdot \ln IPP_{Cjt}$	0.41	-0.18	-0.21	0.47	-0.48**	0.17	0.25	0.37
$\ln YPC_{it}$	-0.40***	-0.16*	-0.11	-0.41***	-0.25***	-0.56***	-0.13	0.01
$Tariff_{ijt}$	-0.06*	-0.04***	0.01	0.02	-0.02	0.02	0.03	
Dum_t	-0.72***	13.87***	0.45***	0.14	-0.28***	21.23***	-1.42	136.5***
cons	-29.35***	85.93***	10.62***	36.47	-48.95***	631.9***	-65.62	8755***
观察数	228	227	228	228	228	227	227	232
组数量	58	58	58	58	58	58	58	58
时间效应	是	是	是	是	是	是	是	是

注：***、**、* 分别表示在 1%、5%和 10%统计水平下显著。A 至 P 行业分类同上。

第一，在控制了进口国知识产权保护强度和交互项之后，16 个制造业中有 5 个制造业的行业知识产权保护强度（$\ln IPP_{Cjt}$）与中国行业 j 在 i 国的出口竞争力之间存在统计上显著的“倒 U 形”关系。这里的 5 个制造业包括食品、饮料和烟草行业，木材和软木制品行业，纸浆、纸制品、印刷和出版行业，贱金属行业，以及未分类机械和设备行业。这些行业是技术要求相对较低的行业，其需要的行业知识产权保护强度相对较低，因而中国行业知识产权保护水平适当提升就足以满足外包商所需的保护水平，进而通过增加这些行业对中国的外包行为，可以提升中国在这些行业上的出口竞争力。不过，对于这 5 个行业而言，太强的行业知识产权保护强度反而会造成中国这些行业在 i 国的出口竞争力下降。对于技术要求高的行业，如化学品和化工产品行业，电脑、电子及光学产品行业，机动车辆、挂车和半挂车行业等，行业知识产权保护强度则有着统计上显著的一次项负向影响，因而加强这些行业知识产权保护强度反而不利于中国行业在 i 国的出口竞争力提升。

第二，细分到每一个具体行业，就进口国知识产权保护强度（$\ln IPP_{it}$）对因变量的影响来看，我们发现进口国知识产权保护强度对中国行业在 i 国的出口竞争力的影响都不显著。其中有 9 个行业是正相关，7 个行业是负相关，但是统计上都不显著。也就是，进口国从中国进口产品可能并非单纯考虑中国的知识产权保护强度，也不会基于进口国自身的知识产权保护水平来决策进口，因而对中国行业在 i 国的出口竞争力的影响不显著。

第三，中国与进口国相对知识产权保护程度与中国行业知识产权保护强度的交互项对中国行业 j 在 i 国的出口竞争力的影响也是不明确的。其中有 7 个行业的影响为正，有 7 个行业的影响为负，但是统计上都不显著。这表明中国与进口国相对知识产权保护程度通过对中国行业知识产权保护强度的间接影响并不能显著地影响到中国行业在 i 国的出口竞争力。也就是，只要中国知识产权保护强度达到所预期的一定标准，进口国从中国进口产品并不非常关注中国的行业知识产权保护强度，也不太关注中国与进口国的相对知识产权保护程度。

第四，进口国人均实际 GDP 水平对中国行业 j 在 i 国的出口竞争力存在着较为明显的负向影响。其中有 14 个行业存在负向影响，它们中的 9 个行业有着统计上显著的负向影响，意味着中国行业 j 在 i 国的出口竞争力并不因美欧金融危机后进口国人均实际 GDP 下降而削弱。这同样可能是由于进口国人均实际 GDP 水平提高引致的对知识产权保护要求提高，或是对技术泄露的容忍度更低，更多节约成本的要求带来减少外包等行为导致的出口竞争力下降效应超过了人均实际 GDP 水平提高带来对产品需求增加的上升效应，因而使得进口国人均实际 GDP 水平提高反而导致中国行业出口竞争力下降。这也与 Ginarte 和 Park（1997）的实证检验结果是相一致的。

第五，进口国关税水平对中国行业 j 在 i 国的出口竞争力也存在着较为明显的负向影响。其中有 10 个行业的影响为负，它们中的 4 个行业有着统计上显著的负向影响。另外 5 个行业影响为正，但不显著。比较来看，这 4 个统计上有显著负向影响的行业是纺织类、纺织品、皮革和鞋类行业，纸浆、纸、纸制品、印刷和出版行业，贱金属行业，以及金属制品业。这 4 个大类行业属于劳动和资源密集型行业，是技术水平相对较低的行业，主要靠价格竞争，其对进口国关税水平的敏感度相对较高，因而细分行业来看，进口国关税水平对中国行业在 i 国的出口竞争力有着不利的影响。对于其他行业来说，进口国关税水平可能不是影响其出口竞争力的重要因素。

第六，时间哑变量反映出美欧金融危机对中国行业 j 在 i 国的出口竞争力的冲击影响在统计上有着显著的差异，其中有 7 个行业存在显著的正向影响，有 5 个行业存在显著的负向影响。据此，中国在 i 国的行业出口竞争力对美欧金融危机的冲击反应存在显著的差异，并没有出现一边倒的下降。

比较来看，我们发现分行业样本进行的回归结果是更加细化可靠的，与总的样本回归结果的主要差异在于进口国知识产权保护强度、中国与进口国相对知识产权保护程度与中国行业知识产权保护强度的交互项，以及进口国关税水平的影响之上。而且，分行业样本回归并没有发现各行业像总的样本回归那样，存在行业知识产权保护强度与中国行业 j 在 i 国的出口竞争力之间显著的“倒 U 形”关系。尽管如此，在食品、饮料和烟草行业，木材和软木制品行业，纸浆、纸制品、印刷和出版行业，贱金属行业，以及未分类机械和设备行业 5 个制造业内，无论是总的样本还是分行业样本都存在行业知识产权保护强度对中国行业 j 在 i 国的出口竞争力影响上呈显著的“倒 U 形”关系。究其原因，可能是这些行业大都是技术要求相对较低的行业，对自身知识产权保护的要求相对较低，为维持行业机密所需的知识产权保护强度较低，只要中国相应加强知识产权保护水平，就足够提供外包商所需的保护，因而他们也愿意对中国进行外包和进行工序贸易等活动。这有助于中国进行吸收创新和技术创新等，进而提升中国在这些行业上的出口竞争力。

而其他行业知识产权保护强度与其出口竞争力之间的“倒 U 形”关系在考虑进口国知识产权保护强度和交互项之后并不显著地存在。究其原因，这些行业多是相对高技术行业，对知识产权保护要求相对较高，所需的知识产权保护强度较高，因而外国在进行外包活动时并不只是考虑中国知识产权保护强度，而且会考虑进口国知识产权保护强度与中国的模仿能力等因素，也会进行外包目标国之间知识产权保护程度比较。当中国知识产权保护强度的提升不及进口国知识产权保护强度的提升，或者认为中国的模仿能力太强，或者相对于其他外包国来说，中国知识产权保护强度相对低。在此情况下，为保护本国的既得利益，外国会减少对中国的外包活动。这将不利于技术外溢和中国企业的模仿创新。尽管中国加强了知识产权保护，但其行业出口竞争力反而会下降。

第五节 主要结论及政策建议

本章以国际生产网络下外包和工序贸易等为背景，构建并测度出中国行业知识产权保护强度以及中国在 58 个进口国的行业贸易增加值的市场渗透率指标。

在此基础上，聚焦考察行业知识产权保护强度对中国制造业增加值出口竞争力的影响，得出以下主要结论：

第一，总的样本回归表明，中国行业知识产权保护强度与其出口竞争力之间存在着“倒U形”关系，即中国适度地加强行业知识产权保护强度会提高制造业增加值出口竞争力，但是太强的行业知识产权保护强度反而不利于中国制造业增加值出口竞争力的上升。相比而言，细分制造业回归来看，不管是否控制进口国的知识产权保护强度，我们发现在中国16个制造业中，只有部分制造业的行业知识产权保护强度与其增加值出口竞争力之间存在统计上显著的“倒U形”关系。

第二，总的样本来看，进口国加强知识产权保护，会提升中国制造业增加值出口竞争力，这表明中国对外出口产品结构已发生巨大变化。中国与进口国知识产权保护相对程度已通过对中国行业知识产权保护的影响，间接地提升了中国制造业增加值出口竞争力。相比而言，细分到每一个行业回归来看，我们发现进口国知识产权保护强度对中国制造业增加值出口竞争力的影响是不确定的，且统计上影响不显著，意味着进口国从中国进口产品并非单纯考虑中国的知识产权保护强度，也不会基于进口国自身知识产权保护水平来决策是否从中国进口，因而对中国行业出口竞争力的影响不显著。

第三，中国与进口国知识产权保护相对程度已通过对中国行业知识产权保护强度的影响，间接地提升了中国行业的出口竞争力。相比总的样本，分行业回归来看，我们发现中国与进口国知识产权保护相对程度与中国行业知识产权保护强度的交互项对中国制造业增加值出口竞争力的影响是不明确的。只要中国知识产权保护强度达到所预期的一定标准，进口国从中国进口产品就并不非常关注中国的行业知识产权保护强度以及中国与进口国相对知识产权保护程度。进口国也可能会基于知识产权保护相对强度来决策外包行为，进而对中国行业出口竞争力产生影响。

第四，从控制变量来看，中国行业出口竞争力并不因美欧金融危机后进口国人均实际GDP下降而削弱；即使进口国增加行业进口关税，也不会削减中国的行业出口竞争力；美欧金融危机对中国行业出口竞争力产生了不利的冲击影响。但分行业回归来看，进口国人均实际GDP水平提高对中国行业出口竞争力的影响是存在差异的。进口国关税水平提高对中国部分行业出口竞争力存在显著的不利影响。美欧金融危机对中国行业出口竞争力的冲击影响在统计上有着显著的行业性差异。

根据上述主要研究结论，本章政策建议有：

一是主张在提高中国行业知识产权保护强度的同时，谨防行业知识产权保护过度导致行业出口竞争力下降。这需要从国家和行业层面同时入手，国家层面上需要加强相关知识产权的立法和执法工作，即不断完善相关知识产权保护的立法，并且强化对现有知识产权保护法律制度的实施以及对违法行为的惩罚。行业层面上需要在加强对知识产权保护的同时，防止行业保护过度对行业出口竞争力产生不利影响。

二是把握好中国与进口国知识产权保护的相对程度，以期促成对中国行业知识产权保护强度的正向影响，进而提升中国行业的出口竞争力。行业内企业应增强知识产权保护的忧患意识，争取达到外包商所需的保护水平，这样才能在与国外企业的竞争中占据优势。同时应强化对职工技能的培养，提升人力资本，加强模仿创新、技术创新等创新行为，提升行业企业的出口竞争力。

三是积极倡导国际合作，进行区域和双边自贸区谈判，获取相对优惠的关税政策，避免缺乏国际合作诱发贸易摩擦带来的成本上升，进而不利于中国行业出口竞争力的提升。同时，积极推进“一带一路”共建共享，深化中国与周边国家的经贸合作。这样，才能降低中国出口的贸易成本，进而提升中国行业出口竞争力。

四是不断提高行业企业创新投入，促进中国高新技术行业发展，提高行业出口竞争力来化解贸易保护主义压力。中国增强行业知识产权保护的目的在于更好地实现创新式发展，只有更多更好的行业企业创新，才使得中国制造业在行业出口竞争中立于不败之地。

第三部分

行业生产网络、知识产权保护与中国企业创新

本部分探究行业生产网络、知识产权保护对提升中国企业创新的影响，这部分包括第六章至第八章，分别考察创新模式与知识产权保护对医药企业研发创新的影响（国际比较），行业生产网络下进口中间品对中国企业创新的影响，以及知识产权保护、进口中间品对中国企业创新的影响问题。

第六章

创新模式与知识产权保护对医药企业研发创新的影响：国际比较①

本章探究了创新模式、知识产权保护及其交互作用对医药企业研发创新的影响。研究表明，加强医药行业知识产权保护对整体医药企业研发创新具有显著的促进作用；不同创新模式对医药企业研发创新的影响不同，并且英美创新模式与医药行业知识产权保护的交互作用对医药企业研发创新的促进效应要依次大于欧洲大陆和中国创新模式的情形。引入企业研发人员强度，我们发现英美创新模式下医药企业研发人员强度与医药行业知识产权保护的交互作用对医药企业研发创新的促进作用最大。据此，需要完善中国知识产权保护体系，推动中国创新模式转型，以发挥医药行业知识产权保护与创新模式的协调作用，并通过提升我国医药企业研发人员强度来增强其创新活力。

第一节　问题提出及文献综述

经济全球化和国际分工的深化发展使得不同国家之间形成立体式、交互式的信息共享网络，经济命运共同体逐步显现。各国之间紧密的联系在面对疫情挑战

① 本章主要内容参见沈国兵、孟彩霞和沈彬朝："创新模式与知识产权保护对医药企业研发创新的影响：国际比较"，《上海对外经贸大学学报》2022 年第 1 期。本章在此基础上已做出了修改和完善。

时没有一国可以独善其身。突如其来的新冠肺炎疫情在全球蔓延肆虐，这一重大突发公共卫生事件不仅给各国的公共医疗卫生系统带来了挑战，而且将医药企业推至“风口浪尖”。2021 年 3 月 11 日，十三届全国人大四次会议通过的《中华人民共和国国民经济和社会发展第十四个五年规划和 2035 年远景目标纲要》提出，“从国家急迫需要和长远需求出发，集中优势资源攻关新发突发传染病和生物安全风险防控、医药和医疗设备、关键元器件零部件和基础材料、油气勘探开发等领域关键核心技术”。这将我国医药行业技术创新摆在了突出位置。同时，“十四五”规划还指出，“实施知识产权强国战略，实行严格的知识产权保护制度，完善知识产权相关法律法规，加快新领域新业态知识产权立法”。由此，明确了知识产权保护为企业创新成果保驾护航。

新冠肺炎疫情蔓延下，全球医药企业特别是作为世界重要经济区域的中国以及欧美英等国的医药企业能否化“危”为“机”、持续开发出抗疫疫苗以应对疫情变化是战胜疫情的关键。据万德数据库统计显示，2011—2018 年中国创新模式下医药企业的研发密度为 4.74，而英美创新模式和欧洲大陆创新模式下医药企业研发密度分别为 20.44 和 13.72，后者分别是中国创新模式下医药企业研发密度的 4.31 倍和 2.89 倍。可见，不同创新模式下医药企业的研发创新存在显著的差距。2019 年 11 月，国家印发的《关于强化知识产权保护的意见》提出，“牢固树立保护知识产权就是保护创新的理念”。由此，探究医药企业研发创新差距是由知识产权保护强度不同带来的，还是因企业处于不同创新模式导致的就变得十分重要。本章选取中国创新模式、英美创新模式和欧洲大陆创新模式为例，探究创新模式、知识产权保护及其交互作用分别对医药企业研发创新的影响。

有关创新模式、知识产权保护和医药企业研发创新的相关研究主要有：

第一，聚焦不同创新模式下医药企业的研发创新研究。现有创新模式主要有引进再创新（模仿创新）、独立创新（自主创新）和集群式创新（合作创新）（Veugelers 和 Cassiman，1999）。资金、技术、人才充裕的企业依靠自主研发推动技术创新和经济发展，中小企业通过技术引进，模仿创新取得后发优势进行发展（Eaton 和 Kortum，1996；林毅夫和张鹏飞，2005；易先忠等，2007）。刘洪涛、汪应洛（1999）研究认为，中国创新模式是以引进创新为主。中国创新模式下的企业创新是以政府主导、成果导向，缺乏自主权和发展动力（Woo，1991；王克敏等，2017）。据此，本章将中国创新模式界定为引进再创新的模仿创新模式。此外，Sharif 和 Baark（2005）认为，中国香港特区创新体系的巨大优势是吸收能力和对现有技术的利用能力极强，并且逐步由引进再创新向自主创新转变。基于此特征，我们将香港特区创新模式纳入中国创新模式框架下进行分析。Li（2011）认为，像辉瑞、罗氏、强生、默克、阿斯利康、诺华、礼来、葛兰素史克、拜耳等国际著名医药企业已投资数亿美元在中国建立其研发中心，同时中国的知识产权保护体系正日益完善以适应医药企业研发创新的高标准和严要求。Jiang 和 Luan（2018）研究认为，通过技术外溢，模仿创新模式下的中国医药企业的技术水平正向美国企业的技术收敛，说明这一创新模式在行业的起步和追赶阶段初期对医药企业的创新具有促进作用，而发展到成熟期这一模式的效果则边际递减。英美创新模式下的创新需经历“科学—技术—生产”（Subrahmanya，2005；Im 和 Shon，2019），是一种突破传统、敢为人先的自主创新。英美国家自由市场经济为其国内中小企业的创新提供了适宜的温床，提升了中小企业的创新活力。欧洲大陆创新模式是介于以上两种模式之间的合作创新模式（Miozzo 和 Dewick，2002），创新主体资源共享，共同研发和共享研发成果。Taggart（1991）比较了美国、英国、德国、法国、意大利和日本六国的医药企业研发创新选址认为，自主创新和合作创新下的医药企业在进行全球选址时除了考虑资源、人才等基本要素之外，更加关注当地专利法的保护是否明确，以确保企业研发的知识产权在当地受到强有力的专利保护。Howells 等（2008）对英国医药企业研发外包的增长及管理分析认为，许多与制药行业研发和技术职能相关的外包活动是与更多应用性活动相关的，受调查的企业似乎更专注于外围、非核心的研究和技术活动，如临床试验活动、研发软件和应用研究等。

第二，聚焦知识产权保护对医药企业研发创新影响研究。知识产权保护对企业创新的影响主要体现在两方面：一是知识产权保护提高了企业研发创新能力，进而可以提升企业绩效。对知识产权这种排他性保护在一定程度上降低了企业研发被剽窃的风险，提高知识创新尤其是专利权的成果转化率和技术应用比例，进而可以提高研发投入的回报率（Anton 和 Yao，1994；Schneider，2005；Chen 和 Puttitanun，2005；Fu 和 Yang，2009；Kim 等，2012；吴超鹏和唐药，2016）。二是知识产权保护强度对企业研发创新存在“倒 U 形”影响（Allred 和 Park，2007）。过弱的知识产权保护增大了企业技术溢出的风险，而过强的知识产权保护使企业获得的排他性垄断利润放大了企业创新的“惰性”（Maskus 和 Penubarti，1995；Dinopoulo 和 Kottarid，2008），同时大大提高了其他企业的模仿成本，企业发展两极分化严重。与其他制造业不同，医药行业具有极高的研发强度，DiMasi 等（2016）对世界主要医药企业的研发投入测算显示，医药企业研发通过一个新药的成本约为 13.95 亿美元（2013 年美元价），若考虑到研发周期内的折旧和通胀，这一成本可高达 28.70 亿美元。类似地，张世贤（2005）考察中国医药企业发现，只有当医药研发投入达到一定的“临界值”，才能获得预期的市场效果。据此，由于知识产权保护具有保护研发收益、帮助企业收回巨额研发成本的作用，因而加强知识产权保护对医药企业研发的重要性凸显。董钰和孙赫（2012）对医药制造业等高技术行业研究表明，知识产权保护对这些行业企业创新具有促进作用。

第三，聚焦创新模式、知识产权保护与医药企业研发创新研究。知识产权保护对企业创新模式的选择具有重要影响，是企业选择自主创新模式的重要推动力。主要表现为两点：一是技术专有性的增强。知识产权保护水平的提高对企业自主创新具有积极作用。它为企业智力成果提供了保障，激励资金雄厚、技术成熟的企业持续加大研发投入，进行创新。二是知识产权保护的增强对实力比较弱的企业形成冲击，提高模仿成本，促使他们转向投入更多的人力、物力进行自主创新（Marjit 和 Yang，2015）。黄先海等（2016）认为，随着我国国内知识产权保护力度的加强，企业模仿创新成本提高，将会转入自主创新。Akiyama 和 Furukawa（2006）认为，在不存在规模效应的情况下，随着知识产权保护力度的增强，企业创新模式的选择经历了“模仿创新—自主创新—模仿创新”。由于医药行业企业的创新活动从上游到最后的临床试验都需要更高的技术和更昂贵的费用，因而其对知识产权保护的依赖性远高于其他行业。如果没有知识产权保护，创新和发明的车轮可能会停滞不前，或者以较低且无用的速度旋转，因此，专利保护对医药行业的创新和发明产生着促进作用（Oguamanam，2010；Dhanora 等，2021）。

现有文献多探究了知识产权保护对企业创新的影响，比较了不同创新模式的路径选择以及创新特征，但缺乏对创新模式、知识产权保护和医药企业研发创新影响关系和作用机制的经验分析。本章基于中国创新模式、英美创新模式和欧洲大陆创新模式下全球 203 家上市医药企业 2011—2018 年的数据，引入企业研发人员强度变量来探究创新模式、知识产权保护及其交互作用对医药企业研发创新的影响。本章的边际贡献是：（1）现有文献多聚焦于创新模式的定性分析，我们将创新模式引入模型中展开定量分析，揭示出不同创新模式下医药企业研发创新活动存在明显差异。（2）一些研究主要基于大样本的微观企业（尹志锋等，2013），我们细分到上市医药企业，回归发现加强医药行业知识产权保护整体上推进了医药企业的研发创新，但不同创新模式对医药企业研发创新的影响有着显著的差异。英美创新模式对医药企业研发创新的促进作用依次比欧洲大陆和中国创新模式的作用更大。（3）引入企业研发人员强度，发现英美创新模式下企业研发人员强度对其创新的促进作用依次大于欧洲大陆和中国创新模式的情形。（4）英美创新模式与医药行业知识产权保护的交互作用对医药企业研发创新的促进效应依次大于欧洲大陆创新模式和中国创新模式的情形。并且，英美创新模式下医药行业知识产权保护对医药企业研发创新的综合促进效应也是如此。基于企业研发人员强度这一企业自身特征与医药行业知识产权保护的交互作用，发现英美创新模式下医药企业研发人员强度与医药行业知识产权保护的交互作用对医药企业研发创新的促进作用也最大。据此，通过加强知识产权保护倒逼中国创新模式的转型，积极发挥出行业知识产权保护与创新模式的协调效应；通过加强我国医药企业研发人员投入强度，增强医药企业的创新能力。

第二节 理论机制分析

本节主要探究创新模式、知识产权保护及其交互作用对医药企业研发创新的影响差异。这里基于现有研究进行理论机制分析。

一、知识产权保护对医药企业研发创新影响的机制分析

Nordhaus（1969）对知识产权保护制度进行研究，认为知识产权保护制度在短期内会阻碍创新，但从长远来看会促进发明者的创造积极性。由此提出了最优知识产权保护制度，即平衡企业排他性占有某项智力成果得到的收益以及产生的损失。一方面从知识产权保护对企业创新的直接作用机制来讲，陈一孚（2018）认为，创新主体对智力成果和技术的排他性占有会提高其预期收益，进而激发创新活力，促进技术创新。此外，发达国家加强知识产权保护增大了欠发达国家的模仿成本，长期来看，当创新成本小于模仿成本时，欠发达国家和地区的企业被迫加大研发投入，提高创新活力和技术水平（Smith，2001）。另一方面，从知识产权保护对企业创新的间接作用机制来讲，加强知识产权保护通过市场扩张效应促使企业进行产品升级，从而推进企业的研发投入和创新产出（Maskus 和 Penubarti，1995；余长林，2011）。具体到医药企业，强有力的知识产权保护促进了从发达国家向新兴国家的技术转移，因而专利保护被视为医药行业企业创新商业化的必要条件（Pitelis 等，2018）。Oguamanam（2010）认为，医药行业的创新过程相当昂贵，从平台研究性质的上游活动到下游活动，包括临床试验、监管批准、药物制造、营销、品牌和其他资本密集型推广活动。由此，知识产权保护的奖励和激励被认为是医药研发创新和创造力的根本驱动因素、推动者和决定因

素。据此，我们提出：

假说1：加强知识产权保护对医药企业的研发创新具有促进作用。

二、创新模式与企业研发人员强度交互作用对医药企业研发创新影响的机制分析

（一）中国创新模式对医药企业研发创新影响的机制分析

中国创新模式是一种追赶型的技术创新，有其自身的特征。中国创新模式的典型特征之一是“强政府—弱社会”（Thompson等，2020），在发展之初实行集权主义（Vollan等，2017），政府掌握着经济社会众多重要的资源，对经济发展进行强大的调控，微观企业的发展战略从属于国家整体和长期的利益，这种强政府的特征削弱了企业创新的积极性。马倩倩等（2016）比较了93家国有和33家私营医药上市公司的创新能力发现，中国国有医药上市公司的创新能力低于私营医药上市公司。究其原因，中国创新模式下的经济是政府主导并直接参与的赶超型经济（Li，2003；于光远，1997），该模式下的医药企业创新可能更关注可以直接“变现”的技术，秉持“市场需要什么，生产什么”的理念，而耗时长、回报不确定的自主研发创新不再是首选（刘国光，2002）。此外，以“仁”为核心的儒家思想是中国文化的根基，其对中国企业创新的作用具有“双刃剑”。一方面，儒家文化可以通过缓解企业代理冲突、提高人力资本投资水平和降低专利侵权风险等三条渠道促进企业创新（徐细雄和李万利，2019）；另一方面，中庸、保守、稳定的思想观念根深蒂固（Harris，1989；Lin和Huang，2014），而医药企业药物研发的过程复杂、昂贵且耗时，其研发创新风险极高，远高于一般的行业企业（DiMasi，2001）。在这样的理念指导下，存在巨大不确定性的医药研发创新便得不到青睐。

（二）英美创新模式对医药企业研发创新影响的机制分析

以英国和美国发达国家为代表的英美创新模式是一种自主创新型技术进步，通过创新将科学转化为生产力，其基本特征是“科学—技术—生产”（Subrahmanya，2005；Im和Shon，2019）。我国医药产业的技术创新对基础研究有着较强的依赖性，且这种依赖正不断增强（李向阳和刘小平，2015）。巨额的资金、世界顶尖的高校和科研院所提供了先进技术设备和一流的人才，支撑起医药企业的持续创新。在思想文化上，英美国家与中国存在差异，企业家精神是英美创新模式独有的精神文化（Drucker，2015；Wong等，2005；庄子银，2005）。个体

和企业更加敢于冒险，面对技术能否顺利转化为生产力，研发成果能否“变现”以及企业能否获得经济利益的未知接受度和容纳度更高，这促使企业不断进行创新获得创新成果（Al－Mubaraki 等，2013）。英美两国对基础科学的重视也促使企业从“零”开始进行研发创新（Brandl，1998）。以英美两国为代表的自主创新模式下的医药企业创新之所以能取得领先世界的发展得益于完善的医药创新体系。一是英美模式下产学研的成熟体系，医药高等院校和科研院所的合作是企业研发成功的关键一环；二是政府和企业界限分明，以美国为例，政府主要职责是制定专利法等保护企业的创新成果，激励是美国企业创新成功的基石之一，企业能不受限制地自由研发，并从发明中获取金钱回报（Simons 和 Walls，2015）。

（三）欧洲大陆创新模式对医药企业研发创新影响的机制分析

以德国和法国为代表的欧洲大陆创新模式通过竞争力集群计划联合企业、研究所、高等院校协同研发，是一种合作创新。以社会市场经济体制的德国（Bryson，1992；陈玉荣，1996）和混合市场经济的法国为例（李玉平，1993），欧洲大陆创新模式并重“看得见的手”和“看不见的手”，管理独立，企业拥有生产和创新的自主权。政府适度干预与企业、科研机构自由创新相结合的创新模式给了企业自主权，但同时又在一定程度上避免由于市场自发盲目而导致的创新偏离，降低了企业创新风险。尚洪涛和黄晓硕（2019）认为，政府创新补贴会显著促进医药企业当期的研发投入，对未来一期的创新产出呈“U 形”关系。此外，欧洲大陆科研成果转化服务中心和科技中介服务机构发达，提供咨询、研究与开发、培训等综合性全方位服务，有效地将技术创新与组织创新、管理创新结合，为客户提供系统解决方案（Carlaw 和 Lipsey，2003；Worthington 和 Lee，2008）。创新成果转化也激励了企业创新，但由于政府的干预，可谓“成也萧何败也萧何”，使得法国出现了私营企业国有化、国有企业私营化的反复进退，不利于企业创新。欧洲大陆模式下医药企业的创新体系不同于英美模式下的政企分开，而是政企共同作用的创新，政府不仅在财政支出，而且在创新过程中也发挥着重要的指导作用，对医药企业具体产品的研发投入进行基本的框架指导，比如地方创新政策锚住创新企业，影响到企业运营创新活动的范围和质量（Sternberg 和 Arndt，2001）。在欧盟，自 20 世纪 90 年代初以来，结构性基金资助了各种促进创新的措施，2000 年《里斯本战略》宣布目标是让欧洲成为“世界上最具竞争力和活力的知识型社会和经济体”（Carboni 和 Russu，2018）。

由于不同创新模式下企业对研发创新的追求目标有着很大的差异。中国创新模式是一种追赶型的技术创新，有其自身的企业特征。该模式下的医药企业创新可能更关注可以直接“变现”的技术，而耗时长、回报不确定的自主研发创新不再是首选（刘国光，2002）。英美创新模式是一种自主创新型技术进步，英美两国对基础科学的重视也促使企业从“零”开始进行研发创新（Brandl，1998）。由此，企业更愿意雇佣更多的医药企业研发人员进行研发创新。欧洲大陆创新模式并重“看得见的手”和“看不见的手”，是一种合作创新。据此，为了避免仅通过国别区分企业的创新模式，造成缺失企业自身特征的影响，在这里我们引入企业研发人员强度变量，与创新模式做交互项来刻画不同创新模式下医药企业自身的特征对医药企业研发创新的差异性影响。综上所述，我们提出：

假说 2：不同创新模式下企业研发人员强度对医药企业研发创新的影响具有差异性。

三、创新模式、企业研发人员强度与知识产权保护交互项对医药企业研发创新影响的机制分析

由上述分析可知，虽然知识产权保护对医药企业研发创新具有促进作用，但不同创新模式下企业研发人员强度对医药企业研发创新的影响是有差异的，由此需要对其交互作用做具体分析。就中国创新模式而言，短期内加强知识产权保护虽然保护了企业的智力成果，但由于企业缺乏足够的资金和技术来支撑其研发人员团队，结果即使是良好和完善的知识产权保护体系对企业的创新激励作用也是有限的。但在长期内知识产权保护倒逼医药企业扩大其研发人员团队，提高研发创新（Huang 和 Yin，2010）。就英美创新模式和欧洲大陆创新模式而言，英美两国和欧洲大陆等国家的知识产权保护制度历史悠久，体系成熟，在很长一段时间内都发挥着积极作用，并且企业也更适应这种对智力成果的排他性保护，刺激了企业研发人员扩大和研发创新的积极性。因此，该模式下知识产权保护通过保障创新投资者的排他性权利，刺激了企业研发人员扩大，反过来诉求更强的知识产权保护保障其研发创新收益，进一步推进了医药企业的研发创新。据此，我们提出：

假说 3：不同创新模式下企业研发人员强度与知识产权保护的交互作用对医药企业研发创新具有积极的作用。

综合以上分析，本节将创新模式、知识产权保护和医药企业研发创新关系的理论机制及相关影响假说精炼出来。如图 6－1 所示。

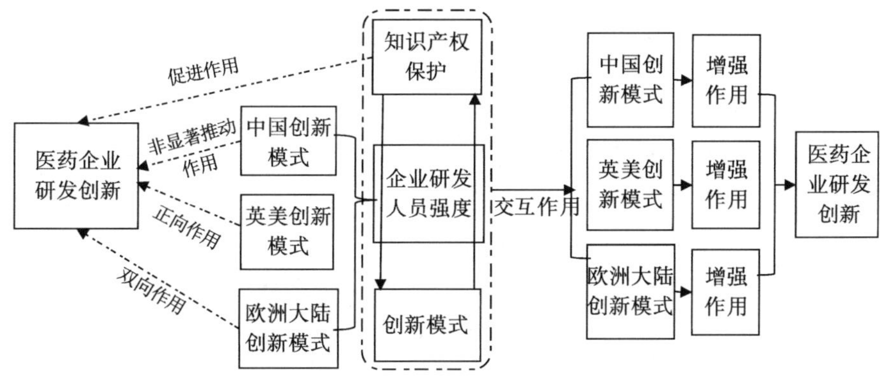

图 6－1 理论机制分析图

第三节 模型构建与变量数据说明

以上就创新模式、企业研发人员强度和知识产权保护对企业研发创新影响的理论机制进行了分析。在这里，基于上述研究假说，我们建立以下计量模型：首先构建行业知识产权保护对医药企业研发创新的影响模型；其次构建创新模式及其与企业研发人员强度交互作用对医药企业研发创新的影响模型；最后构建不同创新模式下行业知识产权保护及其与企业研发人员强度的交互作用对医药企业研发创新的影响模型。并且，对模型中变量和数据做出说明和相应的统计描述。

一、模型设定

根据上述理论机制分析和假说，我们建立以下计量模型：

第一，建立模型Ⅰ，分析揭示行业知识产权保护对医药企业研发创新活动的影响。

$$RD_{ijt} = \alpha_0 + \alpha_1 \ln MIPP_{jt} + \alpha_2 \ln INC_{jt} + \alpha_3 HHI_{jt} + \alpha_4 \ln DUR_{ijt} + \alpha_5 PSALE_{ijt} + \alpha_6 \ln CAP_{ijt} + \lambda_j + \lambda_i + \lambda_t + \varepsilon_{ijt} \quad (\text{Ⅰ})$$

第二，建立模型Ⅱ和模型 Ⅲ，分别探究创新模式、创新模式与企业研发人员强度交互作用对医药企业研发创新的影响。

$$RD_{ijt} = \beta_0 + \beta_1 D_{1i} + \beta_2 D_{2i} + \beta_3 \ln INC_{jt} + \beta_4 \ln HHI_{jt} + \beta_5 \ln DUR_{ijt} + \beta_6 PSALE_{ijt}$$

$$+\beta_7 \ln CAP_{ijt} + \lambda_j + \lambda_i + \lambda_t + \varepsilon_{ijt} \quad (\text{II})$$

$$RD_{ijt} = \gamma_0 + \gamma_1 SRD_{ijt} + \gamma_2 D_{1i} \times SRD_{ijt} + \gamma_3 D_{2i} \times SRD_{ijt} + \gamma_4 \ln INC_{jt} + \gamma_5 HHI_{jt} + \gamma_6 \ln DUR_{ijt} + \gamma_7 PSALE_{ijt} + \gamma_8 \ln CAP_{ijt} + \lambda_j + \lambda_i + \lambda_t + \varepsilon_{ijt} \quad (\text{III})$$

第三，建立模型Ⅳ和模型Ⅴ，分别探究不同创新模式下行业知识产权保护对医药企业研发创新的影响，以及不同创新模式下企业研发人员强度与行业知识产权保护的交互作用对医药企业研发创新的影响。

$$RD_{ijt} = \theta_0 + \theta_1 \ln MIPP_{jt} + \theta_2 (D_{1i} \times \ln MIPP_{jt}) + \theta_3 (D_{2i} \times \ln MIPP_{jt}) + \theta_4 \ln INC_{jt} + \theta_5 HHI_{jt} + \theta_6 \ln DUR_{ijt} + \theta_7 PSALE_{ijt} + \theta_8 \ln CAP_{ijt} + \lambda_j + \lambda_i + \lambda_t + \varepsilon_{ijt} \quad (\text{IV})$$

$$RD_{ijt} = \delta_0 + \delta_1 SRD_{ijt} \times \ln MIPP_{jt} + \delta_2 D_{1i} \times SRD_{ijt} \times \ln MIPP_{jt} + \delta_3 D_{2i} \times SRD_{ijt} \times \ln MIPP_{jt} + \delta_4 \ln MIPP_{jt} + \delta_5 \ln INC_{jt} + \delta_6 HHI_{jt} + \delta_7 \ln DUR_{ijt} + \delta_8 PSALE_{ijt} + \delta_9 \ln CAP_{ijt} + \lambda_j + \lambda_i + \lambda_t + \varepsilon_{ijt} \quad (\text{V})$$

在模型Ⅰ至模型Ⅴ中，j 代表国家；i 代表企业；t 代表年份。为了消减变量之间异方差的影响，我们对部分实值变量取了自然对数。其中，RD_{ijt} 表示第 t 年国家 j 医药企业 i 的研发创新活动，使用企业研发支出占其当年总营业收入比重来衡量；$\ln MIPP_{jt}$ 表示第 t 年国家 j 医药行业知识产权保护强度；$\ln INC_{jt}$ 表示第 t 年国家 j 创新能力；$\ln HHI_{jt}$ 表示第 t 年国家 j 医药行业市场竞争强度；$\ln DUR_{ijt}$ 表示第 t 年国家 j 医药企业 i 的存续期，即成立年数；$PSALE_{ijt}$ 表示第 t 年国家 j 医药企业 i 的销售净利润率，是企业净利润占销售收入的比重，企业销售净利润率可能存在着负值；$\ln CAP_{ijt}$ 表示第 t 年国家 j 医药企业 i 的资本密集度，即该企业的固定资产净值与从业人员（劳动力）之比。

在模型Ⅱ中，D 表示创新模式的哑变量，其值为 0 和 1。具体包括三类：欧洲大陆创新模式、英美创新模式和中国创新模式。其中，欧洲大陆创新模式包括德国、法国、西班牙、瑞士、荷兰、爱尔兰、丹麦和芬兰的欧洲大陆国家；英美创新模式包括英国和美国；中国创新模式包括中国内地、中国香港。若企业属于欧洲大陆创新模式（D_{1i}）时，D_{1i}取值为 1，其他模式取值为 0；若企业属于英美创新模式（D_{2i}）时，D_{2i}取值为 1，其他模式取值为 0；若企业属于中国创新模式，作为基准考量。

在模型Ⅲ中，SRD_{ijt} 表示企业研发人员强度，是第 t 年国家 j 医药企业 i 的研发人员数除以该医药企业员工总数。$D_{1i} \times SRD_{ijt}$ 和 $D_{2i} \times SRD_{ijt}$ 分别代表欧洲大陆创新模式、英美创新模式与企业研发人员强度的交互项，模型中 SRD_{ijt} 代表中国创新模式下企业研发人员强度，作为基准考量。

在模型Ⅳ中，$D_{1i} \times \ln MIPP_{jt}$ 和 $D_{2i} \times \ln MIPP_{jt}$ 分别代表欧洲大陆创新模式、英

美创新模式与医药行业知识产权保护的交互项，该模型中 $lnMIPP_{jt}$ 代表中国创新模式下医药行业的知识产权保护，以中国创新模式为基准考量。比较不同创新模式下医药行业知识产权保护对企业研发创新的影响差异。

在模型Ⅴ中，$D_{1i} \times SRD_{ijt} \times lnMIPP_{jt}$ 和 $D_{2i} \times SRD_{ijt} \times lnMIPP_{jt}$ 分别代表欧洲大陆创新模式、英美创新模式下企业研发人员强度与医药行业知识产权保护的交互项，$SRD_{ijt} \times lnMIPP_{jt}$ 代表中国创新模式下企业研发人员强度与医药行业知识产权保护的交互项，作为基准考量。

回归时，模型Ⅱ中的（$\beta_0 + \beta_1$）与（$\beta_0 + \beta_2$）分别表示欧洲大陆创新模式、英美创新模式对医药企业研发创新的影响系数；β_0 代表中国创新模式对医药企业研发创新的影响系数。在模型Ⅲ中，引入医药企业自身的特征——企业研发人员强度。由此，（$\gamma_1 + \gamma_2$）与（$\gamma_1 + \gamma_3$）分别表示欧洲大陆创新模式、英美创新模式下企业研发人员强度对医药企业研发创新影响的综合效应；γ_1 表示中国创新模式下企业研发人员强度对医药企业研发强度的影响系数，作为基准考量。模型Ⅳ探究了不同创新模式下医药行业知识产权保护对医药企业研发创新的影响差异。（$\theta_1 + \theta_2$）与（$\theta_1 + \theta_3$）分别表示欧洲大陆创新模式、英美创新模式下医药行业知识产权保护对医药企业研发创新的影响系数；θ_1 表示中国创新模式下相应的影响系数。模型Ⅴ探究了不同创新模式下企业研发人员强度与行业知识产权保护的交互作用对医药企业研发创新的影响。（$\delta_1 + \delta_2$）与（$\delta_1 + \delta_3$）分别表示欧洲大陆创新模式、英美创新模式下企业研发人员强度与医药行业知识产权保护的交互作用对医药企业研发创新的影响系数，δ_1 表示中国创新模式下企业研发人员强度与行业知识产权保护的交互作用的影响系数。α 、β、γ、θ 和 δ 分别是各变量的参数；λ_j 、λ_i 和 λ_t 分别表示国家固定效应、企业固定效应和年度固定效应；ε_{ijt} 是随机扰动项。

从现有文献来看，目前对知识产权保护的测度最细化到行业层面，本节关于知识产权保护的测度也细化至医药行业保护层面，并采用医药行业知识产权保护探究其对医药企业研发创新的影响。

二、变量说明及数据来源

本节使用微观企业数据探究不同创新模式下行业知识产权保护对医药企业研发创新的影响，以及不同创新模式下企业研发人员强度与行业知识产权保护的交互作用对医药企业研发创新的影响。剔除缺失值和异常值之后，共计有 203 家上市医药企业进入样本。其中，欧洲大陆创新模式下的样本包括欧洲大陆国家的医药企业；英美创新模式下的样本包括英国和美国的医药企业；中国创新模式下的样本涵盖中国内地和中国香港的医药企业。此外，在时间跨度上，本节进一步剔除全球金融危机对企业创新活动的不利冲击，因而选择样本期为2011—2018年。因变量企业研发创新来源于Wind数据库下子库中2011—2018年企业研发支出占总营业收入比重数据。解释变量行业知识产权保护测算中的国家知识产权保护来源于2012—2019年世界经济论坛发布的《全球竞争力报告》，行业特征数据来源于2011—2018年世界知识产权组织发布的国家专利和行业专利数据，并计算得到。控制变量中的企业存续期、销售净利润率和资本密集度的数据主要来源于Wind数据库中2011—2018年企业成立时间、销售净利润、固定资产净值和企业从业人员，经过计算得到。国家创新能力数据来源于2012—2019年世界经济论坛发布的《全球竞争力报告》。本地竞争强度数据通过计算赫芬达尔指数得到。

具体来讲，主要变量构建说明如下：

第一，因变量RD_{ijt}，表示医药企业研发创新，以第t年国家j医药企业i的研发密度来衡量。新增长理论强调研发的重要作用，将创新作为企业的内生行为进行研究（Romer，1990）。本节使用研发密度来界定企业的创新活动。研发密度是企业研发支出与企业总营业收入之比（Guellec和Pottelsberghe，2001）。使用研发密度而非研发投入金额可剔除企业规模的影响，减少内生性，更能真实地反映企业的研发创新活动强度。表6-1是根据Wind数据库子库中研发支出的相关数据计算出的2011—2018年样本内医药企业平均研发密度，可以看出英美创新模式、欧洲大陆创新模式下医药企业研发密度均高于全样本企业的平均研发密度，而中国创新模式则低于全样本企业研发密度。比较三种创新模式下企业研发密度发现，英美创新模式和欧洲大陆创新模式下医药企业研发密度分别是中国创新模式下医药企业研发密度的4.31倍和2.89倍。这说明英美创新模式和欧洲大陆创新模式下医药企业研发创新具有更强的活力，而中国创新模式下医药企业缺乏创新激励，创新动力不足。问题是，这种差异是否是创新模式造成的，我们将在后面做计量分析来揭示。

表6-1　　2011—2018年样本内医药企业平均研发密度

类别	2011年	2012年	2013年	2014年	2015年	2016年	2017年	2018年
全样本企业	7.47	8.05	9.85	8.79	12.33	10.79	10.00	9.79
英美创新模式企业	15.29	17.05	22.57	17.78	28.53	23.32	20.39	18.56
欧洲大陆创新模式企业	10.68	9.78	11.65	12.70	19.74	14.44	15.10	15.68
中国创新模式企业	3.90	4.20	4.49	4.64	4.81	5.26	5.14	5.47

资料来源：由Wind数据库数据计算而得。

第二，核心解释变量。

（1）$MIPP_{jt}$，表示第 t 年国家 j 医药行业知识产权保护强度。本节借鉴沈国兵、张学建（2018）测度行业知识产权保护水平的方法，首先使用医药行业专利授权量占申请量之比与国家专利授权量占申请量之比的比值作为医药行业特征考察医药行业的知识产权保护情况。通常认为，一项专利只有被授权才得到真正保护，医药行业的专利授权量与申请量之比展示了该行业知识产权的真实保护程度。进一步地，将医药行业的知识产权相对保护程度再除以当年国家专利授权量与申请量之比得到医药行业知识产权相对保护程度。最后，将国家层面知识产权保护强度与医药行业知识产权相对保护程度相乘即得到该企业所在行业知识产权保护强度，用来表示企业的知识产权保护强度，具体公式如下：

$$MIPP_{jt} = IPP_{jt} \times MIND_{jt}$$

其中，$MIPP_{jt}$ 是第 t 年国家 j 医药行业知识产权保护强度；IPP_{jt} 是第 t 年国家 j 知识产权保护强度；$MIND_{jt}$ 为第 t 年国家 j 医药行业专利授权量占申请量之比与国家专利授权量占申请量之比的比值。

国家知识产权保护来源于 2012—2019 年世界经济论坛发布的《全球竞争力报告》，分值范围介于 1—7，分值越低说明知识产权保护水平越低，分值越高说明知识产权保护强度越高。行业特征数据来源于 2011—2018 年世界知识产权组织发布的专利申请量和专利授权量数据。

（2）SRD_{ijt}，代表企业研发人员强度，表示第 t 年国家 j 医药企业 i 的研发人员数除以该医药企业员工总数。资料来源于 Wind 数据库。

第三，虚拟变量：医药企业创新模式。本节将创新模式划分为三类：以英国和美国为代表的英美创新模式、以欧洲大陆国家为代表的欧洲大陆创新模式（Veugelers 和 Cassiman，1999），以及以中国内地、中国香港为代表的中国创新模式。创新模式以虚拟变量表示，若医药企业属于欧洲大陆创新模式（D_{1i}）时，取值为 1，其他取值为 0；若医药企业属于英美创新模式（D_{2i}）时，取值为 1，其他取值为 0；若医药企业属于中国创新模式，作为基准组考量。进一步地，将创新模式与企业研发人员强度做交互项、创新模式与医药行业知识产权保护做交互项，以及不同创新模式下企业研发人员强度与行业知识产权保护做交互项，分析其对医药企业研发创新的影响。

第四，国家层面控制变量。

（1）国家创新能力（$lnINC_{jt}$），代表第 t 年国家 j 创新能力，宏观层面的国家创新能力会对微观企业的研发创新产生重要影响（Chadee 和 Roxas，2013）。本节控制国家创新能力，其数据来源于 2012—2019 年世界经济论坛发布的《全球竞争力报告》，得分范围介于1—7，分值越低说明该国创新能力越弱，反之越高。

（2）医药行业市场竞争强度（HHI_{jt}），通过赫芬达尔指数计算得出。具体计算公式如下：

$$HHI_{jt} = \sum_{i=1}^{n} \left(\frac{x_{ijt}}{\sum x_{ijt}} \right)^2$$

这里，HHI指数反映了市场上医药行业内企业的集中程度；x_{ijt}是第t年国家j市场上医药行业内某一企业的主营业务收入，当该企业为一家时，则赫芬达尔指数是1，为行业市场高度垄断集中，不利于企业研发创新；反之，市场上医药行业企业数量越多，HHI指数越小，意味着行业市场竞争程度越激烈，有利于促进企业研发创新。

第五，企业层面控制变量。

（1）企业存续期（$lnDUR_{ijt}$）。范承泽等（2008）认为企业的研发创新需要一个周期，并且企业的研发投入也因处于生命周期的不同阶段存在差异。参考苏依依、周长辉（2008）的研究，本节将企业存续期作为重要控制变量引入模型；同时将企业存续期为负的调整为0，将企业存续期超过100的调整为100，以消除异常记录，还将值为0的数据加1取自然对数。

（2）企业销售净利润率（$PSALE_{ijt}$）。企业销售净利润率是企业经营状况好坏、能否可持续发展的重要体现，通常认为销售净利润率高的企业有更多的资金投入进行研发创新，反之减少。不过，销售净利润率高的企业也会因压力相对小，存在着创新惰性。本节将企业销售净利润率纳入模型进行控制。

（3）企业资本密集度（$lnCAP_{ijt}$）。资本密集度在很大程度上代表了企业的财富创造是以资本为主还是以劳动力为主（朱恒鹏，2006），是企业技术水平的体现，以资本创造财富为主的企业有更多的资金进行研发创新。避免与企业规模产生多重共线性，本节以人均固定资产持有量衡量企业的资本密集度，即企业固定资产净值与从业人员（劳动力）之比。

三、变量统计描述

表6-2对变量的基本特征进行了刻画，除了虚拟变量之外，其他变量在样本期内都有明显的变化。对于医药企业研发创新（RD）即企业研发密度而言，2011—2018年203家医药企业的研发密度平均值为0.096，最大值为0.990，最小值为0.001，因而因变量可视为受限因变量。对于医药行业知识产权保护强度（lnMIPP），最大值与最小值也存在着差异。主要变量交互项以及各个控制变量

的平均值、最大值、最小值的差异也十分明显。根据变量数值特征，对差异大的变量取了自然对数。

表 6－2　　主要变量统计特征描述

类别	变量	观察数	均值	标准差	最小值	最大值
因变量	RD	1624	0.096	0.123	0.001	0.990
核心解释变量	lnMIPP	1624	1.568	0.213	1.075	2.169
	SRD	1624	0.111	0.037	0	0.443
虚拟变量	D_1	1624	0.089	0.284	0	1
	D_2	1624	0.261	0.439	0	1
交互项	$D_1\times$SRD	1624	0.010	0.032	0	0.111
	$D_2\times$SRD	1624	0.029	0.049	0	0.111
	$D_1\times$lnMIPP	1624	0.146	0.476	0	2.169
	$D_2\times$lnMIPP	1624	0.470	0.791	0	2.108
	SRD × lnMIPP	1624	0.019	0.060	0	0.272
	$D_1\times$SRD × lnMIPP	1624	0.059	0.100	0	0.263
	$D_2\times$SRD × lnMIPP	1624	0.174	0.055	0	0.663
控制变量	lnINC	1624	1.569	0.142	1.253	1.825
	HHI	1624	0.012	0.013	0.002	0.039
	lnDUR	1624	3.014	0.518	0	4.615
	PSALE	1621	0.094	0.251	－1.483	1.731
	lnCAP	1624	12.161	1.167	7.401	15.133

资料来源：参见文中的“二、变量说明及数据来源”。

第四节

创新模式与知识产权保护对医药企业研发创新影响：经验分析

一、经验结果分析

表 6－1 显示，中国创新模式下医药企业研发密度大大低于欧洲大陆创新模式和英美创新模式下医药企业研发密度。这种差距是由于企业处于不同创新模式

所致，还是由行业知识产权保护强度不同带来的，或是两者共同作用尚未可知。这里将通过对已设定模型进行计量分析来揭示。

(一) 模型Ⅰ至模型Ⅲ的回归结果分析

根据因变量数值特征，表6-3展示了模型Ⅰ、模型Ⅱ和模型Ⅲ使用xtreg回归和xttobit回归的结果，依据模型Ⅰ，由列（1）、列（2）回归发现，医药行业知识产权保护对医药企业研发创新的影响系数统计上显著为正，表明加强医药行业知识产权保护对医药企业的研发创新具有显著的促进作用。医药行业知识产权保护力度越强，企业所创造的智力成果越能受到排他性保护，企业可获取更大的经济利益，进一步激发企业的创新活力。这支撑了假说1的结论。模型Ⅱ将创新模式作为哑变量纳入回归分析，由列（3）、列（4）结果可知，英美创新模式对该模式下医药企业研发创新的促进作用比欧洲大陆创新模式和中国创新模式的作用都要大得多，并且其综合效应也呈显著的促进作用（0.043 = 0.230 - 0.187）；欧洲大陆创新模式的推动作用比中国创新模式要高，尽管其综合效应是不利的；而中国创新模式下医药企业的研发创新不具有显著的推动作用，甚至呈不利的影响。进一步地，为了避免仅通过国别区分企业的创新模式，造成缺失企业自身特征的影响，我们依据模型Ⅲ，引入企业研发人员强度变量，将其与创新模式做交互项来刻画不同创新模式下医药企业自身的特征对其研发创新的影响。由列（5）、列（6）可知，基准组中国创新模式下医药企业研发人员强度对其研发创新产生显著的促进效应，符合理论预期；相比来看，英美创新模式下医药企业研发人员强度对其研发创新的促进作用要依次比欧洲大陆创新模式和中国创新模式的影响大得多。这进一步证实了英美创新模式和欧洲大陆创新模式下企业自身的特征可以对其研发创新发挥出更大的作用。这证实了假说2的结论，即不同创新模式下企业研发人员强度对医药企业研发创新的影响具有差异性。

表6-3　模型Ⅰ至模型Ⅲ的回归结果

因变量 RD	模型Ⅰ xtreg 回归 (1)	模型Ⅰ xttobit 回归 (2)	模型Ⅱ xtreg 回归 (3)	模型Ⅱ xttobit 回归 (4)	模型Ⅲ xtreg 回归 (5)	模型Ⅲ xttobit 回归 (6)
lnMIPP	0.094** (0.037)	0.094*** (0.016)				
D_1			0.076*** (0.025)	0.076*** (0.028)		

续表

因变量 RD	模型Ⅰ xtreg 回归 (1)	模型Ⅰ xttobit 回归 (2)	模型Ⅱ xtreg 回归 (3)	模型Ⅱ xttobit 回归 (4)	模型Ⅲ xtreg 回归 (5)	模型Ⅲ xttobit 回归 (6)
D_2			0.230*** (0.016)	0.230*** (0.026)		
SRD					0.089* (0.048)	0.089** (0.044)
$D_1 \times SRD$					0.675*** (0.223)	0.675*** (0.255)
$D_2 \times SRD$					2.061*** (0.142)	2.061*** (0.238)
lnINC	0.097** (0.047)	0.097*** (0.030)	0.061 (0.041)	0.061** (0.030)	0.060 (0.041)	0.060** (0.030)
HHI	-0.028 (0.888)	-0.028 (0.552)	-1.993*** (0.739)	-1.993*** (0.449)	-2.011*** (0.739)	-2.011*** (0.449)
lnDUR	0.004 (0.018)	0.004 (0.014)	0.010 (0.015)	0.010 (0.014)	0.009 (0.015)	0.009 (0.014)
PSALE	-0.021 (0.017)	-0.021*** (0.008)	-0.023 (0.016)	-0.023*** (0.008)	-0.022 (0.016)	-0.022*** (0.008)
lnCAP	0.008 (0.007)	0.008** (0.004)	0.008 (0.007)	0.008** (0.004)	0.009 (0.007)	0.009** (0.004)
常数项	-0.365** (0.156)	-0.365*** (0.083)	-0.187 (0.117)	-0.187** (0.079)	-0.193* (0.117)	-0.193** (0.079)
观察数	1621	1621	1621	1621	1621	1621
国家固定效应	是	是	是	是	是	是
企业固定效应	是	是	是	是	是	是
年度固定效应	是	是	是	是	是	是

注：(1) xtreg 回归括号内是企业聚类标准误，其他是标准误；(2) ***、**、* 分别表示在 1%、5% 和 10% 的统计水平下显著。

至于产生的差异性结果，究其原因，一方面是由于中国创新模式下医药企业研发创新多为模仿创新，属于政府主导、偏向成果导向的追赶型技术进步。在发展初期，政府和企业更关注可以直接“变现”的技术，更加关注何种技术能生产市场需要的产品和服务以获得经济利润，因而企业缺乏自主原创的创新主动性和创新活力，导致其在较长时间内对医药企业研发人员的激励不足，使得研发创新活力不够。另一方面，英美创新模式下医药企业创新成果的独占性、排他性、获利性强，有充足的资金、技术做支撑，有足够的激励去激发医药企业研发人员进行创新，使得其医药企业创新活力显著。

（二）模型Ⅳ和模型Ⅴ中创新模式交互企业特征的回归结果分析

由于不同创新模式下医药企业对其研发创新的追求目标有着很大的差异。中国创新模式是一种追赶型的技术创新，有其自身的企业特征。英美创新模式是一种自主创新型技术进步，企业更愿意雇佣更多的医药企业研发人员从“零”开始进行研发创新（Brandl，1998）。欧洲大陆创新模式是一种合作创新。为了刻画不同创新模式下医药企业自身的特征对其研发创新的影响，我们引入医药企业研发人员强度（SRD_{ijt}），探究不同创新模式下企业研发人员强度与医药行业知识产权保护的交互作用对医药企业研发创新的影响，克服了仅凭企业国别来判断创新模式对医药企业研发创新影响的不足。

表6－4列示了模型Ⅳ和模型Ⅴ使用xtreg回归和xttobit回归的结果，由模型Ⅳ列（1）、列（2）可知，中国创新模式下医药行业知识产权保护对医药企业研发创新的影响系数统计上显著为正，为0.061。欧洲大陆创新模式与医药行业知识产权保护交互作用对医药企业研发创新的影响系数统计上也显著为正，将欧洲大陆创新模式与医药行业知识产权保护的交互效应与基准组的效应相加，可得其综合效应为0.16。英美创新模式与医药行业知识产权保护交互作用对医药企业研发创新的影响系数统计上也显著为正，与基准组的效应相加得到其综合效应为0.666[①]。因此，基于创新模式与医药行业知识产权保护的交互作用，三种创新模式下加强医药行业知识产权保护都会显著地促进医药企业的研发创新，并且英美创新模式下医药行业知识产权保护对医药企业研发创新的促进效应要依次大于欧洲大陆创新模式、中国创新模式的情形。这表明发挥医药行业知识产权保护与创新模式的协调作用对医药企业的研发创新至关重要。这证实了假说3的结论。

---

① 欧洲大陆创新模式和英美创新模式下医药行业知识产权保护对医药企业研发创新的综合效应，其计算方法为基准组（中国创新模式）医药行业知识产权保护对医药企业研发创新的影响系数（lnMIPP的系数），分别加上对应的创新模式与医药行业知识产权保护交互项（$D_1 \times$ lnMIPP和$D_2 \times$ lnMIPP）的系数，相加的前提是这些回归变量的影响在统计上显著。

表 6－4　　创新模式交互企业特征的模型Ⅳ和模型Ⅴ的回归结果

因变量 RD	模型Ⅳ xtreg 回归 (1)	模型Ⅳ xttobit 回归 (2)	模型Ⅴ xtreg 回归 (3)	模型Ⅴ xttobit 回归 (4)
SRD × lnMIPP			0.060*	0.060*
			(0.034)	(0.032)
D_1 × SRD × lnMIPP			0.267	0.267
			(0.433)	(0.180)
D_2 × SRD × lnMIPP			0.639**	0.639***
			(0.249)	(0.159)
lnMIPP	0.061**	0.061***	0.070***	0.070***
	(0.029)	(0.023)	(0.021)	(0.021)
D_1 × lnMIPP	0.099**	0.099***		
	(0.043)	(0.028)		
D_2 × lnMIPP	0.605***	0.605***		
	(0.143)	(0.050)		
lnINC	0.044	0.044	0.082*	0.082***
	(0.044)	(0.031)	(0.046)	(0.031)
HHI	2.694***	2.694***	0.158	0.158
	(0.797)	(0.597)	(0.649)	(0.574)
lnDUR	−0.001	−0.001	0.002	0.002
	(0.018)	(0.014)	(0.019)	(0.014)
PSALE	−0.019	−0.019***	−0.018	−0.018**
	(0.016)	(0.007)	(0.017)	(0.008)
lnCAP	0.009	0.009**	0.009	0.009**
	(0.006)	(0.004)	(0.007)	(0.004)
常数项	−0.226*	−0.226**	−0.319**	−0.319***
	(0.136)	(0.091)	(0.138)	(0.091)
观察数	1621	1621	1621	1621
国家固定效应	是	是	是	是
企业固定效应	是	是	是	是
年度固定效应	是	是	是	是

注：(1) xtreg 回归括号内是企业聚类标准误，其他是标准误；(2) ***、**、* 分别表示在 1%、5% 和 10% 的统计水平下显著。

进一步看，模型Ⅴ列（3）和列（4）展示了加入医药企业研发人员强度这一企业自身特征后的回归结果，发现基准组中国创新模式下企业研发人员强度与医药行业知识产权保护交互项对医药企业研发创新的影响系数统计上显著为正，为0.060。欧洲大陆创新模式下企业研发人员强度与医药行业知识产权保护交互项的影响系数不显著，但其综合效应也为0.060。英美创新模式下医药企业研发人员强度与医药行业知识产权保护交互项对医药企业研发创新的影响系数统计上显著为正，与基准组效应相加，得到其综合效应为0.699。因此，相比来看，英美创新模式下医药企业研发人员强度与医药行业知识产权保护的交互作用对医药企业研发创新的促进效应更大。模型Ⅳ和模型Ⅴ的回归结果证实了假说3。

对上述回归结果的可能解释是：第一，中国创新模式的模仿创新对外部环境的依赖较大，加强医药行业知识产权保护导致技术引进和合作开发成本提高，其技术获取难度也增大，在一定程度上抑制了中国医药企业研发创新的活力，在短中期内使得中国医药企业研发创新的活力下降。但在长期内，随着知识产权保护的完善，现有技术获取的难度越来越大，会倒逼我国医药企业进行自主创新，以期获得长足发展。因此，医药企业研发人员强度与医药行业知识产权保护的交互作用将会促进中国创新模式下医药企业的研发创新。第二，英美创新模式是典型的自主创新模式，该模式下的企业拥有自主研发的技术，加强知识产权保护使得企业在一段时期内独占性、排他性地拥有某项智力成果，获取垄断利润，资本增加进一步促进研发人员强度增加。此外，排他性权利也会激发创新投资者的创新活动。第三，欧洲大陆创新模式是集群式合作创新，企业与科研院所、科技服务机构合作进行创新。加强知识产权保护会激发多方创新活力，一定程度上促进了医药企业研发创新。相比较欧洲大陆和中国创新模式来看，英美创新模式下企业更崇尚自主创新型技术进步，加强知识产权保护使得医药企业创新成果的独占性、排他性、获利性增强，更有激励去激发医药企业研发人员进行创新。

二、内生性检验：滞后一期方法

表6-5将可能存在内生性的解释变量滞后一期作为工具变量来解决内生性问题。模型Ⅰ回归（1）表明，使用两种回归方法得出医药行业知识产权保护对医药企业研发创新有着显著的促进作用。这进一步支撑了假说1的结论。模型Ⅱ回归（2）显示，两种回归方法下中国创新模式、欧洲大陆创新模式对医药企业研发创新的影响不显著，而英美创新模式对医药企业研发创新具有显著的促进作用。模型Ⅲ回归（3）表明，考虑不同创新模式交互企业研发人员强度的影响后，中国创新模式、欧洲大陆创新模式下企业研发人员强度的影响不显著，而英

美创新模式下企业研发人员强度对医药企业研发创新具有显著的促进作用。这证实了假说 2 的结论。模型Ⅳ回归（4）显示，引入创新模式与医药行业知识产权保护交互项后，中国创新模式、欧洲大陆创新模式下医药行业知识产权保护的影响不显著，而英美创新模式下医药行业知识产权保护对医药企业研发创新具有显著的促进作用。模型Ⅴ回归（5）表明，英美创新模式下企业研发人员强度与医药行业知识产权保护交互作用对医药企业研发创新具有显著的促进作用，同期基准组中国创新模式下交互项的影响也正向显著。据此，欧洲大陆创新模式下企业研发人员强度与医药行业知识产权保护交互作用的综合效应也有促进作用，且英美创新模式下的综合效应更大。这进一步证实了假说 3 的结论。因此，解决内生性问题后的经验结果支撑了本节的结论。

表 6-5　　内生性检验的回归结果：滞后一期方法

因变量 RD	模型Ⅰ ivregress 回归 (1)	模型Ⅱ ivregress 回归 (2)	模型Ⅲ ivregress 回归 (3)	模型Ⅳ ivregress 回归 (4)	模型Ⅴ ivregress 回归 (5)
lnMIPP	0.126** (0.062)			0.078 (0.057)	0.070*** (0.020)
D_1		0.191 (0.123)			
D_2		0.304*** (0.085)			
SRD			-0.013 (0.196)		
D_1 × SRD			1.730 (1.181)		
D_2 × SRD			2.746*** (0.828)		
D_1 × lnMIPP				0.015 (0.118)	
D_2 × lnMIPP				0.647*** (0.200)	
SRD × lnMIPP					0.058* (0.031)

续表

因变量 RD	模型Ⅰ ivregress 回归 (1)	模型Ⅱ ivregress 回归 (2)	模型Ⅲ ivregress 回归 (3)	模型Ⅳ ivregress 回归 (4)	模型Ⅴ ivregress 回归 (5)
$D_1 \times SRD \times lnMIPP$					0. 268
					(0. 400)
$D_2 \times SRD \times lnMIPP$					0. 629 ***
					(0. 226)
lnINC	0. 305 ***	0. 239 *	0. 240	0. 200	0. 079 *
	(0. 116)	(0. 142)	(0. 147)	(0. 160)	(0. 042)
HHI	-1. 086	-4. 663 **	-4. 667 **	-0. 219	0. 248
	(1. 487)	(2. 287)	(2. 323)	(2. 111)	(0. 630)
lnDUR	0. 003	0. 012	0. 013	0. 005	0. 003
	(0. 019)	(0. 029)	(0. 029)	(0. 032)	(0. 017)
PSALE	-0. 022	-0. 389	-0. 390	-0. 396	-0. 017
	(0. 015)	(0. 509)	(0. 523)	(0. 516)	(0. 016)
lnCAP	0. 010	0. 007	0. 008	0. 008	0. 003
	(0. 007)	(0. 019)	(0. 019)	(0. 019)	(0. 010)
常数项	-0. 722 ***	-0. 466	-0. 467	-0. 485	-0. 247 *
	(0. 259)	(0. 380)	(0. 385)	(0. 428)	(0. 145)
观察数	1621	1416	1416	1416	1621
国家固定效应	是	是	是	是	是
企业固定效应	是	是	是	是	是
年度固定效应	是	是	是	是	是

注：(1) xtreg 回归括号内是企业聚类标准误，其他是标准误；(2) ***、**、* 分别表示在 1%、5% 和 10% 的统计水平下显著。

三、内生性检验：GMM 方法

由于模型中因变量使用 RD_{ijt} 表示医药企业的研发创新，该变量会具有惯性影响的，即上一期企业研发支出占比对当期是有影响的，因而我们需要考虑到因变量的动态效应。同时，为了解决内生性问题，我们再使用两步法系统 GMM 方法来进行动态检验分析。表 6 -6 展示了加入 RD_{ijt} 滞后一期的动态面板系统 GMM 的估计结果。一般来说，两步法系统 GMM 估计中若 AR (1) 检验的 P 值小于0.05，说明拒绝原假设，即存在一阶自相关；若AR（2）检验的P值大于0.05，说明无法拒绝原假设，即不存在二阶自相关。由表6－6数据可知，使用两步法系统GMM估计下，模型Ⅰ至模型Ⅴ的回归结果显示，因变量医药企业研发创新存在着显著的动态惯性效应，并且模型Ⅰ至模型Ⅴ回归中Hansen检验的P值都大于0.1，因而无法拒绝原假设，即所有工具变量都是外生的，不存在工具变量过度识别。同时，模型Ⅰ至模型Ⅴ回归中AR（1）检验的P值都小于0.05，而AR（2）检验的P值都大于0.05，因而AR（1）检验拒绝原假设，存在一阶自相关，而AR（2）检验无法拒绝原假设，不存在二阶自相关。因此，这里使用动态面板系统GMM模型来进行克服内生性问题的回归设定是合适的。

表6－6　　两步法系统GMM的回归结果

因变量RD	模型Ⅰ	模型Ⅱ	模型Ⅲ	模型Ⅳ	模型Ⅴ
L. RD	0.300**	0.244*	0.244*	0.237*	0.237*
	(0.146)	(0.147)	(0.144)	(0.136)	(0.129)
lnMIPP	0.286***			0.042	0.041
	(0.072)			(0.052)	(0.055)
D_1		0.150			
		(0.145)			
D_2		0.232***			
		(0.088)			
SRD			0.076		
			(0.051)		
$D_1\times$SRD			1.433		
			(1.339)		
$D_2\times$SRD			2.196***		
			(0.778)		
$D_1\times$lnMIPP				0.068	
				(0.078)	
$D_2\times$lnMIPP				0.121**	
				(0.055)	
SRD×lnMIPP					0.041
					(0.029)
$D_1\times$SRD×lnMIPP					0.571
					(0.635)

续表

因变量 RD	模型 I	模型 II	模型 III	模型 IV	模型 V
$D_2 \times SRD \times \ln MIPP$					0.949**
					(0.396)
lnINC	0.274***	0.080	0.079	0.085	0.095
	(0.100)	(0.060)	(0.060)	(0.089)	(0.099)
HHI	2.769***	0.561	0.509	1.224	1.215
	(1.031)	(0.923)	(0.917)	(0.885)	(1.058)
lnDUR	0.025	0.194	0.207	0.179	0.153
	(0.079)	(0.274)	(0.284)	(0.268)	(0.249)
PSALE	-0.005	-0.140	-0.135	-0.129	-0.146
	(0.015)	(0.122)	(0.122)	(0.125)	(0.130)
lnCAP	0.002	0.010	0.012	0.017	0.021
	(0.013)	(0.016)	(0.016)	(0.016)	(0.017)
常数项	-0.939**	-0.822	-0.935	-0.921	-0.928
	(0.374)	(0.791)	(0.858)	(0.739)	(0.631)
观察数	1418	1418	1418	1418	1418
年度固定效应	是	是	是	是	是
Hansen 检验 P 值	0.693	0.132	0.108	0.172	0.145
AR（1）检验 P 值	0.020	0.010	0.010	0.015	0.009
AR（2）检验 P 值	0.097	0.054	0.052	0.064	0.060

注：（1）方法是两步法系统 GMM 估计，圆括号内为修正标准差；（2）L. 表示滞后项；（3）***、**、*分别表示在 1%、5% 和 10% 的统计水平下显著。

依据表 6-6，两步法系统 GMM 估计结果表明，模型 I 中加强医药行业知识产权保护对医药企业研发创新具有显著的促进作用。因此，克服内生性问题后，进一步证实了假说 1 的结论。模型 II 中显示出中国创新模式和欧洲大陆创新模式的影响不显著，而英美创新模式对该模式下医药企业研发创新具有显著的促进作用。进一步看，模型 III 中引入企业研发人员强度，发现中国创新模式和欧洲大陆创新模式下企业研发人员强度的影响不显著，而英美创新模式下企业研发人员强度对医药企业研发创新产生显著的促进作用。这进一步证实了假说 2 的结论。模型 IV 中发现中国创新模式和欧洲大陆创新模式下医药行业知识产权保护的影响为正但不显著，而英美创新模式下医药行业知识产权保护对医药企业研发创新具有显著的促进作用。模型 V 中显示中国创新模式、欧洲大陆创新模式下医药企业研发人员强度与医药行业知识产权保护交互项的影响也为正，但不显著，而英美创新模式下医药企业研发人员强度与医药行业知识产权保护交互项对医药企业研发创新产生显著的促进作用。这也进一步证实了假说 3 的结论。因此，相比来看，无论是否考虑企业研发人员强度，我们发现英美创新模式下医药行业知识产权保护对医药企业研发创新的促进作用都要大于欧洲大陆和中国创新模式的情形。据此，使用两步法系统 GMM 估计发现，模型 I 至模型 V 的回归结果支撑了前述模型回归的结果是稳健的。这进一步支撑了在解决内生性问题后本节的研究结论仍是稳健的。

第五节 主要结论及政策建议

新冠肺炎疫情全球蔓延使得世界主要国家都对医药行业企业的研发创新高度重视起来。世界范围内三种创新模式下主要国家医药企业研发创新存在着明显的差距。本章选取 2011—2018 年全球 203 家上市医药企业数据探究了创新模式、知识产权保护及其交互作用对医药企业研发创新的影响，研究表明：

第一，加强医药行业知识产权保护对整个样本期间内医药企业的研发创新都具有显著的促进作用。这意味着加强医药行业知识产权保护力度，可以更加激发出医药企业的研发创新活力。

第二，不同创新模式下企业研发人员强度对医药企业研发创新的影响具有明显的差异。英美创新模式对医药企业研发创新的促进作用比欧洲大陆创新模式和中国创新模式的作用都要大得多，且其综合效应呈显著的促进作用。为避免仅通过国别区分企业的创新模式，我们引入企业研发人员强度，将其与创新模式做交互项来刻画不同创新模式下医药企业自身的特征对其研发创新的影响。相比来看，英美创新模式下医药企业研发人员强度对其研发创新的促进作用要依次比欧洲大陆创新模式和中国创新模式情形下的影响大得多。

第三，基于创新模式与医药行业知识产权保护的交互作用，三种创新模式下加强医药行业知识产权保护都会显著地促进医药企业的研发创新，且英美创新模式下医药行业知识产权保护对医药企业研发创新的促进作用要依次大于欧洲大陆、中国创新模式的情形。这表明改进创新模式，发挥医药行业知识产权保护与创新模式的协调作用对激发我国医药企业的进一步创新活力至关重要。

第四，引入企业研发人员强度这一企业自身的特征与医药行业知识产权保护的交互作用后，相比来看，英美创新模式下医药企业研发人员强度与医药行业知识产权保护的交互作用对医药企业研发创新的促进效应要比欧洲大陆创新模式和中国创新模式的情形下更大。这表明创新模式的作用在排除企业自身的特征后依然存在，因而进一步证实了创新模式对医药企业研发创新的促进作用。

此外，使用滞后一期方法和两步法系统 GMM 估计方法发现，在解决内生性问题后本章的研究结论仍是稳健的。

基于上述结论，提出的政策建议是：

（1）加强医药行业知识产权保护的力度。政府不仅要制定适合医药行业发展的知识产权保护政策，更要加大执行力度，杜绝智力成果被侵占，保障企业创新成果的排他性占有。不过，对于中国医药企业而言，提高知识产权保护力度，意味着削弱模仿创新在医药企业创新中的比重及不利影响，迫使该模式下的医药企业主动或被动地加大研发创新以实现长足发展。

（2）加快中国医药创新模式转变。中国创新模式下医药企业研发创新的收益主体需要强化，才能避免过于依赖技术引进。据此，政府和医药企业需要强化创新主体与收益主体一致性，关注基础医学科学研究，加大财政和社会资金、人才的投入，实现从模仿创新向自主创新的转变。

（3）充分发挥知识产权保护与创新模式的协调作用。一方面需要加强知识产权保护以促进医药企业创新模式转型，激发企业自主创新的内在动力；另一方面需要发挥出医药行业知识产权保护与创新模式交互协调的促进作用，推动我国医药企业由短期模仿创新走向长期自主创新。

（4）增强医药行业研发人员投入和加大专业技能培训。研究表明，不同创新模式下企业研发人员强度对医药企业创新具有显著的促进作用，且企业研发人员强度与医药行业知识产权保护的交互作用同样激励了企业创新。据此，在加强医药行业知识产权保护的同时，我国医药企业需要大幅提高对自身研发人员投入，以期增强医药企业的创新能力。

第七章

行业生产网络下进口中间品对中国企业创新的影响[①]

聚焦进口中间品通过行业投入产出渠道对中国企业创新的影响，本章使用中国工业企业数据库、海关数据库和WIOD行业投入产出表匹配的数据探究行业生产网络下进口中间品对中国企业创新的影响。提出参与国际生产网络的企业向行业中上游拓展，可充分获取进口中间品通过行业间后向联系获得的知识溢出带来的创新效应，而减少进口中间品通过行业间前向联系和行业内水平渗透对中国企业创新的负面影响。

第一节 问题提出及文献综述

中国加入世界贸易组织（WTO）后，企业通过进口中间品、出口最终品的分工形式参与国际生产网络，推动了中国外贸快速发展。文献认为，参与对外贸易有着显著的知识溢出效应（Coe等，1997；Van Biesebroeck，2005）。然而，基于中国的研究发现，参与由跨国公司主导的国际生产网络使中国企业嵌入低附加值的生产环节，难以实现价值链的升级（卢福财、胡平波，2008；王玉燕等，

① 本章主要内容参见沈国兵、张勋："行业生产网络下进口中间品对中国企业创新的影响"，《广东社会科学》2018年第3期。本章已对其做出修改和完善。

2014）。在此背景下，中国“十三五”规划纲要提出，“鼓励企业全球配置创新资源”。《国家创新驱动发展战略纲要》也提出，“坚持以全球视野谋划和推动创新，最大限度用好全球创新资源”。2020年11月9日，国务院办公厅印发《关于推进对外贸易创新发展的实施意见》提出，“创新要素投入，优化商品结构”“培育进口贸易促进创新示范区”。要想优化出口产品结构，提高出口产品质量，就必须依靠企业不断创新来推动落实。由此，进口中间品在行业层面的投入产出活动对中国企业创新产生怎样的影响？这对当前中国从要素驱动经济增长转向创新驱动经济增长具有很强的现实价值。

企业通过生产过程中发生的外商直接投资（FDI）、中间品贸易和增加值贸易等参与到全球生产网络中（孙少勤、邱斌，2011；沈国兵、张勋，2016；程大中，2014），但是这些研究未能突出全球生产网络下行业内和行业间存在的投入产出关系。现实中，行业生产网络是指行业内和行业间投入产出关系形成的生产网络。比如，纺织行业的企业会为自身行业的企业生产中间投入，也会向下游家具制造业的企业提供生产投入。这样，在行业内和行业间形成了行业生产网络。Carvalho 和 Voigtländer（2014）认为，生产网络中投入的采用和扩散对技术进步起着关键作用。

从文献来看，企业参与行业生产网络获得创新效应的研究主要集中在 FDI 和进口中间品两个方面。

第一，有关 FDI 的创新效应研究。Javorcik（2004）使用立陶宛企业数据研究发现，FDI 通过后向联系对企业产生正向溢出效应，但没有通过水平或前向联系渠道出现溢出效应的有力证据。Kugler（2006）基于哥伦比亚企业样本研究表明，跨国企业对东道国上游企业的外包关系有着显著的知识扩散效应。王红领等（2006）认为，行业层面 FDI 会提高同行业内资企业的自主研发能力。王然等（2010）研究发现，FDI 前向关联的研发外溢显著地提高了下游内资企业的专利申请量，FDI 后向关联倒逼的技术引进对创新活动的替代效应超过溢出效应，会抑制上游行业的自主创新。但是，这些研究仅仅从 FDI 渠道尚不足以充分解释企业参与行业生产网络获得的创新效应。于是，对进口中间品的创新效应研究随之发展起来。

第二，有关进口中间品的创新效应研究。Grossman 和 Helpman（1991）基于内生增长模型发现，进口中间投入实现的技术溢出可以促进创新和经济增长。Acharya 和 Keller（2009）使用16个国家制造业行业数据研究表明，进口通过研发（R&D）溢出效应促进了进口国的创新活动。李平、姜丽（2015）基于省级面板数据证实，中间品进口每增加10%，技术创新会提高1.6%。Goldberg 等

(2010) 使用印度企业数据研究发现，引入新进口投入会对产出、全要素生产率和R&D等有着显著的促进作用。Damijan和Kostevc (2015) 基于西班牙企业数据证实，企业从进口联系中获得学习效应，进而获得更高的创新能力和更大的出口机会。张杰、郑文平 (2017) 使用中国工业企业和海关数据研究发现，进口能够促进一般贸易企业的创新活动，但是对加工贸易企业的创新有着显著的抑制作用。

基于中国对外贸易基本特征的具体观察，我们可以分析进口中间品对中国企业创新的直接影响。但是，对非进口中间品的企业来说，发生在行业层面的进口中间品活动仍会对其创新产生影响。这是因为进口中间品会冲击非进口中间品企业所在的行业及其上游和下游行业，进而影响到非进口企业。基于这一思路，已有文献考察了进口中间品对企业创新的直接影响（张杰、郑文平，2017），但没有考虑行业内水平渗透率和行业间垂直联系的影响。为此，本章在考虑进口中间品行为对企业创新的直接影响之外，还通过分解行业层面的投入产出关系，来考察行业内水平渗透率和行业间垂直联系（前向联系和后向联系）对中国企业创新的影响。

本章边际贡献在于：第一，不同于王红领等 (2006)、王然等 (2010) 分别从行业内、行业间角度分析FDI对中国工业行业创新的影响，本章同时考察了进口中间品通过行业内水平渗透率和行业间垂直联系对中国企业创新的影响。第二，Acharya和Keller (2009)、李平和姜丽 (2015)、张杰和郑文平 (2017) 分别从国家、省级和企业层面考察进口中间品对创新的影响，① 但忽视了行业内水平渗透率和行业间垂直联系对创新的影响。实际上，进口中间品对企业创新的影响不仅表现在企业直接进口中间品上，还通过行业内水平渗透率、行业间垂直联系影响到企业的创新表现。第三，与Javorcik (2004) 研究的对象不同。Javorcik旨在分析FDI通过行业间投入联系对企业生产率的影响，而本章旨在考察进口中间品通过行业生产网络对企业创新的影响（包含对非进口中间品企业创新的影响）。我们探究进口中间品通过行业内水平渗透率、行业间垂直联系对中国企业创新的影响是否因企业异质性而改变。

① 还有文献探究了外包或垂直专业化与创新的关系（Glass和Saggi，2001；Chu等，2015；文东伟，2011；沈国兵、于欢，2017），但是我们需要注意的是外包或垂直专业化等概念更侧重于分析出口活动中使用进口投入的情况（Hummels等，2001）。这些文献研究与本章分析角度存在着显著的差异。

第二节 行业生产网络下进口中间品对企业创新的影响机制

基于从行业视角分析 FDI 对创新影响的研究得到的启发，我们认为进口中间品可通过企业直接进口的技术溢出、行业内水平渗透率和行业间垂直联系影响到企业的创新，如图 7－1 所示。

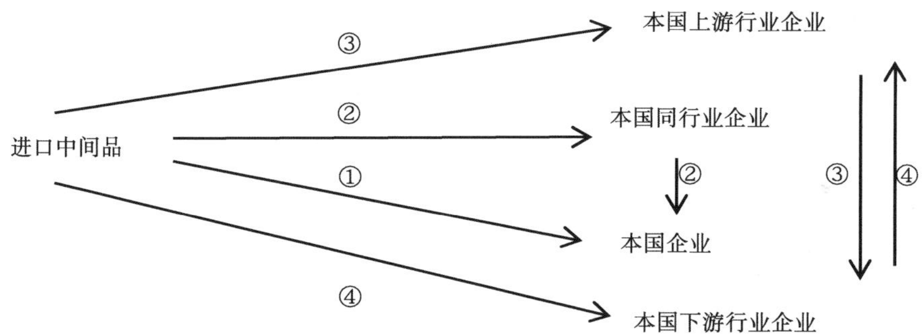

①为直接溢出效应；②为行业内水平渗透率；③④为行业间垂直联系。其中，③为前向联系；④为后向联系。

图 7－1　行业生产网络下进口中间品的直接溢出效应、行业内水平渗透率和行业间垂直联系

第一，对进口中间品的企业来说，进口中间品对其创新有着直接的技术溢出效应。Grossman 和 Helpman（1991）基于内生经济增长理论模型发现，进口中间品通过知识溢出促进了进口国获得更高的创新率。Damijan 和 Kostevc（2015）基于西班牙企业数据实证表明，企业通过进口活动获得的学习效应促进了企业创新。由此，基于国家层面和企业层面的研究都表明，进口中间品通过知识溢出对创新有着显著的促进作用。

第二，在行业内层面上，进口中间品对企业所处行业的本国中间品创新产生直接的影响。一方面，因为进口中间品的冲击，缺乏竞争力的本国中间品会退出市场，这对企业创新产生负的熊彼特效应（Liu 等，2016）。另一方面，本国中间品生产企业也会因为本行业内进口中间品的存在获得正的学习效应。综合这两个方面，进口中间品对行业内企业创新产生的影响取决于负的熊彼特效应和正的学习效应的净效应。

第三，在行业间层面上，进口中间品也会通过行业间投入产出关系对企业所处行业的上游行业企业或下游行业企业产生影响。其一，前向联系产生替代效应和知识溢出效应。本国上游行业企业使用进口中间投入生产的产品作为投入，进一步供应下游行业企业，这可能会对下游企业的 R&D 和创新产生替代作用。同期，下游行业企业也可能通过从上游行业企业获得的新种类、质量改善或者成本更低的中间投入中获得学习效应来促进产品创新。这样，上游行业使用进口中间品对下游行业产生的前向联系对下游行业企业创新的影响取决于负的替代效应和正的知识溢出效应的净效应。其二，本国下游行业企业使用进口中间投入，这一竞争压力会促使国内上游行业企业吸收有关进口中间品的知识和技术信息。由于本国下游行业企业与本国上游行业企业存在生产分工关系，那么下游企业进口外国中间品可以通过本国投入产出关系促进上游行业企业的创新。这一后向联系在 FDI 的相关研究中有着凸显的影响（Javorcik, 2004）。这些知识溢出渠道可通过以下机制实现：

（1）下游企业使用进口中间品对其本国上游供应商的直接知识转移；

（2）下游企业使用了进口投入，进而会要求本国上游企业提供与这些进口中间品相配套的更高质量或技术标准的中间品。

从行业层面来看，一方面，出口中间品的外国企业通过知识产权保护等手段来阻止技术溢出或知识转移。由此，行业内水平渗透率和行业间前向联系的知识溢出很可能因为竞争而被抵消。外国投入与本国中间品的竞争导致本国中间品生产企业的市场份额降低，这会使其生产的规模经济效应受限，提高其生产固定成本，从而会降低企业创新产出。这样，即使进口中间投入存在显著的知识溢出效应，竞争产生的负的熊彼特效应也可能对行业内企业创新以及通过前向联系对下游企业的创新有着抑制作用。另一方面，进口中间品向上游行业企业的技术扩散不会因为负的熊彼特效应被阻止，因为下游行业企业进口中间品后会帮助上游中间投入供应商生产能够与进口中间品竞争或配套的新产品。据此，推论是：进口中间品的下游行业企业产生的后向联系是最有可能发生知识溢出的渠道。

第三节 模型设定及变量说明

为了探究进口中间投入通过行业内水平渗透率和行业间垂直联系对中国企业创新的影响，我们参考了 Javorcik（2004）的模型方法，Javorcik 分析了 FDI 通过行业间后向联系对立陶宛企业生产率的正向溢出效应。与之不同的是，我们根据行业内和行业间存在的生产投入关系来考察进口中间品对中国企业创新的影响。为此，我们将实证模型设定为：

$$INNOS_{ijt} = \alpha IMTS_{ijt} + \beta HORL_{jt} + \gamma_1 FORD_{jt} + \gamma_2 BACD_{jt} + X_{ijt}\delta + \lambda_j + \lambda_p + \lambda_t + \varepsilon_{ijt} \quad (7-1)$$

其中：

$$HORL_{jt} = \frac{IM_{jt}}{IM_{jt} + OPT_{jt} - EX_{jt}}$$

$$FORD_{jt} = \sum_{m \neq j} HORL_{mt}\,\mu_{mjt}$$

$$BACD_{jt} = \sum_{k \neq j} HORL_{kt}\,\mu_{jkt}$$

这里，$INNOS_{ijt}$ 是指第 t 年企业 i 的新产品产出值占企业总产出的比重，[①] 新产品产出比重越高，说明企业创新程度越高。$IMTS_{ijt}$ 是指第 t 年企业 i 进口中间品占企业使用中间投入的比重，企业进口中间品比重越高，说明企业参与国际分工的程度越高。这一变量可以控制不同企业对进口中间品的依赖程度。[②] $HORL_{jt}$ 指第 t 年企业 i 所在的行业 j 进口中间品的行业内水平渗透率，用来衡量进口中间品带来的行业内效应。对于同一行业 j 的企业 i，该变量是一样的；对于不同行业 j，则是不同的。$HORL_{jt}$ 捕捉了第 t 年企业 i 所在的行业 j 使用进口中间品的程度，被定义为进口中间品在该行业所有企业中的平均参与情况，以进口中间品投入占该行业进口中间品投入与产出之和减去出口后净额的比重来表示。IM_{jt} 指第 t 年企业 i 所在行业 j 的进口中间品投入额；OPT_{jt} 指第 t 年企业 i 所在行业 j 的产出额；EX_{jt} 指第 t 年企业 i 所在行业 j 的出口额。μ_{mjt} 是第 t 年行业 j 总投入中的上游行业 m 投入的权重；μ_{jkt} 是第 t 年行业 j 投入到下游行业 k 投入中的权重。

$FORD_{jt}$ 和 $BACD_{jt}$ 代表进口中间品投入产生的行业间前向联系和后向联系。对于同一行业 j 的企业 i，该变量是一样的；否则，则不同。$FORD_{jt}$ 是指第 t 年行业 j 上游行业进口中间品投入对行业 j 产生的前向联系，随着进口中间品投入在上游行业生产过程中使用的份额上升而提高。同行业购买的投入（即 k = j）被排除。$BACD_{jt}$ 是指行业 j 下游行业进口中间投入对行业 j 的后向联系，反映行业 j

---

① 后面实证分析中，考虑到不少企业新产品产出值为 0，我们也使用 ln（1 + $INNOS_{ijt}$）作为因变量，其回归结果与 $INNOS_{ijt}$ 作为因变量的实证结果是基本相似的。

② 由于海关数据库中进口中间品是以美元计价的，而工业企业数据库里企业中间投入是以人民币计价的，工业企业数据库和海关数据库匹配后，我们基于世界银行数据库的名义汇率将进口中间品的美元价值换算为人民币价值。

供应的下游行业使用进口中间投入的情况。这一变量可以捕捉下游行业使用进口中间投入对上游行业的影响。下游行业使用进口中间投入的份额越高，该变量值越大。与 Javorcik（2004）使用固定年份的投入产出表不同，我们使用的投入产出系数是随年份变化，μ_{mjt} 和 μ_{jkt} 分别来自两分位的 WIOD 投入产出表。使用 WIOD 投入产出表的好处在于这一数据提供了随时间序列变化的跨国投入产出关系，基于这一性质可以考察投入产出系数变化和行业内水平渗透率这两个因素变化对中国企业创新的影响。

根据 $HORL_{jt}$ 的计算公式，我们可以推理出 $HORL_{jt}$ 是企业 i 所在行业 j 进口中间品的单调函数，即企业 i 所在行业 j 进口中间品越多，则进口中间品的行业内水平渗透率越高。同时，根据 $FORD_{jt}$ 和 $BACD_{jt}$ 的计算公式，得出进口中间品投入也会对行业间前向联系和后向联系产生相应的影响。

考虑到其他因素也可能影响到企业创新，我们增加了以下控制变量：X_{ijt} 是企业层面的控制变量向量，包括基于 Olley 和 Pakes（1996）方法测算的企业全要素生产率对数值（lnTFP）、企业出口额在产出中占比（EXOS）、企业年龄的对数值（lnAGE）、企业外资资本占比（FCS）和以雇佣人数衡量的企业规模的对数值（lnSIZE）等可能影响企业创新的微观变量（史宇鹏、顾全林，2013）。此外，还控制了四分位行业层面的赫芬达尔指数的对数值（lnHHI），来吸收不同行业层面竞争程度差异对企业创新的影响。参数 α、β、γ_1、γ_2 是核心解释变量系数；δ 是控制变量系数向量；λ_j 是行业固定效应，用来吸收二分位行业层面不可观测的异质性特征；λ_p 为省份固定效应，用来吸收省级层面不可观测的异质性特征；λ_t 为年份固定效应；ε_{ijt} 为随机误差项。

第四节 数据处理及统计分析

在数据处理上，我们首先根据中国工业企业数据库和海关进出口数据库匹配出制造业行业企业的面板数据（2000—2007 年），[①] 然后，根据 WIOD 投入产出

① 需要注意的是，中国工业企业数据库中 2004 年新产品产出信息缺失，我们在实证分析中没有使用 2004 年的数据。此外，由于本章使用 Brandt 等（2012）的方法构造出中国工业企业面板数据，因而没有使用 2008 年及之后年份的数据。

表来计算进口中间投入的行业内水平渗透率和行业间垂直联系（前向联系和后向联系）。最后，将前两部分的数据处理通过统一分类的行业匹配起来，构成我们实证分析所需要的面板数据。

第一，关于企业创新、进口中间品以及其他企业层面控制变量的处理。这需要将工业企业数据库和海关数据库匹配。首先，参考 Brandt 等（2012）对中国工业企业数据库进行清理并构造出面板数据。其次，将海关数据库进行清理，剔除了中国从自身进口的交易记录；继而在每一年度的样本上与工业企业面板数据以企业名称匹配，最后，逐次以邮编和电话号码后七位、邮编和法人名称来匹配第一阶段未能成功匹配的样本。据此，我们得到带有海关产品进出口信息的工业企业面板数据。在这一基础上，为了统一进出口产品信息，我们将工业企业进出口数据中的 HS 8 分位产品数据缩减至 HS 6 分位，且将各年份 HS 代码统一到 HS 1996 标准，然后根据 BEC 分类标准识别和统计出企业层面的中间品进口信息。最后，参考 Cai 和 Liu（2009）以及 Feenstra 等（2014）的做法删除总资产、就业人数和总产出等变量缺失的观察值，删除总资产小于流动资产、固定资产或固定资产净值的观察值，并删除累计折旧小于本年度折旧的观察值。剔除了企业年龄、全要素生产率和企业规模（以雇佣人数的对数值表示）等变量缺失的观察值，并剔除企业雇佣人数小于 8 人、年龄小于 1 以及进口中间品总额大于中间投入总额等取值不合理的观察值（Kee 和 Tang，2016）。

第二，根据 WIOD 数据库给出的 2000—2007 年投入产出表，本章计算出 $HORL_{jt}$、$FORD_{jt}$ 和 $BACD_{jt}$ 等指标。

第三，将中国工业企业与海关数据库匹配的面板数据和 WIOD 投入产出表计算的指标 $HORL_{jt}$、$FORD_{jt}$ 和 $BACD_{jt}$，根据年份和两分位制造业行业码进行匹配。由于 WIOD 投入产出表的两分位行业与中国工业企业两分位行业不完全一致，表 7-1 我们匹配出中国工业企业和 WIOD 之间的行业分类。

表 7-1　　中国工业行业与 WIOD 行业匹配表

工业企业行业码	WIOD 行业码	WIOD 行业
13—16	3	Food, beverages and tobacco
17—18	4	Textiles and textile products
19	5	Leather, leather and footwear
20—21	6	Wood and products of wood and cork
22—24	7	Pulp, paper, paper, printing and publishing
25	8	Coke, refined petroleum and nuclear fuel

续表

工业企业行业码	WIOD 行业码	WIOD 行业
26—28	9	Chemicals and chemical products
29—30	10	Rubber and plastics
31	11	Other non – metallic mineral
32—34	12	Basic metals and fabricated metal
35—36, 41	13	Machinery
39—40	14	Electrical and optical equipment
37	15	Transport equipment
42	16	Manufacturing; recycling

资料来源：作者基于中国工业企业数据库的二分位制造业行业和 WIOD 行业分类进行整理。

根据上述匹配处理得到的面板数据，我们可以测算出行业内水平渗透率和行业间前向联系和后向联系的结果。具体参见表 7 – 2。

表 7 – 2　　行业内水平渗透率和行业间垂直联系变量的统计分析

年份	$HORL_{jt}$ 指标		$FORD_{jt}$ 指标		$BACD_{jt}$ 指标	
	均值	标准差	均值	标准差	均值	标准差
2000	0.0293	0.0314	0.0123	0.0069	0.0100	0.0083
2001	0.0278	0.0304	0.0112	0.0064	0.0093	0.0076
2002	0.0300	0.0346	0.0120	0.0070	0.0098	0.0080
2003	0.0324	0.0394	0.0138	0.0080	0.0116	0.0103
2004	0.0373	0.0460	0.0159	0.0088	0.0147	0.0156
2005	0.0339	0.0458	0.0149	0.0081	0.0143	0.0153
2006	0.0303	0.0412	0.0140	0.0074	0.0131	0.0137
2007	0.0277	0.0383	0.0131	0.0068	0.0123	0.0130

表 7 – 2 中给出了基于 WIOD 投入产出表计算出的中国制造业行业内水平渗透率和行业间垂直联系的统计结果。据此，我们发现在不同年份里行业内水平渗透率、行业间前向联系和后向联系都有比较明显的变化，并且行业内水平渗透率和行业间垂直联系随年份均有先逐渐增大后又减小的变化趋势。

第五节 基准回归分析和作用机制检验

一、基准回归分析

根据实证模型（1），如表7－3所示，在控制了行业固定效应、省份固定效应和年份固定效应下，我们对基本回归结果分析表明：第一，在第（1）栏中，仅以企业进口中间品比重和行业内水平渗透率对中国企业创新进行回归，我们发现企业进口中间品比重对中国企业创新的影响在统计上不显著，而进口中间品的行业内水平渗透率在5%统计水平下对中国企业创新形成抑制效应。第二，在第（2）栏中，我们控制了企业进口中间品比重和行业内水平渗透率，进一步将行业间前向联系和后向联系纳入回归，发现企业进口中间品比重对中国企业创新的影响统计上仍不显著，而进口中间品的行业内水平渗透率在10%统计水平下对中国企业创新形成抑制效应。同期，进口中间品投入产生的行业间前向联系在1%统计水平下对中国企业创新形成显著的抑制作用，而进口中间品的行业间后向联系在1%统计水平下对中国企业创新产生显著的促进作用。第三，为了进一步考察行业内水平渗透率和行业间垂直联系对企业创新的影响，在第（3）栏中，我们仅对非进口中间品的企业样本进行回归。结果发现，进口中间品的行业内水平渗透率对非进口中间品的企业创新的影响在统计上不显著；进口中间品产生的行业间前向联系在1%统计水平下对非进口中间品的企业创新形成抑制作用，而进口中间品的行业间后向联系在5%统计水平下对非进口中间品的企业创新产生积极的促进作用。

表7－3　行业内水平渗透率、行业间垂直联系对中国企业创新的影响：基准回归结果

变量	INNOS	INNOS	INNOS	INNOS	INNOS	INNOS	INNODUM	INNOS
	OLS 估计			Tobit 估计			Heckman 估计	
	(1)	(2)	(3)	(4)	(5)	(6)	(7)	(8)
IMTS	0.004	0.004		−0.056	−0.055		−0.135***	0.009
	(0.005)	(0.005)		(0.036)	(0.036)		(0.046)	(0.019)

续表

变量	INNOS	INNOS	INNOS	INNOS	INNOS	INNOS	INNODUM	INNOS
	OLS 估计			Tobit 估计			Heckman 估计	
	(1)	(2)	(3)	(4)	(5)	(6)	(7)	(8)
HORL	-0.091**	-0.063*	-0.027	-3.217***	-2.614***	-2.781***	-3.495***	-2.662***
	(0.033)	(0.031)	(0.058)	(0.693)	(0.395)	(0.618)	(0.579)	(0.339)
FORD		-0.993***	-1.045***		-20.89***	-23.31***	-28.10***	-19.73***
		(0.233)	(0.281)		(5.469)	(6.305)	(7.903)	(4.346)
BACD		0.378***	0.232**		2.394*	0.928	2.742	2.316***
		(0.125)	(0.105)		(1.237)	(1.291)	(1.748)	(0.603)
lnTFP	0.009***	0.009***	0.007***	0.085***	0.087***	0.073***	0.106***	0.086***
	(0.003)	(0.003)	(0.002)	(0.014)	(0.014)	(0.013)	(0.015)	(0.014)
EXOS	0.006**	0.006**	0.011***	0.091***	0.091***	0.162***	0.092**	0.104***
	(0.002)	(0.002)	(0.001)	(0.032)	(0.032)	(0.032)	(0.044)	(0.017)
lnAGE	0.001	0.001	-0.001	0.044***	0.044***	0.030***	0.082***	0.012
	(0.001)	(0.001)	(0.001)	(0.009)	(0.009)	(0.008)	(0.013)	(0.009)
FCS	-0.005*	-0.005*	-0.000	-0.053**	-0.053**	-0.025	-0.076**	-0.063***
	(0.003)	(0.003)	(0.002)	(0.03)	(0.027)	(0.034)	(0.036)	(0.007)
lnSIZE	0.016***	0.016***	0.012***	0.205***	0.204***	0.189***	0.287***	0.152***
	(0.003)	(0.003)	(0.003)	(0.014)	(0.013)	(0.015)	(0.023)	(0.027)
lnHHI	0.007***	0.007***	0.006**	0.068***	0.068***	0.065***	0.079***	0.066***
	(0.002)	(0.002)	(0.002)	(0.019)	(0.019)	(0.021)	(0.024)	(0.010)
mills								0.788***
								(0.104)
常数项	-0.055***	-0.054**	-0.027*	-2.400***	-2.320***	-2.203***	-3.048***	-1.940***
	(0.017)	(0.018)	(0.014)	(0.119)	(0.140)	(0.156)	(0.165)	(0.337)
行业固定效应	是	是	是	是	是	是	是	是
省份固定效应	是	是	是	是	是	是	是	是
年份固定效应	是	是	是	是	是	是	是	是
观察数	883477	883477	758190	883477	883477	758190	883477	79414
R2/Pse. R2	0.0560	0.0561	0.0424	0.1273	0.1276	0.1135	0.1507	0.1894

注：(1) 括号内是在行业层面聚类的异方差稳健标准误。(2) ***、**、* 分别表示在 1%、5% 和 10% 统计水平下显著。(3) 第 (3) 栏和第 (6) 栏是仅对非进口中间品企业样本进行的估计；第 (8) 栏是仅对创新产出份额大于 0 的样本进行估计。

考虑到表 7 - 3 中第（1）、（2）和（3）栏使用的是普通最小二乘法进行的回归，而因变量是企业新产品产出比重，是一个受限因变量。为此，在表 3 中第（4）、（5）和（6）栏，我们进一步使用 Tobit 模型来进行回归分析。回归结果显示：第一，在第（4）栏中，企业进口中间品比重对中国企业创新的影响在统计上不显著。[①] 而进口中间品的行业内水平渗透率在 1% 统计水平下对中国企业创新形成抑制效应。第二，在第（5）栏中，考虑了进口中间品投入的行业间前向联系和后向联系，结果表明企业进口中间品比重的影响统计上仍不显著，而进口中间品的行业内水平渗透率对企业创新仍形成抑制作用；进口中间品产生的行业间前向联系在 1% 统计水平下对中国企业创新形成显著的抑制作用，而进口中间品的行业间后向联系在 10% 统计水平下对中国企业创新产生促进作用。第三，在第（6）栏中，仅用非进口中间品的企业样本进行估计表明，对于非进口中间品的企业来说，进口中间品的行业内水平渗透率和行业间前向联系在 1% 统计水平下都对中国非进口中间品的企业创新形成抑制效应，而进口中间品的行业间后向联系的影响统计上不显著。

并且，考虑到企业创新与否的变量会对企业创新产出程度产生断尾作用，即可能存在样本选择性偏差问题。如表 7 - 3 的第（7）、（8）栏所示，我们再使用 Heckman 两步法来进行稳健性分析。第（7）栏给出了进口中间品的行业内水平渗透率、行业间前向联系和后向联系对中国企业创新哑变量（INNODUM）的影响。结果表明，进口中间品的行业内水平渗透率和行业间前向联系在 1% 统计水平下都对中国企业创新产生抑制效应，而进口中间品的行业间后向联系的影响统计上不显著。进一步看，我们根据第（7）栏计算出逆米尔斯比率（mills），然后将 mills 这一变量放入第（8）栏，仅对企业创新产出比重大于 0 的企业样本进行 Heckman 第二阶段的回归。结果表明，进口中间品的行业内水平渗透率和行业间前向联系在 1% 统计水平下都对中国企业创新形成显著的抑制效应，而进口中间品的行业间后向联系在克服样本选择性偏差后对中国企业创新产生显著的促进作用。

根据对表 7 - 3 中第（1）至第（8）栏回归结果分析，我们发现在控制了企

① 这一结果与预期不一致，一般而言企业通过进口中间品会使得其生产效率提高，进而提高其创新程度。但是，应当注意的是，中国企业参与加工贸易的情况比较普遍。根据张杰、郑文平（2017）的研究发现，进口促进了一般贸易企业的创新，但是抑制了加工贸易企业的创新。据此，其净效应是不确定的。在后面回归中我们将区分贸易方式来进一步检验。此外，本章主要关注的是进口中间品投入在行业内水平渗透率和行业间垂直联系上对企业创新的影响，而进口中间品本身仅作为控制变量来吸收企业直接参与国际分工对其创新的影响。

业全要素生产率、出口、年龄、外资占比和企业规模等企业层面变量，控制了四分位行业的赫芬达尔指数以及行业层面和省级层面不可观察的异质性特征和年份固定效应等情况下，企业进口中间品比重对中国企业创新的直接影响统计上不显著，进口中间品的行业内水平渗透率和行业间前向联系对中国进口中间品和非进口中间品的企业创新都产生抑制作用，但进口中间品的行业间后向联系却对中国企业创新产生显著的促进作用。究其原因是，本国企业使用进口中间品投入来供应下游行业企业，很可能会对行业内下游企业创新产生替代作用，结果表现为抑制效应。同期，进口中间品投入也会对行业间前向联系的企业创新产生替代作用，形成抑制效应。但是，下游行业企业进口中间品形成的竞争压力很可能通过行业间后向联系，促进上游行业企业创新。值得注意的是，在第（6）栏回归中，行业间后向联系对非进口中间品企业创新的影响统计上不显著。由此，我们需要进一步检验其作用机制。

二、设定行业间投入系数不变下的作用机制检验

在上述实证部分，我们分析了企业进口中间品占企业总中间投入的比重、行业内水平渗透率和行业间垂直联系（前向联系和后向联系）对中国企业创新的影响，研究发现行业内水平渗透率和行业间前向联系对中国企业创新有着显著的抑制作用，但行业间后向联系对中国企业创新的影响会因进口中间品企业和非进口中间品企业而异。由此，需要做进一步稳健性分析。

通过分解，我们注意到行业间垂直联系变化的来源有两个：行业间投入系数、上游或下游行业内水平渗透率。这两个变化均会导致行业间垂直联系（即前向联系和后向联系）的变动，但是我们更关心的是进口中间投入导致的行业生产网络变化对企业创新的影响。为此，我们将上述使用的行业间投入系数 μ_{mjt} 和 μ_{jkt} 设定为2000年为基期不变，考察仅仅由于企业进口中间品导致的行业内水平渗透率变化带来的行业间前向联系和后向联系变化对中国企业创新的影响。具体如下所示：

$$FORD_{jt}^{2000} = \sum_{m \neq j} HORL_{mt}\ \mu_{mj2000}$$

$$BACD_{jt}^{2000} = \sum_{k \neq j} HORL_{kt}\ \mu_{jk2000}$$

基于对行业间前向联系和后向联系的重新测算，我们进一步使用计量模型（7-2）进行回归分析，来揭示由于进口中间投入带来的行业间生产网络变化对中国企业创新的影响。

$$INNOS_{ijt} = \omega IMTS_{ijt} + \zeta HORL_{jt} + \eta_1 FORD_{jt}^{2000} + \eta_2 BACD_{jt}^{2000} + X_{ijt}\delta + \lambda_j + \lambda_p + \lambda_t + \epsilon_{ijt} \quad (7-2)$$

根据实证模型（7－2），如表7－4所示，基于Tobit模型方法的估计结果显示，第一，在第（1）栏中，我们考虑了企业进口中间品比重、行业内水平渗透率、行业间垂直联系的前向联系（$FORD_{jt}^{2000}$）和后向联系（$BACD_{jt}^{2000}$），在控制行业固定效应、省份固定效应、年份固定效应和企业层面控制变量的情况下，回归发现企业进口中间品比重对中国企业创新的影响统计上不显著，进口中间品产生的行业内水平渗透率和行业间前向联系在1%统计水平下都对中国企业创新产生显著的抑制作用，而进口中间品的行业间后向联系对中国企业创新的影响统计上不显著。第二，在第（2）栏中，基于非进口中间品的企业样本进行的回归表明，进口中间品的行业内水平渗透率和行业间前向联系在1%统计水平下都对中国非进口中间品的企业创新产生显著的抑制作用，而进口中间品的行业间后向联系对中国非进口中间品企业创新的影响统计上不显著。

表7－4　行业内水平渗透率、行业间垂直联系对中国企业创新的作用机制检验

变量	INNOS	INNOS	INNODUM	INNOS
	Tobit 估计		Heckman 估计	
	(1)	(2)	(3)	(4)
IMTS	-0.054		-0.134***	0.009
	(0.036)		(0.047)	(0.018)
HORL	-3.556***	-3.818***	-4.734***	-3.529***
	(0.563)	(0.737)	(0.877)	(0.421)
$FORD^{2000}$	-19.45***	-23.52***	-25.23***	-17.18***
	(4.743)	(5.100)	(5.575)	(4.272)
$BACD^{2000}$	4.689	3.569	5.750	3.774**
	(3.646)	(4.042)	(4.891)	(1.484)
lnTFP	0.086***	0.073***	0.105***	0.085***
	(0.014)	(0.014)	(0.015)	(0.014)
EXOS	0.091***	0.162***	0.092**	0.104***
	(0.032)	(0.032)	(0.044)	(0.017)
lnAGE	0.044***	0.030***	0.082***	0.012
	(0.009)	(0.008)	(0.013)	(0.009)
FCS	-0.054**	-0.025	-0.076**	-0.062***
	(0.027)	(0.034)	(0.035)	(0.007)

续表

变量	INNOS	INNOS	INNODUM	INNOS
	Tobit 估计		Heckman 估计	
	(1)	(2)	(3)	(4)
lnSIZE	0.204***	0.190***	0.287***	0.152***
	(0.014)	(0.016)	(0.023)	(0.026)
lnHHI	0.068***	0.065***	0.079***	0.066***
	(0.019)	(0.021)	(0.024)	(0.009)
mills				0.787***
				(0.100)
常数项	-2.319***	-2.197***	-3.053***	-1.937***
	(0.129)	(0.141)	(0.140)	(0.323)
行业固定效应	是	是	是	是
省份固定效应	是	是	是	是
年份固定效应	是	是	是	是
观察数	883477	758190	883477	79414
R2/Pseudo R2	0.1276	0.1134	0.1506	0.1893

注：(1) 括号内是在行业层面聚类的异方差稳健标准误。(2) ***、**、* 分别表示在1%、5%和10%统计水平下显著。(3) 第 (2) 栏和第 (4) 栏是仅对非进口中间品企业样本进行的估计；第 (4) 栏是仅对创新产出份额大于0的样本进行估计。

考虑到可能的样本选择性偏差问题，我们再基于 Heckman 模型方法进行估计。如第 (4) 栏中估计结果显示，在克服样本选择性偏差问题之后，企业进口中间品比重对中国企业创新的影响统计上仍不显著，进口中间品的行业内水平渗透率和行业间前向联系在1%统计水平下都对中国企业创新产生显著的抑制效应，而进口中间品产生的行业间后向联系在5%统计水平下对中国企业创新产生显著的促进作用。

这样，一方面，进口中间品通过行业内水平渗透率产生的负的熊彼特效应（即抑制效应）超过正的知识溢出效应，进而对企业产品创新产生显著的抑制作用。另一方面，我们将行业间垂直联系的投入系数控制在2000年不变的情形下，发现进口中间品的行业内水平渗透率上升和行业间前向联系增强会对中国企业创新产生显著的抑制作用，而进口中间品产生的行业间后向联系在克服样本选择性偏差问题后对中国企业创新有着显著的促进作用。因此，在控制了行业间投入系数不变的情形下，我们进一步证实，企业进口中间品比重上升、进口中间品导致的行业内水平渗透率变化和行业间前向联系及后向联系的变化，这些对中国企业创新的影响结果是与前述基本回归的结果是一致的。据此，我们认为，在行业生产网络下进口中间品引致的行业内水平渗透率上升和行业间前向联系的增强会对中国企业创新有着显著的抑制作用，而进口中间品引致的行业间后向联系增强会促进中国企业产品创新。

第六节 区分贸易方式、是否从发达国家进口中间品的企业异质性分析

上述基本回归和作用机制分析的结果表明，进口中间品引致的行业内水平渗透率和行业间前向联系对中国企业创新有着显著的抑制效应，而引发的行业间后向联系对中国企业创新有着显著的促进作用。这些是从行业内层面和行业间层面揭示出进口中间品对中国企业创新产生的影响。可问题是，进口中间品的企业面临的行业内水平渗透率和行业间垂直联系（前向联系和后向联系）对其创新的影响有何差异呢？为此，我们再区分一般贸易和加工贸易方式的进口中间品企业，以及是否从发达国家进口中间品的企业，进而探究不同情形下进口中间品的行业内水平渗透率和行业间垂直联系是否对企业创新的影响存在显著的差异。

如表 7 - 5 所示，第一，在第（1）栏和第（5）栏中，我们引入企业进口中间品的哑变量 IM - Dum 分别与行业内水平渗透率、行业间前向联系和后向联系做交互项，再分别使用 Tobit 模型估计和 Heckman 模型估计，来揭示不同情形下进口中间品引致的行业内水平渗透率、行业间垂直联系对中国企业创新的影响差异。回归结果表明，企业进口中间品比重上升对中国企业创新产生统计上显著的抑制效应，进口中间品的行业内水平渗透率上升对中国企业创新也有着统计上显著的抑制效应；在克服样本选择性偏差之后，行业内水平渗透率上升、行业间前向联系增强对具有进口中间品的企业创新的抑制效应会变得更小，而行业间后向联系增强对具有进口中间品的企业创新的促进作用会变得更大。这表明，如果上游行业企业进口中间品的行业内水平渗透率越高，会通过行业间前向联系对下游行业企业的创新产生显著的抑制作用，而在下游行业企业也进口中间品的情况下，这一行业间前向联系增强对具有进口中间品的下游行业企业创新的抑制效应会变得更小，而同期行业间后向联系增强对具有进口中间品的上游行业企业创新的促进作用会变得更大。

表 7－5　行业内水平渗透率、行业间垂直联系对中国企业创新的异质性影响

变量	INNOS							
	Tobit 估计				Heckman 估计			
	(1)	(2)	(3)	(4)	(5)	(6)	(7)	(8)
IMTS	-0.310***	-0.315***	-0.074	-0.310***	-0.183***	-0.181***	-0.010	-0.184***
	(0.056)	(0.040)	(0.058)	(0.050)	(0.037)	(0.035)	(0.019)	(0.036)
HORL	-2.719***	-2.761***	-2.531***	-2.700***	-2.539***	-2.502***	-2.582***	-2.467***
	(0.390)	(0.375)	(0.407)	(0.385)	(0.326)	(0.310)	(0.327)	(0.322)
HORL×IM-Dum	0.313				0.265***			
	(0.223)				(0.042)			
HORL×ORD-Dum		0.717***				0.556***		
		(0.217)				(0.049)		
HORL×PRO-Dum			-0.645***				-0.483***	
			(0.182)				(0.112)	
HORL×OECD-Dum				0.452**				0.384***
				(0.207)				(0.048)
FORD	-22.66***	-22.26***	-20.93***	-22.51***	-19.73***	-18.82***	-19.67***	-19.11***
	(5.611)	(5.529)	(5.495)	(5.566)	(4.294)	(4.178)	(4.365)	(4.253)
FORD×IM-Dum	7.945***				6.953***			
	(1.434)				(0.862)			
FORD×ORD-Dum		9.616***				8.024***		
		(1.765)				(1.045)		
FORD×PRO-Dum			0.472				1.049**	
			(1.020)				(0.474)	
FORD×OECD-Dum				8.693***				7.491***
				(1.654)				(1.015)
BACD	1.716	1.821	2.157*	1.803	1.693***	1.726***	2.136***	1.709***
	(1.316)	(1.325)	(1.259)	(1.289)	(0.531)	(0.533)	(0.584)	(0.530)
BACD×IM-Dum	4.671***				2.637***			
	(1.094)				(0.630)			
BACD×ORD-Dum		4.462***				2.348***		
		(0.932)				(0.551)		
BACD×PRO-Dum			3.980***				2.543***	
			(0.728)				(0.618)	
BACD×OECD-Dum				4.623***				2.552***
				(1.037)				(0.715)
mills					0.716***	0.691***	0.783***	0.695***
					(0.092)	(0.084)	(0.103)	(0.088)

续表

变量	INNOS							
	Tobit 估计				Heckman 估计			
	(1)	(2)	(3)	(4)	(5)	(6)	(7)	(8)
控制变量（省略）	是	是	是	是	是	是	是	是
行业固定效应	是	是	是	是	是	是	是	是
省份固定效应	是	是	是	是	是	是	是	是
年份固定效应	是	是	是	是	是	是	是	是
观察数	883477	883477	883477	883477	79414	79414	79414	79414
R2/Pseudo R2	0.1303	0.1313	0.1279	0.1305	0.190	0.190	0.190	0.190

注：(1) 括号内是在行业层面聚类的异方差稳健标准误；(2) ***、**、* 分别表示在1%、5%和10%统计水平下显著；(3) OECD国家是指美国、加拿大、英国、法国、德国、意大利、瑞士、奥地利、荷兰、比利时、卢森堡、西班牙、葡萄牙、爱尔兰、丹麦、瑞典、挪威、芬兰、冰岛、希腊、澳大利亚、新西兰和日本。(4) 第(5)栏到第(8)栏给出了Heckman第二阶段的估计结果，第一阶段的估计结果省略。

第二，在第(2)、(3)栏和第(6)、(7)栏中，我们分别考察了具有一般贸易(ORD－Dum)和加工贸易(PRO－Dum)的进口中间品企业，发现以一般贸易方式进口中间品的企业创新受到行业内水平渗透率的抑制效应会比未考虑一般贸易方式的变得更小，而且这一差异性影响在1%统计水平下是显著的。而以加工贸易方式进口中间品的企业创新遭受行业内水平渗透率的抑制效应会比未考虑加工贸易方式的变得更大。同期，以一般贸易方式进口中间品的企业创新受到行业间前向联系的抑制效应会变得更小；在克服样本选择性偏差后，以加工贸易方式进口中间品的企业创新受到行业间前向联系的抑制效应也变得更小。但同期，以一般贸易方式和加工贸易方式进口中间品的企业创新从行业间后向联系中获得的促进作用会变得更大。因此，区分一般贸易和加工贸易方式的进口中间品企业，我们发现行业内水平渗透率、行业间前向联系和后向联系对不同贸易方式进口中间品的企业创新的影响存在着显著的差异。

第三，在第(4)栏和第(8)栏中，我们引入企业是否从发达国家进口中间品情形(OECD－Dum)，分别使用Tobit模型和Heckman模型估计表明，企业进口中间品比重上升对中国企业创新产生统计上显著的抑制效应；从发达国家进口中间品的企业创新受到行业内水平渗透率和行业间前向联系的抑制效应会变得更小，这是因为从发达国家进口中间品企业获得的知识溢出效应在一定程度上削减了行业内水平渗透率和行业间前向联系对企业创新的抑制效应。同期，从发达国家进口中间品的企业创新受到行业间后向联系的促进作用会变得更大。

综合上述分析，企业以一般贸易方式进口中间品或从发达国家进口中间品的行为会削减行业内水平渗透率和行业间前向联系对中国企业创新的抑制效应。同期，以一般贸易和加工贸易方式进口中间品或从发达国家进口中间品的企业从行业间后向联系中获得的知识溢出效应会增大对中国企业创新的促进作用。我们注意到企业是否进口中间品、进口中间品的贸易方式以及是否从发达国家进口中间品等企业异质性特征并没有改变行业内水平渗透率和行业间前向联系对中国企业创新的抑制作用，但是进口中间品的企业从行业间后向联系中却获得显著的创新促进作用。

第七节

主要结论及政策建议

2001 年加入世界贸易组织后，中国企业积极参与国际分工，通过进口中间品、出口最终品的形式高度融入全球生产网络之中。本章从行业内水平渗透率和行业间垂直联系渠道探究进口中间品对中国企业创新的影响。基于中国工业企业数据库、海关数据库和 WIOD 投入产出表匹配的面板数据，本章在控制企业全要素生产率、出口、年龄、外资占比和企业规模等企业层面变量，以及控制行业赫芬达尔指数、行业层面和省级层面未观察到的异质性特征和年份固定效应等情况下，得出以下研究结论：

第一，在基准回归分析中，我们基于 OLS 估计、Tobit 估计和 Heckman 估计表明，进口中间品产生的行业内水平渗透率上升和行业间前向联系增强对中国进口中间品和非进口中间品的企业创新都产生抑制作用，而在克服样本选择性偏差后，进口中间品的行业间后向联系增强对中国企业创新产生显著的促进作用。也就是，进口中间品对行业间前向联系的企业创新产生负的熊彼特效应，而下游行业企业进口中间品形成的竞争压力通过行业间后向联系的知识溢出，促进上游行业企业创新。

第二，考虑到行业间投入系数和行业内水平渗透率这两个变量变化均导致行业间前向联系和后向联系的变化。在作用机制检验部分，我们设定行业间投入系数以 2000 年不变，实证表明，企业进口中间品比重上升、进口中间品导致的行业内水平渗透率变化和行业间前向联系及后向联系变化，这些对中国企业创新的影响结果是与前述基本回归的结果是一致的。也就是，在行业生产网络下，进口中间品引致行业内水平渗透率上升和行业间前向联系的增强对中国企业创新有着显著的抑制作用；在克服样本选择性偏差之后，进口中间品引致行业间后向联系的增强促进了中国企业创新。

第三，区分贸易方式、是否从发达国家进口中间品的企业异质性分析表明，以一般贸易方式进口中间品或从发达国家进口中间品的企业创新受到行业内水平渗透率和行业间前向联系的抑制效应会变得更小，而以加工贸易方式进口中间品的企业创新遭受到行业内水平渗透率的抑制效应变得更大。但同期，以一般贸易和加工贸易方式进口中间品或从发达国家进口中间品的企业从行业间后向联系中获得的知识溢出对中国企业创新的促进作用变得更大。这说明行业间后向联系是进口中间品投入对参与国际生产网络的中国企业创新产生正向溢出的一个稳健的渠道。

基于上述结论，我们明确了进口中间品对中国企业创新影响的不同作用渠道，这有利于中国制定合理的政策措施来促进企业参与行业生产网络并促进创新收益的最大化，也为中国企业参与行业生产网络提高其创新能力提供可供选择的渠道。对企业来说，尽管行业内和上游行业使用更多的进口中间品会对本地企业创新产生显著的抑制效应，但是以进口中间品参与国际生产网络的企业能够从行业间后向联系中获得对企业创新更大的促进作用。而且，对企业而言，通过一般贸易方式进口中间品或从发达国家进口中间品会大大减轻行业内水平渗透率和行业间前向联系对企业创新的抑制效应。因此，推动中国企业参与国际生产网络并积极向行业中上游进行拓展，可充分获取进口中间品通过行业间后向联系获得的知识溢出带来的创新效应。

第八章

知识产权保护、进口中间品对中国企业创新的影响[①]

本章将 Grossman 和 Helpman（1991）贸易引致知识溢出的研发（R&D）增长模型拓展到使用本国和外国中间品投入的两部门模型，探究知识产权保护通过知识溢出对创新的影响。为此，我们使用中国省级知识产权保护、工业企业与海关数据库相匹配的数据进行了研究。在此基础上，认为入世后中国强化知识产权保护并激励企业参与国际分工的政策措施促进了中国企业创新能力的提升。

第一节 问题提出及文献综述

2001 年，中国加入世界贸易组织（WTO）后有两个重要现象引起了企业层面相关研究的重视。一是以削减关税为标志的贸易自由化；二是中国加入与贸易有关的知识产权协定（TRIPS），以无过渡期的条件提高知识产权保护标准。一方面，本章基于工业企业数据库和海关数据库的匹配样本研究发现，2000 年到 2007 年中国工业企业进口中间品总规模年均增长率为 35.1%。由此，进口中间

① 本章主要内容参见 Chu，A. C.；H. Fan，G. Shen and X. Zhang（2018），"Effects of international trade and intellectual property rights on innovation in China"，*Journal of Macroeconomics*，Vol. 57，pp. 110 – 121（沈国兵为通讯作者）。本章已对其做出了修改和完善。

品投入如何影响中国工业企业创新绩效是一个研究热点（Liu 和 Qiu，2016；张杰、郑文平，2017）。另一方面，为了满足加入 WTO 所要求的 TRIPS 标准，中国的知识产权保护水平有了一个阶段性的快速提高（沈国兵、刘佳，2009）。史宇鹏和顾全林（2013）、吴超鹏和唐莂（2016）等考察了知识产权保护对企业创新的影响，但是这些文献并没有同时考虑进口中间品与知识产权保护对中国企业创新的影响。

现实中，美国特朗普政府的“逆全球化”思潮正倒逼着中国政府进一步强化知识产权保护水平（如美国针对中国企业频频发起与知识产权保护相关的“337 调查”案等），同时中国正坚定不移地实施对外开放政策。如中国《国家创新驱动发展战略纲要》提出，“坚持以全球视野谋划和推动创新，最大限度用好全球创新资源”，并且通过“激励创新的政策法规更加健全，知识产权保护更加严格”来优化创新环境。2019 年 11 月 19 日，《中共中央 国务院关于推进贸易高质量发展的指导意见》提出，“着力扩大知识产权对外许可。积极融入全球创新网络”。2019 年 11 月 24 日，国家印发《关于强化知识产权保护的意见》指出，“牢固树立保护知识产权就是保护创新的理念”。为此，从进口中间品视角探究知识产权保护对中国企业创新是否存在显著的影响机制，以及更高的知识产权保护是否会导致进口中间品的企业创新和非进口中间品的企业创新出现分化呢？这些问题的分析对我国应对“逆全球化”不利的国际环境和中国企业参与国际生产网络分工决策有着重要的参考价值。

本章沿着两类文献进行研究拓展：一是探究知识产权保护对企业创新的影响渠道，如进口中间品知识溢出渠道；二是探究知识产权保护对企业创新的非线性影响。具体来看：

第一，已有研究从融资、研发等渠道关注知识产权保护对企业创新的影响，但是没有考察进口中间品贸易渠道产生的影响。Ang 等（2014）使用中国高技术企业数据实证发现，更好地执行知识产权保护政策可以正面影响企业获取外部融资的能力，引导企业进行更多的 R&D 投资，从而获得更多的创新专利并生产和销售更多的新产品。尹志锋等（2013）基于中介效应模型研究发现，知识产权保护可以通过研发渠道促进企业创新，但外资进入这一渠道的作用不显著。在考察知识产权保护对创新的影响机制时，现有文献还没有揭示出企业进口中间品这一渠道的作用。为此，探讨进口中间品对企业创新影响的相关研究逐渐受到学术界关注，贸易自由化带来的新进口投入可以解释印度国内企业新产品增长的31%（Goldberg 等，2010）。从进口中间品投入对创新影响机制的研究来看，进口中间品内含进口来源国的先进技术和知识，通过知识溢出机制的作用促进了进口国的技术进步（Coe 和 Helpman，1995；Sutton，2007；Acharya 和 Keller，2009；Seker 和 Rodriguez - Delgado，2011）。引出的问题是，进口中间品这一渠道在知识产权保护对企业创新的作用机制中是否起到了重要的作用呢？

第二，知识产权保护可以通过融资、研发等渠道显著地促进企业创新，但是知识产权保护对企业创新的影响可能是非线性的。潘士远（2005）认为，在一个内生经济增长的理论框架内，无限的专利长度不可能是最优的。现有文献中，有关知识产权保护对企业创新非线性影响研究已从两个方面展开：

一是认为知识产权保护与创新之间存在“倒 U 形”关系。Chu 等（2016）基于有金融摩擦的 R&D 增长模型发现，专利保护通过利差渠道对创新产生负面影响，通过违约成本渠道对创新产生积极影响，进而专利保护对创新的总效应呈现“倒 U 形”关系。Furukawa（2010）认为，尽管更强的知识产权保护会促进 R&D 和创新，但是在长期内会通过妨碍“干中学”过程而抑制创新。Gangopadhyay 和 Mondal（2012）基于一般均衡框架发现，更强的知识产权保护会提高创新收益，但是也会通过阻碍科技知识的自由流动来抑制创新。这些文献在内生经济增长的一般均衡理论框架内发现知识产权保护与创新之间存在着“倒 U 形”关系。

二是从“倒 U 形”关系之外的角度来分析知识产权保护对创新的抑制效应。Furukawa（2007）基于一个内生增长的种类扩张模型发现，更强的知识产权保护会提高垄断部门的份额而不利于增长。由于垄断部门相对于竞争部门有更高的价格和更低的生产规模，结果更强的知识产权保护降低了从使用中间品中获得的经验积累，导致更少新的中间品需求和更低的创新激励。Chu（2009）使用知识产权保护和资本积累的质量等级增长模型研究发现，专利持有者之间形成的市场势力合谋通过提高创新利润对 R&D 有正面效应，但是专利利润共享导致了更低的利润现值，这对 R&D 有负面效应。Chu 等（2012）基于 R&D 增长模型发现，阻止性专利保护提高了水平创新（种类扩张），但是抑制了垂直创新（质量改善）。Cozzi 和 Galli（2014）将两阶段累积的创新结构纳入一个内生技能习得的质量阶梯增长模型后研究发现，对上游创新更强的知识产权保护会提高基础研究者相对于应用研究者更大的议价能力，这会使 R&D 更多地向上游部门再配置，结果在短期内会降低创新步伐，但在长期内有利于更高的创新和经济增长。

上述这些研究通过不同的理论机制表明，知识产权保护对创新的影响并不必然表现为促进效应。为此，我们在考察知识产权保护通过进口中间品这一渠道对企业创新的影响机制时需要探究其真实的影响关系。这有助于从微观层面理解中国加入 WTO 后基于 TRIPS 协定要求提高知识产权保护水平是如何通过知识溢出渠道来影响中国企业创新的。与已有文献相比，本章边际贡献主要有：第一，与从融资、研发等渠道探究知识产权保护对企业创新的影响机制不同，本章从进口中间品这一渠道来分析其影响机制。在理论部分，我们将 Grossman 和 Helpman（1991）贸易引致知识溢出的 R&D 增长模型拓展到使用本国和外国中间品投入的两部门框架，通过局部均衡分析将进口中间品这一渠道存在的知识溢出机制模型化，推导后发现知识产权保护会通过抑制知识溢出，对使用外国中间品投入部门的创新率产生不利的影响。第二，与聚焦于知识产权保护与创新之间"倒 U 形"关系的研究思路不同，本章揭示出知识产权保护对企业创新的阻碍机制，发现知识产权保护对进口中间品与非进口中间品的企业创新的差异性影响体现在两个方面：一是知识产权保护对企业通过进口中间品获得的知识溢出有着显著的抑制效应，但是知识产权保护并不能完全阻碍进口中间品的知识溢出，因而进口中间品的企业比非进口中间品的企业有着更好的创新表现；二是随着知识产权保护水平提高，知识产权保护对知识溢出的抑制作用逐渐增强，因而进口中间品的企业与非进口中间品的企业之间的创新差异会逐渐缩小。第三，使用主成分分析法将立法、行政和司法三个角度测度的知识产权保护指标合成为省级层面知识产权保护水平，将知识产权保护指标的测算从国家层面拓展到省级维度，在国家知识产权名义保护水平的基础上，揭示出不同省份之间知识产权保护在行政和司法等方面实际保护强度的差异。

第二节 理论模型及计量模型

一、理论模型

为了更清楚地说明知识产权保护通过进口中间品渠道对创新的影响机制，本章将 Grossman 和 Helpman（1991）的小型开放经济体 R&D 增长模型拓展到多阶段生产部门和研发部门。① 我们假设一个部门使用本国产品来生产差别化中间投

① 本章研究中，我们考虑了一个小型开放经济模型，虽然可能无法完全捕捉到相对大的中国经济案例，但是通过考虑小型开放经济，我们实质上假定进口品价格是外生的。给定中国的知识产权保护不可能对外国产品的价格产生大的影响，我们认为使用小型开放经济模型来阐释中国的案例是近似合理的。

入品，同时另一个部门使用外国产品来生产差别化中间投入品。

（一）家庭

存在一个代表性家庭，其效用遵循以下形式：

$$U = \int_0^{\infty} e^{-\rho t}(\ln C_{y,t} + \gamma \ln C_{z,t})dt \tag{8-1}$$

其中，参数 $\rho > 0$ 是指主观贴现率；$C_{y,t}$ 是指一种国内最终品的消费，其被选择为基准商品；$C_{z,t}$ 是指从国外进口最终品的消费，且在小型开放经济体中其价格 $p_{z,t}$ 是外生的。其资本积累方程为：

$$\dot{A}_t = r_t A_t + w_t l - C_{y,t} - p_{z,t} C_{z,t} \tag{8-2}$$

其中，A_t 是指家庭拥有的资产数量；r_t 是实际利率；l 是劳动；w_t 是工资率。基于标准的动态最优化，可得最优化条件是：

$$\frac{\dot{C}_{y,t}}{C_{y,t}} = r_t - \rho \tag{8-3}$$

$$C_{z,t} = \gamma C_{y,t} / p_{z,t} \tag{8-4}$$

（二）国内最终品

国内最终产品 Y_t 是由以下加总式决定：

$$Y_t = (X_t^d)^{0.5}(X_t^f)^{0.5} \tag{8-5}$$

其中，X_t^d 是使用本国产品作为投入的中间品；X_t^f 是使用外国产品作为投入的进口中间品。基于利润最大化条件，我们可以获得以下关于 X_t^d 和 X_t^f 的条件需求函数：

$$P_t^d X_t^d = Y_t/2 \tag{8-6}$$

$$P_t^f X_t^f = Y_t/2 \tag{8-7}$$

其中，P_t^d 和 P_t^f 分别是 X_t^d 和 X_t^f 的价格。

（三）中间产品

中间产品 $i \in \{d,f\}$ 由以下生产函数生产：

$$X_t^i = (L_t^i)^{1-\alpha}\int_0^{n_t^i}[x_t^i(\omega)]^{\alpha}d\omega \tag{8-8}$$

其中，L_t^i 表示生产劳动；$x_t^i(\omega)$ 表示差别化投入。基于利润最大化条件，我们可以获得关于 L_t^i 和 $x_t^i(\omega)$ 的条件需求函数：

$$w_t = (1-\alpha)P_t^i X_t^i / L_t^i \tag{8-9}$$

$$p_t^i(\omega) = \alpha P_t^i (L_t^i)^{1-\alpha} [x_t^i(\omega)]^{\alpha-1} \tag{8-10}$$

其中，$p_t^i(\omega)$ 是 $x_t^i(\omega)$ 的价格。

（四）国内差别化投入

国内差别化投入 $x_t^d(\omega)$ 是由本国最终品基于一对一技术（one by one technology）生产，在这种情况下，其利润为：

$$\pi_t^d(\omega) = p_t^d(\omega)x_t^d(\omega) - x_t^d(\omega) = \alpha P_t^d (L_t^d)^{1-\alpha} [x_t^d(\omega)]^{\alpha} - x_t^d(\omega) \tag{8-11}$$

垄断价格为：$p_t^d(\omega) = \min\{\mu, 1/\alpha\}$，其中，$1 < \mu < 1/\alpha$。由于不完全的知识产权保护 μ，垄断厂商不能收取足够高的价格；否则，模仿者会生产 $x_t^d(\omega)$。由此，其利润为：

$$\pi_t^d(\omega) = (\mu - 1)x_t^d(\omega) = \frac{\mu - 1}{\mu}\frac{\alpha P_t^d X_t^d}{n_t^d} = \frac{\mu - 1}{\mu}\frac{\alpha Y_t}{2n_t^d} \equiv \pi_t^d \tag{8-12}$$

其中，$\omega \in [0, n_t^d]$，n_t^d 是以本国产品为差别化投入品的部门生产的产品种类数量，与 Romer 模型一样，产品种类数量增加意味着创新。由此，平衡增长路径下创新的价值为：

$$v_t^d(\omega) = \frac{\pi_t^d(\omega)}{r - g_\pi^d} = \frac{\mu - 1}{\mu}\frac{\alpha Y_t}{2n_t^d}\frac{1}{\rho + g_n^d} \equiv v_t^d \tag{8-13}$$

其中，g_π^d 和 g_n^d 分别是 π_t^d 和 n_t^d 的稳态增长率。

（五）外国差别化投入

外国差别化投入 $x_t^f(\omega)$ 是由外国最终品基于一对一技术生产。在这种情况下，其利润为：

$$\pi_t^f(\omega) = p_t^f(\omega)x_t^f(\omega) - p_{z,t}x_t^f(\omega) = \alpha P_t^f (L_t^f)^{1-\alpha} [x_t^f(\omega)]^{\alpha} - p_{z,t}x_t^f(\omega) \tag{8-14}$$

垄断价格为：$p_t^f(\omega) = \min\{\mu, 1/\alpha\}p_{z,t}$，其中，$1 < \mu < 1/\alpha$。由于不完全的知识产权保护 μ，垄断厂商不能收取足够高的价格；否则，模仿者会生产 $x_t^f(\omega)$。因此，其利润为：

$$\pi_t^f(\omega) = (\mu - 1)p_{z,t}x_t^f(\omega) = \frac{\mu - 1}{\mu}\frac{\alpha P_t^f X_t^f}{n_t^f} = \frac{\mu - 1}{\mu}\frac{\alpha Y_t}{2n_t^f} \equiv \pi_t^f \tag{8-15}$$

其中，$\omega \in [0, n_t^f]$，n_t^f 是以外国产品为差别化投入品的部门生产的产品种类数量，其数量增加也意味着创新。由此，平衡增长路径下创新的价值为：

$$v_t^f(\omega) = \frac{\pi_t^f(\omega)}{r - g_\pi^f} = \frac{\mu - 1}{\mu}\frac{\alpha Y_t}{2n_t^f}\frac{1}{\rho + g_n^f} \equiv v_t^f \tag{8-16}$$

其中，g_{π}^{f} 和 g_{n}^{f} 分别是 π_{t}^{f} 和 n_{t}^{f} 的稳态增长率。

（六）国内差别化投入的 R&D

国内差别化投入的创新过程被设定为：

$$\dot{n}_{t}^{d} = k_{t}^{d} R_{t}^{d} \tag{8-17}$$

其中，R_{t}^{d} 表示本国差别化投入的 R&D 劳动。R&D 劳动的知识或生产率由 $k_{t}^{d} = n_{t}^{d}$ 决定，这一等式捕捉了 Romer（1990）的跨期知识溢出效应。自由进入条件可以表示为：

$$\dot{n}_{t}^{d} v_{t}^{d} = w_{t} R_{t}^{d} \Leftrightarrow n_{t}^{d} v_{t}^{d} = w_{t} \tag{8-18}$$

（七）外国差别化投入的 R&D

外国差别化投入的创新过程被设定为：

$$\dot{n}_{t}^{f} = k_{t}^{f} R_{t}^{f} \tag{8-19}$$

其中，R_{t}^{f} 表示外国差别化投入的 R&D 劳动。R&D 劳动的知识或生产率由 $k_{t}^{f} = n_{t}^{f} + \lambda n_{t}^{f}/\mu$ 决定，其中，$\lambda n_{t}^{f}/\mu$ 捕捉了来自进口产品种类的额外知识溢出效应。这一设定遵循 Grossman 和 Helpman（1991），认为知识溢出来自国际贸易的假定。我们假设 $k_{t}^{f} = n_{t}^{f}(1 + \bar{\lambda}\tau_{t}^{f})$，其中，$\tau_{t}^{f} \equiv p_{z,t}\left[\int_{0}^{n_{t}^{f}} x_{t}^{f}(\omega)d\omega\right]/Y_{t}$，是进口中间品（为外国差别化投入生产使用的）与总产出之比，推导后可得：$\tau_{t}^{f} = \alpha/(2\mu)$，且 $k_{t}^{f} = n_{t}^{f}(1 + \lambda/\mu)$。其中，$\lambda \equiv \bar{\lambda}\alpha/2$。在这种情况下，知识产权保护 μ 降低了知识溢出效应，因为更高的价格加成降低了进口中间品的需求。因此，随着知识产权保护水平 μ 提高，这一外国知识溢出效应是递减的。自由进入条件可以表示为：

$$\dot{n}_{t}^{f} v_{t}^{f} = w_{t} R_{t}^{f} \Leftrightarrow (1 + \lambda/\mu) n_{t}^{f} v_{t}^{f} = w_{t} \tag{8-20}$$

（八）模型的解

劳动面临的资源约束为：

$$R_{t}^{d} + L_{t}^{d} + R_{t}^{f} + L_{t}^{f} = l \tag{8-21}$$

将式（8-6）、式（8-9）和式（8-13）代入式（8-18），得到以下稳态均衡条件：

$$L^{d} = \frac{1-\alpha}{\alpha}\frac{\mu}{\mu-1}(\rho + R^{d}) \tag{8-22}$$

式（8-22）可表示出 R&D 劳动 R^{d} 的稳态均衡水平为：

$$R^{d} = \alpha\left(\frac{\mu - 1}{\mu - \alpha}\right)l^{d} - \rho\mu\left(\frac{1 - \alpha}{\mu - \alpha}\right) \tag{8-23}$$

其中，$l^{d} \equiv R_{t}^{d} + L_{t}^{d}$ 仍然是一个内生变量。

将式（8-7）、式（8-9）和式（8-16）代入式（8-20），可以得到以下稳态均衡条件：

$$L^{f} = \frac{1 - \alpha}{\alpha}\frac{\mu}{\mu - 1}\left(\frac{\rho}{1 + \lambda/\mu} + R^{f}\right) \tag{8-24}$$

式（8-24）可表示出 R&D 劳动 R^{f} 的稳态均衡水平为：

$$R^{f} = \alpha\left(\frac{\mu - 1}{\mu - \alpha}\right)l^{f} - \frac{\rho\mu}{1 + \lambda/\mu}\left(\frac{1 - \alpha}{\mu - \alpha}\right) \tag{8-25}$$

其中，$l^{f} \equiv R_{t}^{f} + L_{t}^{f}$ 仍然是一个内生变量。

为求解 l^{d} 和 l^{f}，我们根据式（8-6）、式（8-7）和式（8-9）得出：

$$L^{f} = L^{d} \tag{8-26}$$

式（8-26）与式（8-22）和式（8-24）表明：

$$l^{f} = \frac{\rho\lambda}{\mu + \lambda} + l^{d} \tag{8-27}$$

将式（8-21）和式（8-27）联立得到：

$$l^{d}(\underbrace{\mu}_{+}) = \frac{1}{2}\left(l - \frac{\rho\lambda}{\mu + \lambda}\right) \tag{8-28}$$

$$l^{f}(\underbrace{\mu}_{-}) = \frac{1}{2}\left(l + \frac{\rho\lambda}{\mu + \lambda}\right) \tag{8-29}$$

这两个方程表明，更高的知识产权保护导致了从 f 部门到 d 部门的劳动力再配置，这是因为知识产权保护 μ 对 f 部门从外国获得的知识溢出有负面影响。

（九）技术的均衡增长率

n_{t}^{d} 的稳态创新增长率可以被表示为：

$$\frac{\dot{n}_{t}^{d}}{n_{t}^{d}} = R^{d}(\mu) = \alpha\left(\frac{\mu - 1}{\mu - \alpha}\right)l^{d}(\underbrace{\mu}_{+}) - \rho\mu\left(\frac{1 - \alpha}{\mu - \alpha}\right) \tag{8-30}$$

根据式（8-30）、式（8-28）、式（8-23）和式（8-12），这一稳态创新增长率随着知识产权保护水平 μ 的提高而递增，具体地，更高水平的知识产权保护 μ 提高了利润水平，这反过来增加了 d 部门的 R&D 水平。而且，这一正面效应由于从 f 部门向 d 部门的资源再配置而得到强化。据此，我们可以得到假说 1。

假说 1：更高的知识产权保护水平 μ 会提高 d 部门的利润水平和 R&D 水平，

从而提高 d 部门的稳态创新增长率，而且在 d 部门这一正面影响由于资源再配置效应而得以强化。

n_t^f 的稳态创新增长率可以被表示为：

$$\frac{\dot{n}_t^f}{n_t^f} = (1+\lambda/\mu)R^f(\mu) = (1+\lambda/\mu)\alpha\left(\frac{\mu-1}{\mu-\alpha}\right)l^f(\underset{\smile}{\mu}) - \rho\mu\left(\frac{1-\alpha}{\mu-\alpha}\right) \quad (8-31)$$

根据式（8－31）、式（8－29）、式（8－25）和式（8－15），这一稳态创新增长率随着知识产权保护水平 μ 的提高可能递增也可能递减，具体地，更高水平的知识产权保护 μ 提高了利润水平，这会对 f 部门的研发水平有着正向影响。但同时，更高水平的知识产权保护也对知识溢出产生负向影响，这抑制了进口中间品的 f 部门的 R&D 和技术创新增长率。此外，这一负面影响由于从 f 部门到 d 部门的资源再配置而得到加强。因此，知识产权保护对 f 部门技术创新增长率的总效应是不确定的。据此，我们可以得到假说 2。

假说 2：更高的知识产权保护水平 μ 会提高 f 部门的利润水平和 R&D 水平，从而对使用进口中间品 f 部门的稳态创新增长率产生正面影响，但是更高的知识产权保护 μ 对这一部门稳态创新率也存在负面影响。这主要体现在两个方面：一是随着知识产权保护水平 μ 提高，外国知识溢出效应是递减的；二是这一负面效应由于从 f 部门到 d 部门的资源再配置而得到加强。

最后，考虑 n_t^f 和 n_t^d 的增长率之差，得出：

$$\frac{\dot{n}_t^f}{n_t^f} - \frac{\dot{n}_t^d}{n_t^d} = \alpha\left(\frac{\mu-1}{\mu-\alpha}\right)\left[\frac{\lambda}{2\mu}\left(l+\frac{\rho\lambda}{\mu+\lambda}\right)+\frac{\rho\lambda}{\mu+\lambda}\right] > 0 \quad (8-32)$$

据此，从式（8－32）中，我们可以得到假说 3：

假说 3：使用进口中间品的部门因进口品技术溢出能够获取更高的创新率，因而 f 部门的稳态创新率比 d 部门的稳态创新率更高。

二、实证模型

为探究知识产权保护通过进口中间品渠道对企业创新的影响，我们将知识产权保护水平和企业进口中间品变量作为两个主要解释变量。并且，为分析知识产权保护如何通过知识溢出效应影响进口中间品企业的创新，我们进一步引入知识产权保护与企业进口中间品哑变量的交互项作为核心解释变量。

参照 Wooldridge（2006），logit 模型的基本模型为：

$$P_i = P(Y=1 \mid X_i) = F(X_i,\beta) = \frac{e^{Z_i}}{1+e^{Z_i}}$$

$$Z_i = \beta_1 + \beta_2 X_i \quad (8-33)$$

其中，$F(X_i,\beta)$ 为逻辑分布的累积分布函数。由式（8－33）变形可得：

$$\ln\left(\frac{P_i}{1-P_i}\right)=\beta_1+\beta_2 X_i \tag{8-34}$$

基于理论部分的三个假说和 logit 模型的变形式，我们可将实证计量模型设定为：

$$\ln\left(\frac{P_{it}}{1-P_{it}}\right)=\beta_0+\beta_1 \ln IPR_{pt}+\beta_2 INT_{it}+\beta_3(\ln IPR_{pt})\times INT_{it}+\theta X_{it}+\lambda_p+\lambda_j+\eta_t+\varepsilon_{it} \tag{8-35}$$

其中，$\ln\left(\frac{P_{it}}{1-P_{it}}\right)$ 是企业 i 创新几率比的对数，$P_{it}=P(NEW_{it}=1\mid X_{it})$。$NEW_{it}$ 表示第 t 年企业 i 创新的二值变量，以企业是否生产新产品来表示，[①] 如果企业 i 在第 t 年的新产品产出值大于 0，则该变量为 1，否则为 0。这里的解释变量包括 $\ln IPR_{pt}$、INT_{it}、$(\ln IPR_{pt})\times INT_{it}$ 以及其他控制变量 X_{it}。$\ln IPR_{pt}$ 是第 t 年 p 省份的知识产权保护水平对数值。INT_{it} 是第 t 年企业 i 进口中间品哑变量，如果企业 i 进口中间品，则取值为 1，否则为 0。λ_p 为省级层面的固定效应，控制省级层面未观察到因素的影响。λ_j 为二分位行业层面的固定效应，控制行业层面未观察到因素的影响。η_t 用来控制年份固定效应，ε_{it} 为随机误差项。

参数 β_1、β_2、β_3 分别指知识产权保护水平对企业创新的直接效应、进口中间品对企业创新的知识溢出效应，以及知识产权保护与进口中间品的交互项对企业创新的影响。第一，β_1 用来解释省级层面的知识产权保护水平通过垄断机制对企业创新的直接影响，这对应上文理论分析中的假说 1。β_1 为正，说明知识产权保护水平提高能够直接提升企业创新概率，为负则相反。第二，β_2 的大小，说明中国企业参与全球生产分工获取的与创新相关的知识溢出效应。该系数显著为正，表明企业进口中间品对其产品创新存在显著的正向知识溢出效应，即企业以进口中间品的形式参与全球生产网络可以获得显著的学习效应。如果该系数显著为负，则说明通过进口中间品来参与全球生产分工使得中国企业陷入了“低端锁定”，不利于中国企业创新能力的提升。第三，交互项系数（β_3）符号能够解释知识产权保护对进口中间品知识溢出机制的影响，这对应上文理论分析中的

① 从文献上来看，测度企业层面创新的指标主要有专利、研发和新产品产出三类。考虑到在前文理论模型中，Grossman 和 Helpman（1991）将创新率定义为新产品种类被引入经济的速率。由于无法获取企业生产新产品种类的信息，我们以企业是否生产新产品的二值变量表示企业创新，来对应前文理论模型中给出的两个部门各自的稳态创新率。基于大数定律，可以认为在企业观测值足够大的情况下，企业创新发生的概率会接近其所在部门的稳态创新率。

假说 2。如果该系数为负，则说明知识产权保护对从企业进口中间品中获得的知识溢出效应有抑制作用。假说 3 的实证检验是通过如下过程来分析：$P(NEW_{it} = 1 \mid INT_{it} = 1, lnIPR_{pt}) > P(NEW_{it} = 1 \mid INT_{it} = 0, lnIPR_{pt})$，这一不等式可以通过 logit 模型中蕴含的边际效应计算得出。如果我们在实证分析中发现这一不等式是成立的，则可以说明知识产权保护不能完全阻碍知识溢出，因而进口中间品的企业比非进口中间品的企业有着更好的创新表现。

知识产权保护影响企业创新的作用机制还可能受到其他因素的影响，这些因素主要包括：第一，企业通过“出口干中学”提高其创新能力（Salomon 和 Shaver，2005）。第二，Lin 和 Lin（2010）基于 2003 年中国台湾省技术创新调查数据证实，外商直接投资是影响企业产品创新的重要因素。Chu 等（2014）研究发现，通过 FDI 渠道也能够实现外国技术转移。因此，我们需要控制 FDI 的影响。第三，企业层面的一些特征，如年龄、全要素生产率和企业规模等因素（史宇鹏、顾全林，2013；尹志锋等，2013），也可能影响到知识产权保护对企业创新的作用机制。据此，实证方程中加入 X_{it}，作为企业层面的控制变量，包括企业出口占总销售份额（EXP）、企业外资持股占比（FOR）、企业年龄的对数值（lnAGE）、基于 Olley 和 Pakes（1996）方法测算的全要素生产率对数值（lnTFP）和企业规模对数值（lnSIZE）等可能影响企业创新的微观变量。此外，我们还控制了省级层面的人均 GDP 对数值（lnGDPP）和四位码行业层面的赫芬达尔指数对数值（lnHHI）。

第三节 数据处理及统计分析

一、数据来源及处理

（一）知识产权保护指数的数据来源及数据处理

中国加入 WTO 的同时，为满足 TRIPS 协定的要求，中国的知识产权保护水平有一个阶段性的快速提高（沈国兵、刘佳，2009）。因此，2000—2007 年中国知识产权保护水平的变化具有较强的外生性，考察这一时期知识产权保护水平提升对中国企业创新的影响就具有重要的现实价值。参照 Ginarte 和 Park（1997）

方法，我们测算出2000—2007年中国立法层面的名义知识产权保护水平。继而，测算出各省份知识产权保护水平，包括省级行政保护水平和省级司法保护水平。具体是：

第一，省级知识产权行政保护状况采用两个指标来衡量：（1）各省份专利机关的行政保护程度，以《中国知识产权年鉴（2001—2008）》的年度专利纠纷立案数和累计专利授权数（其中2000年数据根据国家知识产权局的专利统计年报计算）来计算，测算出中国31个省份知识产权保护机关的行政保护水平（等于1减去年度专利纠纷立案数与累计专利授权数之比）。这一指标越大，说明专利机关采取的行政保护措施越有效。（2）各省份对知识产权保护的重视程度。参考Ang等（2014）的研究，以各省省委机关报纸宣传知识产权保护的文章数目除以对应年份这一省份机关报纸上文章总数表示。这一指数越高，说明该省政府部门对知识产权保护越重视。

第二，省级知识产权司法保护状况也是采用两个指标来衡量：（1）各省份司法保护情况。采用《中国市场化指数——各地区市场化相对进程2011年报告》（樊纲等，2011）中对生产者权益保护的测算，这一指标是基于企业所在地司法和行政执法机关公正执法和执法效率的评价，可用来衡量不同年份企业所在地的法律环境。（2）各省份法院是否在知识产权保护案件上采取“三审合一”试点。如果该省各级人民法院公告在某一年采取了知识产权保护案件的“三审合一”试点，我们认为该省在知识产权保护上有更有效的司法保护水平，将该省该年及以后年份这一变量设为1，否则为0。我们采取这一变量是因为中国目前对知识产权保护采取的是行政保护和司法保护两类方式，这一制度安排在社会没有较强知识产权保护意识时是适用的，但是也存在知识产权保护的刑事、民事和行政审判“各自为政”的局面，大大降低了司法保护效率。王海成、吕铁（2016）基于广东省知识产权保护案件“三审合一”实证检验发现，“三审合一”通过提高审判质量和效率，对企业创新有着显著的促进作用。因此，我们认为在知识产权保护案件上采取“三审合一”试点是体现各省份知识产权保护司法水平的一个重要指标。

具体计算中，Ginarte和Park（1997）在测算知识产权保护水平时，通过算术平均法合成指数来进行国家间横向比较。这一做法没有考虑到算术平均法可能会掩盖衡量知识产权保护水平分项指标的重要程度。从文献来看，吴超鹏、唐菂（2016）以主成分分析法测度了中国各省份知识产权保护执法力度。考虑到主成分分析法能够以降维的方式将多个相关指标在损失较少数据信息的基础上转化为有代表意义的综合指标，我们将知识产权立法保护水平、省级行政执法保护水平和省级司法保护水平三个指标采用主成分分析法合成为省级知识产权保护指数。我们这一处理方式与许春明、单晓光（2008）和董雪兵等（2012）在测算国家层面知识产权保护水平时使用立法保护水平和执法保护水平乘积的做法不同。虽然在知识产权保护立法水平上各省不存在截面上的差异，但是存在时间序列上的不同，我们将以主成分分析方法把这一信息体现在合成的省级知识产权保护指数（IPRP）上。五个主成分的特征值分别是 1.7702、1.0297、0.9325、0.7078、0.5598，由于前三个主成分累计解释了 74.65% 的信息，因而我们就用前三个主成分构造出各省份知识产权保护指数 IPRP。[①] 这一省级知识产权保护指数能够剔除三个知识产权保护指标存在的信息重叠问题，将国家层面名义知识产权保护水平、省级行政执法保护水平和省级司法保护水平等因素通过一个综合指数体现出来。

（二）中国工业企业数据库和海关进出口数据库的处理与匹配

第一，参考 Brandt 等（2012）方法，我们对中国工业企业数据库进行清理并构造出面板数据。

第二，将整理的工业企业数据与海关数据库中企业进出口数据匹配。将海关数据进行清理，剔除了中国从自身进口的交易记录，首先在每一年度的样本上以企业名称匹配，然后逐次以邮编和电话号码后七位、邮编和法人名称来匹配第一阶段未能成功匹配的样本。据此，我们可以得到带有海关产品进出口信息的工业企业面板数据。在此基础上，为了统一进出口产品信息，我们将工业企业进出口数据中的 HS 8 分位产品数据缩减至 HS 6 分位数据，且将各年份 HS 代码统一到 HS 1996 标准，然后根据 BEC 分类标准识别和统计出企业层面的中间品进口信息。参考 Cai 和 Liu（2009）的做法，删去了总资产、就业人数和总产出等变量缺失的观测值，也删去了总资产小于流动资产、固定资产、固定资产净值的观测值，以及累计折旧小于本年折旧的观测值。参考 Brandt 等（2012）和 Feenstra 等（2014）提供的方法对样本进行清理，剔除了企业年龄、全要素生产率和企业规模（以雇佣人数的对数值表示）等变量缺失的观察值，并剔除企业雇佣人数小于 8 人、年龄小于 1 的企业以及进口中间品总额大于中间投入总额等取值不合理的企业样本，并剔除只有一年的观测值（黄先海等，2016；Kee 和 Tang，2016）。

---

① 由于主成分合成指数值存在负值，我们通过加上 4 将这一指数调整为正值。我们采用这一数值处理方式是便于实证分析中该变量的对数化。通过实证检验我们发现，使用这一数值处理不会对实证结果产生显著的影响。

第三，将知识产权保护数据与上述匹配好的工业企业作—海关面板数据进行匹配。这一过程中主要依据省份—年份这一维度来对这两套数据进行匹配。最终得出的面板数据包括了中国 31 个省份的制造业行业（二分位的行业码为 13 到 42）在 2000—2007 年企业层面的相关数据信息。特别注意的是，中国工业企业数据库中缺失 2004 年企业新产品产值信息。因此，在实证分析中缺失该年份的相关数据信息。

表 8 - 1 中给出了本章使用的相关变量的统计特征。可以看出，变量 NEW 和 INT 是二值变量，因而以 NEW 作为因变量回归时需要使用 logit 模型进行估计；变量 NEWR 是介于 0 和 1 之间的变量，因而以 NEWR 作为因变量回归时需要使用受限模型进行估计。其他变量根据数值特征取了自然对数，在此不再一一赘述。

表 8 - 1　主要变量统计描述

离散变量	含义	观察数	为 1 的占比		为 0 的占比
NEW	企业是否有新产品	781939	9.27%		90.73%
INT	企业是否进口中间品	781939	14.77%		85.23%
IPP5	省级司法保护——是否有“三审合一”试点	781939	33.34%		66.66%
连续变量	**含义**	**观察数**	**均值**	**标准差**	**最小值**	**最大值**

连续变量	含义	观察数	均值	标准差	最小值	最大值
NEWR	企业新产品产值占总产出份额	781939	0.034	0.148	0	1
IPRP	省级知识产权保护水平（本文测算）	781939	4.317	0.482	0.395	5.475
IPP1	国家层面知识产权名义保护水平	781939	4.374	0.309	3.400	4.530
IPP2	省级行政保护——省级专利机关保护程度	781939	0.999	0.001	0.970	1
IPP3	省级行政保护——省级政府重视程度	781939	0.006	0.004	0	0.017
IPP4	省级司法保护——各省生产者面临法律环境	781939	5.301	2.081	-0.46	10
NUM	企业进口中间品的种类数目	781939	2.134	10.177	0	486
lnSIZE	企业规模（雇佣人数，对数值）	781939	4.841	1.047	2.079	12.145
EXP	企业出口占总销售份额	781939	0.159	0.332	0	1
FOR	企业外资持股占比	781939	0.071	0.239	0	1
lnTFP	企业全要素生产率（对数值）	781939	3.748	0.965	-6.525	9.728
lnAGE	企业年龄（对数值）	781939	1.967	0.900	0	4.673
lnGDPP	各省人均 GDP（元，对数值）	781939	9.796	0.577	7.916	11.011
lnHHI	四位码行业的赫芬达尔指数	781939	-4.391	1.110	-6.422	-0.122

资料来源：参见“一、数据来源及处理”。

说明：上述变量是在剔除了缺失值和不合理值之后进行的观察统计。

二、统计比较

如图 8 - 1 所示，根据本章对企业面临的省级知识产权保护水平（IPRP）的测算，2000 年至 2005 年呈现出阶段式提高的特征，2006 年到 2007 年仍然呈现出稳中有升的态势。这说明中国加入 WTO 前后，为达到 TRIPS 协定的要求，进行的强化保护措施对中国企业面临的知识产权保护水平产生了积极的推升作用。

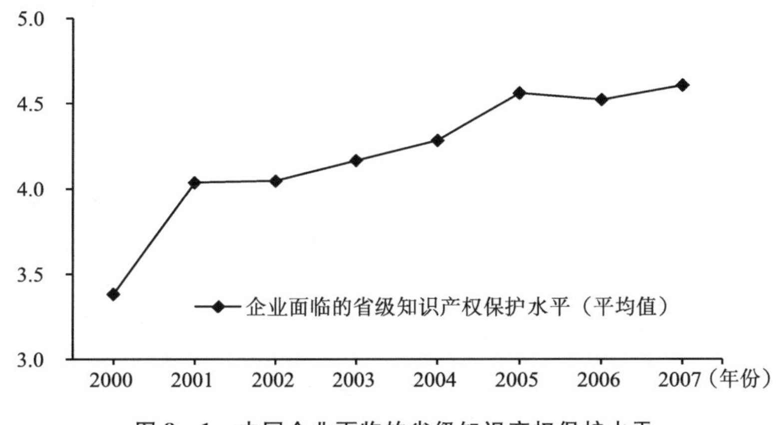

图 8 - 1 中国企业面临的省级知识产权保护水平

注：图 8 - 1 纵轴表示中国工业企业面临的省级知识产权保护水平（平均值）。

资料来源：参见"一、数据来源及处理"。

中国加入 WTO 不仅促进了知识产权保护水平的提高，而且中国企业的贸易和创新活动也得到了快速发展。纵向来看，由图 8 - 2 可知，中国进口中间品的工业企业数目从 2000 年的 9981 家上升到 2007 年的 20607 家；与此同时，具有产品创新的企业数目从 4950 家增长到 14537 家。这说明中国企业的进口中间品行为和其创新行为可能存在着同向变化关系。横向来看，从图 8 - 3 可知，进口中间品的企业与非进口中间品的企业中的创新表现显示出明显的差异。具有进口中间品的企业中，其创新企业占比在 15% 左右，而在非进口中间品的企业中，其创新企业占比只有 6%—10%。可能的解释是，相对于非进口中间品的企业来说，由于内含的技术以及与进口相关的学习效应的存在，使得进口中间品对中国企业产品创新有着显著的知识溢出效应，结果表现为进口中间品的企业中创新占比显著高于非进口中间品的企业中创新占比。

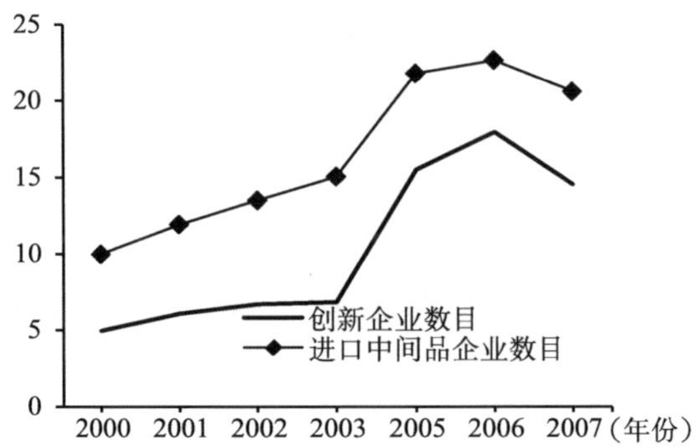

图 8－2 进口中间品企业数目与创新企业数目

注：图 8－2 纵轴表示中国工业企业中进口中间品的企业数目与生产新产品创新企业数目（单位为千家，2004 年数据缺失）。

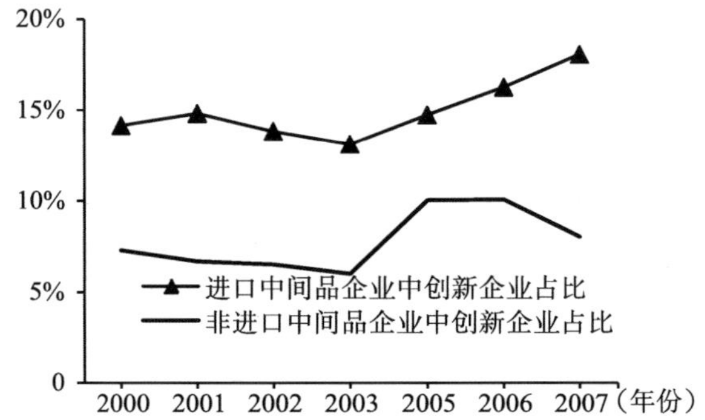

图 8－3 进口中间品与非进口中间品的创新企业占比

注：图 8－3 展示生产新产品的创新企业在进口中间品企业和非进口中间品企业中的占比情况，是基于海关进出口数据库和中国工业企业数据库匹配后的企业样本计算的。纵轴表示创新企业占比（2004 年数据缺失）。

从上述统计事实可以发现，2000 年至 2007 年中国企业面临的知识产权保护水平不断提高，进口中间品的企业数目和其创新企业数目存在着同向变化关系，并且进口中间品的企业中创新企业占比显著地高于非进口中间品的企业。此外，基于第二部分的理论模型推导可知，知识产权保护对使用本国投入和外国投入部门的创新有着显著的差异性影响。由此，引出的问题是，知识产权保护会引致进口中间品的企业和非进口中间品的企业的创新出现差异性分化吗？我们将通过实证检验来探究。

第四节
企业是否有新产品：经验分析

一、基准回归结果分析

表 8 - 2 中给出了计量模型（8 - 35）的回归结果。我们使用 logit 模型估计方法，同时控制了省份、行业和年份层面的固定效应。从表 8 - 2 中回归（1）至回归（3）的结果来看，省级知识产权保护水平在 10% 的统计水平下显著地促进了企业的创新概率；进口中间品的哑变量 INT 在 1% 的统计水平下显著地促进了企业创新的概率。此外，在分别考察省级知识产权保护、进口中间品对企业创新的影响，以及同时考察这两个因素对企业创新的影响时，其估计系数的大小和显著性并没有发生多大变化，这意味着省级知识产权保护和进口中间品变量分别通过不同的作用渠道直接影响到企业创新。根据前文理论分析，知识产权保护是通过垄断效应直接促进企业创新（假说 1），而进口中间品是通过知识溢出渠道来促进企业创新。由此，回归（1）至回归（3）的基准估计结果是符合理论预期的。

表 8 - 2　　基准回归结果：logit 模型

变量	企业是否有新产品（NEW）				
	（1）	（2）	（3）	（4）	（5）
lnIPRP	2.331 *		2.331 *	2.791 **	-0.851
	(1.289)		(1.293)	(1.312)	(2.156)
INT		0.500 ***	0.500 ***	2.949 **	2.930 **
		(0.091)	(0.091)	(1.231)	(1.223)
(lnIPRP) × INT				-1.66 **	-1.647 **
				(0.823)	(0.817)
$(lnIPRP)^2$					1.222
					(1.019)
lnSIZE	0.548 ***	0.507 ***	0.506 ***	0.506 ***	0.506 ***
	(0.060)	(0.054)	(0.055)	(0.055)	(0.055)

续表

变量	企业是否有新产品（NEW）				
	(1)	(2)	(3)	(4)	(5)
EXP	0.107	-0.059	-0.054	-0.047	-0.047
	(0.174)	(0.160)	(0.159)	(0.162)	(0.162)
FOR	-0.270**	-0.462***	-0.468***	-0.458***	-0.458***
	(0.125)	(0.144)	(0.145)	(0.141)	(0.141)
lnTFP	0.219***	0.197***	0.205***	0.204***	0.204***
	(0.034)	(0.035)	(0.034)	(0.034)	(0.034)
lnAGE	0.183***	0.185***	0.182***	0.184***	0.184***
	(0.042)	(0.043)	(0.043)	(0.042)	(0.042)
lnGDPP	1.999	1.481	2.004	1.911	2.002
	(2.919)	(2.578)	(2.923)	(2.867)	(2.910)
lnHHI	0.132***	0.128***	0.128***	0.128***	0.128***
	(0.018)	(0.019)	(0.019)	(0.019)	(0.019)
常数项	-28.36	-20.08	-28.233	-27.973	-26.249
	(30.084)	(25.74)	(30.158)	(29.824)	(29.267)
观察数	781939	781939	781939	781939	781939
省份固定效应	是	是	是	是	是
行业固定效应	是	是	是	是	是
年份固定效应	是	是	是	是	是

注：(1) 圆括号内是在省级层面上聚类的稳健标准误；(2) ***、**、* 分别表示在1%、5%和10%的统计水平下显著；(3) 控制了省份固定效应、二分位行业固定效应和年份固定效应，以下各表控制的固定效应类同。

在回归（4）中，我们加入省级知识产权保护与进口中间品的交互项，回归结果表明：第一，相对于回归（1）至回归（3），省级知识产权保护和进口中间品变量的系数都发生了较为显著的变化。这说明不考虑交互项可能会产生遗漏变量问题。第二，省级知识产权保护与进口中间品的交互项在5%的统计水平下显著为负，意味着省级知识产权保护对进口中间品的企业创新存在着显著的抑制效应，这可以验证假说2。为了判断知识产权保护与企业创新之间存在的“倒U形”关系是否能够解释知识产权保护通过知识溢出对企业创新的抑制效应，我们在回归（5）中引入了知识产权保护的二次项。回归表明，知识产权保护影响企业创新的“倒U形”关系在统计上并不显著，而在控制知识产权保护的二次项之后，知识产权保护与进口中间品的交互项在5%的统计水平下仍然显著为负。这表明省级知识产权保护对企业创新的“倒U形”关系在经验统计上并不存在，而知识产权保护通过进口中间品的知识溢出渠道确实对企业创新产生了抑制效应。

进一步，我们基于表8－2中回归（4）的实证模型计算出不同知识产权保护水平对应的企业创新概率。如图8－4所示，随着知识产权保护水平的提高，进口中间品企业和非进口中间品企业都提高了创新概率，并且进口中间品的企业创新概率要显著高于非进口中间品企业。但是，随着知识产权保护水平进一步提高，由于知识产权保护对进口中间品企业知识溢出效应的抑制作用增强，这两类企业的创新概率的差距逐渐缩小。图8－4反映出来的信息是，尽管知识产权保护对进口中间品企业的创新存在显著的抑制效应，但是进口中间品企业的创新表现仍然要好于非进口中间品的企业，这验证了理论模型部分中的假说3。在图8－4中，进口中间品企业与非进口中间品企业的创新概率之差会随着省级知识产权保护水平的提高，有一个先增大后缩小的过程。这一变化趋势验证了理论模型的式（8－32），随着知识产权保护水平的提高，使用外国投入品和本国投入品的两部门的创新概率之差会先逐渐增加，然后逐渐缩小。

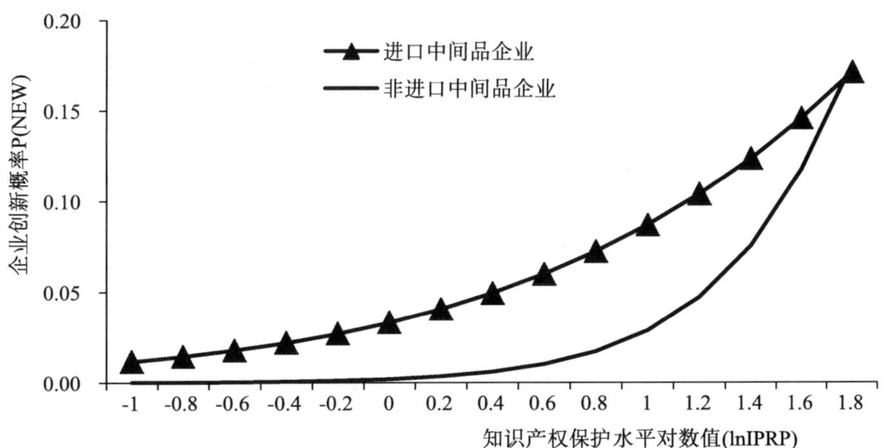

图8－4 基于logit模型估计的企业创新概率

资料来源：基于本章数据，使用Stata的margins命令计算出不同知识产权保护水平对企业创新概率的边际效应。

从基准回归结果来看，省级知识产权保护对中国工业企业创新有着直接的促进作用。此外，一方面，进口中间品对企业创新存在知识溢出效应，这从进口中间品变量 INT 的系数显著为正可以证实。另一方面，省级知识产权保护与进口中间品的交互项的系数显著为负，表明省级知识产权保护通过知识溢出渠道对进口中间品企业的创新产生了显著的抑制作用。虽然知识产权保护对进口中间品的企业创新有着显著的抑制作用，但是省级知识产权保护并不能完全抑制进口中间品的知识溢出，因而相对于非进口中间品企业来说，进口中间品的企业有着更好的创新表现。

二、稳健性检验

这里我们将对基准回归中得出的结论进行稳健性检验：一是处理基准回归中可能存在的内生性问题；二是使用企业新产品产值占总产出的比重（NEWR）作为衡量企业创新的指标，来替代因变量企业是否有新产品，作为企业创新能力的度量。

（一）内生性检验

在基准回归结果的基础上，我们需要克服其中可能存在的内生性问题，通过处理内生性问题来考察基准回归结果是否具有稳健性。

如表 8－3 所示，我们基于两阶段最小二乘法和两阶段 IV－Probit 法来同时考察知识产权保护与企业创新、进口中间品与企业创新之间可能存在的内生性问题。

表 8－3　企业是否有新产品（NEW）：内生性检验结果

变量	IV－2SLS	IV－Probit
	(1)	(2)
lnIPRP	0.212***	1.376***
	(0.017)	(0.106)
NUM	0.029***	0.168***
	(0.003)	(0.017)
(lnIPRP)×NUM	－0.021***	－0.123***
	(0.002)	(0.012)
控制变量	是	是
First－stage regression		
IV1：$\overline{NUM}$	0.902***	0.902***
	(0.146)	(0.049)
IV2：L. lnIPRP	0.310***	0.310***
	(0.004)	(0.001)

续表

变量	IV - 2SLS	IV - Probit
	(1)	(2)
IV3: L. lnIPRP × $\overline{\text{NUM}}$	0.337***	0.337***
	(0.142)	(0.051)
Kleibergen - Paap rk LM 卡方统计值	1916.85***	
Kleibergen - Paap Wald rk F 统计值	678.36	
外生性 Wald 检验卡方值		294.94***
观察数	539674	539674

注：(1) 圆括号内是稳健标准误。(2) ***、**、* 分别表示在 1%、5% 和 10% 的统计水平下显著。(3) IV - 2SLS 回归中，我们参考 Stock 等 (2002) 建立的 F 统计量基准值：当工具变量个数为 3 时，对应的临界 F 统计值为 12.83。回归结果表明 Kleibergen - Paap Wald rk F 统计量均显著大于临界值，因而可以拒绝弱工具变量的原假设。(4) IV - Probit 估计中，第一阶段的回归结果表明，工具变量与内生变量之间在 1% 的统计水平下显著相关，Wald 检验拒绝了内生变量的外生性原假设。(5) 控制了省份、行业和年份固定效应。

第一，前面将企业进口中间品变量 INT 设为二值变量，这一设定可能存在对企业进口中间品活动的高估。这里，我们再以企业进口中间品种类数目（NUM）作为企业进口中间品的度量来进行回归，使用企业进口中间品种类数目的另一个原因是，IV - Probit 回归不适用于离散变量为内生变量的情况。但是，直接使用进口中间品种类数目进行回归，也可能存在一个内生性问题，即创新表现更好的企业更有可能进口更多种类的中间品。为克服这类内生性问题对回归结果的影响，我们参考 Fismam 和 Svensson（2007）、Lin 等（2010）构造工具变量的方法，以相同年份、省份和行业的其他企业进口中间品的平均种类数目（$\overline{\text{NUM}}$）作为该企业进口中间品种类数目 NUM 的工具变量。这样处理的理由是：(1) 相同省份和行业的其他企业进口中间品种类数目反映了影响企业进口的相关因素，这些因素在省份—行业—年份层面上存在差异，但是与企业进口中间品种类数目有着较强的相关性。(2) 这一工具变量与该企业特定创新效应是无关的，可以视为是外生变量。

第二，由于省级知识产权保护指标的工具变量不好获取，因而我们选择滞后一期的知识产权保护指标作为其工具变量。

表 8 - 3 的回归 (1) 和回归 (2) 同时考虑了省级知识产权保护与企业创新、进口中间品种类数目与企业创新之间的内生性问题。第一阶段回归结果表明，工具变量与内生变量具有显著的相关关系，Kleibergen - Paap rk LM 卡方统计值拒绝了不能被充分识别的原假设，Kleibergen - Paap Wald rk F 统计值拒绝了弱识别

原假设，Wald 检验结果表明在1%的统计水平下知识产权保护和进口中间品种类数目为内生变量。基于两阶段最小二乘法和两阶段 IV - Probit 法的第二阶段回归结果表明，进口中间品种类数目对企业创新有着显著的正向溢出效应，知识产权保护与进口中间品种类数目交互项的系数显著为负。两种估计方法仅存在系数值大小上的差异，表明内生性问题不会对本章的研究结论产生显著的影响。

（二）使用企业新产品产出份额的回归结果分析

前文计量分析中，我们使用企业是否有新产品这一哑变量作为创新变量进行回归，但是使用二值变量是对企业创新活动较为粗糙的衡量。为此，我们再使用企业新产品产值占总产出的比重（NEWR）作为衡量企业创新活动的指标，来进一步检验理论模型中的假说是否成立。

由于占总样本90.74%的企业并没有生产新产品，企业新产品产值占总产出份额（NEWR）的取值范围为0—1，因而企业新产品产出份额变量是受限因变量。如果企业决定是否生产新产品的行为与企业新产品产出占总产出份额无关，则可以基于 Tobit 模型进行计量分析。但是，决定企业是否生产新产品的因素也会影响其新产品生产规模，这会导致样本选择偏误问题。为了克服样本选择偏误问题，我们使用 Heckman 两步法估计。将表 8 - 4 的第（1）列 Probit 回归计算出的逆米尔斯比率（IMR）作为控制变量放入第（2）列，用以进行企业新产品产值占总产出份额（NEWR）的估计。根据表 8 - 4 中基于本章测算的知识产权保护指标进行的 Heckman 估计表明，在控制样本选择偏差之后，除了回归（1）和回归（2）的变量系数大小有所变动之外，省级知识产权保护水平（lnIPRP）、进口中间品哑变量（INT）都对企业新产品产出份额产生统计上显著的正向影响，而两者交互项对企业新产品产出份额有着统计上显著的负向影响。因此，使用企业新产品产值占总产出份额作为企业创新能力度量进行的稳健性回归结果也证实了表 8 - 2 中的基准回归结果是可靠的，符合理论模型假说的预期。

表 8 - 4　　基于样本选择模型的回归结果：Heckman 两步法估计

变量	企业是否有新产品（NEW）	企业新产品产出份额（NEWR）
	(1)	(2)
lnIPRP	1.377**	0.347**
	(0.610)	(0.132)
INT	1.379**	0.443***
	(0.574)	(0.094)

续表

变量	企业是否有新产品（NEW）(1)	企业新产品产出份额（NEWR）(2)
(lnIPRP) × INT	-0.768**	-0.226***
	(0.381)	(0.057)
lnSIZE	0.267***	0.085***
	(0.025)	(0.009)
EXP	-0.018	0.034***
	(0.077)	(0.010)
FOR	-0.216***	-0.099***
	(0.072)	(0.019)
lnTFP	0.101***	0.062***
	(0.017)	(0.008)
lnAGE	0.09***	—
	(0.017)	
lnGDPP	0.881	0.020
	(1.421)	(0.141)
lnHERF	0.069***	0.045***
	(0.009)	(0.004)
Mills		0.518***
		(0.035)
常数项	-13.393	-1.401
	(14.698)	(1.460)
观察数	781939	72510
省份固定效应	是	是
行业固定效应	是	是
年份固定效应	是	是

注：(1) 圆括号内为省级层面聚类的稳健标准误。(2) ***、**、* 分别表示在1%、5%和10%的统计水平下显著。(3) 以上 Heckman 第二阶段的回归仅针对企业新产品产出份额大于0的样本。(4) 基于 Cameron 和 Trivedi (2005)，样本选择模型要求存在一个影响参与方程但不包括在结果方程中的变量。我们使用变量 lnAGE（企业年龄对数值）作为排除变量，出现在第一步回归中，但是不出现在第二步回归中。我们注意到即使在第二步回归中包括这一排除变量，其估计系数也是不显著的。(5) 控制了省份、行业和年份固定效应。

第五节 企业异质性特征对企业创新的影响

虽然省级知识产权保护对进口中间品企业和非进口中间品企业的创新概率的影响存在着差异，但对企业是否有新产品、对企业新产品产出份额都产生统计上显著的正向影响。并且，省级知识产权保护与进口中间品交互项对企业创新有着统计上显著的负向影响。这样，一方面，知识产权保护直接促进了企业创新；另一方面，进口中间品对企业创新存在显著的知识溢出效应，而知识产权保护对这一知识溢出效应存在显著的抑制作用。为此，我们进一步从企业异质性特征角度来考察上述作用机制是否体现出了显著的差异性。如图 8－5 所示，我们从企业进口中间品的来源国和企业进口中间品的贸易方式两个角度来考察企业异质性特征在知识产权保护影响企业创新概率时体现出来的差异性。

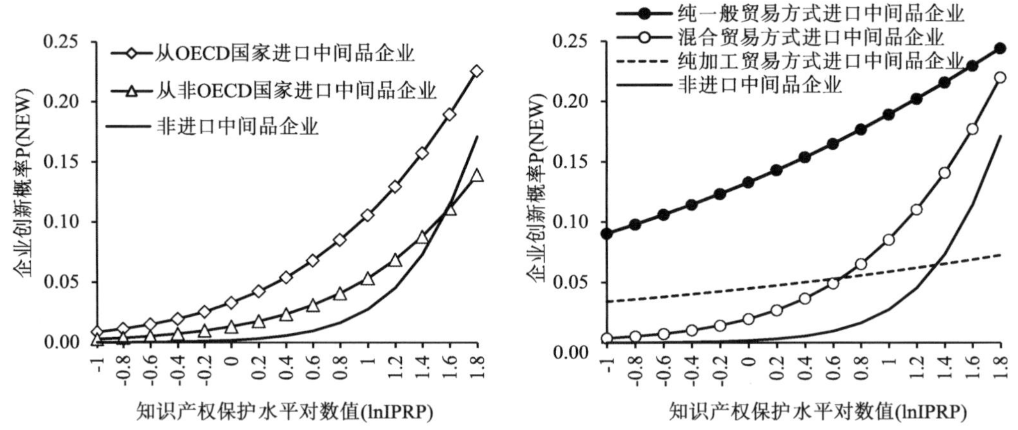

图 8－5 基于 logit 模型分样本估计的知识产权保护与创新概率

资料来源：使用 Stata 的 margins 命令计算得出的，使用的估计步骤与图 8－4 相同。OECD 国家是指美国、加拿大、英国、法国、德国、意大利、瑞士、奥地利、荷兰、比利时、卢森堡、西班牙、葡萄牙、爱尔兰、丹麦、瑞典、挪威、芬兰、冰岛、希腊、澳大利亚、新西兰和日本。从 OECD 国家进口企业样本是指发生从 OECD 国家进口中间品行为的所有企业；从非 OECD 国家进口企业样本是指企业有进口中间品活动但是没有从 OECD 国家进口行为的所有企业。纯一般贸易方式进口企业是指仅以一般贸易方式进口中间品的所有企业；混合贸易方式进口企业是指以一般贸易和加工贸易两种方式进口中间品的所有企业；纯加工贸易企业是指仅以加工贸易方式进口中间品的所有企业。

第一，预期 OECD 国家生产和出口的中间品有着更高的 R&D 密度，企业进口 OECD 国家中间品会获得更高的技术溢出或者能够获得更多学习效应的机会。考虑到知识产权保护对知识溢出机制的阻碍作用之后，企业进口 OECD 国家中间品是否还能够获得超出一般意义上进口中间品的知识溢出效应？由图 8 - 5 左图可知，在不同的知识产权保护水平下，从 OECD 国家进口中间品的企业创新表现要好于从非 OECD 国家进口中间品的企业，这说明企业从 OECD 国家进口中间品的行为确实能够使企业获得显著的知识溢出。即使考虑到企业进口中间品来源国异质性这一特征，企业创新概率仍会随着知识产权保护水平的提高而不断提高。但是，随着知识产权保护水平进一步提高，从 OECD 国家进口中间品的企业与非进口中间品的企业之间创新概率之差在逐渐缩小，这说明知识产权保护对知识溢出机制存在显著的抑制作用。

第二，从企业进口中间品的贸易方式来看，如图 8 - 5 右图所示，以纯一般贸易方式进口中间品的企业有着更高的创新概率，其次是以混合贸易方式进口中间品的企业，再者是非进口中间品的企业和以纯加工贸易方式进口中间品的企业。随着知识产权保护水平的提高，纯一般贸易方式进口中间品企业、以混合贸易方式进口中间品企业和非进口中间品企业的创新概率不断提高。基于研究发现，相对于非进口中间品企业而言，以纯一般贸易方式进口中间品的企业获得了最大的知识溢出，以混合贸易方式进口中间品企业的知识溢出要显著地低于以纯一般贸易方式进口中间品的企业。不过，随着知识产权保护水平进一步提高，以纯一般贸易方式进口中间品的企业、以混合贸易方式进口中间品的企业分别与非进口中间品的企业创新概率之差会逐渐缩小，这表明随着知识产权保护水平提高，对知识溢出的抑制效应也逐渐增强，即知识产权保护通过抑制企业从进口中间品中获得的知识溢出对企业创新产生了负面影响。最后，以纯加工贸易方式进口中间品的企业创新概率对知识产权保护水平的变化相对不敏感。这意味着如果要达到提升以纯加工贸易方式进口中间品的企业创新能力的目的，仅仅提高知识产权保护水平是不能发挥显著作用的。相反，在提高知识产权保护水平的同时，采取配套政策实现中国制造业企业从加工贸易向混合贸易或一般贸易方式转型将是重要的。

第六节 主要结论及政策建议

本章将 Grossman 和 Helpman（1991）的 R&D 增长模型拓展到使用本国和外国中间品投入的两部门框架，理论推导发现，更高的知识产权保护通过提高两部门利润和 R&D，从而对这两部门的创新率都有正面影响。虽然使用外国中间品投入存在额外的知识溢出效应，但是本章模型发现知识产权保护通过对知识溢出的抑制作用对使用外国中间品投入部门的创新率有着负面影响。从具体回归结果来看：

第一，基准回归结果表明，加强省级知识产权保护显著促进了企业产品创新，而对进口中间品的企业创新有着显著的抑制作用，但是更高的知识产权保护协调企业进口中间品获得的知识溢出效应，结果进口中间品的企业比非进口中间品的企业有着更好的创新表现。

第二，为克服知识产权保护与企业创新、进口中间品与企业创新之间可能存在的内生性问题，基于两阶段最小二乘法和两阶段 IV - Probit 法的回归结果显示，进口中间品种类数目对企业创新有着显著的正向溢出效应，而知识产权保护与进口中间品种类数目交互项对企业创新有着显著的负向影响。可见，内生性问题并不会影响到本章的基准回归结论。考虑到可能存在的样本选择偏差问题，我们以企业是否有新产品、企业新产品产出份额作为创新变量来衡量企业创新表现的 Heckman 两步法的估计结果是与本章理论假说和基准回归的结果相一致的。

第三，区分企业进口中间品的来源国和企业进口中间品的贸易方式两个角度来考察企业异质性特征在知识产权保护影响企业创新概率时体现出来的差异性。研究发现，从 OECD 国家进口中间品具有更高的知识溢出效应，以一般贸易方式进口中间品可以获得更高的知识溢出。但是，随着知识产权保护水平进一步提高，由于知识产权保护对知识溢出有着抑制作用，以一般贸易方式和以混合贸易方式进口中间品的企业与非进口中间品的企业之间创新差异逐渐缩小。而对以纯一般贸易方式进口中间品的企业有着最高的创新概率。

基于上述研究结论，在当前全球化深入发展、企业越来越融入国际生产网络这一时代背景下，中国需要适度地提高知识产权保护水平，通过与知识产权保护相关的获益效应促进企业创新。与此同时，扩大企业参与国际生产分工的程度，扩大企业进口中间品的产品种类，引导企业积极以一般贸易方式参与国际生产网络分工，才能在最大程度上利用全球资源获得知识溢出效应来促进企业创新发展。鉴于进口中间品的企业比非进口中间品的企业有更好的创新表现，因而中国坚持开放包容的联动增长是重要的。由于更强的知识产权保护通过抑制企业从进口中间品中获得的知识溢出对企业创新产生负面影响，使得进口中间品与非进口中间品的企业之间创新概率之差在逐渐缩小，这为中国在强化知识产权保护的同时，提出在扩大开放中实现更高层次的自主创新战略提供了有力的经验支持。

第四部分

行业生产网络、创新保护与中国企业出口竞争力提升

本部分探究行业生产网络、知识产权保护及其通过创新对中国企业出口竞争力提升的影响，这部分包括第九章至第十二章，分别考察行业生产网络中知识产权保护对中国企业出口技术含量提升的影响，企业参与垂直分工、创新对中国企业出口产品质量提升的影响，企业互联网化、创新对中国企业出口提升的影响，以及企业互联网化、创新保护对中国企业出口产品质量提升的影响问题。

第九章

行业生产网络中知识产权保护与中国企业出口技术含量提升①

本章改进了 Tacchella 等（2013）测算产品复杂度的方法，使用中国工业企业数据库和海关数据库相匹配的数据，测算出中国企业出口技术含量，并区分行业上下游和水平渠道，探究了行业生产网络中知识产权保护对中国企业出口技术含量提升的影响。据此，提出在加强知识产权保护时，需要区分行业上下游和水平渠道，配合以行业创新支持和反垄断政策，以推动中国企业出口技术含量提升。

第一节 问题提出及文献综述

2018 年 3 月 22 日，美国贸易代表处发布了针对中国的“特别 301 报告”，认为中国涉嫌违反美国知识产权。由此，美方对中国加征额外关税以平衡贸易，并对中国对美出口产品持续施压，致使中美贸易摩擦升级。中国“十三五”规划纲要指出，“深化知识产权领域改革，强化知识产权司法保护”。2019 年 11 月 19 日，《中共中央 国务院关于推进贸易高质量发展的指导意见》提出，“大力发

① 本章主要内容参见沈国兵、黄铄珺：“行业生产网络中知识产权保护与中国企业出口技术含量”，《世界经济》2019 年第 9 期。本章已对其做出修改和完善。

展高质量、高技术、高附加值产品贸易”。2019 年 11 月 24 日，国务院办公厅印发的《关于强化知识产权保护的意见》指出，“加强知识产权保护，是完善产权保护制度最重要的内容，也是提高我国经济竞争力的最大激励”。面对当今世界正经历的百年未有之大变局，我国主动积极地强化知识产权保护既是顺势外部摩擦压力积极有为，也是积极引导内部对知识产权保护升级的需求。在全球经济复苏乏力、贸易摩擦升级至知识产权摩擦的背景下，中国寻求如何从“贸易大国”向“贸易强国”的转变，提升企业出口技术含量，打造出口核心竞争力就成为现阶段中国经贸发展的重中之重。由此，在中国企业深度参与国际生产网络分工下，加强知识产权保护能否推动中国企业出口技术含量升级呢？为此，本章使用微观企业数据，探究行业生产网络中加强知识产权保护对中国企业出口技术含量产生怎样的影响。

大量文献研究了进口国（特别是发展中国家）知识产权保护对其进口的影响，如 Ivus（2010）和佘长林（2011）等。这些研究发现，加强知识产权保护增加了从发达国家进口的技术密集型产品。随着新兴市场国家经济增长，越来越多的研究转向知识产权保护对本国出口的影响上，试图研究知识产权保护是否能产生制度性比较优势，促进出口技术复杂度的提升。一些研究发现，知识产权保护对出口及出口技术复杂度的影响受到经济发展水平（Sweet 和 Maggio，2015）和行业特征（佘长林，2016）的影响。然而，由于现有探究知识产权保护与出口技术复杂度的文献集中在宏观层面（国家、省级或行业层面），因而进一步探究知识产权保护对微观企业出口技术含量的影响就变得重要。

就文献来看，知识产权保护主要通过提升企业内部研发和创新活动、改善外部技术转移或投入品技术等对企业产生积极影响，并通过抑制知识溢出、形成垄断势力和议价能力对企业产生不利影响。

第一，知识产权保护是企业研发、创新的制度保障，持续的创新是企业获得核心竞争力的根本途径。理论上，知识产权保护提高了企业模仿的成本，使得创新企业能够获得超额利润，从而促进企业创新（Gangopadhyay 和 Mondal，2012）。实证上，史宇鹏和顾全林（2013）发现，中国省级专利侵权案件上升显著降低了该地区企业的研发投入，并且对私营企业和竞争激烈行业内企业的影响更大。吴超鹏和唐菂（2016）使用多种指标测算了省级知识产权保护执法力度，发现加强知识产权执法力度通过减少研发溢出损失、降低融资约束，以提升企业的专利申请。

第二，加强知识产权保护能够提升投入品技术水平和技术转移。知识密集型和技术密集型产品对高技术投入依赖度强（刘艳，2014）。典型的南北模型认为，新产品首先在北方国家进行生产，通过出口进入到南方国家。当产品成熟后，新产品的生产才会被转移到南方国家（Antras，2005）。知识产权保护是影响外国新产品进入发展中国家的制度因素之一。Ivus（2010）和余长林（2011）均发现加强知识产权保护后，发展中国家能够从发达国家进口更多的技术密集型产品。Canals 和 Șener（2014）也认为，外国知识产权改革后，跨国企业与外国分支机构或海外分包合作商分享技术将更加安全，增加了外资企业的中间品进口。

第三，知识产权保护增强企业垄断势力，阻碍知识的溢出和流动可能导致未来的创新难度加大（Gangopadhyay 和 Mondal，2012）。基于跨国贸易数据，Vichyanond（2009）证实，在跨国贸易中知识产权保护越高的国家在专利密集型行业出口额越高，但当知识产权保护很强时，会由于市场垄断势力而发生逆转。针对中国，代中强（2014）认为，中国省级知识产权保护实际执行力度与省级出口技术复杂度呈“倒 U 形”关系，超过临界值后太强的知识产权保护产生垄断而不利于技术提升。

现有文献主要基于 Hausmann 等（2007）探究知识产权保护对省级、行业出口技术复杂度的影响，但是缺乏对相关机制的探讨。我们基于企业数据，探究行业生产网络中加强知识产权保护对中国企业出口技术含量的异质性影响和作用机制。本章边际贡献是：（1）Tacchella 等（2013）提出“适合度法（fitness）”[①] 对 Hausmann 等（2007）测度产品复杂度进行了改进，我们再对 Tacchella 等（2013）中 RCA 的判定方法进行了细化，区分弱显性比较优势和强显性比较优势，改进了对产品复杂度和国家适度性的计算，并基于改进的出口产品复杂度测算出中国企业出口技术含量。（2）一些研究主要基于国家（余长林，2016）或省级（代中强，2014）层面探究知识产权保护对出口竞争力的影响，但是加总数据容易造成扭曲和偏误。我们细化至行业层面，分别构建并测算出省级—上游、省级—水平和省级—下游行业的知识产权保护。研究发现，加强省级—上游行业知识产权保护有利于中国企业出口技术含量提升，而加强省级—水平和省级—下游行业知识产权保护反而不利于企业出口技术含量的提升。（3）进一步地，我们探究省级—上游、省级—水平和省级—下游行业知识产权保护对中国企业出口技术含量差异性影响，发现加强省级—上游行业知识产权保护通过投入品技术渠道提升了企业出口技术含量，而强上游议价能力渠道会削弱其促进作用；加强省级—水平行业知识产权保护分别通过创新渠道和阻碍技术溢出渠道对企业出口技术含量产生混合影响；加强省级—下游行业知识产权保护通过强的下游议

① 适合度法（fitness），主要是通过迭代计算出国家的出口适合度和出口产品复杂度。

价能力渠道不利于企业出口技术含量的提升，但是企业强的知识吸收能力会弱化其不利影响。

第二节 行业生产网络中知识产权保护对企业出口技术含量影响的理论机制

Javorcik（2004）认为，应从行业角度出发，考虑FDI通过水平联系和后向联系对本土企业生产经营活动的影响。沈国兵和张勋（2018）聚焦进口中间品通过行业内水平渗透率和行业间垂直联系对企业创新的影响。生产技术水平的提高使得生产越发碎片化，生产网络越发紧密。由此，我们尝试揭示出知识产权保护通过行业生产网络对企业出口技术含量的影响及其上、下游和水平影响渠道。

一、上游渠道机制分析

内生增长理论认为，中间投入品种类的增加和质量提升是技术进步的源泉（Grossman和Helpman，1991），下游企业能够从中间品包含的技术中获得技术溢出和生产率增长。Liao和Wang（2019）使用跨国数据分析发现，各国投入品密度与农业生产率高度正相关。Nishioka和Ripoll（2012）使用32个国家行业数据发现，本国和来自G5国的中间投入技术水平提升显著促进了行业生产率的提升。对于发展中国家，进口投入品的技术水平往往要高于本国投入品，大量文献表明，进口投入品有利于提升企业生产率、企业出口量和出口产品质量（Yu，2015；Bas和Strauss-Kahn，2015）。Maskus和Penubarti（1995）认为，知识产权保护存在“市场扩张效应”和“市场势力效应”。

一方面，“市场扩张效应”下加强知识产权保护促进了本国企业进行产品线升级（尹志锋等，2013），也促进了外国企业对本国出口更多高科技产品（Ivus，2010；余长林，2011）。由此，加强上游行业知识产权保护使得下游企业能够获得更多高技术的中间投入品，通过投入品技术渠道提高企业出口技术含量。此外，技术含量密集型产品对高技术投入品依赖性强（刘艳，2014），进而在对投入品技术要求越高的企业，加强上游行业知识产权保护对其出口技术含量的提升作用越强。

另一方面，“市场势力效应”下加强知识产权保护后，创新企业形成了垄断势力、获得强的议价能力，导致产品价格上升、生产量下降（Maskus和Penubarti，1995）。Brüggemann 等（2016）指出，创新活动具有很强的“贯序性”，即后续的创新依赖于上游投入品创新，加强知识产权保护不利于创新。在上游议价能力较强时，加强上游知识产权保护使得下游企业获得高技术投入品的成本上升，或不利于企业出口技术含量提升。这样，对于越下游、面临越强上游议价能力的行业，加强上游行业知识产权保护可能会产生负面影响。而 Liu 和 Qiu（2016）研究发现，虽然投入品的质量上升伴随有投入品成本的上升，但是“生产率提升效应”超过了“成本增加效应”，因而企业仍会选择进口高质量投入品。

由此，我们提出**假说 1：加强上游行业知识产权保护，有利于企业出口技术含量的提升。**

考虑到上游渠道联系存在着投入品技术渠道和议价能力渠道，我们将假说 1 再分为两种情形：

假说 1.1：对于投入品技术含量越高的企业，加强上游行业知识产权保护对企业出口技术含量的提升作用越强。

假说 1.2：对于越下游、面临越强上游议价能力的行业，加强上游行业知识产权保护越不利于企业出口技术含量的提升。

二、水平渠道机制分析

企业间的竞争主要发生在相同行业内。知识产权保护是影响企业竞争力的制度因素，它既能直接影响本企业创新，也能通过影响同行业竞争的企业间技术溢出等间接地影响到企业经营（Smeets 和 Vaal，2016）。我们将知识产权保护通过同行业内联系产生的影响界定为知识产权保护的水平行业渠道。① 大量实证表明，加强知识产权保护促进了企业的研发投入和创新活动（尹志锋等，2013；Ang 等，2014）。不仅如此，更重要的是知识产权保护与创新协调作用会对企业经营产生重要影响。吴超鹏和唐菂（2016）证实，在知识产权保护较强的省份，企业创新能力提高才能促进企业绩效的改善。Teixeira 和 Ferreira（2018）发现，在研发密度越高的企业，知识产权保护制度对企业竞争力的提升作用越强。这样，对于创新活动强的企业，加强水平行业知识产权保护对其出口技术含量有着提升作用。

除了自主创新，企业还通过技术溢出获得技术升级。Kim 等（2014）证实，

① 对行业 j 中企业 f，其主要供应商所处的行业为上游行业，其主要顾客所处的行业为下游行业，行业 j 本身为水平行业。

同行业之间技术溢出对韩国企业技术升级和生产率进步有着显著的促进作用，尤其对于自身创新能力较弱、技术水平较低的小企业，技术溢出的作用甚至大于企业自主研发的影响。而知识产权保护提升了企业的模仿成本，阻碍了知识的溢出和流动，不利于企业出口技术含量的提升（Gangopadhyay 和 Mondal，2012）。由于专利存在“反公地”效应，Murray 和 Stern（2007）认为，专利使得研究者在利用其他研究时需要支付“税金”，从而知识产权保护在一定程度上抑制了知识的传播。这样，对依赖于溢出效应的行业，加强水平行业知识产权保护削弱了知识溢出，不利于企业出口技术含量提升。在多重效应下，省级—水平行业知识产权保护对企业出口技术含量的影响是混合的。

由此，我们提出**假说 2：加强水平行业知识产权保护，对企业出口技术含量的影响是混合的。鉴于水平渠道联系存在着创新渠道和阻碍技术溢出渠道，我们将假说 2 再分为两种情形：**

假说 2.1：对于创新能力强的企业，加强水平行业知识产权保护对企业出口技术含量有着提升作用。

假说 2.2：对于溢出效应强的行业，加强水平行业知识产权保护通过阻碍知识溢出对企业出口技术含量产生抑制作用。

三、下游渠道机制分析

Porter（1979）认为，企业竞争力不仅受到上游供应商议价能力的影响，还会受到下游买方议价能力的影响。在知识产权保护下，企业的技术独占性和品牌独占性对其议价能力有着显著的提升作用。Choi 和 Kim（2018）发现，自用专利、授权他人使用专利和抢注等专利利用方式显著地提升了企业的市场份额，从而提升企业的议价能力。

一方面，强议价能力的下游企业会通过向上游压价对上游企业产生不利影响。理论上，Inderst 和 Shaffer（2007）构建模型认为，下游并购增强了买方的议价能力，使得上游供应商竞争更加激烈。实证上，唐跃军（2009）发现，下游客户议价能力提升显著地削弱了企业的盈利能力。Godart 和 Görg（2013）证实，来自顾客的压力不利于企业生产率提升。使用智利数据，López（2008）发现对下游行业中的外国企业进行技术授权不利于上游企业生产率提升。这样，加强下游行业知识产权保护提升了下游企业的议价能力，下游企业通过向上游压价因而对企业出口技术含量产生不利影响，并且对下游议价能力强的行业其不利影响更强。

另一方面，当下游企业通过知识产权获得产品升级和强议价能力时，其会要求供应商提供更高质量的产品，供应商通过吸收整合下游的知识溢出能促进企业提升产品品质。Javorcik（2004）认为，下游外资企业通过技术转让和提高对中间品质量要求，对上游企业存在“垂直型”知识外溢。但下游企业对上游供应商的影响更多通过“强迫”（force），而非自愿分享（Godart 和 Görg，2013），此时企业吸收、整合知识溢出的能力至关重要。Iacovone 等（2015）证实，当具有强议价能力和广泛渠道的沃尔玛超市进入墨西哥时，只有高质量企业愿意成为其供应商并增加企业创新投资由此带来产品质量提升，而低质量企业则相反。Eriksson 和 Chetty（2003）认为，企业能否从下游顾客中获得知识和信息溢出取决于企业消化、吸收知识的能力。由此，当加强下游行业知识产权保护时，下游企业通过向上游提高要求而对上游具有强知识吸收能力、能够及时调整产品线企业的出口技术含量产生正向溢出效应。考虑到下游企业影响的“强迫性”，我们认为加强下游知识产权保护不利于企业出口技术含量提升。

由此，我们提出**假说 3：加强下游行业知识产权保护，不利于企业出口技术含量的提升。**

考虑到下游渠道联系存在着议价能力渠道和知识吸收渠道，我们将假说 3 再分为两种情形：

假说 3.1：对于面临强的下游议价能力的行业，加强下游行业知识产权保护对企业出口技术含量会产生不利的影响。

假说 3.2：对于知识吸收能力强的企业，加强下游行业知识产权保护对企业出口技术含量有着正向溢出效应。

综合上游、水平和下游渠道的影响，我们将行业生产网络中知识产权保护对中国企业出口技术含量的多重影响渠道精炼，如图 9－1 所示。

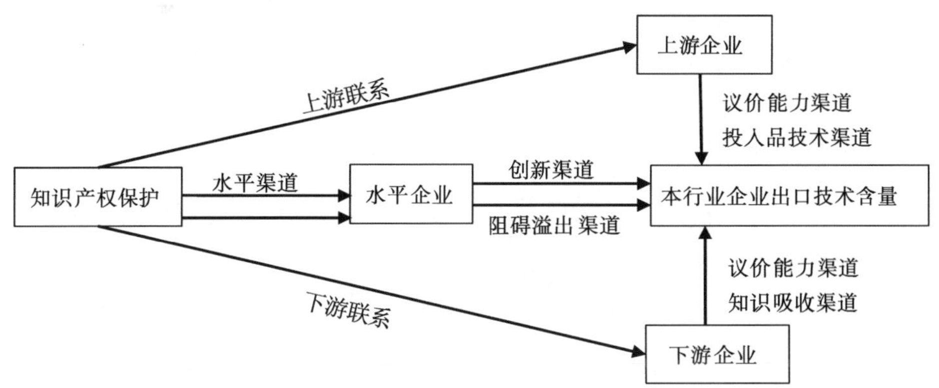

图 9－1 行业生产网络中知识产权保护对中国企业出口技术含量的影响机制

资料来源：作者绘制整理。

第三节 模型构建及数据说明

一、模型设定

根据上述影响机制，我们来构建计量模型。为此，我们参照 Sweet 和 Maggio（2015）模型，但与之不同的是：第一，本章在中国同一知识产权保护法律制度下探究了各省差异性的知识产权实际保护强度对企业出口技术含量的影响，避免了跨国数据存在大量遗漏变量的问题。第二，考虑到不同行业对知识产权保护的敏感度不同，我们将省级知识产权实际保护强度与行业研发密度结合起来考察，来探究行业生产网络下知识产权保护对中国企业出口技术含量的影响。具体计量模型设定如下①：

$$EXTE_{ijft} = \alpha_0 + IPP_{ijt}\beta + Z_{it}\gamma + R_{jt}\mu + W_{ijft}\psi + \lambda_i + \lambda_j + \lambda_t + \varepsilon_{ijft} \qquad (9-1)$$

其中，$EXTE_{ijft}$表示 i 省 j 行业 f 企业第 t 年出口技术含量；IPP_{ijt}为 i 省 j 行业第 t 年知识产权保护强度，具体回归时分为省级—上游行业（$UPIPP_{ijt}$）、省级—水平行业（$HPIPP_{ijt}$）和省级—下游行业（$DPIPP_{ijt}$）知识产权保护强度；Z_{it}代表区域特征，这里主要指省级人均实际 GDP 增长率；R_{jt}代表行业特征，这里主要指行业竞争程度和行业开放程度；W_{ijft}代表企业特征，包括企业生产率、企业创新能力、企业资本劳动比、企业规模、企业年限、企业利润率和企业国有成分占比；α_0是常数项；β、γ、μ 和 ψ 分别是变量的系数；λ_i、λ_j 和 λ_t 分别代表省级固定效应、行业和时间固定效应；ε_{ijft} 为随机扰动项。

二、变量说明与数据来源

我们使用大样本微观企业数据来探究省级—行业知识产权保护对中国企业出口技术含量的影响，企业层面数据主要来源于中国工业企业数据库和海关数据库。参照杨汝岱（2015）的处理方法，我们剔除了 1998—2007 年工业企业数据

① 在这里，我们使用线性模型进行回归的主要原因有：第一，我们重点关注的是加强知识产权保护是否会提升企业出口技术含量，而非知识产权保护变化率对出口技术含量增长率的影响，因而我们没有采用双对数模型；第二，企业出口技术含量和知识产权保护的方差均较小，分别为 1.0 和 0.2，取自然对数后其方差反而变大，容易产生异方差。

库中实收资本、总产出、总资产和固定资产为零、为负及缺失的观察值，同时剔除了从业人数小于 8 或缺失，总销售小于 500 万元，总资产小于流动资产或小于固定资产以及利润率大于 1 的样本。由于工业企业数据库中存在企业名称、企业代码不唯一或缺失的情况，我们依次通过法人代码、“企业名称 + 地区代码”“法人名称 + 地区代码”和“地区代码 + 电话号码 + 成立年份”对企业进行匹配，经过以上步骤无法匹配成功的企业则认定为非同一家企业。工业企业数据库共涉及 1919720 个样本，合计 507828 家企业。

海关数据库包括中国企业 HS 八分位进出口交易，由于国际统一代码为六分位，我们将其加总到六分位层面。为获得企业特质和企业贸易行为，我们通过“企业名称”“电话号码 + 邮政编码”“法人姓名 + 邮政编码”将海关数据库与工业企业数据库匹配，共获得 257091 个匹配样本。主要变量构建说明如下。

（一）因变量：企业出口技术含量（$EXTE_{ijft}$）

我们使用出口复杂度来界定企业的出口技术含量。早期对出口复杂度研究主要采用加权平均的出口显性比较优势来衡量产品出口复杂度，[①] 如 Rodrik（2006）和 Hausmann 等（2007），并基于此计算出国家、行业的出口复杂度。该方法的核心假设是富国在高技术水平产品上更具有比较优势，结果导致：第一，容易造成“富国出口复杂产品，穷国出口简单产品；复杂产品由富国出口，简单产品由穷国出口”的循环结论（李小平等，2015）。第二，其计算中包含人均实际 GDP，容易受到各国宏观经济冲击的影响。为此，Hidalgo 等（2009）提出了“反射法”，认为如果一个国家在多种产品生产上具有显性比较优势（$RCA_{cp} \geq 1$），那么该国具有更强的生产能力。在第 n 次迭代中，产品种类相加得到的“多样性”代表了国家 c 的经济复杂度，这里用 $k_{c,n}$ 表示。如果有多个国家在某一种产品生产上具有显性比较优势，那么生产这种产品所需要的能力是普遍存在的。作者用国家数相加得到的“普遍性”代表产品 p 的复杂度，这里用 $k_{p,n}$ 表示。该值越大表明该产品技术含量越低。但是，该方法要求经过多次迭代直到 $k_{c,n} = k_{c,n+2}$ 且 $k_{p,n} = k_{p,n+2}$ 时，即所有产品和国家均可比、计算结果收敛时才停止，但这导致了国家间和产品间的技术水平差异非常小（李小平等，2015）。

---

① 具体计算方法：产品出口复杂度 $PRODY_p = \sum_c \frac{(X_{cp}/X_c)}{\sum_c (X_{cp}/X_c)} \times Y_c$，其中，$X_{cp}$代表 c 国在产品 p 上的出口；$X_c$ 代表 c 国总出口；$\frac{X_{cp}}{X_c}$代表国家 c 在产品 p 上的出口份额；Y_c 为 c 国人均实际 GDP，用以代表生产率水平。

在 Hausmann 等（2007）和 Hidalgo 等（2009）基础上，Tacchella 等（2013）提出了“适合度法”，对权重进行了改进，认为如果一种产品能被多样性小的国家生产，那么该产品的复杂度较低，因而使用非线性权重。并且，该方法只要求数列排序不变，不要求收敛，结果发散、差异性大。参照 Tacchella 等（2013），具体方法如下：

$$RCA_{cp} = \frac{(X_{cp}/X_c)}{\sum_c (X_{cp}/X_c)}, \quad M_{cp} = \begin{cases} 1, & RCA_{cp} \geq 1 \\ 0, & \text{其他} \end{cases} \tag{9-2}$$

$$\tilde{F}_c^{(n)} = \sum_p M_{cp} \times Q_p^{(n-1)}, \quad \tilde{Q}_p^{(n)} = \frac{1}{\sum_c M_{cp} \times \frac{1}{F_c^{(n-1)}}} \tag{9-3}$$

$$F_c^{(n)} = \frac{\tilde{F}_c^{(n)}}{[\tilde{F}_c^{(n)}]_c}, \quad Q_p^{(n)} = \frac{\tilde{Q}_p^{(n)}}{[\tilde{Q}_p^{(n)}]_p} \tag{9-4}$$

其中，X_{cp}代表国家 c 产品 p 的出口；X_c为国家 c 的总出口；M_{cp}是根据 RCA_{cp}分段函数定义的变量，用以联系国家与产品；n 代表迭代次数，国家适度性 $\tilde{F}_c^{(n)}$ 和产品复杂度 $\tilde{Q}_p^{(n)}$ 为中间变量，$[\tilde{F}_c^{(n)}]_c$ 和 $[\tilde{Q}_p^{(n)}]_p$ 为均值，$F_c^{(n)}$ 和 $Q_p^{(n)}$ 分别为第 n 次迭代中国家 c 的国家适度性和产品 p 的产品复杂度的最终计算结果。当第 n 次与第 n+1 次得到的国家适度性或产品复杂度序列顺序不再发生变化时，则停止迭代便得到最终的 $F_c^{(n)}$ 和 $Q_p^{(n)}$。

进一步地，我们认为，在某种产品上具有弱显性比较优势和强显性比较优势所表达的含义不同。某种产品具有强显性比较优势意味着生产该产品的技术已经成熟、普及，产品周期进入成熟、衰退期。Antràs（2005）认为，新产品首先在发达国家生产，企业只有在产品较为成熟并且发展中国家具有生产能力时才会将生产转移到发展中国家。当产品技术成熟、发展中国家技术水平提升到可以自行生产时，外包占比上升，呈现出多国具有强显性比较优势的格局。由此，我们主张：第一，一国出口某种产品具有强显性比较优势，表明其在该产品上生产优势大，生产能力强，需要对 M_{cp} 进行调整以提高 $\tilde{F}_c^{(n)}$（国家适度性）。第二，多国具有强显性比较优势，表明该产品生产技术已经成熟，产品技术复杂度在当前已经较低，需要对 M_{cp} 进行调整以降低 $\tilde{Q}_p^{(n)}$（产品复杂度）。

据此，我们认为采用“一刀切”的 RCA_{cp} 判定标准并不合理，需要对 RCA_{cp} 的划分标准进行细分，区分弱显性比较优势和强显性比较优势进行细化研究。参考日本贸易振兴会划分标准以及已有文献研究（Shen 和 Gu，2007；沈国兵，

2012），我们对 RCA_{cp} 进行了细分：当 $RCA_{cp} \geqslant 1.25$ 时，该产品具有强显性比较优势；当 $0.8 \leqslant RCA_{cp} < 1.25$ 时，该产品具有弱显性比较优势；而当 $RCA_{cp} < 0.8$ 时，该产品处于显性比较劣势。据此，我们对 M_{cp} 做出如下细分：

$$M_{cp} = \begin{cases} 1.25, & RCA_{cp} \geqslant 1.25 \\ 1, & 0.8 \leqslant RCA_{cp} < 1.25 \\ 0, & \text{其他} \end{cases} \tag{9-5}$$

我们根据 UN Comtrade 数据库中 2000—2007 年 100 多个国家 5000 多种 HS 六分位产品出口数据，计算产品出口技术复杂度（$Q_{pt}^{(n)}$）①，得到计算企业出口技术含量的计算公式为：

$$EXTE_{ijft} = \sum_{p} \frac{x_{ijfpt}}{x_{ijft}} \times Q_{pt}^{(n)} \tag{9-6}$$

其中，x_{ijfpt} 为第 t 年省份 i 行业 j 内企业 f 出口产品 p 的出口额，x_{ijft} 为第 t 年省份 i 行业 j 内企业 f 的出口额，$Q_{pt}^{(n)}$ 为第 t 年产品 p 的出口技术复杂度。从计算结果来看，使用改进后的公式（9－6）测算出的企业出口产品技术含量与按照 Tacchella 等（2013）测算方法得到的结果虽然存在着一些差异，但却是高度相关的，相关系数达到 0.9。表 9－1 中列示出 2000—2007 年使用改进后的公式（9－6）测算的结果，与使用 Tacchella 等（2013）方法测算的中国企业平均出口技术含量相比来看，第一，两种方法测算的结果都表明，2000 年至 2007 年中国企业出口技术含量在波动中上升，两种方法测算的结果趋势一致，因而这一改进的测算方法是可靠的。第二，根据 Tacchella 等（2013）方法测算出的 2000—2007 年中国企业年均出口技术含量为 0.674，而我们计算出的同期中国企业年均出口技术含量为 0.689，前者略微低估了中国企业出口技术含量，究其原因是来自对 M_{cp} 的界定差异。

表 9－1 2000—2007 年中国企业平均出口技术含量

年份	2000	2001	2002	2003	2004	2005	2006	2007
本章算法	0.633	0.636	0.724	0.689	0.704	0.710	0.710	0.706
Tacchella 等（2013）	0.636	0.634	0.698	0.681	0.691	0.695	0.699	0.660

资料来源：作者根据 UN Comtrade 数据库、中国工业企业数据库和海关数据库匹配后数据计算而得。

① UN Comtrade 每 5 年对 HS 代码调整一次，2000—2001 年、2002—2006 年以及 2007 年分别采用 HS1997、HS2002 和 HS2007 代码，分别涉及 5123 种、5224 种和 5051 种产品。

（二）核心解释变量：省级—行业知识产权实际保护强度（IPP_{ijt}）

参考尹志锋等（2013）的研究，我们使用第 t 年省份 i 知识产权实际保护强度与行业 j 研发密度相乘的值来计算省级—行业知识产权保护强度。其中，省级知识产权实际保护强度是用国家知识产权实际保护强度与省级知识产权保护水平相乘的值来表示。本章认为，国家知识产权实际保护强度决定了各省份知识产权保护的基本走势，省级知识产权保护水平体现了各省的差异。参考 Ginarte 和 Park（1997）、韩玉雄和李怀祖（2005），我们将国家知识产权名义保护水平和执法力度结合，构建出国家知识产权实际保护强度（$CIPP_t$）。省级知识产权保护水平（ipp_{it}）分别使用省级政府对知识产权保护重视程度（$ipp1_{it}$）和省级知识产权执法保护水平（$ipp2_{it}$）来衡量。第一，参考 Ang 等（2014）、吴超鹏和唐菂（2016）的研究，我们计算出省级政府对知识产权保护的重视程度（$ipp1_{it}$）。具体计算为各省政府官方报纸中含有“知识产权保护”“专利保护”“商标保护”“版权保护”“打击知识产权侵权”“打击专利侵权”“打击商标侵权”“打击版权侵权”等关键词的文章数占当年该省份总文章数的比重。数据来源为《中国重要报纸全文数据库》。第二，参考史宇鹏和顾全林（2013）的研究，我们使用省级专利未被侵权纠纷的占比（即 1 减去省级累计专利纠纷在累计专利授权数中占比）来表示省级知识产权执法保护水平（$ipp2_{it}$），数据来源于《国家知识产权局统计年报》。据此，我们得到省级知识产权实际保护强度：$IPP1_{it} = CIPP_t \times ipp1_{it}$，$IPP2_{it} = CIPP_t \times ipp2_{it}$

行业知识产权保护程度。文献中常用行业研发密度（尹志锋等，2013）或行业专利密度（Hu 和 Png，2013）来反映行业知识产权保护程度。我们根据《工业企业科技活动统计年鉴》（2000—2007 年）计算出 28 个两分位制造业的行业研发密度（RD_{jt}，行业研发支出/行业工业总产值①）来衡量行业知识产权保护程度，并使用行业专利密度（行业有效专利/行业销售收入）② 做稳健性检验。

行业生产网络是指行业内和行业间投入产出关系形成的生产网络（沈国兵

---

① 《工业企业科技活动统计年鉴》（2000—2005 年）中提供了行业“产品销售收入”，但由于会计政策变化，《工业企业科技活动统计年鉴》（2006—2007 年）中该指标变更为“主营业务收入”，统计口径存在一定的差异。而《工业企业科技活动统计年鉴》（2000—2007 年）始终提供行业“工业总产值”数据，为了保证数据的一致性，我们将研发密度计算为“行业研发支出/行业工业总产值”，并使用行业专利密度（行业有效专利/行业销售收入）做稳健性分析。

② 这里使用行业有效专利的原因是：第一，专利申请后并不一定能够得到授权、转化为企业的无形资产；第二，专利得到授权后如未按规定缴纳年费，专利权终止，终止的专利也不再构成企业的无形资产。因此，知识产权保护政策保护的是企业所拥有的有效专利。

和张勋，2018）。企业通过投入品、产出品与上游和下游的企业产生联系，FDI、进口中间品等会通过行业生产网络对企业生产率、创新产生影响（Javorcik，2004；沈国兵和张勋，2018）。由此，仅仅刻画水平行业知识产权保护程度是不够的，还应考虑上游行业和下游行业的研发密度来探究行业生产网络中知识产权保护对中国企业出口技术含量的影响。据此，参考 Javorcik（2004），我们根据投入产出表计算出上游行业研发密度（URD_{jt}）和下游行业研发密度（DRD_{jt}）：①

$$URD_{jt} = \sum_{h \neq j} \frac{Input_{hj}}{Input_j} \times RD_{ht} \tag{9-7}$$

$$DRD_{jt} = \sum_{h \neq j} \frac{Output_{jh}}{Output_j} \times RD_{ht} \tag{9-8}$$

其中，$Input_j$ 为 j 行业的总投入品；$Input_{hj}$ 为 j 行业所需的 h 行业的投入品；$Output_j$ 为 j 行业的总产出品；$Output_{jh}$ 为 j 行业产出中供应给 h 行业的部分。

我们使用行业研发密度除以行业平均研发密度（$\overline{RD}_{jt}$）衡量行业 j 在 28 个行业中的相对研发密度（$meanRD_{jt}$）。具体计算为：

$$meanRD_{jt} = \frac{RD_{jt}}{\sum_{h=1}^{28} RD_{ht}/28} \tag{9-9}$$

同理，可得上游行业相对研发密度（$meanURD_{jt}$）和下游行业相对研发密度（$mean\ DRD_{jt}$）。

进一步地，我们使用省级知识产权实际保护强度与行业相对研发密度相乘的值，构建出省级—上游行业（$UPIPP_{ijt}$）、省级—水平行业（$HPIPP_{ijt}$）和省级—下游行业（$DPIPP_{ijt}$）的知识产权保护强度。具体为：

$$UPIPP_{ijt} = IPP_{it} \times meanURD_{jt} \tag{9-10}$$

$$HPIPP_{ijt} = IPP_{it} \times meanRD_{jt} \tag{9-11}$$

$$DPIPP_{ijt} = IPP_{it} \times meanDRD_{jt} \tag{9-12}$$

（三）省级层面控制变量

省级人均实际 GDP 增长率（$GDPR_{it}$）。吴超鹏和唐菂（2016）认为，在人均实际 GDP 增长越快的省份，企业专利申请越多，从而可能对企业出口技术提

① 虽然在理论和现实中，行业 j 的产品也可作为投入品进入到行业 j 生产中，但是这容易造成重复计算。感谢审稿人意见，参考 Javorcik（2004），我们在计算上游、下游行业研发密度时，已排除了本行业 j 的研发。

升产生越大的影响。其中，人均实际 GDP 使用各省 GDP 除以人口计算并经价格指数平减至以 2000 年为基期，数据来源于国家统计局。

（四）行业层面控制变量

行业竞争程度是影响企业技术更新的重要因素，这里使用行业市场集中度（HHI_{jt}）来衡量，是由两分位行业内企业销售收入计算得到的赫芬达尔指数来代表，具体计算为 $HHI_{jt} = \sum_{f}^{N}\left(\frac{s_{jft}}{S_{jt}}\right)^{2}$。其中，$HHI_{jt}$ 为第 t 年第 j 个行业的赫芬达尔指数，s_{jft} 为第 t 年行业 j 内企业 f 的销售额，S_{jt} 为第 t 年行业 j 的总销售额。[①] 赫芬达尔指数越小，表明行业竞争程度越激烈。数据来源于中国工业企业数据库。关于行业进口关税（$TARIFF_{jt}$），盛斌和毛其淋（2017）发现进口贸易自由化提升了企业出口技术复杂度，由于进口关税为产品数据，我们参考 Yu（2015）的研究将对应的 HS 产品匹配至行业层面，为避免内生性，这里用行业 HS 产品进口关税的平均值表示行业产出品进口关税率。行业外资占比（$FDIS_{ijt}$）衡量行业对 FDI 的开放程度，考虑到不同省份和行业外资渗透差异较大，该指标计算为省份 i 两分位行业 j 的外资总产出占当年行业内企业总产出的比值。我们将工业企业数据库中登记类型为 200、210、220、230 和 240 的港澳台企业以及登记类型为 300、310、320、330 和 340 的外国投资企业都认定为外资企业。

（五）企业层面控制变量

企业生产率（$lnTFP_{ijft}$）是企业层面的重要控制变量。鲁晓东（2014）认为，生产率是影响企业出口技术的关键企业特征。企业投入与不可观测的生产率冲击相关，在不考虑生产率冲击下进行投入要素的系数估计会导致系数估计有偏。OP 法使用投资作为生产率冲击的代理变量以解决该问题，LP 法认为中间投入的调整成本小且数据缺失少，由此使用中间投入作为代理变量。而 Ackerberg 等（2015）发现在一些生成的数据中，OP 法（Olley 和 Pakes，1996）及 LP 法（Levinsohn 和 Petrin，2003）容易导致劳动投入的系数无法估计，为此，他们提出的 ACF 法（Ackerberg 等，2015）在生产率冲击代理变量（中间投入）的估计方程中加入劳动投入，可以有效地解决该系数无法估计问题。据此，我们使用了 ACF 法来度量企业生产率。我们参考杨汝岱（2015）对固定资产存量、投入平

---

① 我们将 2000—2002 年采用的 GB/T 4754—1994 国民经济行业分类二分位行业匹配到 2003—2007 年采用的 GB/T 4754—2002 国民经济行业分类上。

减指数及产出平减指数的处理方法，计算出经价格指数平减的企业增加值和企业中间投入，以及经永续盘存法调整的企业实际资本存量，再使用 ACF 法计算出 2000—2007 年制造业企业生产率。① 企业创新能力（IN_{ijft}）是影响企业技术升级的重要因素，参考 Deng 等（2014）、盛斌和毛其淋（2017）的研究，我们使用总销售中新产品销售占比表示企业创新能力。新产品销售反映出企业创新的成果及市场对企业产品的认可，能够有效地衡量企业的创新能力。企业资本密集度（$lnKS_{ijft}$）计算为企业固定资本除以企业员工数。企业资本密集度在一定程度上反映了企业的技术水平，可能影响到企业出口技术含量。企业规模（$lnSIZE_{ijft}$）越大，越可能具有规模经济，从而促进企业出口技术含量提高。我们使用企业资产总额表示企业规模。企业存续期（$lnAGE_{ijft}$）表示企业的存活时长，企业存续期的长短在一定程度上反映了企业风险承受力的大小，但新生企业也可能更有动力进行技术更新。吴超鹏和唐药（2016）认为年轻企业研发更多。企业利润率（$PROF_{ijft}$）计算为企业利润/企业营业收入，以控制企业的财务状况及经营能力。考虑到国有企业的特殊性，我们还控制了企业国有成分（$STATE_{ijft}$），计算为企业实收资本中的国有成分占比。上述主要变量的统计描述如表 9 - 2 所示。

表 9 - 2　　主要变量统计特征描述

变量	观察数	均值	标准差	最小值	最大值
$EXTE_{ijft}$	257091	0.698	1.003	0	31.435
$IPP1_{it}$	198389	0.041	0.064	0	0.319
$UPIPP_{ijt}$	187816	0.043	0.078	0	0.603
$HPIPP_{ijt}$	187816	0.042	0.074	0	0.751
$DPIPP_{ijt}$	187816	0.041	0.071	0	0.835
$GDPR_{it}$	257091	0.134	0.038	-0.02	0.434
HHI_{jt}	257091	0.002	0.003	0	0.602
$TARIFF_{jt}$	257027	0.124	0.048	0	0.650
$FDIS_{ijt}$	257091	0.417	0.230	0	1
$lnTFP_{ijft}$	248465	4.817	0.981	-4.862	12.056
IN_{ijft}	255716	0.040	0.153	0	1
$lnKS_{ijft}$	257091	3.717	1.375	-5.749	14.224

① 这里进一步剔除了中间投入为零及缺失的样本，并且根据现有文献，本章只计算了制造业企业的生产率。

续表

变量	观察数	均值	标准差	最小值	最大值
$lnSIZE_{ijft}$	257091	10.422	1.443	5.017	18.856
$lnAGE_{ijft}$	257077	2.071	0.705	0	4.078
$PROF_{ijft}$	257091	0.026	0.156	-25.710	0.992
$STATE_{ijft}$	257091	0.037	0.166	0	1

资料来源：参见“二、变量说明与数据来源”。

第四节 基准回归及稳健性检验

一、基准回归

我们使用工业企业数据库与海关数据库匹配的数据来探究知识产权保护对企业出口技术含量的影响。由于总体上存在侵权纠纷的专利占比很小，使得省级专利未被侵权纠纷的占比差异性很小，标准差仅为0.004，因而我们使用省级政府对知识产权保护的重视程度（$ipp1_{it}$）来构造省级知识产权实际保护强度（IPP_{it}），并使用省级知识产权执法保护水平（$ipp2_{it}$）来构造省级知识产权实际保护强度做稳健性分析。表9-3列示出基准回归结果。第一，列（1）和列（2）是未考虑行业生产网络下省级知识产权实际保护强度对企业出口技术含量的影响，列（1）中未控制企业层面特征变量，列（2）中加入了企业层面控制变量。第二，列（3）和列（4）是区分行业生产网络下省级知识产权实际保护强度通过上游行业联系、水平行业联系和下游行业联系对中国企业出口技术含量的影响。列（3）考虑了行业生产网络但未控制企业层面特征变量，列(4)考虑了行业生产网络并控制了企业层面变量。

表9-3 基准回归结果

因变量：$EXTE_{ijft}$	未考虑行业生产网络		区分行业生产网络	
	(1)	(2)	(3)	(4)
IPP_{it}	0.08*	0.08*		
	(1.86)	(1.91)		

续表

因变量：$EXTE_{ijft}$	未考虑行业生产网络		区分行业生产网络	
	(1)	(2)	(3)	(4)
$UPIPP_{ijt}$			0.73***	0.72***
			(10.10)	(9.68)
$HPIPP_{ijt}$			-0.41***	-0.43***
			(-5.09)	(-5.19)
$DPIPP_{ijt}$			-0.22***	-0.19**
			(-2.92)	(-2.50)
$GDPR_{it}$	0.34***	0.36***	0.36***	0.37***
	(4.61)	(4.75)	(4.67)	(4.81)
HHI_{jt}	18.84***	29.92***	21.84***	12.82***
	(5.32)	(10.51)	(5.74)	(4.01)
$TARIFF_{jt}$	-0.29	-0.45**	-0.21	-0.55***
	(-1.39)	(-2.20)	(-0.99)	(-2.76)
$FDIS_{jt}$	0.05**	0.05**	0.04*	0.03
	(1.99)	(1.98)	(1.79)	(1.24)
$lnTFP_{ijft}$		0.01**		0.01**
		(2.13)		(2.30)
IN_{ijft}		0.06***		0.07***
		(4.31)		(4.35)
$lnKS_{ijft}$		0.01***		0.01***
		(4.50)		(5.37)
$lnSIZE_{ijft}$		0.004**		0.002
		(1.98)		(0.66)
$lnAGE_{ijft}$		-0.02***		-0.02***
		(-5.41)		(-5.01)
$PROF_{ijft}$		-0.01		-0.02
		(-0.65)		(-0.99)
$STATE_{ijft}$		-0.02		-0.02
		(-1.21)		(-1.33)
常数项	0.29**	0.85***	0.03	0.06
	(2.01)	(14.52)	(0.48)	(0.86)
省级固定效应	是	是	是	是
行业固定效应	是	是	是	是
年度固定效应	是	是	是	是
观察数	198327	192199	187816	182661

注：(1) 圆括号中的值为t统计量；(2) ***、**、* 分别表示在1%、5%和10%统计水平下显著。

表9－3的列（1）和列（2）中省级知识产权实际保护强度（IPP_{it}）的回归系数在统计上都显著为正，表明加强省级知识产权保护强度会显著地提升企业出口技术含量。在列（3）和列（4）中，我们考虑了行业生产网络，使用经过行业特征修正的省级—上游行业（$UPIPP_{ijt}$）、省级—水平行业（$HPIPP_{ijt}$）和省级—下游行业（$DPIPP_{ijt}$）知识产权保护强度作为主要解释变量。回归结果表明：

一是省级—上游行业知识产权保护在1%统计水平下显著为正，表明虽然加强省级—上游行业知识产权保护会强化上游企业议价能力，可能不利于企业出口技术含量的提升，但是投入品技术渠道的积极效应更强，致使其综合效应显著为正。因此，加强省级—上游行业知识产权保护通过上游行业联系显著地促进了企业出口技术含量的提升，由此证实了本章的假说1。

二是省级—水平行业知识产权保护在1%统计水平下显著为负，表明加强省级—水平行业知识产权保护会通过水平行业联系不利于提升企业出口技术含量。在理论机制分析中，我们认为省级—水平行业知识产权保护通过水平行业联系对企业出口技术含量的影响是复杂的，而实证发现省级—水平行业知识产权保护的回归系数统计上显著为负。究其原因，加强省级—水平行业知识产权保护会阻碍技术溢出，对企业出口技术含量产生的不利影响超过了促进创新渠道产生的有利影响。现实中，中国企业创新水平仍旧偏低，在本文样本中有创新活动企业占比在2000年仅为11.9%，2007年上升至14.3%。大量企业通过技术溢出获得技术升级，Fu和Gong（2011）甚至发现企业自身研发对中国企业技术升级无显著影响，而技术溢出效应显著为正。据此，理论上加强水平行业知识产权保护，对企业出口技术含量的影响是混合的。当加强水平行业知识产权保护带来的阻碍技术溢出效应大于创新渠道效应时，就不利于中国企业出口技术含量的提升。这证实了本章的假说2。

三是省级—下游行业知识产权保护在统计上显著为负，表明加强省级—下游行业知识产权保护通过下游行业联系不利于提升企业出口技术含量。究其原因，加强下游行业知识产权保护提高了下游行业企业议价能力，结果强的下游议价能力下企业绩效和技术升级受到了不利影响（唐跃军，2009），抑制了企业出口技术含量的提升，由此证实了本章假说3。

其他控制变量影响分析：省级经济增长（$GDPR_{it}$）上升统计上显著地促进企业出口技术含量的提高。在控制了企业特征后的列（4）回归中，我们发现行业进口关税（$TARIFF_{jt}$）的回归系数显著为负，这与盛斌和毛其淋（2017）的研究发现相一致。外资渗透度（$FDIS_{jt}$）系数为正，表明外资进入有利于提高企业出口技术含量。行业集中度（HHI_{jt}）的回归系数统计上显著为正，表明降低过于激烈的竞争有利于提高企业出口技术含量。这与史宇鹏和顾全林（2013）发现行业集中度提高有利于企业创新的结论一致。在企业层面上，列（4）中企业生产率（$lnTFP_{ijft}$）和企业创新（IN_{ijft}）的回归系数统计上显著为正，说明生产率和创新提高有利于企业提升出口技术含量。企业资本密集度（$lnKS_{ijft}$）的系数显著为正，表明使用更多机械设备有利于提升企业出口技术含量。企业存续期（$lnAGE_{ijft}$）的系数统计上显著为负，意味着新生企业的出口技术含量更高。Liu 和 Qiu（2016）也发现“年轻”企业的创新和研发动力更强。其他企业层面的控制变量统计上不显著，就不再赘述。

二、考虑行业生产网络下的稳健性检验

如表 9－4 所示，我们从变量指标测度、样本时间段、样本选择偏差和内生性问题四个方面进行回归稳健性检验。

表 9－4 行业生产网络下省级知识产权保护对企业出口技术含量影响：稳健性检验

$EXTE_{ijft}$	(1) Hausmann 等（2007）	(2) Tacchella 等（2013）	(3) $IPP2_{it}$	(4) 行业专利密度	(5) 2000—2013 样本	(6) Heckman 第一阶段	(7) Heckman 第二阶段	(8) 滞后回归	(9) 工具变量回归
$UPIPP_{ijt}$	0.22***	0.75***	0.08***	0.58***	0.89***	0.64***	0.72***	0.68***	5.56***
	(3.43)	(10.79)	(4.40)	(7.45)	(10.77)	(9.75)	(9.69)	(8.10)	(11.29)
$HPIPP_{ijt}$	0.10	-0.38***	0.02***	-0.17***	-0.35***	-0.04	-0.42***	-0.43***	-1.28***
	(1.43)	(-5.03)	(2.72)	(-3.10)	(-5.26)	(-0.62)	(-5.12)	(-4.68)	(-3.40)
$DPIPP_{ijt}$	-0.17**	-0.24***	-0.05***	-0.29***	-0.44***	-0.01	-0.19**	-0.31***	-1.50***
	(-2.49)	(-3.27)	(-2.75)	(-4.71)	(-4.91)	(-0.11)	(-2.49)	(-3.56)	(-3.57)
REG_{jt}						0.08***			
						(10.62)			
Millsratio							0.03		
							(0.98)		
控制变量	是	是	是	是	是	是	是	是	是
省级固定效应	是	是	是	是	是	是	是	是	是
行业固定效应	是	是	是	是	是	是	是	是	是
年度固定效应	是	是	是	是	是	是	是	是	是
观察数	179161	182661	221121	182661	464955	1134845	182661	113783	181910

注：（1）圆括号中的值为 t 统计量，列（6）和列（9）的圆括号中是 z 统计量；（2）***、**、* 分别表示在 1%、5% 和 10% 统计水平下显著；（3）列（8）中对除了哑变量之外的自变量均做了滞后一期处理。

第一，我们改进了 Tacchella 等（2013）测算出口产品复杂度的方法，并计算出中国企业出口技术含量。现有文献主要基于 Hausmann 等（2007）对企业出口技术水平进行测度（鲁晓东，2014；盛斌和毛其淋，2017），鲜有文献使用 Tacchella 等（2013）方法测度省级出口技术含量（李小平等，2015）。在表 9－4 的列（1）和列（2）中，我们分别使用 Hausmann 等（2007）及 Tacchella 等（2013）的方法测度出企业出口技术含量，以此做稳健性检验。列（1）回归的省级—上游行业和省级—水平行业知识产权保护的系数都为正，但水平行业知识产权保护系数不显著，省级—下游行业知识产权保护的系数为负，这些结果与基准回归大体一致。列（2）回归的省级—上游行业、水平行业以及下游行业知识产权保护的系数符号是与表 9－3 基准回归中列（4）的结果一致的。

第二，我们使用未被侵权专利占比来度量省级知识产权执法保护水平，并与国家层面实际保护强度做交互构建出省级知识产权实际保护强度（$IPP2_{it}$）。未被侵权专利占比越高，意味着知识产权保护强度越大。如表 9－4 的列（3）所示，我们发现省级—上游行业知识产权保护的系数显著为正，省级—下游行业知识产权保护的系数显著为负，这与基准回归结果一致。但是，省级—水平行业知识产权保护对企业出口技术含量的影响是混合的，不同回归下其影响系数或正或负。

第三，我们改变行业知识产权保护程度的测算方法。基准回归中使用行业研发密度表示行业知识产权敏感度，研发是创新的投入，而专利是创新的产出。在稳健性分析中，我们使用行业专利密度表示行业知识产权保护的程度（Hu 和 Png，2013）。回归结果见表 9－4 的列（4），我们发现虽然省级—行业知识产权保护的系数大小有所变化，但是其影响显著性和系数符号都与基准回归结果相一致。

第四，鉴于 2008—2013 年工业企业数据库数据缺失严重及 2008 年金融危机对中国出口的巨大冲击，我们在基准回归中使用 2000—2007 年样本进行回归。在稳健性回归中，我们增加了 2008—2013 年样本并对 2000—2013 年样本进行回归，结果如表 9－4 的列（5）[①] 所示，虽然省级—行业知识产权保护的影响系数大小发生了一些变化，但是其影响符号是与基准回归结果相一致的。考虑到 2008 年后数据缺失问题严重及金融危机冲击的影响，参考已有文献（Liu 和

① 由于 2008—2013 年工业增加值数据缺失，在 2000—2013 年样本回归中我们使用固定效应模型估计了企业生产率。由于 2008 年后企业新产品销售数据大量缺失，在 2000—2013 年样本回归中，我们没有控制该变量。

Qiu，2016；盛斌和毛其淋，2017），本章回归仍以 2000—2007 年样本为基础。

第五，企业在进行出口产品选择时其实经历了两个阶段：第一阶段企业选择是否出口，第二阶段再选择出口产品的技术含量。本章直接对出口样本进行回归可能存在样本选择偏差问题。参考 Helpman 等（2008），我们使用 Heckman 两步法进行稳健性分析。具体回归设定如式（9－13）和式（9－14）。

$$Prob(EXD_{ijft}=1)=\Phi(IPP_{ijt},Z_{it},R_{jt},W_{ijft},REG_{it}) \tag{9-13}$$

$$EXTE_{ijft}=\delta+IPP_{ijt}\xi+Z_{it}\omega+R_{jt}\upsilon+W_{ijft}\theta+\rho Millsratio+\eta_i+\eta_j+\eta_t+\tau_{ijft} \tag{9-14}$$

这里，第一阶段，我们使用 Probit 模型对企业出口决策（EXD_{ijft}）进行回归，Φ 为 Probit 回归函数。Heckman（1979）认为需要考虑只影响第一阶段而不影响第二阶段的自变量。参考 Helpman 等（2008）、Wang 等（2014）和施炳展和邵文波（2014）的思路，我们在第一阶段回归中加入行政管理效率变量作为只影响企业出口决策的独立变量。[①]《中国市场化指数——各地区市场化相对进程 2009 年报告》中给出了“政府与市场的关系”指标，我们选择该指标来刻画各省行政管理效率（REG_{jt}），并作为排他性变量，该值越高，表示效率越高。使用该指标的好处在于其能提供中国省级层面连续年度的行政管理效率数据，且该报告中的各项数据在文献中也已得到广泛认可和使用（孙铮等，2005；林伯强和杜克锐，2013；Chu 等，2018），由此我们认为本章选择的排他性变量是恰合的。第一阶段回归结果见表 9－4 的列（6），我们发现加强省级—上游行业知识产权保护能够提升企业出口概率，而加强水平和下游行业知识产权保护并无显著的影响，行政管理效率提高显著地提升了企业出口概率。

第二阶段回归中 δ 是常数项；ξ、ω、υ、θ 分别是向量变量的系数；η_i,η_j,η_t 分别代表省级固定效应、行业和时间固定效应；τ_{ijft} 为随机扰动项。回归结果见表 9－4 的列（7），逆米尔斯比率（Millsratio）的回归系数（ρ）并不显著，表明本章回归不存在样本选择偏差问题。并且，与表 9－3 基准回归的列（4）相比，我们发现省级—上游、水平和下游行业知识产权保护系数的显著性、符号和大小均未发生明显的变化，这证实了基准回归的结果是稳健的。

第六，我们再使用滞后回归和工具变量回归来解决内生性问题。知识产权保护与企业出口技术含量之间可能存在“反向因果”导致的内生性问题，即企业出口技术含量提高后，内生地要求当地政府加强知识产权保护。为此，首先考虑

① Helpman 等（2008）认为，行政管理导致的市场进入成本主要影响的是企业出口固定成本，从而影响企业出口决策。

到反向内生性问题和变量的滞后影响问题，我们使用滞后一期的自变量替换当期自变量进行稳健性检验。在表 9－4 的列（8）中，省级—上游、水平和下游行业知识产权保护的回归系数符号是与表 9－3 基准回归中列（4）的结果一致的。其次，虽然滞后一期回归能够解决反向内生性问题，但是其漏损了当期重要的信息。为此，在表 9－4 的列（9）中，我们使用工具变量回归来解决可能存在的内生性问题。具体做法参考了沈国兵、黄铄珺（2019，p. 91）的研究，回归结果发现，省级—上游行业知识产权保护的回归系数仍显著为正，而省级—水平行业和省级—下游行业知识产权保护的回归系数都显著为负。并且，工具变量检验中 Kleibergen－Paap LM 统计量为 944. 86，拒绝了原假设“工具变量识别不足”；Kleibergen－Paap Wald F 统计量为 309. 50，拒绝了原假设“工具变量弱识别”；Stata 中 Weakiv 检验也表明不存在“弱工具变量”问题。[①] 因此，本章选取的工具变量是合适的，工具变量回归结果表明本章的基准回归结果是稳健的。

第五节 区分企业贸易方式、生产率和所有制的异质性分析

不同类型的企业对知识产权保护的反应敏感度可能存在着差异，我们从企业贸易方式、生产率差异和企业所有制三个方面探究省级—行业知识产权保护对企业出口技术含量的异质性影响。

一、省级—行业知识产权保护对不同贸易方式企业出口技术含量的影响

如图 9－2 所示，中国一般贸易出口技术含量和加工贸易出口技术含量变化存在着明显的差异。2000—2006 年加工贸易出口技术含量增长较快，一般贸易出口技术含量缓慢上升。2007 年加工贸易出口技术含量出现下滑至 0. 83，而一般贸易出口技术含量上升至 0. 80，两者变化趋势不同。整体来看，2000—2007 年，中国加工贸易出口技术含量要高于一般贸易，使用加总数据度量企业出口技术含量容易导致由加工贸易技术水平提升带来的“统计幻觉”（沈国兵和黄铄

① 第一阶段回归中的工具变量与内生变量之间存在显著的正相关，且工具变量第一阶段回归的 F 统计量远大于 10，不存在弱工具变量问题。囿于篇幅所限，这里未报告工具变量第一阶段的回归结果，若需要可向作者索取。

珺，2017）。此外，加工贸易企业生产决策主要受外国委托生产方的影响，其对中国知识产权保护的反应与一般贸易企业不同。据此，在表9－5的列（1）和列（2）中，我们参考钱学锋等（2013）的研究，将出口加工区进口设备、出料加工贸易、进料加工贸易、来料加工装配进口设备以及来料加工装配贸易等界定为加工贸易，而将边境小额贸易和一般贸易界定为一般贸易。这里，我们重点关注了纯一般贸易出口和纯加工贸易出口企业。如表9－5的列（1）和列（2）显示，加强省级—上游行业知识产权保护对纯一般贸易出口技术含量产生了显著的提升作用，而加强省级—水平行业知识产权保护的回归系数显著为负，加强省级—下游行业知识产权保护的系数不显著。因此，在省级—上游行业、省级—水平行业上的结果是与表9－3的基准回归结果相一致。对比加工贸易企业，我们发现省级—上游和下游行业知识产权保护的影响系数均不显著，仅有省级—水平行业知识产权保护的影响系数显著为负。该结果是与中国加工贸易“两头在外，一头在内”的生产模式相符合。加工贸易企业的投入品均来自外国委托方，在国内进行加工装配后其产品全部出口交付外国委托方，其与本国上游企业和本国下游企业联系较小，由此导致上游和下游行业知识产权保护无显著性影响。并且，加工贸易企业创新动机低，生产率水平也较低（Dai等，2016），这些使得其易于受到市场挤出效应的影响，结果加强省级—水平行业知识产权保护不利于其出口技术含量的提升。

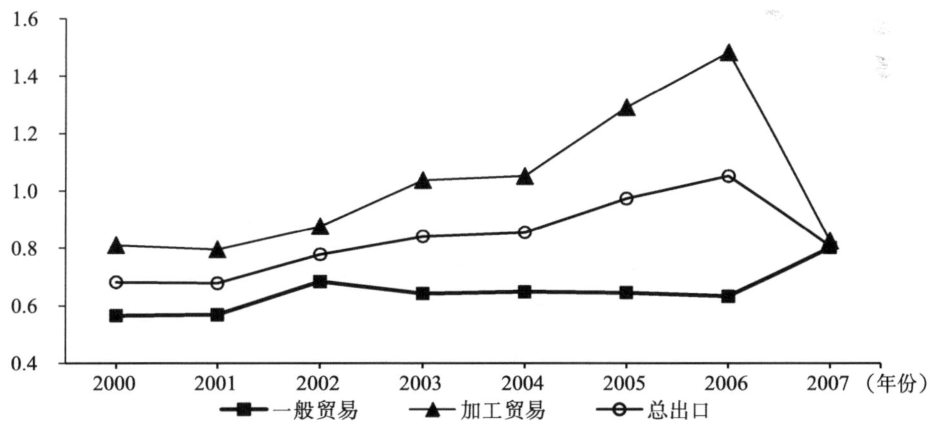

图9－2　不同贸易方式企业出口技术含量的演进

资料来源：作者根据UN Comtrade数据库和海关数据库匹配的数据计算而得。

二、省级—行业知识产权保护对不同生产率企业出口技术含量的影响

参考 Liu 和 Qiu（2016）的研究，我们将省级各行业生产率位于前 25% 的企业定义为位于技术前沿的高生产率企业，而将生产率位于后 25% 的企业定义为远离技术前沿的低生产率企业，并对两类企业分别进行回归，结果见表 9－5 的列（3）和列（4）。我们发现，省级—上游、水平和下游行业知识产权保护对低生产率企业出口技术含量的影响是与基准回归结果相类似，但是对高生产率企业出口技术含量的影响发生了较大变化。具体地，加强省级知识产权保护主要通过上游行业联系对高生产率企业出口技术含量产生显著的提升作用，而通过水平行业、下游行业联系对高生产率企业出口技术含量的影响统计上不显著。一个解释是，高生产率使得企业能够更有效地应对由水平行业、下游行业知识产权保护增强引致的不利影响。从水平行业知识产权保护的溢出渠道来看，技术溢出效应对低技术水平企业技术升级的影响更大，高技术企业对溢出效应的依赖性低（Kim 等，2014）。这样，加强知识产权保护通过水平行业联系产生的不利影响可能被抵消，从而导致省级—水平行业知识产权保护对高生产率企业出口技术含量的影响不显著。针对下游行业知识产权保护的议价能力渠道，高技术水平企业在面对市场环境变化时能更快调整生产（戴魁早，2018）。Iacovone 等（2015）的实证结果也表明，沃尔玛对小供应商研发和投资产生显著的抑制作用，而对大供应商无显著的负向影响。在面对下游企业压价或高要求时，高生产率企业可通过内部成本压缩或产品线调整进行消化吸收，因而加强省级—下游行业知识产权保护对高生产率企业出口技术含量的抑制作用不显著。

三、省级—行业知识产权保护对不同所有制企业出口技术含量的影响

外资企业和内资企业嵌入本国行业生产网络的程度不同，那么中国知识产权保护政策对外资企业和内资企业出口技术含量有何影响？在表 9－5 的列（5）和列（6）中，我们根据企业登记类型识别出外资企业（含港澳台资企业）和内资企业。回归结果显示，加强省级—上游行业知识产权保护对外资企业、内资企业出口技术含量都有显著的提升作用，而加强省级—水平行业知识产权保护却对其产生显著的抑制作用。这与表 9－3 的基准回归结果相一致。但不同的是，加强省级—下游行业知识产权保护对外资企业出口技术含量的影响不显著。在影响机制分析中，我们认为加强省级—下游知识产权保护主要通过下游议价能力渠道对企业出口技术含量产生不利影响。外资企业对下游知识产权保护反应敏感度不显著，一个解释是外资企业的产品更多用于出口，本章的样本数据显示，外资企

业出口占总销售的份额均值为52%，内资企业仅为29%。[①] 由于外资企业的产品在本国销售较少，其受本国下游企业议价能力的影响较小，因而外资企业出口技术含量对省级—下游行业知识产权保护的变化反应不敏感。

表9-5　行业生产网络下省级知识产权保护对企业出口技术含量影响的异质性分析

$EXTE_{ijft}$	(1) 纯一般 贸易企业	(2) 纯加工 贸易企业	(3) 生产率位于 行业前25%	(4) 生产率位于 行业后25%	(5) 外资 企业	(6) 本国 企业
$UPIPP_{ijt}$	1.09***	0.21	0.37**	0.85***	0.52***	0.73***
	(7.38)	(1.41)	(2.11)	(5.97)	(6.69)	(3.83)
$HPIPP_{ijt}$	-0.94***	-0.42**	-0.30	-0.37**	-0.30***	-0.43**
	(-6.60)	(-2.36)	(-1.56)	(-2.36)	(-3.38)	(-2.22)
$DPIPP_{ijt}$	0.04	0.16	-0.002	-0.40***	-0.07	-0.35**
	(0.27)	(0.96)	(-0.01)	(-2.68)	(-0.79)	(-2.03)
控制变量	是	是	是	是	是	是
省级固定效应	是	是	是	是	是	是
行业固定效应	是	是	是	是	是	是
年度固定效应	是	是	是	是	是	是
观察数	86845	13659	43237	46159	110906	71755

注：(1) 圆括号中的值为t统计量；(2) ***、**、*分别表示在1%、5%和10%统计水平下显著。

第六节
行业生产网络中知识产权保护对中国企业出口技术含量的影响渠道检验

上述基准回归、稳健性检验和企业异质性分析都表明，省级知识产权保护通过行业生产网络对企业出口技术含量产生了不同的影响。具体来看，加强省级知识产权保护通过上游渠道对企业出口技术含量有着显著的提升作用，而通过水

① 我们对纯出口企业样本也进行了回归，结果显示省级—下游行业知识产权保护的系数同样不显著。

平、下游渠道往往不利于企业出口技术含量的提升。那么，省级知识产权保护为何产生差异性影响？我们拟对知识产权保护的上游、水平和下游渠道进行检验分析。

一、上游渠道检验分析

第一，针对投入品技术渠道的检验分析。企业进行生产、出口离不开上游行业的投入品，Chu 等（2018）研究表明，知识产权保护与进口投入品相互作用，影响企业的技术进步。省级—上游行业知识产权保护改善能提高企业投入品技术，且高技术密集度产品更加依赖高技术投入品，上游行业知识产权保护与投入品技术协调能促进企业出口技术含量提升。中国工业企业数据库中并无企业投入品技术数据，但是海关数据库中详细记录了企业进口产品，为此，我们计算出企业进口产品技术含量，并以进口购入的产品技术代表企业整体购入的投入品技术。[①] 由于加工贸易企业主要承接国外订单进行出口加工活动，其进口中间品并非自主决策，与本国使用的投入品不可比，加工贸易进口产品难以代表企业整体投入品技术水平。据此，我们只针对一般贸易出口使用一般贸易进口品技术代表企业整体投入品技术，来验证投入品技术渠道。考虑到企业进口品中可能并不完全投入生产，还有部分用于最终消费，我们进一步根据 HS 代码与 BEC 代码匹配表识别出企业进口品中的中间品和资本品，计算出企业一般贸易进口投入品技术含量，以此代表企业投入品技术含量。据此，我们将上游行业知识产权保护与企业一般贸易进口投入品技术含量（IT_{ijft}）做交互回归，来检验上游投入品技术渠道。表 9－6 的列（1）加入了企业一般贸易进口投入品技术含量及其与省级—上游行业知识产权保护（$UPIPP_{ijt}$）的交互项。回归结果显示，进口投入品技术含量的系数统计上显著为正，表明进口投入品技术含量提升有助于提高企业出口技术含量。交互项（$UPIPP_{ijt} \times IT_{ijft}$）的系数统计上也显著为正，表明进口投入品技术含量越高，即对投入品技术含量要求越高的企业，加强上游行业知识产权保护对其出口技术含量的促进作用越大，由此证实了加强省级—上游行业知识产权保护存在投入品技术渠道的假说 1.1。

---

① Yu（2015）在计算企业投入品关税时，也将企业的进口品假设为企业所有投入品，由此获得企业不同投入品的占比。

表 9－6　行业生产网络下省级知识产权保护对企业出口技术含量的影响渠道检验结果

$EXTE_{ijft}$	上游渠道			水平渠道			下游渠道		
	(1) 进口投入品技术渠道	(2) 上游议价能力渠道	(3) 上游渠道整合	(4) 创新能力渠道	(5) 阻碍技术溢出渠道	(6) 水平渠道整合	(7) 下游议价能力渠道	(8) 知识吸收渠道	(9) 下游渠道整合
$UPIPP_{ijt}$	0.40***	1.12***	0.58***	0.71***	0.23	0.23	1.33***	2.21***	2.91***
	(2.79)	(12.09)	(3.53)	(9.55)	(1.34)	(1.32)	(13.19)	(6.09)	(7.66)
$HPIPP_{ijt}$	-0.52***	-0.50***	-0.49***	-0.40***	0.39	0.39	-0.44***	-0.37***	-0.41***
	(-4.01)	(-6.02)	(-3.80)	(-4.84)	(0.96)	(0.96)	(-5.15)	(-3.05)	(-3.33)
$DPIPP_{ijt}$	-0.09	-0.34***	-0.18	-0.21***	-0.50**	-0.49**	-0.64***	-1.55***	-2.02***
	(-0.75)	(-4.26)	(-1.41)	(-2.66)	(-2.21)	(-2.20)	(-6.53)	(-4.03)	(-5.16)
$UPIPP_{ijt} \times IT_{ijft}$	0.29***		0.26***						
	(4.35)		(3.95)						
$UPIPP_{ijt} \times UB_{jt}$		-0.49***	-0.26**						
		(-7.31)	(-2.25)						
$HPIPP_{ijt} \times IN_{ijft}$				3.84***		3.85***			
				(4.35)		(4.36)			
$HPIPP_{ijt} \times TS_{jt}$					-0.91**	-0.90**			
					(-2.17)	(-2.16)			
$DPIPP_{ijt} \times UB_{jt}$							0.80***		0.79***
							(5.25)		(3.50)
$DPIPP_{ijt} \times AC_{ijft}$								2.16***	2.24***
								(3.40)	(3.51)
IT_{ijft}	0.09***		0.09***						
	(26.12)		(26.21)						
UB_{jt}		-0.89***	-0.62***				-0.89***		-0.86***
		(-24.24)	(-12.96)				(-24.29)		(-18.65)
IN_{ijft}				0.13***		0.13***			
				(4.00)		(3.99)			
TS_{jt}					0.93***	0.94***			
					(25.42)	(25.69)			
AC_{ijft}								0.06	0.06
								(1.54)	(1.53)
控制变量	是	是	是	是	是	是	是	是	是
省级固定效应	是	是	是	是	是	是	是	是	是
行业固定效应	是	是	是	是	是	是	是	是	是

续表

$EXTE_{ijft}$	上游渠道			水平渠道			下游渠道		
	(1) 进口投入品技术渠道	(2) 上游议价能力渠道	(3) 上游渠道整合	(4) 创新能力渠道	(5) 阻碍技术溢出渠道	(6) 水平渠道整合	(7) 下游议价能力渠道	(8) 知识吸收渠道	(9) 下游渠道整合
年度固定效应	是	是	是	是	是	是	是	是	是
观察数	72181	182661	72181	182661	182661	182661	182661	121482	121482

注：(1) 圆括号内为 t 统计量。(2) ***、**、* 分别表示在 1%、5% 和 10% 统计水平下显著。(3) 列 (1) 和列 (3) 的因变量为企业一般贸易出口技术含量，列 (2) 和列 (4) 至列 (9) 的因变量为企业出口技术含量。(4) IT_{ijft} 为企业一般贸易进口投入品技术含量；UB_{jt} 为行业上游度哑变量；IN_{ijft} 为企业创新能力；TS_{jt} 为行业溢出效应哑变量；AC_{ijft} 为企业知识吸收能力。

第二，针对上游议价能力渠道的检验分析。加强上游行业知识产权保护会提高上游企业的议价能力，由于创新是贯序活动，这很可能通过增加投入品成本、降低技术溢出等影响到下游企业进一步的创新活动。从行业角度出发，我们参考 Antras 等（2012）的研究，使用投入产出表计算出两分位行业上游度指数，该指数衡量了行业在产业链中的位置。该指数越低，该行业越接近下游消费者，面临的整体上游议价能力越强。我们将低于上游度指数中位数的行业界定为低上游指数行业（$UB_{jt}=1$），这些行业面临强的上游议价能力；将高于等于上游度指数中位数的行业界定为高上游指数行业（$UB_{jt}=0$），这些行业面临弱的上游议价能力。我们将上游行业知识产权保护（$UPIPP_{ijt}$）与行业上游度哑变量（UB_{jt}）做交互回归，来检验上游议价能力渠道。如表 9-6 的列（2）所示，省级—上游行业知识产权保护的系数显著为正，而其与行业上游度哑变量交互项的系数显著为负，但交互项系数的绝对值小于省级—上游行业知识产权保护的系数绝对值，表明加强省级—上游行业知识产权保护，对处于越接近下游、面临越强上游议价能力的行业企业出口技术含量的提升作用越小，这证实加强省级—上游行业知识产权保护存在议价能力渠道的假说 1.2。

二、水平渠道检验分析

参照影响机制分析，省级—水平行业知识产权保护可通过创新渠道对企业出口技术含量产生提升作用，也可通过阻碍技术溢出渠道对企业出口技术含量产生抑制作用。

第一，针对创新渠道的检验分析。对于存在创新的企业，加强知识产权保护能够有效提高其他企业的模仿成本，促进创新转化为企业竞争优势，提升其出口技术含量。我们使用新产品销售占比表示企业创新能力（IN_{ijft}）。参考盛斌和毛其淋（2017）的研究，我们在模型中加入企业创新能力，将省级—水平行业知识产权保护（$HPIPP_{ijt}$）与企业创新能力（IN_{ijft}）做交互回归来检验企业创新渠道。表9-6的列（4）结果显示，虽然省级—水平行业知识产权保护的系数仍显著为负，但其与企业创新能力交互项的系数统计上显著为正，表明加强省级—水平行业知识产权保护对创新能力强的企业出口技术含量产生显著的提升作用。省级—水平行业知识产权保护与企业创新能力之间存在协调增强的作用，这证实加强省级—水平行业知识产权保护存在创新渠道的假说2.1。我们针对创新的中介效应进行了检验，证实加强水平行业知识产权保护对企业创新能力有着显著的促进作用，并通过企业创新能力对企业出口技术含量产生提升作用。相较于不包含企业创新能力的回归，水平行业知识产权保护的系数在包含企业创新能力的回归中有所下降，由此证实了加强水平行业知识产权保护存在着创新中介效应。①

第二，针对阻碍技术溢出渠道的检验分析。本章样本中有创新活动的企业平均占比仅为12.5%，无创新企业占了绝大多数。除了自主创新，技术溢出也是企业获得技术升级的重要渠道（Raut，1995），而加强知识产权保护会减少研发溢出和知识传播（Murray和Stern，2007），对企业出口技术含量产生不利影响。参照Raut（1995）、吴超鹏和唐菂（2016）的研究，我们根据中国工业企业数据库估计了行业技术溢出效应，并构建出行业技术溢出效应哑变量（TS_{jt}）。当行业技术溢出效应高于等于行业中位数时，取值$TS_{jt}=1$；反之，取值为0。② 将水平行业知识产权保护（$HPIPP_{ijt}$）与行业技术溢出效应哑变量（TS_{jt}）做交互回归，来检验技术溢出渠道。如表9-6的列（5），行业技术溢出效应的系数显著为正，表明行业技术溢出确实提升了企业的出口技术含量。省级—水平行业知识产权保护的系数不显著，但其与行业技术溢出效应哑变量交互项的系数显著为负，表明在对研发溢出效应依赖大的行业，加强省级—水平行业知识产权保护会抑制企业出口技术含量的提升。这证实了加强省级—水平行业知识产权保护存在阻碍技术溢出渠道的假说2.2。

---

① 感谢审稿人的建议，使我们对水平行业知识产权保护的创新渠道分析得更加深入。囿于篇幅所限，这里未报告创新中介效应的具体回归结果，感兴趣的读者可向作者索取。

② 参考Raut（1995）、吴超鹏和唐菂（2016）的研究，具体计量模型为：$\ln Sale_{ft}=\beta_0+\beta_1\ln RD_{kt}+\beta_2\ln RD_{ft}+\beta_3\ln FA_{ft}+\beta_4\ln L_{ft}+\lambda_t+\varepsilon_{ft}$。其中，f代表企业；k代表行业；$Sale_{ft}$为企业销售额；$RD_{ft}$为企业研发投入加1；$FA_{ft}$为企业固定资产；$L_{ft}$为企业员工数；$RD_{kt}$为k行业内除了企业i之外其他企业研发投入加总。我们对39个两分位行业企业分别进行以上回归，得到不同行业k中$\ln RD_{kt}$的估计系数β_1，用以衡量行业技术溢出程度。

三、下游渠道检验分析

第一，针对下游议价能力渠道的检验分析。加强省级—下游行业知识产权保护提升了下游行业议价能力，据此，下游企业向上游供应商进行压价，不利于上游企业的长期发展和技术升级。类似于上游议价能力渠道的检验，我们在表9-6的列（7）中加入省级—下游行业知识产权保护与行业上游度哑变量（UB_{jt}）的交互项，$UB_{jt}=1$ 表示该行业上游度指数低、面临较弱的下游议价能力；$UB_{jt}=0$ 表示该行业上游度指数高、面临强的下游议价能力。我们将下游行业知识产权保护（$DPIPP_{ijt}$）与行业上游度哑变量（UB_{jt}）做交互回归，来检验下游议价能力渠道。回归表明，省级—下游行业知识产权保护的系数显著为负，但其与行业上游度哑变量交互项的系数显著为正。这表明加强省级—下游行业知识产权保护对面临强的下游议价能力的行业（$UB_{jt}=0$）企业出口技术含量产生显著的抑制效应，而该不利影响在面临更弱下游议价能力的行业（$UB_{jt}=1$）企业将被削减，这证实了加强省级—下游行业知识产权保护存在议价能力渠道的假说3.1。

第二，针对知识吸收渠道的检验分析。加强下游行业知识产权保护会使得下游企业向上游企业提出更高产品的要求，具有强的知识吸收能力的企业能够有效地根据此信息做出产品生产调整，进而获取正向溢出效应，提高企业出口技术含量。参考Girma（2005）的研究，我们以生产率为基础构造出企业知识吸收能力指标（AC_{ijft}），表示为$\frac{\ln TFP_{jf,t-1}}{\ln TFP_{j,t-1}^{max}}$，该值越大，则该企业知识吸收能力越强。[①] 我们将下游行业知识产权保护（$DPIPP_{ijt}$）与企业知识吸收能力（AC_{ijft}）做交互回归来检验知识吸收渠道。如表9-6列（8）回归结果显示，省级—下游行业知识产权保护的系数仍显著为负，但其与企业知识吸收能力交互项的系数统计上显著为正，表明加强省级—下游行业知识产权保护对知识吸收能力强的企业出口技术含量产生显著的提升作用，这证实加强省级—下游行业知识产权保护存在知识吸收渠道的假说3.2。

进一步地，我们还将“进口投入品技术渠道”与“上游议价能力渠道”“创新能力渠道”与“阻碍技术溢出渠道”“下游议价能力渠道”与“知识吸收渠道”分别置于同一回归中进行上游渠道整合检验、水平渠道整合检验和下游渠

① 其中，$\ln TFP_{jf,t-1}$ 为上一期行业 j 的企业 f 生产率，$\ln TFP_{j,t-1}^{max}$ 为上一期行业 j 最高的企业生产率。据此，以该企业上一期生产率与其所在行业上一期最高生产率的比值来表示企业知识吸收能力。

道整合检验。如表9-6所示，列（3）中将进口投入品技术渠道和上游议价能力渠道置于同一个回归，对比列（3）与列（1）中$UPIPP_{ijt} \times IT_{ijft}$的系数符号和显著性，以及列（3）与列（2）中$UPIPP_{ijt} \times UB_{jt}$的系数符号和显著性，发现交互项的系数符号和显著性并未发生逆转，这证实了上游渠道的检验是稳健的。同理，列（6）中将创新能力渠道和阻碍技术溢出渠道置于同一个回归，对比列（6）与列（4）中$HPIPP_{ijt} \times IN_{ijft}$的系数符号和显著性，以及列（6）与列（5）中$HPIPP_{ijt} \times TS_{jt}$的系数符号和显著性，发现其交互项的系数符号和显著性并未发生变化。类似地，列（9）中将下游议价能力渠道和知识吸收渠道置于同一个回归，比较列（9）与列（7）中$DPIPP_{ijt} \times UB_{jt}$的系数符号和显著性、列（9）与列（8）中$DPIPP_{ijt} \times AC_{ijft}$的系数符号和显著性，我们也发现其并未发生变化。因此，无论是单个渠道的回归检验，还是上游渠道整合检验、水平渠道整合检验和下游渠道整合检验都证实了本章的影响渠道检验结果是稳健的。

第七节 主要结论及政策建议

在对 Tacchella 等（2013）测度产品复杂度的方法改进后，我们使用中国工业企业数据库和海关数据库相匹配的数据，测算出中国企业出口技术含量，并区分行业上下游和水平渠道，探究了行业生产网络中知识产权保护对中国企业出口技术含量提升的影响。研究表明：

第一，基准回归结果表明，加强省级知识产权保护有利于提升企业出口技术含量。进一步地，区分行业上游、水平和下游渠道，我们发现加强省级知识产权保护会通过上游行业联系对企业出口技术含量产生显著的提升作用，而通过水平行业联系和下游行业联系不利于企业出口技术含量的提升。这证实了本章三大假说的预期结论，并且稳健性检验结果也基本支撑了本章基准回归的结果是可靠的。

第二，区分企业贸易方式、生产率差异和企业所有制等异质性视角，我们研究发现：（1）加强省级知识产权保护通过上游行业联系对纯一般贸易企业出口技术含量产生显著的提升作用，但仅通过水平行业联系对纯加工贸易企业出口技术含量产生不利影响，通过上游、下游行业联系的影响不显著。这与加工贸易“两头在外”的特征相符合。（2）高生产率企业能够更好地应对水平和下游行业知识产权保护引致的不利影响，加强省级知识产权保护主要通过上游行业联系对高生产率企业出口技术含量产生提升作用，通过水平、下游行业联系对其影响不显著。(3) 加强省级—行业知识产权保护对外资和内资企业出口技术含量影响系数符号与基准回归结果相一致，但由于外资企业在本国销售少，受本国下游企业议价能力的影响小，省级—下游行业知识产权保护对其出口技术含量影响不显著。

第三，我们揭示出行业生产网络中加强省级知识产权保护对企业出口技术含量差异性影响的渠道。研究表明：(1) 加强省级—上游行业知识产权保护可通过投入品技术渠道提高企业出口技术含量。进口投入品技术含量越高的企业，加强省级—上游行业知识产权保护的促进作用越强。但由于上游议价能力渠道的存在，加强省级—上游行业知识产权保护，对面临越强上游议价能力的行业企业出口技术含量的提升作用越小。(2) 加强省级—水平行业知识产权保护分别通过创新渠道和阻碍技术溢出渠道对中国企业出口技术含量产生混合影响。具体是加强省级—水平行业知识产权保护对创新能力强的企业出口技术含量有着显著的提升作用，但会抑制对技术溢出依赖大的行业中企业出口技术含量的提升。(3) 加强省级—下游行业知识产权保护对面临强的下游议价能力的行业企业出口技术含量产生抑制作用，而对知识吸收能力强的企业出口技术含量有着显著的提升作用。

根据上述主要研究发现，政策建议是：

第一，整体来看，行业生产网络中加强省级知识产权保护能够提升中国企业出口技术含量，在国际贸易摩擦不断加剧、内部劳动力成本不断上升的形势下，中国需要通过加强知识产权保护、提升在行业生产网络内高新技术产品上的出口优势，以期从“贸易大国”向“贸易强国”转型升级。

第二，鉴于行业生产网络中加强省级知识产权保护主要通过上游行业联系提升企业出口技术含量，而通过水平、下游行业联系产生抑制作用，并且行业生产网络中加强省级知识产权保护通过议价能力渠道和阻碍技术溢出渠道等不利于我国企业出口技术含量的提升。为此，在加强知识产权保护的同时，需要对专利注册行为进行规范，避免企业利用专利进行不正当竞争、抑制正常知识流动。同时，需要配合《反垄断法》，消减强化知识产权保护带来的市场控制力乃至垄断效应。2016 年美国公布了修订的《知识产权许可反垄断指南》，增加了大量的案例，为美国反垄断执法机构提供了实践指导。由此，我国将发布的《关于知识产权领域的反垄断指南》，需要借鉴美国等发达国家的经验，为执法机构提供切实可行的指导。

第三，渠道分析表明，行业生产网络中加强省级知识产权保护主要通过投入品技术渠道、创新渠道和知识吸收渠道对企业出口技术含量产生提升作用。据此，我们认为在加强知识产权保护时，应持续推进针对制造业企业进行创新活动和购进高技术进口投入品进行生产活动的税收优惠政策等，通过多项政策配合、协调，以激发企业进行技术升级的动力。与此同时，企业自身也要积极提高“干中学”能力，促进知识和技术溢出的有效吸收和转化，以增加企业出口技术含量，提升中国对外贸易竞争力。

第十章

企业参与垂直分工、创新与中国企业出口产品质量提升[①]

在国际生产网络下，企业参与垂直分工如何通过创新提升中国企业出口产品质量呢？本章基于中国工业企业和海关数据库相匹配的数据，引入创新揭示出中国企业参与垂直分工对其出口产品质量的影响。据此，在国际生产分工网络下，需要激励中国企业积极参与垂直分工，并通过增强企业创新来发挥其对中国企业出口产品质量的提升作用。

第一节 问题提出及文献综述

中国企业在依托资源和人口红利，创造“出口奇迹”的同时，也被冠以“低质量、低价格、低利润”的标签（诸竹君等，2017），因而迫切需要由粗放型的出口增长模式向以质取胜转变。为此，2017 年中共十九大报告提出“必须坚持质量第一”。同年，国务院在《关于开展质量提升行动的指导意见》中提出，“坚持以企业为质量提升主体。”2019 年 11 月 19 日，《中共中央 国务院关于推进贸易高质量发展的指导意见》提出，“大力发展高质量、高技术、高附加

① 本章主要内容参见沈国兵、于欢：“企业参与垂直分工、创新与中国企业出口产品质量提升”，《广东社会科学》2019 年第 6 期。本章已对其做出了修改和完善。

值产品贸易”。2020年11月9日，国家印发《关于推进对外贸易创新发展的实施意见》提出，“优化出口产品结构，提高出口产品质量”。2020年10月29日，中国“十四五”规划建议提出，“推进贸易创新发展，增强对外贸易综合竞争力”。据此，探究如何提升企业出口产品质量就显得尤为重要。

理论上，邱斌等（2012）认为，参与垂直专业化分工（简称垂直分工）的企业能够接近国际技术前沿，由于技术溢出等效应，对一国尤其是发展中国家融入全球经济体系、实现技术进步提供了宝贵机遇。然而，目前中国倡导的是“提高一般贸易、降低加工贸易比重”这一降低企业参与垂直分工程度的政策导向。2015年，中国在《关于构建开放型经济新体制的若干意见》中提出，“提高一般贸易和服务贸易比重，推动加工贸易转型升级”。同年，国务院在《关于加快培育外贸竞争新优势的若干意见》中强调做强一般贸易。由于这一政策导向作用加上劳动力成本上升和国际市场需求的变化，中国加工贸易进出口的下降使得企业参与垂直分工程度（VSS）也由2000年的0.48下降至2013年的0.27（沈国兵、于欢，2017）。2019年11月19日，《中共中央 国务院关于推进贸易高质量发展的指导意见》提出，“做强一般贸易”“强化制造业创新对贸易的支撑作用”。在以企业为主体的垂直分工的国际贸易大浪潮中，中国这一降低企业VSS的政策会对其出口产品质量产生怎样的影响？

由于不同企业在接近国际技术前沿、面对复杂的国外环境时，其本身创新能力有差异，消化吸收国外新技术的能力和效率是不同的，进而在采用国外创新性的方法和技术来提升其出口产品质量时，其提升效果就存在着差异。为此，我们从企业创新的“中介效应”和“调节效应”切入，探究中国企业参与垂直分工对其出口产品质量的影响，以及创新在其中所起到的作用，进而揭示中国企业参与垂直分工影响其出口产品质量的过程中，创新在这一“黑箱”内部的作用机理。

关于参与垂直分工影响企业出口产品质量的相关文献，主要从中间品进口、构建垂直专业化指数和创新中介传导等角度进行研究，具体综述如下：

第一，基于中间品进口视角研究，主要使用BEC－HS对照表[①]识别出中间品，忽视了间接进口、贸易代理商等问题。一是考察中间品进口的直接影响研究。马述忠和吴国杰（2016）、许家云等（2017）采用中国企业微观数据，实证

① Broad Economic Classification（BEC）与Harmonized System编码（HS）对照表。BEC将产品分为消费品、中间品、资本品及未归类产品，海关贸易统计中提供了HS编码，根据BEC－HS编码对照表，可将海关统计的中间品、资本品识别出来。

发现中间品进口能促进中国企业出口产品质量的提升。但是，除了海关记录的中间品进口，还有一部分企业中间品进口是通过贸易代理商等渠道来完成（张杰等，2013；沈国兵和于欢，2017）。据此，使用 BEC - HS 对照表识别中间品有失偏颇。二是关注中间品贸易自由化的影响研究。Bas 和 Strauss - Kahn（2015）、Fan 等（2015）采用中国企业微观数据，证实中间品进口关税的削减会引致中国企业提升其出口产品质量。但是，由于目前很多贸易保护是通过非关税壁垒而非关税来实现的，从贸易自由化角度来研究，可能会忽视非关税壁垒产生的影响（余淼杰和李晋，2015）。

第二，基于垂直专业化指数进行研究，主要从国家、省份和行业层面进行研究，存在加总扭曲，且垂直专业化指数 VSS 的测度比较粗糙。国家层面上，Schott（2004）认为各国参与垂直专业化分工时，与低工资国家相比，高工资国家运用本国的禀赋可以增加其生产的产品质量。省份层面上，贺灿飞和陈航航（2017）基于 2000—2011 年中国海关数据，采用各省区加工贸易占总贸易额比率来测度垂直专业化指数，发现中国各省参与垂直分工直接促进了出口产品质量升级。行业层面上，Nordås（2003）采用 GTAP 数据库，基于 HIY 方法测算了 52 个国家行业层面的垂直专业化指数，发现垂直专业化与基础设施质量之间存在正向相关关系。Operti 和 Barthelemy（2014）采用 1980—2011 年视频游戏行业数据，证实垂直专业化有利于产品的可视性，但可能导致产品质量的下降即产品质量差异化的扩大。但是，上述研究主要从国家或行业层面上进行，忽视了企业异质性，且使用产业内贸易指数、HIY 方法或采用加工贸易占总贸易额比重来测度 VSS，忽视了贸易代理商、间接进口与资本品累积折旧等问题，无法准确测度垂直专业指数。

第三，基于创新中介传导进行研究，本章梳理了相关文献研究，发现主要聚焦于参与垂直分工影响企业创新、创新影响到企业出口产品质量这一渠道。（1）有关参与垂直分工影响创新研究。陈爱贞和刘志彪（2011）、李静和楠玉（2016）证实，参与垂直分工对技术创新会产生不利影响或存在着技术进步的迟滞现象。沈国兵和于欢（2017）发现，中国企业参与垂直分工会抑制其技术创新，尤其是外资加工企业更为明显。（2）关于创新影响企业出口产品质量研究，认为创新可以显著地促进企业出口产品质量的提升。国家层面上，Hove（2010）使用欧盟 11 个成员国 22 个行业数据，发现欧盟成员国之间贸易产品多样性与产品质量提升主要来自技术创新和技术溢出效应。企业层面上，Johansson（2007）、Prajogo 和 Sohal（2006）分别使用瑞典企业数据和澳大利亚 194 家机构的调查数据，发现技术创新能提升出口产品质量。施炳展和邵文波（2014）基于中国企业数据，使用研发支出与投入比重来衡量研发效率，发现研发效率能显著地提升中国企业出口产品质量。

上述文献研究显示，企业参与垂直分工会影响其创新，而企业创新会影响到企业出口产品质量。也就是，创新可能是企业参与垂直分工影响其出口产品质量的中介渠道。与此同时，对于创新水平不同的企业，参与垂直分工对企业的影响可能存在差异，进而对出口产品质量的影响存在不同，即企业创新又承担着“调节效应”角色。据此，我们引入创新变量来检验创新的“中介效应”和“调节效应”。

基于上述文献研究，本章的边际贡献在于：第一，从企业微观层面探究参与垂直分工如何影响企业出口产品质量。与贺灿飞和陈航航（2017）从省级层面、Operti 和 Barthelemy（2014）从行业层面研究垂直专业化对出口产品质量的影响不同，我们基于企业微观视角进行研究，为中国企业出口产品质量提升提供更为细化的研究。第二，与使用 HIY 方法、加工贸易比重、中间品进口视角相比，本章测算的垂直专业化指数更加全面。与 Nordås（2003）、贺灿飞和陈航航（2017）采用 HIY 方法或加工贸易比重测算垂直专业化指数、许家云等（2017）采用中间品进口角度的研究不同，我们基于张杰等（2013）、沈国兵和于欢（2017）的方法，既考虑中间品进口，也考虑了间接中间品进口、通过贸易代理商进口、资本品折旧等问题，在区分不同贸易方式基础上测算出每个企业垂直专业化指数。与 Nordås（2003）测算 VSS 方法、许家云等（2017）利用 BEC－HS 对照表识别中间品进口相比，我们考虑更为全面。第三，引入创新揭示出企业参与垂直分工对其出口产品质量影响的内部作用机理。现有研究直接探讨参与垂直分工对出口产品质量的影响（Operti 和 Barthelemy，2014），或探讨创新对出口产品质量的影响（Johansson，2007；Hove，2010）。不同的是，本章区分创新的“中介效应”和“调节效应”，研究表明，中国企业在参与垂直分工影响其出口产品质量的过程中，创新发挥着积极的“中介效应”，但是中国企业参与垂直分工因企业创新水平不同，对其出口产品质量的调节效应并不稳定。

第二节 理论机制分析

关于理论机制分析的逻辑如图 10－1 所示。一是本章梳理了企业参与垂直分工对其出口产品质量的作用机制，发现既有正向也有负向的影响机制，使得企业参与垂直分工对其出口产品质量的影响方向变得不确定；二是梳理了企业参与垂直分工对其创新的作用机制，同样发现既有正向的影响，也有负向的影响，使得企业参与垂直分工对其创新的影响也不确定；三是梳理了企业创新对其出口产品质量的作用机制，认为创新可以促进企业出口产品质量的提升。本部分通过上述影响机制的梳理，揭示出创新在企业参与垂直分工影响其出口产品质量的过程中起到双重角色。

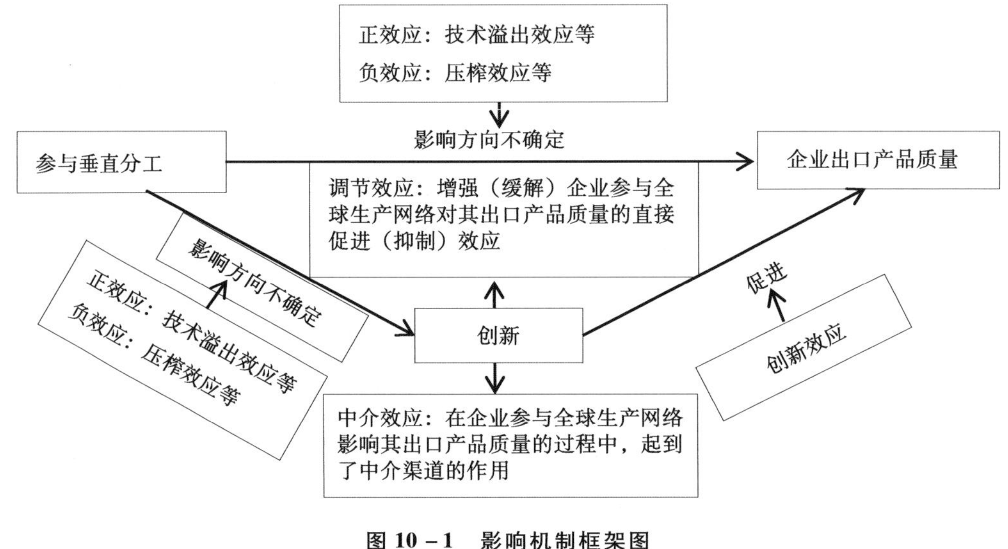

图 10－1 影响机制框架图

资料来源：作者整理绘制。

一、中国企业参与垂直分工对其出口产品质量的作用机制

我们将其正向效应提炼为：（1）技术溢出效应，参与垂直分工的企业会由于“进出口学习效应”提升其出口产品质量；（2）质量转移效应，参与垂直分工的企业通过进口高质量的投入品提升其生产的产品质量（Bas 和 Strauss－Kahn，2015）；（3）种类成本效应，参与垂直分工的企业面临的投入品种类更多，可以通过进口成本较低的产品，使得企业有更多的资金进行产品质量升级；（4）竞争效应，参与垂直分工的企业面临的进出口竞争压力会迫使其提高出口产品质量；（5）制度质量效应，参与垂直分工的企业会由于与国外供应商和消费者之间的契约执行和制度质量影响其出口的产品质量。

同时，我们将其负面效应提炼为：（1）挤出效应，参与垂直分工的企业会挤压国内生产同类投入品的市场份额，最终使得国内无法提供其使用的投入品，只能高价进口国外的投入品，难以有更多的资金进行产品质量的升级。（2）压榨效应，参与垂直分工的企业进口面临被高价剥削，出口面临被低价压榨，难以有利润升级其出口的产品质量。（3）低端锁定和依赖效应，参与垂直分工的企业在谋求产品质量持续提高时，会受到发达国家发包者或跨国公司的限制，将其锁定在低端环节。为了获得出口机会，发展中国家必须进口关键零配件和高端机器设备，导致自主创新能力缺失，陷入进一步依赖进口关键零配件和高端机器设备的路径依赖中（Schmitz，2004），难以有资金提升其出口产品质量。（4）企业自身条件的限制，参与垂直分工的企业自身必须有与进口产品相匹配的吸收能力。据此，参与垂直分工对企业出口产品质量的作用机制既有正向也有负向的效应，影响方向并不确定，需要做进一步检验分析。

二、中国企业参与垂直分工对创新的作用机制

基于沈国兵和于欢（2017）梳理的影响机制，我们可知中国企业参与垂直分工对其创新的影响既有正向的，又有负向的作用机制。由此，中国企业参与垂直分工对其创新的影响方向并不确定，且企业参与垂直分工影响其出口产品质量既有积极效应如技术溢出效应、种类成本效应等，也有消极效应如挤出效应等，这些与企业参与垂直分工影响其创新的效应相类似。为此，上述积极和消极效应如何影响到企业出口产品质量，本章进一步梳理创新影响出口产品质量的机制。

三、中国企业创新对其出口产品质量的影响机制

本章将其影响机制归纳为领导环节、生产环节和销售环节三个方面创新：（1）领导环节的创新将为出口产品质量提升创造有利氛围。一是在组织构成上有所创新。随着时代的发展，企业应在旧的组织构成上有所创新，找到适合其发展的组织模式。二是在战略定位上有所创新。企业应在战略定位上有所创新，准确找到合适的定位，找到针对的客户人群。三是在经营理念及文化上有所创新。企业应以创新作为经营理念及文化的重点，而不是以粗犷的资源投入或价格战作为自己的经营理念和文化。上述领导环节上三个方面的创新将为企业出口产品质量的升级创造有利氛围。（2）生产环节的创新将为出口产品质量提升提供技术支撑。一是中间投入方面创新。企业在零部件和原材料等中间投入的质量性能方面有所创新。二是在资本品方面有所创新。在资本品等技术设备方面有所研发投入，升级机器设备。三是在提升劳动力素质方法上，采用定期培训、专家指导等方式并进行创新。四是在生产工艺上有所创新。企业利用生产工艺将中间投入、

资本和劳动进行系统的创新整合，也可针对生产过程中排放的各种废物进行创新。上述生产过程中四个方面创新为企业出口产品质量提升提供了技术支持。(3) 销售环节的创新。一是在营销方式上有所创新。在日益发达的信息化时代，企业可以通过腾讯QQ、微博、公众号等销售方式的创新开展营销。二是在物流运输方面进行创新，实现与消费者的及时对接。三是在售后服务方面有所创新，在业界树立良好的口碑并拉近与客户之间的距离。上述销售环节上三个方面的创新均会提高企业的利润，使企业有资金进行产品质量升级。

从上述影响机制分析中，我们得出两个命题：

命题1：企业参与垂直分工会通过直接和间接作用机制分别影响到其出口产品质量，但是其综合效应会因正向效应和负面效应而变得不明确。

命题2：企业参与垂直分工会通过对创新的正向、负向作用机制，进而影响到企业出口产品质量，但是企业创新的中介效应是不明确的。

上述分析似乎说明“创新”在中国企业参与垂直分工对其出口产品质量产生影响的过程中，起到了“中介渠道”的作用。此外，若企业参与垂直分工对其出口产品质量直接产生促进（或抑制）效应的同时，创新是否会由于其带来的“创新机制”增强（或缓解）这一促进（或抑制）效应，起到积极的调节作用?

第三节 模型设定、变量选取及数据说明

一、模型构建及变量选取

依据命题1，为探究中国企业参与垂直分工对其出口产品质量的影响，参考许家云等（2017）的研究，我们建立以企业出口产品质量为因变量，以垂直分工为核心解释变量的计量模型。与许家云等（2017）从中间品进口角度探究中间品进口对企业出口产品质量的影响研究不同的是，我们构建垂直专业化指数考虑了间接进口、贸易代理商、资本品折旧等问题，在区分不同企业贸易方式基础上测算出每个企业垂直专业化指数。与从中间品进口角度进行的研究相比，考虑较为全面。具体计量模型设定如下：

$$QLY_{it} = \beta_0 + \beta_1 VSS_{it} + X_{it}\delta + \eta_s + \eta_h + \eta_o + \eta_t + \varepsilon_{it} \quad (10-1)$$

其中，被解释变量 QLY_{it} 为第 t 年企业 i 出口产品质量，是先计算出来每一种产品 i 的质量，再按照产品出口份额加权到企业层面，得到企业层面出口产品质量。解释变量 VSS_{it} 表示该企业参与垂直分工程度，即垂直专业化指数。为了控制其他因素的影响，模型（10-1）还加入影响出口产品质量的企业水平控制变量向量 X_{it}。β_0、β_1 为变量系数；δ 是控制变量向量系数；η_s、η_h、η_o 和 η_t 分别为省份 s、行业 h、所有制 o 和年份 t 的固定效应；ε_{it} 是随机扰动项。

（一）被解释变量：企业出口产品质量（QLY_{it}）

参考施炳展和邵文波（2014）、许家云等（2017）的研究，我们采用需求信息回归推断法来测算出口产品质量，并将其按照出口份额加权至企业水平。在测算过程中，主要做了四个方面工作：一是借鉴马述忠和吴国杰（2016）的研究，采用出口目的国的消费价格指数（CPI）和国内生产总值（GDP）作为目的国物价和支出代理变量，这比施炳展和邵文波（2014）、许家云等（2017）采用进口国和时间二维虚拟变量来控制变得更加目标具体化。二是借鉴 Broda 和 Weinstein（2006）估计的中国 HS 2 分位行业层面的弹性作为替代弹性指标，这比孙楚仁等（2014）使用一个固定常数值作为替代弹性更能反映行业产品差异。其三，参考 Khandelwal（2010），加入出口企业所在省份的市场规模变量，以此控制产品多样化对企业出口产品质量的影响。其四，选择企业在除了出口目的国之外的其他市场出口产品的平均价格作为该企业在该市场出口价格的工具变量，以解决测算出口产品质量过程中存在的内生性问题。

（二）核心解释变量：垂直专业化指数（VSS_{it}）

参考张杰等（2013）、沈国兵和于欢（2017）的研究，本章具体计算公式为：

$$VSS_{itk}=\begin{cases}\dfrac{IMP_{it1}^{total}+D_{it1}}{EXP_{it1}}, k=1\\[2ex] \dfrac{IMP_{it2}^{total}\big|_{BEC}+D_{it2}\big|_{BEC}}{Y_{it2}}, k=2\\[2ex] \dfrac{IMP_{it1}^{total}+D_{it1}+\dfrac{IMP_{it2}^{total}\big|_{BEC}+D_{it2}\big|_{BEC}}{Y_{it3}-EXP_{it1}}EXP_{it2}}{EXP_{it3}}, k=3\end{cases} \tag{10-2}$$

其中，k = 1、2 和 3 分别代表加工贸易、一般贸易和混合贸易企业；EXP 和 Y 分别代表企业出口和产出。$IMP_{itk}^{total}=IMP_{itk}^{custom}+IMP_{itk}^{inter}=\frac{IMP_{itk}^{custon}}{(1-\sum_{k=1}^{n}\beta_{kt}INTERATE_{kt})}$，$IMP_{itk}^{total}$ 代表企业中间品进口；IMP_{itk}^{custom} 表示海关记录的企业 i 在 t 时期 k 种贸易方式下的中间品进口额；IMP_{itk}^{inter} 表示企业 i 从贸易代理商手中的间接中间品进口额；D_{itk} 为进口资本品的累积折旧，其计算公式为 $D_{itk}=\sum_{s=1}^{t}\delta\cdot IMPK_{itk}^{total}$，其中 δ 为固定资产折旧率，取值 10.96%；$IMPK_{itk}^{total}$ 为企业 i 在 t 时期 k 种贸易方式下资本品的总进口额，$IMPK_{itk}^{total}=IMPK_{itk}^{custom}+IMPK_{itk}^{inter}$。$IMPK_{itk}^{inter}$ 的计算方法与 IMP_{itk}^{inter} 思路相似。

（三）控制变量

参考文献研究，本章控制了可能影响企业出口产品质量的相关变量：

（1）企业生产率（$lnTFP_{it}$）。由于 2008 年之后中国工业企业数据库缺少中间投入、工业增加值这两个测算 TFP 的关键指标，而本章采用 2000—2010 年中国工业企业和海关数据库匹配的数据，因而我们采用 FE 方法测算企业生产率。

（2）企业规模（$lnSIZ_{it}$）。采用第 t 年企业 i 员工数取对数来衡量企业规模。产品质量的提升需要一定的规模支持，规模越大的企业越有资金进行产品质量升级改进，有能力应对高质量产品生产所带来的各种风险。

（3）企业年龄（$lnAGE_{it}$）。以企业成立时间对数来衡量。企业年限越长，其积累的生产经验越多、学习能力越强，越有能力进行产品质量升级。

（4）企业资本密集度（$lnKD_{it}$）。采用企业人均所占用的固定资产总额来衡量。资本密集度在一定程度上决定了企业的技术水平及对外部技术的消化吸收能力，资本密集度高的企业往往技术水平较高，消化吸收先进技术进而提升企业出口产品质量的能力也较高。

（5）企业利润率（$lnPROF_{it}$）。采用企业利润额占其销售额的比值加 1 取对数来衡量，利润率越高的企业，越有资金进行产品质量的升级。

（6）企业融资约束（$lnFIN_{it}$）。采用企业利息支出与固定资产比值取对数来测度，该值越大表明企业面临的融资约束程度越小，越有能力进行产品质量升级改进。

（7）行业竞争程度（$lnHHI_{iht}$）。采用企业 i 所在的两位数行业 h 计算的赫芬达尔—赫希曼指数来衡量，用来控制市场竞争程度对企业出口产品质量的影响。

（8）出口目的地人均 GDP（$lnFGDP_{ijt}$）。高质量产品定价较高，人均 GDP

越高的国家 j，越有能力购买高质量的产品，因而加入企业 i 出口目的地国 j 人均 GDP 作为控制变量。

（9）出口目的地人口（$\ln FPOP_{ijt}$）。人口越大，代表市场规模越大，企业 i 在出口市场规模越大的地区 j 可以节省产品销售成本，增加企业面临的需求，吸引生产高质量产品的企业进入。

（10）出口目的地距离（$\ln DIS_{ij}$）。运输高质量产品的成本与地理距离呈反比，企业 i 与出口目的地 j 的距离越远则相对成本越低，从而出口产品质量越高（Hummels 和 Skiba，2004；王永进和施炳展，2014）。

上述控制变量中，出口目的地人均 GDP、出口目的地人口和出口目的地距离均采用企业首次出口到目的地的出口份额进行加权，得到企业层面出口目的地的上述指标。此外，我们还加入了企业所在省份、行业、所有制和时间等固定效应：η_s、η_h、η_o 和 η_t，用来捕捉所有随时间不变的省份、行业、所有制特征，以及宏观上随时间变化的经济冲击。囿于样本中企业数量太多，回归中无法再控制企业的个体效应，而且我们已控制了企业层面的控制变量 X_{it}，以及企业所在的省份、行业、所有制和年份的固定效应。所以，可以认为已极大地控制了企业的个体效应，进而可探究中国企业参与垂直分工对其出口产品质量的影响。

二、数据来源说明

本章采用的是中国工业企业和海关数据库匹配的数据。由于 2011—2013 年的中国工业企业数据库中缺少新产品产值这一关键变量，因而使用 2000—2010 年的数据。在测算企业出口产品质量、垂直专业化指数等指标时，需要使用中国海关贸易数据库，本章对该数据库原始数据进行了如下处理：一是将月度数据按照企业名称、产品 HS 6 分位码、贸易类型和出口目的地国加总到年度数据；二是剔除企业名称、产品 HS 代码信息缺失的样本；三是剔除交易额小于 50 美元或交易数量小于 1 的样本，以剔除非常规性交易的影响；四是剔除样本中贸易类型缺失的样本，并按照贸易类型，删除一般贸易、来料加工、进料加工之外的数据。此外，本章在测算企业出口产品质量时，采用的出口目的地国 GDP、CPI 等经济指标数据来源于 IMF 数据库，企业所在省份的 GDP 指标来源于中国国家统计局。我们在测算企业垂直专业化指数时，需要用到直接进口的中间品和资本品的数据，我们使用来自联合国统计局的 BEC – HS 对照表，根据 BEC 分类标准对产品种类的划分，找到对应的直接进口的中间品和资本品数据。

控制变量数据主要来自中国工业企业数据库，并对原始数据进行如下处理：一是剔除掉信息损失样本，包括缺少企业代码、贸易方式、工业总产值等信息的数据；二是删除与本章研究相关的变量中赋值明显不合理的样本，如产出为负值、总资产小于固定资产或流动资产、固定资产净值高于总资产、出口额超过工业销售总额的企业等；三是仅保留营业状态的企业，并将成立时间无效的企业样本剔除；四是统一了2003年和2012年前后两分位行业的统计口径。此外，企业出口到目的地国的人均GDP数据、人口数据来自世界银行数据库，企业出口到目的地国的距离来自CEPII双边引力数据库。

本章重点是探究企业参与垂直分工、创新与中国企业出口产品质量提升的关系，我们将上述用于计算企业出口产品质量、垂直专业化指数的海关数据与含有企业信息的工业企业数据按照企业中文名称匹配起来，进行相关经验分析。

第四节 企业参与垂直分工对其出口产品质量的直接效应：经验分析

一、变量统计描述

本章先对模型回归中的变量数值特征做出统计性描述分析。依据表10-1，因变量企业出口产品质量（QLY_{it}）的数值是介于0到1之间，因而是一个受限的因变量。核心解释变量垂直专业化指数（VSS_{it}）的数值也介于0到1之间，观察次数中有0.33%的数值为0。其他控制变量都是非零的变量，为消除变量因自身数值变动较大带来的异方差问题，我们对这些控制变量做了自然对数化处理。

表10-1 变量数值统计描述

变量	观察数	均值	标准差	最小值	最大值
QLY	211674	0.749	0.138	0	1
VSS	211674	0.330	0.360	0	1
lnTFP	204990	6.600	1.185	-4.437	13.261
lnSIZ	211643	5.474	1.170	0.693	12.201
lnAGE	209640	1.852	1.075	-9.011	7.597
lnKD	211059	3.799	1.434	-6.116	15.450
lnHHI	211674	-6.375	0.953	-8.542	-0.619

续表

变量	观察数	均值	标准差	最小值	最大值
lnPROF	190446	0.024	0.157	-7.385	7.830
lnFIN	210947	0.037	0.127	-5.190	7.530
lnFGDP	181387	9.731	1.266	-7.368	11.481
lnFPOP	181417	5.585	2.079	-10.999	9.980
lnDIS	181044	7.828	1.286	-10.230	9.858

资料来源：具体变量资料来源参见前述“第三节模型设定、变量选取及数据说明”。这里为简化省略下标。

二、回归方法选择

如表 10-2 所示，考虑到企业出口产品质量是一个介于 0 到 1 之间的受限因变量，本章采用面板 Tobit 模型进行回归检验。尽管在计量模型中控制了与企业自身特征相关的一系列控制变量，但由于三个原因，仍可能存在内生性问题。一是遗漏变量。如企业实施的质量战略偏好等，这种战略偏好不可测度，但该因素会影响到企业出口产品质量。二是因变量对自变量可能的反向影响。参与垂直分工会影响到企业出口产品质量，而出口产品质量较高的企业可能更倾向于融入全球生产网络中，使得自身参与垂直分工的程度较深。三是因变量与控制变量可能也存在反向影响。控制变量如企业生产率、企业规模等也可能是内生的。企业出口产品质量越高，其盈利就越强，就越有资金来提高生产率、扩大企业规模。因此，我们需要对内生性问题进行处理。

关于内生性问题的解决，参考唐东波（2012）、沈国兵和于欢（2017），我们选用进口依存度（IMP）即进口额占总产值的比值取对数作为企业垂直专业化指数的工具变量，并针对 IMP 作为工具变量的有效性做了两个检验。一是对使用 2SLS 模型进行了检验，Kleibergen - Paap LM χ^2 统计量和 Kleibergen - Paap Wald F 统计量均支持本章使用的工具变量是合理的；二是对使用 IV Tobit 模型进行弱工具变量检验，Stata13 的命令为 weakiv，Wald 外生性排除检验拒绝原假设，表明 VSS 是内生的，同时弱工具变量的稳健性检验也拒绝原假设，表明不存在“弱工具变量”问题。由此，我们使用 IMP 作为 VSS 的工具变量是适合的。此外，我们还采用 Upward 等（2013）[①] 测算垂直专业化指数的方法对企业参与垂直分工的程度进行了重新测算，并使用该 VSS 做了稳健性回归检验。

三、经验结果分析

回归结果如表 10 -2 所示，列（1）至列（5）采用的垂直专业化指数（VSS）是参照沈国兵和于欢（2017）方法测算而得，列（6）至列（10）采用的垂直专业化指数（VSS_{UD}）是参照 Upward 等（2013）方法测算而得。由于当期垂直专业化分工对当期出口产品质量的影响可能存在着滞后性，即企业参与垂直分工可能存在技术进步的迟滞现象（李静和楠玉，2016），并且考虑到企业出口产品质量可能的反向影响。据此，本章将解释变量滞后一期、使用面板 Tobit 模型进行回归，结果见列（1）与列（6）、列（3）与列（8）、列（5）与列（10）。这里的列（2）至列（5）、列（7）至列（10）都是采用进口依存度（IMP）作为企业参与垂直分工的工具变量来解决内生性问题之后进行回归的结果。从表 10 -2 可知，虽然列（1）至列（10）采用了不同的回归方法，且企业参与垂直分工产生的边际效应发生了一定程度的变化，但是其回归系数都呈统计上显著的正向影响的，因而中国企业参与垂直分工对其出口产品质量产生了显著的促进作用。据此，上述回归结果表明，目前中国企业参与垂直分工直接促进了其出口产品质量的提升。这验证了命题 1 中的直接作用机制。

对此结果可能的解释是：中国企业在参与垂直分工中，会由于技术溢出效应、种类成本效应、质量转移效应、规模效应等积极效应，超过了压榨效应、低端锁定与依赖效应等负面效应，使得其出口产品质量获益。该结论表明，中国当前做强一般贸易、降低加工贸易比重这一政策导向与“质量强国”战略这两者存在着一定的冲突。加工贸易是中国企业参与垂直分工的重要途径，由于我国目前提倡提高一般贸易比重、降低加工贸易比重这一政策导向，加上劳动力成本上升及国际市场需求的变化，中国企业参与垂直分工的程度在 2000—2006 年间逐渐下降（张杰等，2013）。中国当前提高一般贸易比重、降低加工贸易比重这一政策导向必须兼顾“质量强国”战略，要重视这两大政策实施时的协同。

如表 10 -2 所示，除了解释变量之外，控制变量的经济含义是：企业生产率（lnTFP）的回归系数统计上都显著为正，说明生产率越高的企业，其出口产品

---

① 与张杰等（2013）、沈国兵和于欢（2017）研究不同的是，Upward 等（2013）在区分加工贸易、一般贸易和混合贸易后，其测算未考虑间接进口、贸易代理商和资本折旧等问题，尽管如此，本章仍采用其垂直专业化指数进行稳健性检验。

质量越高。企业规模（lnSIZ）的系数也显著为正，说明企业规模越大，越有能力应对高质量产品生产中的高昂投入和面临的风险，进而提升出口产品质量。企业年龄（lnAGE）对其出口产品质量的影响不稳定。企业资本密集度（lnKD）统计上显著为正，其越高的企业，技术水平较高，相应地其出口产品质量也越高。滞后一期的赫芬达尔指数（lnHHI）在统计上显著为负，说明市场集中度越高，垄断程度越高，对企业出口产品质量存在显著的不利影响，而激烈的竞争会促进企业出口产品质量提升。企业利润（lnPROF）统计上显著为正，说明利润越高，该企业出口产品质量越高。企业融资约束（lnFIN）在统计上影响不显著。出口目的地国人均收入（lnFGDP）在采用 Tobit 模型和 IVTobit 模型进行回归的系数统计上都显著为正，说明企业出口到高收入国家会对其出口产品质量产生促进作用。出口目的地国人口（lnFPOP）回归系数基本上显著为正，说明目的地国人口越多，对高质量产品的需求越大，会激励企业生产和出口更多高质量的产品。出口目的地国距离（lnDIS）的系数符号在样本回归中并不稳定。

表 10－2　中国企业参与垂直分工对其出口产品质量的影响：回归结果

因变量：QLY_{it}	(1)	(2)	(3)	(4)	(5)	(6)	(7)	(8)	(9)	(10)
	Tobit 滞后一期	2SLS	2SLS 滞后一期	IVTobit	IVTobit 滞后一期	Tobit 滞后一期	2SLS	2SLS 滞后一期	IVTobit	IVTobit 滞后一期
VSS	0.005***	0.139***	0.062***	0.084***	0.065***					
	(0.001)	(0.004)	(0.005)	(0.002)	(0.002)					
VSS_{UD}						0.004***	0.142***	0.064***	0.086***	0.067***
						(0.001)	(0.005)	(0.005)	(0.002)	(0.002)
lnTFP	0.005***	0.011***	0.004***	0.009***	0.008***	0.005***	0.011***	0.004***	0.009***	0.008***
	(0.0004)	(0.0005)	(0.001)	(0.0004)	(0.0005)	(0.0004)	(0.0005)	(0.001)	(0.0004)	(0.0005)
lnSIZ	0.023***	0.023***	0.018***	0.025***	0.025***	0.023***	0.024***	0.018***	0.025***	0.025***
	(0.001)	(0.001)	(0.001)	(0.0004)	(0.0004)	(0.001)	(0.001)	(0.001)	(0.0004)	(0.0004)
lnAGE	-0.001***	0.004***	0.001	0.003***	-0.001**	-0.001***	0.004***	0.001	0.004***	-0.001**
	(0.0004)	(0.001)	(0.0005)	(0.0004)	(0.0004)	(0.0004)	(0.001)	(0.0005)	(0.0004)	(0.0004)
lnKD	0.005***	0.004***	0.004***	0.002***	0.004***	0.005***	0.004***	0.004***	0.002***	0.004***
	(0.0004)	(0.001)	(0.001)	(0.0003)	(0.0004)	(0.0004)	(0.001)	(0.001)	(0.0003)	(0.0004)
lnHHI	-0.003***	-0.001	-0.002**	-0.001	-0.003***	-0.003***	-0.001	-0.002**	-0.001	-0.003***
	(0.001)	(0.001)	(0.001)	(0.001)	(0.001)	(0.001)	(0.001)	(0.001)	(0.001)	(0.001)

续表

因变量：QLY_{it}	(1) Tobit滞后一期	(2) 2SLS	(3) 2SLS滞后一期	(4) IVTobit	(5) IVTobit滞后一期	(6) Tobit滞后一期	(7) 2SLS	(8) 2SLS滞后一期	(9) IVTobit	(10) IVTobit滞后一期
lnPROF	0.008***	0.027***	0.011***	0.019***	0.009**	0.008***	0.027***	0.011***	0.019***	0.009***
	(0.003)	(0.003)	(0.004)	(0.003)	(0.003)	(0.003)	(0.003)	(0.004)	(0.003)	(0.003)
lnFIN	0.0002	0.004	0.002	0.006**	−0.002	0.0002	0.004	0.002	0.006**	−0.002
	(0.003)	(0.002)	(0.003)	(0.003)	(0.004)	(0.003)	(0.002)	(0.003)	(0.003)	(0.004)
lnFGDP	0.003***	−0.001	−0.003	0.006***	0.007***	0.003***	−0.001	−0.003	0.006***	0.007***
	(0.001)	(0.001)	(0.002)	(0.0005)	(0.001)	(0.001)	(0.001)	(0.002)	(0.0005)	(0.001)
lnFPOP	0.0002	0.003***	0.0002	0.002***	0.001***	0.0002	0.003***	0.0002	0.002***	0.001***
	(0.0003)	(0.001)	(0.001)	(0.0002)	(0.0002)	(0.0003)	(0.001)	(0.001)	(0.0002)	(0.0002)
lnDIS	−0.002***	0.002*	0.00004	0.002***	0.0003	−0.002***	0.002*	0.00004	0.003***	0.0004
	(0.001)	(0.001)	(0.001)	(0.0004)	(0.0005)	(0.001)	(0.001)	(0.001)	(0.0004)	(0.0005)
_cons	0.575***			0.374***	0.491***	0.575***			0.372***	0.492***
	(0.083)			(0.124)	(0.066)	(0.083)			(0.124)	(0.066)
K－P LM 值		6535.4	3956.9				6521.4	3924.7		
K－P Wald F 值		7686.7	4564.8				7644.4	4508.1		
省份固定效应	是	是	是	是	是	是	是	是	是	
行业固定效应	是	是	是	是	是	是	是	是	是	
所有制效应	是	是	是	是	是	是	是	是	是	
年份固定效应	是	是	是	是	是	是	是	是	是	
观察数	88963	121490	80438	135716	88962	88963	121490	80438	135716	

第一阶段回归

	(1)	(2)	(3)	(4)	(5)	(6)	(7)	(8)	(9)	(10)
lnIMP		0.057***	0.064***				0.056***	0.062***		
		(0.001)	(0.001)				(0.001)	(0.001)		

注：(1) ***、**、* 分别代表在1%、5%、10%统计水平下显著；(2) 括号内为标准误；(3) 第一阶段回归是专指对应的2SLS回归而言的；(4) 为简化省略下标。

资料来源：参见前述“第三节模型设定、变量选取及数据说明”。

第五节　企业参与垂直分工通过创新对其出口产品质量的中介效应和调节效应

一、创新的"中介效应"和"调节效应"检验：模型设定

根据命题2，为探究中国企业参与垂直分工通过创新对其出口产品质量的影响，我们构建出企业创新的中介效应模型。中介变量是自变量对因变量发生影响的中介传导，代表一种内部机制，通过这种内部机制来揭示出自变量对因变量的作用。中国企业参与垂直分工与其出口产品质量不是直接的因果链关系，而是通过中介变量企业创新间接产生影响，我们称企业创新（INNO）为中介变量。中国企业参与垂直分工（VSS）通过企业创新（INNO）对其出口产品质量（QLY）产生的间接影响即为中介效应。本章借鉴钱雪松等（2015）、甄红线等（2015）提出的中介效应检验程序，构建以下递归模型进行实证检验。在检验前，将所有变量进行中心化处理（使变量的均值近似为0），中心化处理后的变量用"c_变量"表示。

$$c\_QLY_{it} = \alpha_0 + \beta_1 c\_VSS_{it} + c\_X_{it}\delta + \eta_s + \eta_h + \eta_o + \eta_t + \varepsilon_{it} \quad (10-3)$$

$$c\_INNO_{it} = \alpha_0 + \beta_2 c\_VSS_{it} + c\_X_{it}\delta + \eta_s + \eta_h + \eta_o + \eta_t + \epsilon_{it} \quad (10-4)$$

$$c\_QLY_{it} = \alpha_0 + \beta_3 c\_VSS_{it} + \beta_4 c\_INNO_{it} + c\_X_{it}\delta + \eta_s + \eta_h + \eta_o + \eta_t + \varrho_{it} \quad (10-5)$$

上述模型（10－3）、模型（10－4）和模型（10－5）中，$INNO_{it}$ 代表中介变量"企业创新"；X_{it} 为企业水平的一系列控制变量，其余变量含义与模型（10－1）中一样。

为检验企业创新在企业参与垂直分工影响其出口产品质量中的调节作用，我们构建出模型（10－6）：

$$c\_QLY_{it} = \alpha_0 + \beta_5 c\_VSS_{it} + \beta_6 c\_INNO_{it} + \beta_7 c\_VSS_{it} \times c\_INNO_{it} + c\_X_{it}\delta + \eta_s + \eta_h + \eta_o + \eta_t + \tau_{it} \quad (10-6)$$

关于计量模型（10－3）、模型（10－5）和模型（10－6）的因变量企业出口产品质量 c_QLY_{it} 的测算方法是与计量模型（10－1）中的测算方法相一致。我们采用需求信息推断法来测算，且控制变量与式（10－1）相一致，均加入了企业生产率（lnTFP）、企业规模（lnSIZ）、企业年龄（lnAGE）、企业资本

密集度（lnKD）、企业利润率（lnPROF）、企业融资约束（lnFIN）、竞争程度（lnHHI）、出口目的地的人均 GDP（lnFGDP）、出口目的地的人口（lnFPOP）和出口目的地距离（lnDIS）等控制变量。

关于计量模型（10－4）、模型（10－5）和模型（10－6）中的企业创新这一指标的测度，我们使用企业新产品产出密度（即企业新产品产值与该年企业固定资产的比值加 1 取自然对数）来测度。关于计量模型（10－4）中控制变量的选取，因为因变量为企业创新，我们控制了可能影响企业创新的相关变量：（1）生产率高的企业越有能力进行研发创新（企业生产率）。（2）企业规模越大，由于规模经济，企业就越有可能获得创新所具备的各种条件，同时更有能力应对创新所带来的各种风险（企业规模）。（3）企业在不同阶段所采取的研发投入战略会存在差异（企业年龄）。（4）企业资本密集度在一定程度上代表了一个企业的技术能力，资本密集度越高，其技术创新能力越强（企业资本密集度）。（5）利润率越高的企业越有资金进行创新（企业利润率）。（6）企业融资约束的值越大表明企业所面临的融资约束程度越小，越有资金进行研发创新（企业融资约束）。（7）竞争会促使企业进行研发创新（行业竞争程度）。上述控制变量的测算方法是与计量模型（10－1）中的相一致，具体参见前述“第三节模型设定、变量选取及数据说明”。

具体回归检验共分为三步：第一步，对模型（10－3）进行回归。检验企业参与垂直分工（c_VSS）对企业出口产品质量（c_QLY）的回归系数 β_1 是否统计上显著。如果显著，则进行第二步，否则停止检验。第二步，对模型（10－4）进行回归。检验企业参与垂直分工（c_VSS）对中介变量企业创新（c_INNO）的回归系数 β_2 是否统计上显著。第三步，对模型（10－5）进行回归。检验中介变量（c_INNO）对企业出口产品质量（c_QLY）的回归系数 β_4 是否统计上显著，并结合第二步中观察的回归系数 β_2 的显著情况进行判定。若 β_2、β_4 均显著，再看企业参与垂直分工（c_VSS）对企业出口产品质量（c_QLY）的回归系数 β_3 是否统计上显著。若 β_3 不显著，说明存在完全中介效应；若 β_3 显著，说明存在部分中介效应；若 β_2、β_4 只有一个显著，则要进行 Sobel 检验，其检验统计量 $Z = \beta_2\beta_4 / \sqrt{{\beta_2}^2 \times S_{\beta_2}^2 + {\beta_4}^2 \times S_{\beta_4}^2}$。其中，$S_{\beta_2}^2$、$S_{\beta_4}^2$ 分别为系数 β_2、β_4 的方差。若 Z 通过检验，则存在中介效应；反之，则不存在。

二、基于创新的中介效应和调节效应的回归结果分析

我们对因变量中国企业出口产品质量（c_QLY）与中介变量企业创新（c_INNO）、核心自变量中国企业参与垂直分工（c_VSS）之间做 Sobel－Goodman 中介效应检验，发现企业创新的中介效应在统计上是显著的。类似地，我们以 Upward 等（2013）方法测算的垂直专业化指数（ c_VSS_{UDit} ）替代 c_VSS 后做 Sobel - Goodman 中介效应检验，也发现企业创新的中介效应在统计上是显著的。据此，我们按照计量模型（10 - 3）、模型（10 - 4）、模型（10 - 5）和模型（10 - 6）分别进行中介效应和调节效应的实证检验。其中，前三步是检验创新的“中介效应”，第四步是检验创新的“调节效应”。

表 10 - 3 是采用固定效应 FE 进行回归的结果，表 10 - 4 是采用进口依存度作为垂直分工的工具变量，解决内生性问题后的回归结果。表 10 - 3 和表 10 - 4 中的列（1）至列（4）关于垂直专业化指数的测算方法采用沈国兵和于欢（2017）的算法，列（5）至列（8）是采用 Upward 等（2013）方法测算的垂直专业化指数（ c_VSS_{UDit} ）进行稳健性检验的结果。

表 10 - 3　　中介效应和调节效应检验的回归结果（FE）

因变量	c_QLY_{it} 第一步 (1)	c_INNO_{it} 第二步 (2)	c_QLY_{it} 第三步 (3)	c_QLY_{it} 第四步 (4)	c_QLY_{it} 第一步 (5)	c_INNO_{it} 第二步 (6)	c_QLY_{it} 第三步 (7)	c_QLY_{it} 第四步 (8)
c_VSS_{it}	0.003***	0.013***	0.002**	0.002**				
	(0.001)	(0.003)	(0.001)	(0.001)				
c_VSS_{UDit}					0.002**	0.013***	0.001	0.001
					(0.001)	(0.003)	(0.001)	(0.001)
c_INNO_{it}			0.004***	0.004***			0.004***	0.004***
			(0.001)	(0.001)			(0.001)	(0.001)
$c\_VSS_{it} \times c\_INNO_{it}$				0.004*				
				(0.002)				
$c\_VSS_{UDit} \times c\_INNO_{it}$								0.005*
								(0.002)
控制变量	是	是	是	是	是	是	是	是
省份固定效应	是	是	是	是	是	是	是	是
行业固定效应	是	是	是	是	是	是	是	是
所有制效应	是	是	是	是	是	是	是	是
年份固定效应	是	是	是	是	是	是	是	是
观察数	135718	154024	130447	130447	135718	154024	130447	130447

注：（1）***、**、* 分别代表在 1%、5%、10% 统计水平下显著；（2）括号内为标准误。

资料来源：参见前述“第三节模型设定、变量选取及数据说明”。

表 10－4　　中介效应和调节效应检验的回归结果（2SLS）

因变量	c_QLY_{it} 第一步 (1)	c_INNO_{it} 第二步 (2)	c_QLY_{it} 第三步 (3)	c_QLY_{it} 第四步 (4)	c_QLY_{it} 第一步 (5)	c_INNO_{it} 第二步 (6)	c_QLY_{it} 第三步 (7)	c_QLY_{it} 第四步 (8)
c_VSS_{it}	0.139*** (0.004)	0.021** (0.010)	0.138*** (0.004)	0.138*** (0.004)				
c_VSS_{UDit}					0.142*** (0.005)	0.021** (0.011)	0.141*** (0.005)	0.141*** (0.005)
c_INNO_{it}			0.003*** (0.001)	0.003*** (0.001)			0.003*** (0.001)	0.003*** (0.001)
$c\_VSS_{it}\times c\_INNO_{it}$				0.002 (0.004)				
$c\_VSS_{UDit}\times c\_INNO_{it}$								0.003 (0.004)
控制变量	是	是	是	是	是	是	是	是
K－P LM 值	6535.4	7252.7	6273.9	6275.4	6521.4	7225.7	6264.7	6266.1
K－P Wald F 值	7686.7	8576.2	7384.7	7387.2	7644.4	8507	7349.2	7351.8
省份固定效应	是	是	是	是	是	是	是	是
行业固定效应	是	是	是	是	是	是	是	是
所有制效应	是	是	是	是	是	是	是	是
年份固定效应	是	是	是	是	是	是	是	是
观察数	121490	140603	117007	117007	121490	140603	117007	117007
第一阶段回归								
$lnIMP_{it}$	0.057*** (0.001)	0.058*** (0.001)	0.058*** (0.001)	0.058*** (0.001)	0.056*** (0.001)	0.057*** (0.001)	0.057*** (0.001)	0.057*** (0.001)

注：(1) ***、**、* 分别代表在1%、5%、10%统计水平下显著；(2) 括号内为标准误。

资料来源：参见前述“第三节模型设定、变量选取及数据说明”。

中介效应检验：参照表 10－3 列（1）的回归结果，在加入影响企业出口产品质量（c_QLY）的控制变量，并控制省份、行业、所有制和年份固定效应后，企业参与垂直分工（c_VSS）对企业出口产品质量（c_QLY）具有统计上显著的正向影响，说明中国企业参与垂直分工对其出口产品质量产生了显著促进作用。参照列（2）和列（3）的回归结果，其影响系数 $\widehat{\beta}_2$、$\widehat{\beta}_3$ 和 $\widehat{\beta}_4$ 在统计上均显著为正，说明满足中介效应检验的第二步，存在部分中介效应。并且，影响系数 $\widehat{\beta}_2\times\widehat{\beta}_4$

在统计上也显著为正，说明存在部分正向的中介效应。类似地，列（5）至列（7）同样可得出企业创新产生了正向的中介效应。

调节效应检验：如表 10－3 所示，参照列（4）和列（8）的回归结果，企业参与垂直分工与企业创新的交互项产生统计上显著的正向影响，说明企业创新存在积极的调节效应，企业创新越强，越能增强企业参与垂直分工对其出口产品质量产生积极的促进作用。

据此，我们验证了命题 1 和命题 2 中的企业参与垂直分工对其出口产品质量的直接作用机制和间接中介效应作用机制，以及调节效应机制。

进一步地，我们采用进口依存度作为垂直分工的工具变量，解决内生性问题之后的回归结果如表 10－4 所示。将表 10－4 的回归结果与表 10－3 的结果做比较发现，虽然变量回归的系数有所不同，但是其回归系数的符号和显著性基本上是与表 10－3 的回归结果相类同的。具体结果是，中国企业参与垂直分工对其出口产品质量产生了直接促进作用，并且通过企业创新产生显著促进的中介效应。但是，表 10－4 中的企业参与垂直分工与企业创新的交互项统计上变得不显著。据此，中国企业参与垂直分工通过企业创新这一正向的中介渠道，间接地对其出口产品质量产生了有利的促进作用。不过，中国企业参与垂直分工会因企业创新的不同，对其出口产品质量的调节效应并不稳定。

第六节 主要结论及政策建议

基于中国工业企业数据库与海关数据库相匹配的数据，本章引入企业创新来尝试揭示出企业参与垂直分工对其出口产品质量的影响。在一定程度上，本章厘清了企业参与垂直分工、创新与中国企业出口产品质量之间的内在关系，并得到以下主要结论：

第一，中国企业参与垂直分工会促进其出口产品质量提升。在使用 Tobit 模型及滞后一期，并采用进口依存度作为垂直分工的工具变量，基于 2SLS 和面板 IVTobit 模型等多种回归检验后，证实中国企业参与垂直分工会由于技术溢出、种类成本、规模效应等积极效应强于低端锁定等负面效应，使得对其出口产品质量产生了显著的促进作用。

第二，引入企业创新后，本章揭示出中国企业参与垂直分工促进其出口产品质量提升的内部作用机制。实证表明，创新在企业参与垂直分工与企业出口产品质量之间发挥着积极的“中介效应”作用。具体是，中国企业参与垂直分工对其出口产品质量产生直接促进作用的同时，并通过企业创新这一中介渠道，对其出口产品质量产生了显著促进的中介效应作用。不过，中国企业参与垂直分工会因企业创新水平的不同，对其出口产品质量的调节作用并不稳定。

本章研究对于我们重新审视中国企业参与垂直分工如何影响其出口产品质量提供了有益的参考，据此，提出如下政策建议：

1. 需要激励中国企业积极参与垂直分工来提升其出口产品质量。中国企业参与垂直分工显著促进其出口产品质量的提升，因而继续推进和深化贸易自由化改革、加快上海自由贸易试验区和自由贸易港建设，进一步改善贸易自由化、投资便利化措施，鼓励企业积极参与全球价值链分工，有助于中国企业出口实现由量到质的提高，将对中国企业出口产品质量提升发挥积极的促进作用。

2. 明确创新在中国企业参与垂直分工提升其出口产品质量过程中发挥了更为积极的“中介效应”作用。据此，需要增强企业创新来充分发挥国际生产网络对中国企业出口产品质量的提升作用。一是政府在鼓励企业参与垂直分工提升其出口产品质量时，需要支持和帮助企业开展自主研发活动，如完善科技创新的体制机制、提升创新成果市场转化率等，弱化企业创新由于受到跨国公司和国际买家的牵制、导致我国企业遭受的低端锁定和依赖效应、压榨效应等不利影响。二是通过公共财政支持科研院所大力发展基础创新和应用技术研究，为企业吸收技术外溢对其创新产生的积极影响提供良好的技术支持平台，打破创新资源配置的条块分割，将企业和科研院所之间的创新资源深度融合，实现企业吸收技术外溢后的二次外溢和共同提升。

第十一章

企业互联网化、创新与中国企业出口提升[①]

本章聚焦企业互联网化对中国企业创新及其出口提升的影响问题，使用扩展的 Bustos（2011）模型，在异质性框架下纳入了企业创新和企业互联网化选择行为，并使用中国工业企业数据库、新浪微博数据、谷歌专利数据相匹配的数据，从微观视角揭示出企业互联网化对中国企业创新，进而对中国企业出口的影响。研究认为，政府在鼓励传统制造业企业进行互联网转型时可采取有差别的政策，通过激励企业增加专利投入、增进企业创新能力来提升中国企业的出口。

第一节 问题提出及文献综述

自加入世界贸易组织以来，中国已经历了进出口贸易的快速扩张。然而，随着全球贸易环境的恶化以及国内劳动力成本的大幅上升，传统制造业出口企业的生存环境愈发恶劣，外贸转型升级迫在眉睫。早在 2018 年美国特朗普政府就已拿起关税大棒、肆意破坏国际自由贸易体系。此次新冠疫情更是放大了单边贸易保护主义行为，严重伤害了现有的国际贸易分工格局。过去许多以价格取胜的出口企业生存状况堪忧，而一批具有较强创新能力的出口企业，其国际市场规模在稳步上升。此外，在全球价值链分工背景下，中国企业出口要想沿着价值链高端

① 本章主要内容参见沈国兵、袁征宇（2020a）：“企业互联网化对中国企业创新及出口的影响”，《经济研究》第 1 期。本章已对其做出了修改和完善。

攀升，就必须提高核心出口竞争力。这样，如何增进企业的创新能力，进而提升我国企业出口就成为迫切需要解决的问题。

在高端化和智能化之后，服务化正在成为全球制造业发展的新趋势。制造业服务化有着广泛的内涵。Vandermerwe 和 Rada（1988）率先提出服务化。随着时间的推移，服务化内涵不断发展和丰富。Baines 等（2009）认为，制造业服务化是组织能力和经营过程的一种创新，从单纯销售产品向销售产品加服务体系的转变，能创造更多的价值。在数字经济正成为全球经济增长新动力的背景下，传统企业的生产、运营和销售越来越依赖于互联网。通过将企业内部的业务流程同外部的商务活动结合起来，企业互联网化可降低企业内部沟通和企业同外部沟通的信息交流成本，在不断提高企业组织协调和生产活动效率的同时，激发企业通过互联网化进行创新的意愿。随着互联网同生产、生活的深度融合，传统企业不断提高其互联网化水平已是大势所趋。党的十九大报告曾四次提到互联网内容，提出“推动互联网、大数据、人工智能和实体经济深度融合”，中国“十四五”规划建议明确提出“推动互联网、大数据、人工智能等同各产业深度融合，推动先进制造业集群发展”。2020 年 11 月 9 日，国务院办公厅印发《关于推进对外贸易创新发展的实施意见》提出“加快贸易数字化发展”。由此，企业互联网化对我国企业创新及出口提升的重要性凸显。

有关企业互联网化、创新和中国企业出口的影响因素的研究主要有：

第一，关注贸易与企业创新影响因素研究。在贸易领域内，企业的创新行为同其贸易行为密切相关，主要从三个方面展开：一是贸易流量和跨国分工对企业创新影响研究。Coe 和 Helpman（1995）发现，一国生产率增长不仅依赖于本国的研发资本存量，同时也依赖于贸易伙伴国的研发资本存量。Ernst 和 Kim（2002）认为，全球生产网络在知识的国际扩散中扮演了重要的催化剂作用，企业为了参与到跨国公司主导的供应链网络中，会积极学习提高本身的生产和服务能力，从而满足跨国巨头的供应需求。Arkolakis 等（2018）指出，随着参与跨国生产成本的下降，会出现国家间创新和生产的专业化分工现象。二是贸易自由化和中间品进口对企业创新影响研究。Bustos（2011）研究发现贸易自由化促进了企业在技术升级相关方面的投资。Bloom 等（2016）发现，进口引致的市场竞争显著提高了中国出口企业的创新投入和生产率水平。Chen 等（2017）利用制造业企业数据研究发现，进口引致的知识溢出效应可以降低创新的成本，激励企业创新。三是企业出口行为对其创新影响研究。Lileeva 和 Trefler（2010）研究发现，出口市场规模的扩张会促进企业从事更多的产品创新、采用更多的技术，进而提高劳动生产率水平。Aghion 等（2018）认为，出口对企业的创新存在两种相反的效应，一方面出口引致的市场规模扩张促进了企业创新，另一方面市场竞争的加剧则会抑制企业的创新。

第二，关注企业互联网化降低企业信息成本，提高创新主体的创新能力研究。在一个典型的产品创新过程中，知识和想法是创新过程中最重要的催化剂。早期文献并没有考虑创新的生产过程，他们将创新过程视为给定外生分布下的随机行为。比如，Kortum（1997）构建的内生技术变化模型中，研发人员从一个肥尾的“灵感分布”中不断抽取“想法样本”，进而孕育技术变化以保证持续不断的生产力增长。进一步讲，Lucas（2009）强调作为实际解决问题以及产生新知识的个体本身如何通过人与人之间想法的交换和知识的传播来影响技术变革。在此基础上，Akcigit 等（2018）关注研发投资背后的代表性创新主体是如何产生想法的，在其模型中创新或想法的质量依赖于人力资本的形成，而人力资本的形成依赖于创新主体同外界交换想法的效率。具体来说，创新主体可以通过两个途径提高创新效率，一是提高同外界交换想法的频率（需要付出搜寻成本），二是提高学习外界知识和经验的能力（依赖于个人能力和个人所能获得的信息资源等）。

第三，关注企业互联网化降低企业信息搜寻和复制成本，提升交流和学习在创新过程中的效率研究。Abouzeedan 和 Busler（2007）、Abouzeedan 等（2013）认为，企业互联网化是组织管理上的创新，其实质是服务化投入的一种具体形式，包括强化企业进行经营、生产、创新等活动所需资源的获取能力以及节约相关支出的能力。Goldfarb 和 Tucker（2019）指出，互联网等数字技术能降低五个方面成本，包括搜寻成本、复制成本、运输成本、追踪成本和验证成本。其中，搜寻成本降低能提高双方信息匹配的效率（Dana 和 Orlov，2014；Ellison 和 Ellison，2018）和信息沟通及组织的效率（Garicano，2000；Agrawal 和 Goldfarb，2008）；复制成本降低能提高知识或经验公共品的供给（Lerner 等，2006；Aaltonen 和 Seiler，2015）。根据 2015 年 2 月中国互联网络信息中心发布的《2014 年下半年中国企业互联网应用状况调查报告》统计显示，我国企业使用互联网的主要目的及其统计占比分别为：一是发送和接收电子邮件即通信交流类；二是网上银行即金融服务类；三是与政府机构互动即通信交流类；四是了解商品或服务信息即市场调查类；五是发布信息或即时信息即广告宣传类等。

第四，从微观视角关注企业内部生产经营与互联网等信息技术的融合对企业创新及出口行为的影响研究（Brynjolfsson 和 Hitt，2000；Clarke，2008；施炳展，2016；李兵和李柔，2017；Fan 等，2018）。主要表现在两个方面：一是互联网对企业生产经营和创新活动的影响研究。Koellinger（2008）发现，基于互联网技术的流程和产品创新要比基于传统技术的流程和产品创新对企业绩效的影响更好。Polder 等（2010）、Forman 和 Zeebroeck（2012）也得出类似的结论。Bertschek 等（2013）认为，宽带互联网对企业的劳动生产率没有影响，但对企业的创新活动有着积极显著的影响。Branstetter 等（2018）认为，传统制造业企业通过软件使用可以大幅提高企业进行创新的能力。岳云嵩等（2016）发现，互联网可以显著促进我国企业进口技术复杂度提升，并且这种效应在企业使用互联网之初最为显著。二是互联网作为交易平台对企业创新及出口行为的影响研究。Lendle 和 Vézina（2015）利用 eBay 和世行数据研究发现，eBay 上的企业会向更多的目的地进行出口，并且出口目的地的分布近似于无摩擦贸易情形。这说明 eBay 等在线平台提供的技术让企业更容易出口。岳云嵩和李兵（2018）发现，电子商务平台主要通过提高生产效率、交易匹配效率和降低出口门槛三条路径促进出口。Lendle 等（2016）发现，在线平台技术可以减少因地理距离引起的信息摩擦。Hellmanzik 和 Schmitz（2016）证实信息密集度较高的行业（金融、通信、保险、视听服务等）对互联网上的双边信息流动更为敏感。不过，Blum 和 Goldfarb（2006）、Hortaçsu 等（2009）指出，商品的在线贸易并不能完全消除距离的影响，引力模型依然生效。

基于上述关于企业互联网化的功能和影响研究，本章将企业互联网化界定为企业通过互联网同外界（包括客户、同行及其他主体等）进行双向信息交流，以降低企业内部沟通和企业同外部沟通的信息交流成本，进而提升企业交流效率和学习外界知识和经验能力效率的过程。企业互联网化的功能是降低企业信息交流成本，提升企业在创新过程中的交流和学习效率。相比先前文献，本章边际贡献在于：（1）基于 Bustos（2011）的技术选择模型，引入企业创新选择行为，我们通过数理模型揭示出互联网技术的选择会影响企业创新和出口行为的内在机制。（2）从制造业服务化视角，利用微观数据揭示出企业互联网化对企业创新及其出口的影响，研究发现：企业互联网化对中国企业创新能力产生显著的促进作用，这种促进效应虽然随所有制的不同而存在些差异，但是具有明显的普遍性。（3）三种方式的企业互联网化都对中国企业创新及其出口有着显著的促进效应，且通过企业创新选择行为间接地促进企业出口。具体地，企业互联网化能在一定程度上降低企业进入出口市场的门槛，直接推动企业出口，并且通过企业创新选择行为间接地促进企业出口。对于积极参与互联网化的低生产率企业也很明显。（4）已有文献多使用宽带接入（Bertschek 等，2013）、双向链接网址（Hellmanzik 和 Schmitz，2016）、企业邮箱和网址（李兵和李柔，2017）等指标来衡量企业所处的互联网水平。相比于这些指标，我们通过爬取企业的社交网络数据构建出企业互联网化水平的指标，更贴合当下的互联网应用场景，能够较好地反映出企业内部经营同外部的商业活动与互联网耦合的程度，是对已有互联网指标的一个完善。

第二节 理论模型

我们沿用 Melitz（2003）的异质性企业模型，同时借鉴了 Bustos（2011）的技术选择模型，但与之不同的是，我们做出了两个改进：（1）Bustos（2011）假设企业通过选择不同的技术会直接改变企业的实际生产率水平，没有解释生产技术差异的来源。在我们的模型中，企业不是直接通过技术选择而是通过企业的创新选择行为间接改变企业的实际生产率水平，揭示出企业进行技术选择的内在机制。（2）进一步地，我们借鉴 Akcigit 等（2018）的研究，在企业创新成本函数中引入了交流效率和学习效率概念，认为企业互联网化带来的信息搜寻成本和匹配成本的下降，可以降低企业创新活动的边际成本，提升企业创新。同时，我们进一步探讨了互联网化背景下企业创新行为和出口决策之间的内在影响。

一、消费者

借鉴 Melitz（2003）模型，我们假设典型的消费者对异质性产品的效用函数满足不变替代弹性效用函数（CES）形式：

$$U = \left[\int_{\omega\in\Omega} q(\omega)^{\rho} d\omega\right]^{\frac{1}{\rho}},\ \rho = \frac{\sigma - 1}{\sigma} \tag{11-1}$$

其中，$q(\omega)$ 表示产品 ω 的消费量；σ 为产品 ω 的替代弹性，模型中 $\sigma > 1$。

价格指数设定为：

$$P \equiv \left[\int_{\omega\in\Omega} p(\omega)^{1-\sigma} d\omega\right]^{\frac{1}{1-\sigma}} \tag{11-2}$$

消费者的总收入设定为：

$$R \equiv \int_{\omega\in\Omega} r(\omega) d\omega,\ Q = \frac{R}{P} \tag{11-3}$$

其中，Q 表示总消费量水平。

据此，消费者对产品 ω 的消费量和支出水平可以分别表示为：

$$q(\omega) = Q\left[\frac{p(\omega)}{P}\right]^{-\sigma} \tag{11-4}$$

$$r(\omega) = R\left[\frac{p(\omega)}{P}\right]^{1-\sigma} \tag{11-5}$$

其中，$p(\omega)$ 表示产品 ω 的价格。

二、厂商

参考 Bustos（2011）的研究，企业的总成本由不变的边际成本 $\frac{1}{\varphi}$ 和一次性的固定支出 f 组成，对于不进行互联网化的传统企业 l 来说，总成本函数满足：

$$TC_l = f + \frac{q}{\varphi} \tag{11-6}$$

而进行互联网化的企业 h，其固定支出更高。为此，我们引入一个成本影响因子 η，则总成本函数：

$$TC_h = f\eta + \frac{q}{\varphi} \tag{11-7}$$

其中，f 表示固定成本；φ 代表企业生产率；q 代表产品产量；$\eta > 1$。

与 Bustos（2011）不同的是，在我们的模型中，企业选择互联网化并不会直接影响到企业的生产率水平。从已有文献来看，关于互联网等信息技术对企业生产率的影响主要有两类观点：一派认为存在积极的影响，但依赖于企业自身的吸收能力（Brynjolfsson 和 Hitt，2003；Bloom 等，2016）；另一派认为这种积极影响并不明确（Bertschek 等，2013）。我们对企业微博与企业生产率的关系做出相关性回归检验，结果显示企业互联网化对中国企业生产率的影响既不显著，也不稳健。①

进一步地，我们假设工资 w = 1，则垄断竞争条件下产品定价为：

$$p(\varphi) = \frac{w}{\rho\varphi} = \frac{\sigma}{(\sigma-1)\varphi}$$

对于不选择互联网化的企业，其利润函数可表示为：

$$\pi_l(\varphi) = r(\varphi) - TC(\varphi) = \frac{r(\varphi)}{\sigma} - f = \frac{R\,(P\rho\varphi)^{\sigma-1}}{\sigma} - f \tag{11-8}$$

而对于选择互联网化的企业，其利润函数可表示为：

① 这里实证发现，以企业微博为代表的企业互联网化指标对中国企业生产率的影响既不显著，也不稳健。据此，我们在模型中假设企业选择互联网化并不会直接影响到企业的生产率水平是合适的。这里囿于篇幅，具体回归结果备索。

$$\pi_h(\varphi) = r(\varphi) - TC(\eta,\varphi) = \frac{r(\varphi)}{\sigma} - f\eta = \frac{R\,(P\rho\varphi)^{\sigma-1}}{\sigma} - f\eta \qquad (11-9)$$

三、企业创新选择

参考 Guadalupe 等（2012）的研究，假设企业的创新人力资本投入为 γ，一次成功的创新能够将生产率提升为 $\gamma\varphi$。此时，企业利润函数表示为：

$\pi(\varphi) = R\,(P\rho\gamma\varphi)^{\sigma-1} - f$

不妨设 $\lambda = \gamma^{\sigma-1}$，表示企业创新投入水平（即企业创新质量）。为了在创新成本函数中引入企业互联化活动，我们参考 Akcigit 等（2018）的模型，在他们的模型中，企业创新质量依赖于人力资本质量，而人力资本质量依赖于创新个体的创新效率。具体来看，创新主体可通过两个途径提高创新效率；一是提高同外界交换想法的频率；二是提高学习外界知识和经验的能力。也就是：

$$g = (m_D + m_X)\theta \qquad (11-10)$$

其中，g 表示创新对生产率增长的贡献（即创新质量）；m_D 表示创新个体的交流效率；m_X 表示创新个体学习外界资源的效率；θ 捕捉了创新个体持续产生想法的能力，可视为创新的边际投入成本。

与之不同的是，在我们的模型中，我们假设单位人力资本投入的创新质量（即成功的创新对生产率的促进作用）是外生给定的，即 $g = \lambda$。据此，在我们的模型中，企业创新质量的这种差异反映为成本投入系数 c 的差异，即：

$$\theta = \frac{\lambda}{m_D + m_X} = c\lambda, c = \frac{1}{m_D + m_X} \qquad (11-11)$$

企业互联网化活动能通过降低企业信息搜寻成本和匹配成本，降低企业内部沟通和企业同外部沟通的信息交流成本，进而提升企业交流效率 m_D 和学习效率 m_X。这样，在后面的实证分析中，企业互联网化——以企业微博、企业邮箱和企业主页来代表，恰好可以大大地降低企业信息交流成本和学习成本，提升企业交流效率和学习效率。由此可得：

$$m_D^h > m_D^l, m_X^h > m_X^l \qquad (11-12)$$

其中，h 代表企业参与互联网化；l 代表企业未参与互联网化。

在我们的理论模型中，存在：

$$MC_h(\lambda) = \theta_h = c_h\lambda = \frac{\lambda}{m_D^h + m_X^h}, MC_l(\lambda) = \theta_l = c_l\lambda = \frac{\lambda}{m_D^l + m_X^l} \qquad (11-13)$$

由于 $\frac{\lambda}{m_D^h + m_X^h} < \frac{\lambda}{m_D^l + m_X^l}$，据此，得到：

$$c_h < c_l \qquad (11-14)$$

其中，c_h 表示选择互联网化的企业成本；c_l 表示不选择互联网化的企业成本。

由式（11－14）得到：相较于不选择互联网化的企业，企业选择互联网化带来的信息搜寻成本和匹配成本的下降，使得其进行创新投入活动的成本更低，即 $c_h < c_l$。并且，企业创新成本函数分别满足：

$$C_h(\lambda) = \frac{1}{2}c_h\lambda^2, C_l(\lambda) = \frac{1}{2}c_l\lambda^2, c_h < c_l \tag{11-15}$$

（一）利润最大化条件

结合企业的生产函数，我们可以得到：

$$\pi_l^d(\varphi) = \max_\lambda\left\{\frac{R(P\rho\varphi)^{\sigma-1}\lambda}{\sigma} - f - \frac{1}{2}c_l\lambda^2\right\} \tag{11-16}$$

$$\pi_l^x(\varphi) = \max_\lambda\left\{\frac{(1+n\tau^{1-\sigma})R(P\rho\varphi)^{\sigma-1}\lambda}{\sigma} - f - \frac{1}{2}c_l\lambda^2 - f_e\right\} \tag{11-17}$$

$$\pi_h^d(\varphi) = \max_\lambda\left\{\frac{R(P\rho\varphi)^{\sigma-1}\lambda}{\sigma} - f\eta - \frac{1}{2}c_h\lambda^2\right\} \tag{11-18}$$

$$\pi_h^x(\varphi) = \max_\lambda\left\{\frac{(1+n\tau^{1-\sigma})R(P\rho\varphi)^{\sigma-1}\lambda}{\sigma} - f\eta - \frac{1}{2}c_h\lambda^2 - f_e\right\} \tag{11-19}$$

这里，$f_e > 0, \tau > 1$。其中，x 代表出口；f_e 表示出口固定成本；τ 表示贸易的冰山成本。此外，我们假设世界上存在 n 个对称的出口国，即：

$P_H = P_F = P$，$R_H = R_F = R$。

（二）最优创新投入

对没有选择互联网化的企业而言，其关于创新投入水平的一阶条件满足：

$$\lambda_l^d = \frac{R(P\rho\varphi)^{\sigma-1}}{\sigma c_l}, \lambda_l^x = \frac{(1+n\tau^{1-\sigma})R(P\rho\varphi)^{\sigma-1}}{\sigma c_l} \tag{11-20}$$

据此，可得到：

$$\lambda_l^x > \lambda_l^d > 0 \tag{11-21}$$

对选择互联网化的企业而言，其关于创新投入水平的一阶条件满足：

$$\lambda_h^d = \frac{R(P\rho\varphi)^{\sigma-1}}{\sigma c_h}, \lambda_h^x = \frac{(1+n\tau^{1-\sigma})R(P\rho\varphi)^{\sigma-1}}{\sigma c_h} \tag{11-22}$$

由此，可得到：

$$\lambda_h^x > \lambda_h^d > 0 \tag{11-23}$$

由于 $R、\rho、\varphi、\sigma、n、\tau > 0$，以及 $c_l > c_h > 0$，因而可得：$\frac{\lambda_h^d}{\lambda_l^d} = \frac{\lambda_h^x}{\lambda_l^x} = \frac{c_l}{c_h} > 1$。

于是，得到：

$$\lambda_h^x > \lambda_l^x\text{，同时，}\lambda_h^d > \lambda_l^d \tag{11-24}$$

据此，在同等情况下，无论是出口企业还是非出口企业，选择互联网化的企业其创新投入水平都会更大。据此，我们得出：

假说1：企业互联网化有利于促进中国企业（无论是出口企业还是非出口企业）进行创新。

四、自由进入条件

我们将式（11－20）和式（11－22）得到的企业最优创新投入水平，分别代入式（11－16）至式（11－19）的利润函数后，得到：

$$\pi_l^d(\varphi) = \frac{[R(P\rho\varphi)^{\sigma-1}]^2}{2\sigma^2 c_l} - f \tag{11-25}$$

$$\pi_l^x(\varphi) = \frac{[(1+n\tau^{1-\sigma})R(P\rho\varphi)^{\sigma-1}]^2}{2\sigma^2 c_l} - f - f_e \tag{11-26}$$

$$\pi_h^d(\varphi) = \frac{[R(P\rho\varphi)^{\sigma-1}]^2}{2\sigma^2 c_h} - f\eta \tag{11-27}$$

$$\pi_h^x(\varphi) = \frac{[(1+n\tau^{1-\sigma})R(P\rho\varphi)^{\sigma-1}]^2}{2\sigma^2 c_h} - f\eta - f_e \tag{11-28}$$

首先，考察不选择互联网化活动的企业进入市场条件。不妨令 $\pi_l^d(\varphi_l^d)=0$（cut－off condition），从而得到不选择互联网化的企业进入国内市场的临界生产率 φ_l^d，解得：

$$(\varphi_l^d)^{\sigma-1} = \frac{\sigma(2fc_l)^{\frac{1}{2}}}{R(P\rho)^{\sigma-1}} \tag{11-29}$$

在此情形下，企业选择进入出口市场的话，必然有 $\pi_l^x(\varphi) \geqslant \pi_l^d(\varphi) > 0$。由 $\pi_l^x(\varphi_l^x) = \pi_l^d(\varphi_l^x)$ 可以得到，不选择互联网化的企业进入出口市场的临界生产率：

$$((\varphi)_l^x)^{\sigma-1} = \frac{\sigma\left[\frac{2c_lf_e}{2n\tau^{1-\sigma}+(n\tau^{1-\sigma})^2}\right]^{\frac{1}{2}}}{R(P\rho)^{\sigma-1}} \tag{11-30}$$

这样，根据式（11－26）和式（11－30），在满足条件 $[2n\tau^{1-\sigma}+(n\tau^{1-\sigma})^2] <$

$\frac{f_e}{f}$ 下，我们可以得出：不选择互联网化、生产率更高的企业会选择出口。[①]

其次，考察选择互联网化活动的企业进入市场条件。参与互联网化活动的企业首先选择是否进入国内市场，零利润截止条件（cut - off condition）为 $\pi_h^d(\varphi_h^d)=0$。据此，选择互联网化的企业进入国内市场的临界生产率 φ_h^d 为：

$$(\varphi_h^d)^{\sigma-1}=\frac{\sigma\ (2f\eta\ c_h)^{\frac{1}{2}}}{R\ (P\rho)^{\sigma-1}} \tag{11-31}$$

同理，企业选择进入出口市场时，必然有 $\pi_h^x(\varphi_h^x)\geqslant\pi_h^d(\varphi_h^x)>0$。由 $\pi_h^x(\varphi_h^x)=\pi_h^d(\varphi_h^x)$ 可以得到，选择互联网化的企业进入出口市场的临界生产率：

$$(\varphi_h^x)^{\sigma-1}=\frac{\sigma\left[\frac{2\ c_h\ f_e}{2n\ \tau^{1-\sigma}+(n\ \tau^{1-\sigma})^2}\right]^{\frac{1}{2}}}{R\ (P\rho)^{\sigma-1}} \tag{11-32}$$

这里，根据式（11 -28）和式（11 -32），在满足条件 $[2n\tau^{1-\sigma}+(n\ \tau^{1-\sigma})^2]<\frac{f_e}{f\eta}$ 下，可以得到：选择互联网化、生产率更高的企业会选择出口。

进一步地，由式（11 -29）和式（11 -30）可以得到：

$$\frac{\varphi_l^x}{\varphi_l^d}=\left[\frac{f_e}{f}\cdot\frac{1}{2n\ \tau^{1-\sigma}+(n\ \tau^{1-\sigma})^2}\right]^{\frac{1}{2(\sigma-1)}} \tag{11-33}$$

这样，对于不选择互联网化、生产率更高的企业，在满足条件：$[2n\ \tau^{1-\sigma}+(n\ \tau^{1-\sigma})^2]<\frac{f_e}{f}$ 时，可以得到：$\varphi_l^x>\varphi_l^d$。

同理，由式（11 -31）和式（11 -32）可以得到：

$$\frac{\varphi_h^x}{\varphi_h^d}=\left[\frac{f_e}{f\eta}\cdot\frac{1}{2n\ \tau^{1-\sigma}+(n\ \tau^{1-\sigma})^2}\right]^{\frac{1}{2(\sigma-1)}} \tag{11-34}$$

这样，对于选择互联网化、生产率更高的企业，在满足条件 $[2n\tau^{1-\sigma}+(n\tau^{1-\sigma})^2]<\frac{f_e}{f\eta}$ 时，可以得到：$\varphi_h^x>\varphi_h^d$。

① 早期大量文献证实了生产率更高的企业更有可能出口（Clerides 等，1998；Bernard 和 Jensen，1999），这一点在 Melitz（2003）、Bustos（2011）等模型中也得到了反映。近年来，一些文献发现，中国的出口存在所谓的“生产率悖论”（李春顶，2010），但这是因为加工贸易在我国出口贸易中扮演了重要的角色，且加工贸易企业面临的出口固定成本要低得多（戴觅和余淼杰，2014；邱斌和闫志俊，2015）。为此，在我们的模型中，企业的出口固定成本是固定的，因而保证生产率更高的企业选择出口是符合现实情况的。

最后，由式（11－29）和式（11－32）可以得到：

$$\frac{\varphi_l^d}{\varphi_h^x}=\left[\frac{f}{f_e}(2n\tau^{1-\sigma}+(n\tau^{1-\sigma})^2)\right]^{\frac{1}{2(\sigma-1)}}\cdot\left(\frac{c_l}{c_h}\right)^{\frac{1}{2(\sigma-1)}} \quad (11-35)$$

根据上文满足条件：$[2n\tau^{1-\sigma}+(n\tau^{1-\sigma})^2]<\frac{f_e}{f}$，且 $c_h<c_l$，因而式（11－35）可得：

$$\left[\frac{f}{f_e}(2n\tau^{1-\sigma}+(n\tau^{1-\sigma})^2)\right]^{\frac{1}{2(\sigma-1)}}<1\text{，且}\left(\frac{c_l}{c_h}\right)^{\frac{1}{2(\sigma-1)}}>1$$

据此，相较于不选择互联网化、进入国内市场的企业，选择互联网化、进入出口市场的企业，当企业互联网化能够极大地降低企业的信息搜寻成本和匹配成本，即能够极大地降低 c_h 时，在满足条件：

$$\frac{c_h}{c_l}<\frac{f}{f_e}[2n\tau^{1-\sigma}+(n\tau^{1-\sigma})^2] \quad (11-36)$$

也就是，在满足式（11－36）条件下，我们得到：$\varphi_l^d>\varphi_h^x$

这样，相比来看，我们可以得到各类型企业（不互联网化＋出口市场、不互联网化＋国内市场、互联网化＋出口市场、互联网化＋国内市场）的临界生产率条件是：

$$\varphi_l^x>\varphi_l^d>\varphi_h^x>\varphi_h^d \quad (11-37)$$

据此，企业选择互联网化、进入出口市场的临界生产率水平要比不选择互联网化、进入出口市场乃至国内市场的临界生产率水平都更低，如图 11－1 所示。

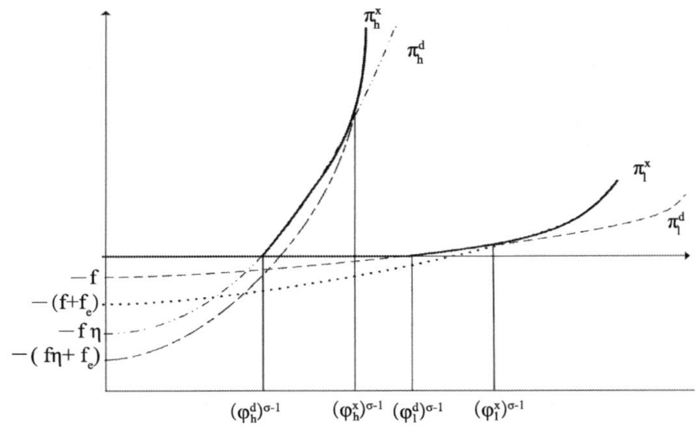

图 11－1 企业生产率临界条件

资料来源：作者根据模型推导结果绘制而成。

如图 11 - 1 所示，π_l^d 和 π_l^x 分别代表不选择互联网化的企业在国内市场和出口市场的利润函数。当企业的生产率大于 φ_l^d 时，传统企业选择进入国内市场；当企业的生产率大于 φ_l^x 时，传统企业选择进入出口市场。类似地，π_h^d 和 π_h^x 分别代表选择互联网化的企业在国内市场和出口市场的利润函数。当企业的生产率大于 φ_h^d 时，互联网化企业选择进入国内市场；当企业的生产率大于 φ_h^x 时，互联网化企业选择进入出口市场。进一步地，我们观察到，选择互联网化企业的出口临界生产率水平（φ_h^x）要比不选择互联网化企业的国内市场临界生产率水平（φ_l^d）更低，这说明在互联网化和企业创新投入活动的共同作用下，生产率较低的企业出口也是有利可图的。据此，由式（11 - 37）和图 11 - 1 分析，可以得到：

假说 2：企业互联网化能够帮助生产率水平较低的企业通过提高创新投入进行出口。

第三节 模型构建与变量数据说明

一、模型构建

本节将企业互联网化界定为企业通过互联网同外界进行双向信息交流，以降低企业内部沟通和企业同外部沟通的信息交流成本，提升企业交流效率和学习效率的过程。这样，本节对企业互联网化界定的内涵就与理论模型中通过降低企业信息交流成本、提升企业交流效率和学习效率是相恰合的，也与实证分析中的企业互联网化（以企业微博、企业邮箱和企业主页来代表）恰好可以大大降低企业信息交流成本、提升企业交流效率和学习效率是相恰合的。据此，企业互联网化通过降低企业创新活动中的信息交流成本，从而提升企业创新及其出口。

这样，参照假说 1，根据式（11 - 24），我们将企业互联网化对其创新的影响模型设定为计量模型 1：

$$INNO_{ijt} = \varphi_0 + \varphi_1 INTNET_{i,t-1} + X_{ijt}\varphi + \xi_O + \xi_t + \epsilon_{ijt} \quad (11-38)$$

其中，i 代表企业；j 代表行业；t 代表年份；INNO 表示企业的创新活动，我们以企业每年的专利申请数量来衡量；INTNET 表示企业互联网化程度，我们以企业是否拥有微博，以及是否拥有邮箱和主页来表示①。由于企业将互联网融入生产和创新过程存在时间上的滞后性，同时为避免反向因果影响，因而我们将企业互联网化变量滞后一期纳入计量模型。X代表相关控制变量向量，包括企业的规模、年龄、资本密集度、企业所处行业市场集中度、企业所在省份互联网普及度等变量；φ 为向量系数；ξ_O 代表企业所有制固定效应；ξ_t 表示年份固定效应；ϵ_{ijt} 代表随机误差项。

参照假说2，根据式（11－37）和图11－1，为了进一步识别企业互联网化对企业进行出口的直接效应和中介效应，我们也纳入非出口企业，以企业是否有出口作为被解释变量，通过建立联立方程组设定了计量模型2：

$$\begin{cases} \ln INNO_{ijt} = \mu_0 + \mu_1 INTNET_{i,t-1} + X_{ijt}\mu + v_p + v_O + v_j + v_t + v_{ijt} \\ EXDUM_{it} = \beta_0 + \beta_1 \ln INNO_{ijt} + \beta_2 INTNET_{i,t-1} + X_{ijt}\beta + \zeta_p + \zeta_O + \zeta_j + \zeta_t + \zeta_{ijt} \end{cases} \tag{11-39}$$

其中，i代表企业；j代表行业；t代表年份；EXDUM表示企业是否出口的虚拟变量，以企业是否有出口交货值衡量；INNO表示企业的创新活动，我们以企业每年的专利申请数量来衡量；INTNET表示企业互联网化程度，在这里我们分别以企业是否拥有新浪微博，以及是否拥有邮箱和主页来表示。由于企业将互联网融入生产和创新过程存在时间上的滞后性，因而我们将企业互联网化变量滞后一期纳入计量模型；X代表控制变量向量，包括企业的生产率、规模、年龄、资本密集度、行业集中度等变量；μ、β 为向量系数；v_p 和 ζ_p 表示地区固定效应；v_o 和 ζ_o 代表企业所有制固定效应；v_j 和 ζ_j 表示行业固定效应；v_t 和 ζ_t 表示年份固定效应；v_{ijt} 和 ζ_{ijt} 代表随机误差项。在这里我们还控制了地区固定效应和行业固定效应，因为企业出口决策还会受到地理和行业层面不随时间变化因素的影响（比如地区开放程度、行业金融依赖度等）。

二、核心变量说明与测度

（一）企业创新（INNO）

因变量：企业创新是以企业的专利申请数量度量。我们将谷歌专利数据库爬取的结果进行匹配后，按照申请企业以专利的申请年份将专利进行加总统计，得到企业在2010—2013年每年申请的专利数量，该变量为计数模型变量。假说1

① 经验分析中，我们也使用了企业邮箱和企业主页指标对假说1进行了稳健性检验，发现与基准回归的结果相一致。经验分析中囿于篇幅所限已省略，具体回归结果备索。

是负二项计数模型，我们没有对因变量企业创新取自然对数；但是，考虑到一些企业没有申请专利，在对假说2检验的计量回归中，我们对该变量加1后取自然对数。

（二）企业互联网化（INTNET）

解释变量：企业互联网化分别以企业是否拥有新浪微博、企业邮箱和企业主页来度量。前者是由新浪微博爬虫搜索的结果经匹配后生成。为进一步厘清企业进行互联网转型的意愿对企业创新及其出口的影响，我们定义了企业拥有微博的时间（即企业当年年份减去企业申请微博年份），作为主要解释变量进行回归。更进一步地，由于企业互联网化的方式存在差异，虽然企业微博在当前背景下能更好地反映企业同互联网的结合，但是也有企业采用企业邮箱和企业主页等传统的互联网化方式。为此，我们也使用企业邮箱和企业主页哑变量进行稳健性检验。① 由于该变量仅在2010年的中国工业企业数据库中有统计，因而我们按照面板数据生成的企业ID将其扩展匹配到2011—2013年的企业数据。② 这些变量均滞后一期进入回归模型。

（三）企业出口哑变量（EXDUM）

解释变量：我们以企业是否有出口交货值度量，若存在正的出口交货值定义为1，否则定义为0。

（四）企业生产率（TFP）

解释变量：企业生产率。我们选择使用OP法（Olley和Pakes，1996）进行企业全要素生产率的计算。目前主流的TFP估计方法还有LP法和ACF法。一方面，考虑到2011—2013年的工业企业数据库并未直接报告企业的中间投入和增

① 本节关于企业互联网化使用了三个不同维度的指标来衡量，企业微博更多反映的是企业产品运营的互联网化和营销的互联网化，我们还使用了企业邮箱和企业主页指标进行稳健性检验，企业生产和运营的互联网化更多是通过企业主页和企业邮箱指标来反映。一般来说，在企业主页上都会说明生产经营和产品的信息，匹配发布信息或即时信息；企业收发电子邮件则是企业提高部门间和组织间互动的表现，匹配发送和接收电子邮件，以及与政府机构互动。在《2014年中国企业互联网应用状况调查报告》中，企业使用互联网的前五个主要目的本质上都是为了降低企业内部沟通和企业同外部沟通的信息交流成本。我们认为中国企业使用互联网主要目的就是为了降低信息交流成本。为此，我们分别使用企业微博、企业邮箱和企业主页来衡量企业信息交流成本的下降，这三个指标覆盖了中国企业使用互联网化的主要目的。

② 感谢审稿人意见，考虑到中国工业企业数据库仅报告了2010年企业主页和邮箱统计，我们只能对2010年的数据进行截面回归，发现其显著性和系数符号与基准回归的结果是相一致的，因而对企业邮箱和企业主页进行扩展匹配是合适的。

加值的数据，间接计算可能存在较大的误差；另一方面，鲁晓东和连玉君（2012）、张杰等（2016）指出，考虑到中国的实际情况，LP 法和 ACF 方法相比 OP 法并不存在明显的优势。因此，我们采用 OP 法计算。我们主要按照 Brandt 等（2012）的步骤进行数据处理，计算企业每年的投资及实际资本存量，并按照杨汝岱（2015）的方法，利用《中国价格统计年鉴 2014》中的行业总产出环比价格指数构建出产出平减指数，利用 2007 年的投入产出表计算投入品平减指数。

（五）其他控制变量

我们还控制了一些其他变量：（1）互联网普及率，来衡量企业互联网环境。中国互联网络信息中心自 1997 年开始发布《中国互联网络发展状况调查统计报告》，我们从 2010—2013 年的报告中，摘录各省的互联网普及率作为企业所在地区的互联网环境控制变量。（2）企业规模。企业规模的异质性会显著影响企业的创新意愿（Cohen 和 Klepper，1996），我们将企业员工人数取对数后计算得到。（3）企业年龄。我们将企业所在年份减去企业开业年份得到。此外，我们还将企业年龄为负的调整为 0，将企业年龄超过 100 的调整为 100，以消除异常记录。（4）市场集中度。企业所处的行业竞争环境也是影响企业创新行为的重要因素（Aghion 等，2005）。我们利用企业的总产出占企业所在行业的比重作为基础权重计算企业所在行业的赫芬达尔指数，该指标越大则代表市场垄断程度越高。（5）企业资本密集度。采用固定资产与企业从业人数的比值得到，并加 1 取自然对数进入模型。（6）企业所有制。按照聂辉华等（2012）的建议，我们定义国有及集体资本金占比大于等于 50% 的企业是国有企业，法人及个人资本金占比大于等于 50% 的企业是民营企业，港澳台资本金占比大于等于 50% 是港澳台企业，外商资本金占比大于等于 25% 是外资企业。

三、变量数据来源说明和处理

本章数据来源主要有三个：第一，企业的创新活动（INNO），以企业每年的专利申请数量来衡量，来源爬取自谷歌专利数据库的专利数据。Google Patents 是 Google 公司旗下的一个专业进行专利申请搜索的引擎。该引擎所拥有的专利来自包括美国、欧盟、中国、日本在内的全球 17 个国家的专利办公室提供的 8700 万条专利数据以及相关的技术文献和引用信息。该数据库不仅反映了各国企业在本国的专利申请和引用情况，同时也反映了其在国际上的专利申请和引用情况。谷歌专利数据库提供多种专利搜索方式，允许通过专利申请机构、专利申请人或专利号等信息进行检索。我们以上述得到的477503家企业的名称为搜索列表进行逐个检索，爬取到所有相关专利的信息，包括专利的申请日期、专利号、授予日期等信息。谷歌专利搜索引擎的匹配精确度要远远高于微博的搜索引擎，但是我们仍然需要对爬取的谷歌专利数据同工业数据库企业进行匹配。

第二，企业互联网化（INTNET），以企业是否拥有微博以及是否拥有邮箱和主页来衡量，来源爬取自新浪微博的企业社交网络相关数据，以及中国工业企业数据库。新浪微博于2009年8月14日正式上线内测，是中国最重要的互联网社交平台之一。截至2014年3月，新浪微博月活跃用户1.438亿，日活跃用户6660万。其中，包括大量政府机构、官员、企业、个人认证账号。可以说新浪微博是企业与市场、企业与政府、企业与企业进行信息交互的重要渠道之一。我们以最终得到的中国工业企业面板数据中出现的477503家企业的名称为搜索列表，逐一在新浪微博进行搜索。我们将搜索页得到的相关结果进行爬取，包括微博ID、微博发布数、微博主页地址、粉丝数、关注数、微博简介、是否认证等一系列信息。对于微博搜索存在返回结果的企业，我们要对返回列表的信息进行识别和匹配，因为返回列表中只有一部分结果代表企业的官方微博信息。我们利用微博简介、微博名称等信息同工业库企业进行匹配。

第三，企业出口决策哑变量（EXDUM）及控制变量（X）等，数据来源于2010—2013年的《中国工业企业数据库》。在机制分析的相关计量回归中，我们将选择使用OP法进行企业全要素生产率的计算（具体原因参见后面的核心变量构建说明）。相关的控制变量X如企业的规模、年龄、资本密集度、行业集中度等，我们需要进行数据匹配计算后才能得出。

为此，我们按照Brandt等（2012）的方法，对中国工业企业数据库的原始数据进行匹配，通过企业代码、企业名称、法人代表名称、企业电话号码以及企业所在行业等信息进行识别，构建得到一个以企业独有身份ID和年份为基础的面板数据。需要指出的是，中国工业企业数据库2010—2012年原始数据采用的国民经济行业分类标准是GB/T4754－2002，而中国工业企业数据库2013年原始数据采用的国民经济行业分类标准是GB/T 4754－2011。因此，我们在识别和匹配中国工业企业数据库前需要将国民经济行业分类标准统一为GB/T 4754－2002。此外，我们还参照聂辉华等（2012）的方法，剔除以下观察值：（1）企业职工数少于8人；（2）企业销售额、固定资产、职工人数、总资产其中任何一项为负值或缺失；（3）实收资本小于或等于0。经过处理后，我们最终得到1162162条观察值，477503家企业所组成的面板数据，如表11－1所示。

表 11－1　依据中国工业企业数据库匹配出的样本统计（2010—2013 年）

年份	总样本观察数	出口样本观察数
2010	305181	74873
2011	264969	57927
2012	301225	63215
2013	290787	59978
合计	1162162	255993

资料来源：作者根据 2010—2013 年中国工业企业数据库统计得到。

四、数据的匹配

尽管新浪微博搜索和谷歌专利搜索均是按照工业企业名称进行逐个检索，但由于这些商业应用均采用模糊匹配的搜索方式，因而还需要将爬取下来的数据同工业企业数据库进行再次匹配。就爬取的微博数据而言，我们匹配策略如下：第一步，精确匹配微博名称包含完整工业库企业名称或微博名片包含完整企业名称且完成认证的微博号；第二步在余下的未匹配样本中，匹配工业库企业名称同微博名称或微博名片完全一致的样本，无论是否认证；第三步，在余下的样本中，去掉工业库企业名称中的省、市、县以及“集团”“有限”等信息后，重复第一步和第二步的的匹配操作。谷歌专利数据的匹配同微博数据类似，但不需要考虑是否完成认证。匹配结果如表 11－2 所示。

表 11－2　专利和微博匹配样本统计

年份	总样本观察数	专利匹配成功数	每年专利占比	微博匹配成功数	每年微博占比
2010	305181	18372	6.02%	523	0.17%
2011	264969	27285	10.3%	2949	1.11%
2012	301225	34864	11.57%	6739	2.24%
2013	290787	36139	12.43%	10433	3.59%

资料来源：作者根据爬取的相关微博数据统计得到。

依据表 11－2 可以发现，每年申请专利的企业比重和使用微博的企业比重都在逐年递增，2010 年中国工业企业数据库中拥有专利的企业比重为 6.02%，到 2013 年增加到 12.43%，年均占比增速为 27%；而 2010 年工业企业库中拥有微博的企业比重为 0.17%，到 2013 年增加到 3.59%，年均占比增速达 176%，远高于前者。但是，也应该看到中国工业企业数据库中拥有微博的企业的绝对数值还不高，这说明尽管互联网应用在企业中普及很快，但是真正运用互联网改变组织生产和商业运营模式的制造业企业仍是少数。进一步地，我们对存在专利申请和使用微博的企业进行统计比较，如图 11 -2 所示。

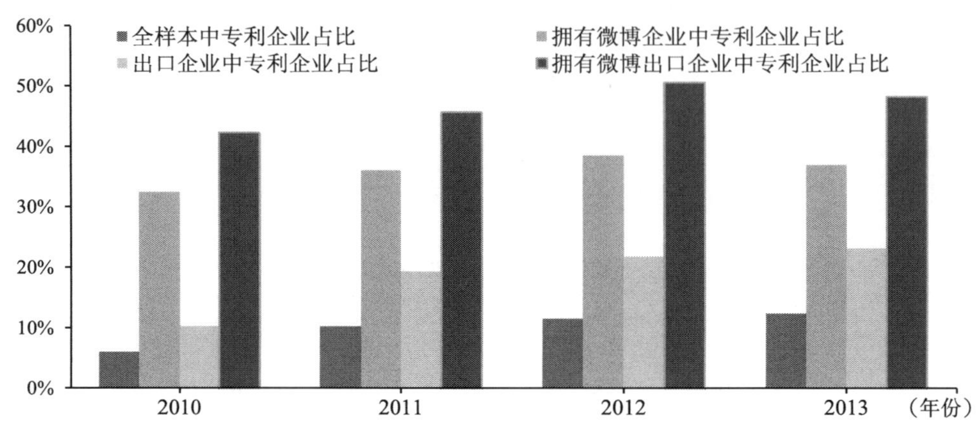

图 11 -2　样本中专利企业和微博企业统计比较

资料来源：作者根据爬取的数据及 2010—2013 年中国工业企业数据库计算得到。

基于图 11 -2 的柱状图对比发现，以全样本企业的专利申请占比为基准，出口企业的创新投入意愿较强些，而拥有微博企业的创新投入意愿又比出口企业的创新投入意愿更强。尤其是，在出口企业样本中，拥有微博的企业进行专利申请的比重各年度都在 40% 以上，远高于全样本中拥有专利企业数的占比（10% 左右）。这说明积极运用互联网的出口企业，其创新活动更为活跃，其创新投入的意愿更强。

第四节
变量描述性统计和回归方法选用

一、变量描述性统计

在进行经验分析之前，我们对模型中相关变量先做描述性统计分析，以便确定变量的数值特征。

根据表 11 -3，企业创新是以 2010—2013 年每年企业的专利申请数量来衡量，是一个计数变量。鉴于该变量最大值和最小值差距很大，且一些企业没有专利申请数量，因而在对假说二检验的回归中我们将该变量加1后取自然对数，同时可以消减因为变量数值差距太大引致的异方差问题。企业互联网化是以企业是否使用新浪微博，以及是否使用邮箱和主页来衡量，是取值0或1的哑变量。

表 11－3　　主要变量描述性统计

变量	观察数	均值	标准差	最小值	最大值
企业创新	1162162	0. 9473	16. 5466	0	4880
企业互联网化					
——企业微博	1162162	0. 0178	0. 1321	0	1
——企业邮箱	1162162	0. 0956	0. 2940	0	1
——企业主页	1162162	0. 0798	0. 2709	0	1
企业是否出口	1162162	0. 2203	0. 4144	0	1
互联网普及率	1161197	0. 4648	0. 1250	0. 1980	0. 7520
企业生产率	649889	6. 4574	1. 5194	－5. 3789	16. 3524
企业规模	1162162	5. 2877	1. 0217	2. 0794	12. 3159
企业年龄	1162162	9. 6701	8. 2221	0	100
市场集中度	1162162	0. 0025	0. 0038	0. 0003	0. 2167
企业资本密集度	1162162	3. 8404	1. 5987	0	16. 0775
企业所有制	1162162	2. 2367	0. 6865	1	4

注：企业创新是以企业专利申请数量来表示；企业互联网化分别以企业是否使用微博、邮箱和主页来衡量。

资料来源：作者根据爬取的企业谷歌专利数据、企业新浪微博数据，以及2010—2013年中国工业企业数据库等数据计算和整理得到。

二、计量回归方法的选用

企业的专利申请数量是一个非负的整数值，属于典型的计数变量，一般在泊松分布假设、负二项分布假设下进行回归。为了确定何种分布假设更适合本章的实证分析，我们对企业专利申请数据的特征进行分析，发现样本中的企业专利申请数量的均值为0. 947，而标准差达到了16. 547，大于均值的10倍多，这说明专利申请的分布是过度分散（overdispersion）的，泊松分布假设并不合适（泊松分布假设下，均值和标准差是接近的)。[①] 进一步地，我们分别在泊松分布假设和负二项分布假设下进行简单回归，相关检验结果如表 11-4 所示。

表 11-4　　　　自变量分布的相关检验结果

分布检验		泊松分布回归	负二项分布回归
拟合优度（Gof）统计量	偏差拟合优度	3938691*** (0.000)	
	皮尔逊拟合优度	5.23E+07*** (0.000)	
LR 统计量	α=0 的 LR 检验		3.2E+06*** (0.000)

注：(1) ***、**、* 分别表示在 1%、5% 和 10% 统计水平下显著；(2) 圆括号内是 P 值。

依据表 11-4，我们使用泊松拟合优度（poisgof）检验发现，无论是偏差拟合优度还是皮尔逊拟合优度检验都显示两者在统计上是显著的，因而拒绝泊松分布原假设。同时，负二项分布回归 LR 统计量检验也显示，企业专利申请数量的分布存在明显的过度分散，这再次证实泊松分布是不合适的，因而使用负二项分布回归。此外，考虑到企业专利申请数量存在大量的 0 值，我们在回归中还以企业规模（一般来说，小企业更难形成专利）作为膨胀因子做了零膨胀负二项分布下回归检验。为了证明选取企业规模作为膨胀因子是合适的，我们进行了 Zinb 与标准负二项的 Vuong 检验，其统计量显示在 1% 统计水平下显著。这说明我们选用的膨胀因子是合适的。在后面回归中没有特别指出的话，我们均以负二项分布回归作为基准回归方法。

第五节 企业互联网化对企业创新及其出口的影响：经验分析

一、对假说 1 进行的基准回归检验分析

参照计量模型 1，即式（11-38），我们使用负二项分布回归对假说 1 进行

① 具体方法参见：https://stats.idre.ucla.edu/stata/faq/how-can-i-analyze-count-data-in-stata/。

基准回归检验。表 11 -5 中的列（1）、列（3）和列（5）分别是全样本、出口样本和非出口样本下负二项分布固定效应面板的估计结果，列（2）、列（4）和列（6）分别是全样本、出口样本和非出口样本下零膨胀负二项分布回归的估计结果。研究表明，在负二项分布、零膨胀负二项分布假设下，无论是全样本企业，还是出口样本和非出口样本企业，其核心解释变量企业互联网化即企业微博对企业创新都产生统计上显著的正向影响，且与预期符号相符。相关控制变量如互联网普及率、企业规模、企业年龄、市场集中度、企业资本密集度等变量的系数符号也基本符合理论预期。这表明无论是出口企业还是非出口企业，企业进行互联网化确实会显著地提升企业创新的意愿，进行互联网转型企业的创新活动相比传统企业要更加活跃。这证实了假说 1 的预期结论。

表 11 -5　　　　基准回归结果

企业创新	全样本 负二项（1）	全样本 零膨胀（2）	出口样本 负二项（3）	出口样本 零膨胀（4）	非出口样本 负二项（5）	非出口样本 零膨胀（6）
企业微博	0.168***	0.840***	0.192***	0.808***	0.112***	0.759***
	(7.14)	(24.99)	(6.16)	(19.03)	(2.89)	(14.04)
互联网普及率	1.344***	1.721***	1.039***	0.333***	1.147***	1.626***
	(19.47)	(36.36)	(8.25)	(4.10)	(12.64)	(26.18)
企业规模	0.274***	0.385***	0.289***	0.502***	0.210***	0.293***
	(37.91)	(72.72)	(26.85)	(64.93)	(19.79)	(35.48)
企业年龄	0.014***	0.005***	0.011***	-0.007***	0.013***	0.006***
	(16.45)	(6.88)	(8.04)	(-7.46)	(11.32)	(6.41)
市场集中度	0.591	11.429***	6.978*	50.607***	3.080	8.779***
	(0.29)	(6.06)	(1.75)	(11.04)	(1.26)	(4.20)
企业资本密集度	0.145***	0.317***	0.190***	0.410***	0.112***	0.264***
	(30.62)	(92.05)	(23.41)	(72.97)	(18.02)	(57.04)
观察数	123276	668666	46295	156893	70047	511773
所有制固定效应	是	是	是	是	是	是
年份固定效应	是	是	是	是	是	是

注：(1) ***、**、* 分别表示在 1%、5% 和 10% 统计水平下显著；(2) 圆括号内是变量回归的 z 值。

资料来源：类同于表 11 -3 的数据来源。

为了进一步探究企业进行互联网化前后的变化，我们对存在微博的企业，以该企业的专利申请数量对其拥有微博的久期进行回归。表 11 -6 的列（1）、列

(3) 和列 (5) 分别是全样本、出口样本和非出口样本下以企业拥有微博时间为核心解释变量进行负二项分布的估计结果，列 (2)、列 (4) 和列 (6) 分别是相应的零膨胀负二项分布的回归结果。我们发现，无论是全样本企业，还是出口样本和非出口样本企业，企业拥有微博久期对企业创新产生了统计上显著的正向影响，这说明无论是出口企业还是非出口企业，企业在进行互联网化之后时间越长，就越明显比企业进行互联网化之前的创新意愿更强。这样，随着企业互联网转型的持续和深入，企业互联网化对企业创新的促进效应会变得更强。这也证实了假说 1。提升企业所在地区的互联网环境即互联网普及率也会促进中国企业创新。

表 11 -6　　基准回归结果扩展

企业创新	全样本 负二项 (1)	全样本 零膨胀 (2)	出口样本 负二项 (3)	出口样本 零膨胀 (4)	非出口样本 负二项 (5)	非出口样本 零膨胀 (6)
企业拥有微博久期	0.089***	0.091***	0.114***	0.082***	0.071***	0.076***
	(5.72)	(7.86)	(5.09)	(5.17)	(2.94)	(4.54)
互联网普及率	1.240***	1.407***	1.133***	0.479***	0.762***	1.227***
	(8.78)	(13.65)	(4.81)	(2.97)	(3.76)	(8.66)
其他控制变量	是	是	是	是	是	是
观察数	22427	45459	10155	17929	10675	27530
所有制固定效应	是	是	是	是	是	是
年份固定效应	是	是	是	是	是	是

注：(1) ***、**、* 分别表示在 1%、5% 和 10% 统计水平下显著；(2) 圆括号内是变量回归的 z 值。

资料来源：类同于表 11 -3 的数据来源。

二、对假说 1 进行企业异质性的经验分析

为厘清企业互联网化对企业创新的异质性影响，我们在全样本下区分企业异质性来进行回归分析。

(一) 区分企业规模、企业生产前沿水平和企业所有制进行分样本回归

我们按照企业自身的性质，以企业规模、企业生产前沿水平和企业所有制类型进行分样本回归。其中，企业规模是按照国家统计局 2017 年发布的《统计上

大中小微型企业划分办法（2017）》[①]，重新对企业规模进行了划分。企业生产前沿水平[②]，参考 Aghion 等（2018）的研究，我们对每个 CIC 2 分位行业企业的全要素生产率进行中位数划分，认为行业内生产率越高的企业越接近于行业的生产前沿，越有可能通过提升创新超越市场竞争带来的抑制效应。企业所有制的界定具体参见前述"（三）其他控制变量：企业所有制"。据此，在分样本回归中，我们采用了负二项分布进行回归。具体回归结果如表 11－7 所示。

表 11－7　按企业性质分样本回归结果

企业创新	小企业	中等企业	大企业	低生产率	高生产率	国有企业	私营企业	外资企业
	(1)	(2)	(3)	(4)	(5)	(6)	(7)	(8)
企业微博	0.111**	0.151***	0.257***	0.150***	0.327***	－0.059	0.184***	0.188***
	(2.10)	(3.70)	(6.16)	(16.31)	(37.19)	(－0.53)	(6.42)	(4.19)
互联网普及率	1.260***	1.520***	1.123***	0.367***	0.684***	0.723**	1.470***	1.055***
	(10.44)	(13.03)	(5.89)	(32.67)	(47.36)	(2.14)	(18.32)	(6.73)
其他控制变量	是	是	是	是	是	是	是	是
观察数	44275	43065	13195	327266	324065	4504	87710	29732
所有制固定效应	是	是	是	是	是	否	否	否
年份效应效应	是	是	是	是	是	是	是	是

注：(1) ***、**、* 分别表示在 1%、5% 和 10% 统计水平下显著；(2) 圆括号内是变量回归的 z 值。

资料来源：类同于表 11－3 的数据来源。

根据国家统计局发布的《统计上大中小微型企业划分办法（2017）》，回归结果如表 11－7 的前三列所示：不论是小企业、中等企业还是大企业，企业进行互联网化均显著地促进了企业的创新。这说明企业互联网化对企业创新活动的促进作用不存在企业规模的门槛，中小企业也能够从参与企业互联网化活动中获益，通过加强同市场主体的双向交流，能够及时地获取市场信息来提升企业创新投入水平。

① 该办法指出，对于工业企业，从业人员小于 20 人的划分为微型企业；从业人员 20—300 人的划分为小型企业；从业人员 300—1000 人的划分为中型企业；从业人数大于 1000 人的划分为大型企业（资料来源：http://www.stats.gov.cn/tjsj/tjbz/201801/t20180103_1569357.html）。按此企业规模划分的结果是：大型企业有 49909 个，中型企业有 345979 个，小型企业有 766274 个。样本里微型企业的数量较少，为 28399 个，因而我们将这部分微型企业涵盖在小型企业样本中进行回归。

② 因样本期内企业生产率数据有较多缺失（512273 个），而进行负二项分布回归时会丢弃过多的单次观察值，引起样本偏差，因而我们参照假说 2 的方程一，在 OLS 框架下进行回归。

表 11－7 的列（4）和列（5）分别是以 CIC 2 分位行业企业的全要素生产率进行中位数划分，然后进行分样本回归的结果。回归发现，不论是低生产率样本企业还是高生产率样本企业，企业进行互联网化均显著地促进了企业创新。这说明低生产率企业也能够借助企业互联网化活动来增强企业的创新投入活动，在一定程度上证实了模型中假说 2 的部分推论。

表 11－7 的后三列是将企业以其所有制差异进行分样本回归的结果。实证表明，对于国有企业，企业进行互联网化对企业创新的影响不显著，而私营企业和外资企业进行互联网化对其创新产生显著的促进效应。这可能是因为国有企业具有稳定的市场和融资环境，这些企业的生产和创新并不主要依赖于企业参与互联网化来谋求市场。而私营企业和外资企业经营的目的是为了追逐利润，在互联网转型进程中，更注重充分利用互联网进行企业内外部的信息交互和协助，进而能降低其创新的成本和风险。

（二）区分企业所在行业技术水平和行业市场集中度进行分样本回归

我们再以企业所在行业性质进行分样本回归：一是按照国家统计局《技术产业（制造业）分类（2013）》将样本分为高技术行业和低技术行业样本；二是以企业所在行业的市场集中度水平按照三分位数水平分为低市场竞争、中等市场竞争和高市场竞争样本。我们再对这些样本也采用负二项分布固定效应面板数据分别进行回归。回归结果如表 11－8 所示。

表 11－8　按行业性质分样本回归结果

企业创新	高技术 (1)	低技术 (2)	高竞争 (3)	中等竞争 (4)	低竞争 (5)
企业微博	0.152***	0.170***	0.144***	0.170***	0.253***
	(3.05)	(6.37)	(4.54)	(4.17)	(3.65)
互联网普及率	1.775***	1.207***	1.348***	1.562***	0.426**
	(10.11)	(15.87)	(15.00)	(11.01)	(2.30)
其他控制变量	是	是	是	是	是
观察数	18967	103238	73631	31457	15840
所有制固定效应	是	是	是	是	是
年份固定效应	是	是	是	是	是

注：（1）***、**、* 分别表示在 1%、5% 和 10% 统计水平下显著；（2）圆括号内是变量回归的 z 值。

资料来源：类同于表 11－3 的数据来源。

表 11－8 的列（1）和列（2）分别是以高技术和低技术企业样本进行回归的结果。研究显示，不论是高技术企业还是低技术企业，企业互联网化对其创新均有着显著的提升作用。这说明没有高技术背景的传统制造业企业积极参与互联网化活动也对其创新活动是有利的。从这个角度来看，新经济背景下参与互联网化活动是低技术行业企业或传统制造业企业提高创新活动的重要途径。

表 11－8 的后三列是以企业所在行业的市场集中度按照三分位数水平分样本进行回归的结果。研究表明，无论是高竞争行业、中等竞争行业还是低竞争行业，企业互联网化对其创新活动均有着显著的提升作用。从这个角度来说，行业的垄断程度并不是企业互联网化发挥对其创新活动促进作用的约束因素，在自由竞争市场和垄断市场中，企业互联网化均激励企业进行更多的创新活动。

三、对假说 1 进行的稳健性检验

进一步地，我们再使用企业邮箱和企业主页指标替代企业微博指标来进行负二项稳健性回归检验。相比于企业微博，企业邮箱和企业主页属于更为传统的企业互联网化的指标，在样本期内（2010—2013 年）的代表性要弱一些。但是，从回归来看，其偏差是可以接受的。如表 11－9，我们使用企业邮箱和企业主页分别替代企业微博变量，作为企业互联网化的衡量指标，回归发现，无论是列（1）、列（4）的全样本回归，列（2）、列（5）的出口样本回归，还是列（3）、列（6）的非出口样本回归，都存在企业互联网化对企业创新产生显著的促进效应。这一结果进一步证实了表 11－5 中的基准回归结果是可靠的。①

表 11－9　　对假说 1 的稳健性回归结果

企业创新	全样本 (1)	出口样本 (2)	非出口样本 (3)	全样本 (4)	出口样本 (5)	非出口样本 (6)
企业邮箱	0.193***	0.123***	0.221***			
	(9.99)	(4.39)	(7.63)			
企业主页				0.255***	0.161***	0.270***
				(13.09)	(5.64)	(9.35)
互联网普及率	1.307***	1.038***	1.107***	1.307***	1.037***	1.119***
	(18.88)	(8.22)	(12.18)	(18.91)	(8.23)	(12.33)

① 此外，我们使用样本期间仅有的 2010 年的研发支出数据来衡量企业的创新投入，做了稳健性回归，结果显示与我们使用专利申请数量进行的回归结果（参见本书表 11－5 和表 11－9）是相一致的。

续表

企业创新	全样本 (1)	出口样本 (2)	非出口样本 (3)	全样本 (4)	出口样本 (5)	非出口样本 (6)
其他控制变量	是	是	是	是	是	是
观察数	123276	46295	70047	123276	46295	70047
所有制固定效应	是	是	是	是	是	是
年份固定效应	是	是	是	是	是	是

注：(1) ***、**、* 分别表示在1%、5%和10%统计水平下显著；(2) 圆括号内是变量回归的 z 值。

资料来源：类同于表 11 - 3 的数据来源。

四、对假说 2 进行的相关回归设定和经验结果分析

参照计量模型二，即式（11 - 39），我们使用广义结构方程模型（GSEM）进行估计。这里，我们也纳入非出口企业数据，以企业是否有出口作为被解释变量，来考察企业互联网化对企业出口决策的直接影响和间接影响。表 11 - 10 给出了联立方程组对企业创新和企业出口决策的估计结果。其中，计量模型二的方程 1 经验上估计企业互联网化对企业创新的影响，方程 2 经验上估计企业互联网化对企业出口决策的影响。

表 11 - 10 的列（1）和列（2）是以企业是否拥有微博作为企业互联网化指标的基准回归结果。作为稳健性检验，我们在列（3）和列（4）以企业是否拥有邮箱作为企业互联网化指标来进行回归分析，在列（5）和列（6）以企业是否拥有主页作为企业互联网化指标来进行分析。研究表明，三种方式的企业互联网化（无论是企业微博还是企业邮箱和企业主页）都对企业创新产生显著的促进作用，并且对企业出口活动产生显著的直接促进效应。表 11 - 10 的列（2）、列（4）和列（6）的中介效应是企业互联网化通过企业创新选择行为渠道对企业出口的间接影响，其效应都是显著促进的。因此，三种方式的企业互联网化可以通过企业创新选择这一中介渠道间接地促进企业进行出口。这证实了假说 2。

表 11 - 10 企业互联网化对中国企业创新及其出口影响的回归结果

类别	企业创新 (1) 方程 1	是否出口 (2) 方程 2	企业创新 (3) 方程 1	是否出口 (4) 方程 2	企业创新 (5) 方程 1	是否出口 (6) 方程 2
中介效应		0.130***		0.035***		0.054***
		(44.70)		(34.98)		(43.15)
总效应		0.511***		0.573***		0.641***
		(19.65)		(54.26)		(56.91)

续表

类别	企业创新 （1）方程1	是否出口 （2）方程2	企业创新 （3）方程1	是否出口 （4）方程2	企业创新 （5）方程1	是否出口 （6）方程2
企业微博	0.424***	0.381***				
	（65.69）	（14.65）				
企业邮箱			0.116***	0.539***		
			（43.14）	（51.09）		
企业主页					0.183***	0.587***
					（63.92）	（52.19）
企业创新		0.307***		0.301***		0.295***
		（61.00）		（59.80）		（58.49）
控制变量	是	是	是	是	是	是
观察数量	643366	643366	643366	643366	643366	643366
地区固定效应	是	是	是	是	是	是
所有制固定效应	是	是	是	是	是	是
行业固定效应	是	是	是	是	是	是
年份固定效应	是	是	是	是	是	是

注：（1）***、**、* 分别表示在1%、5%和10%统计水平下显著；（2）圆括号内是变量回归的z值。
资料来源：类同于表11－3的数据来源。

我们再区分低生产率和高生产率企业来考察企业互联网化是否有助于生产率水平较低的企业通过创新投入来进行出口。为此，我们将行业内生产率水平中位数以下的企业称为低生产率企业，生产率水平中位数以上的企业称为高生产率企业。依据表11－11的回归结果显示，对于低生产率的企业样本来说，三种方式的企业互联网化同样都对企业创新产生了显著的促进效应，并且也对企业出口活动产生了显著的直接促进效应。列（2）、列（4）和列（6）的中介效应也显示，低生产率企业参与互联网化，可通过企业创新选择行为渠道对企业出口活动产生显著的间接促进效应。因此，三种方式的企业互联网化可以通过企业创新选择行为这一中介渠道间接地促进生产率水平较低的企业进行出口。这也证实了假说2。

表 11 - 11　企业互联网化对低生产率企业创新及其出口的影响估计

低生产率企业样本	企业创新 (1) 方程1	是否出口 (2) 方程2	企业创新 (3) 方程1	是否出口 (4) 方程2	企业创新 (5) 方程1	是否出口 (6) 方程2
中介效应		0.174***		0.060***		0.084***
		(39.66)		(34.23)		(38.75)
总效应		0.567***		0.607		0.683***
		(16.80)		(38.12)		(40.96)
企业微博	0.540***	0.393***				
	(65.46)	(11.63)				
企业邮箱			0.188***	0.548***		
			(47.61)	(34.43)		
企业主页					0.270***	0.599***
					(65.53)	(35.91)
企业创新		0.322***		0.318***		0.311***
		(49.85)		(49.24)		(48.06)
控制变量	是	是	是	是	是	是
观察数量	643366	643366	643366	643366	643366	643366
地区固定效应	是	是	是	是	是	是
所有制固定效应	是	是	是	是	是	是
行业固定效应	是	是	是	是	是	是
年份固定效应	是	是	是	是	是	是

注：(1) ***、**、* 分别表示在1%、5%和10%统计水平下显著；(2) 圆括号内是变量回归的 z 值。
资料来源：类同于表 11 -3 的数据来源。

第六节 内生性问题分析和案例验证

一、内生性问题分析

第一，我们对企业互联网化采用了滞后一期进入回归来解决双向因果关系。

具体是，考虑到企业创新投入和是否进行互联网化都是企业自身的决策行为，可能存在内生性问题，我们已在上述表 11 - 5 至表 11 - 11 回归中对解释变量企业互联网化采用了滞后一期进入回归来解决双向因果关系。该方法虽然可以在一定程度上解决反向内生性决策问题，但是其缺点是可能漏损了当期的有用信息。为此，我们再构建出两个工具变量来解决该内生性问题。

第二，我们以这个企业所在行业的互联网化水平替代企业的互联网化指标作为工具变量来解决内生性问题（Fisman 和 Svensson，2007）。我们认为，行业互联网化强度会影响到企业创新，但个体企业创新不大可能影响到行业互联网化强度，据此认为克服了双向因果关系。为此，我们参考 Bloom 等（2012）的研究，使用美国行业层面的信息投入强度分类来进行回归。该变量为虚拟变量，当行业信息投入强度高于其总体平均水平时，界定为 1；反之，则定义为 0。

第三，我们还使用 Bartik 方法来构建工具变量。具体地，我们以 2004 年作为基期来设置外生权重对企业所在地区的互联网发展水平进行加权。参考 Goldsmith - Pinkham 等（2018）、周茂等（2018）的研究，我们使用 Bartik 方法构建工具变量，具体如下：

$$IV_{ipt} = \sum_{j=1}^{n} \omega_{pj}^{2004} Grate_{ipt}$$

其中，i 表示企业；j 表示 CIC 分类 2 分位行业；p 表示省份；t 表示年份；ω_{pj}^{2004} 表示初始权重[①]；$Grate_{ipt}$ 表示企业所在省份每年网民数量的增长率。由于 Stata 缺乏负二项分布下的 IV 命令，我们进行手动两阶段最小二乘法回归。为了得到工具变量的相关检验，我们在 OLS 框架下也进行了两阶段最小二乘法回归[②]，并报告了相关统计量。具体回归结果如表 11 - 12 所示。

---

① 工业企业数据库在 2004 年提供了企业计算机微机数量的相关统计，该指标可以反映企业在信息技术相关方面的投资（早期计算机微机产品的异质性不强，功能相对单一，价格差异有限）。我们在各省 CIC 2 分位层面进行加总并去规模化（除以省份 - CIC 2 分位的总产出），得到省份 - CIC 2 分位层面 ICT 投资权重指数。考虑到工业企业库样本的广泛性和代表性，我们认为该权重反应了各省 CIC2 分位层面的互联网使用状况。

② 参考 Aghion 等（2013）的表 1，OLS 框架下的回归因变量采用对数形式，计数模型（count model）下的回归采用原始变量。

表 11 - 12 工具变量回归结果

企业创新	专利数量			ln（专利数量 +1）		
	滞后一期 (1)	2SLS 行业 IV (2)	2SLS Bartik IV (3)	2SLS 滞后一期 (4)	2SLS 行业 IV (5)	2SLS Bartik IV (6)
企业微博	0.168***	10.928***	12.660***	0.484***	42.266***	36.167***
	(7.14)	(8.12)	(5.99)	(71.99)	(13.44)	(5.47)
互联网普及率	1.344***	1.470***	1.457***	0.498***	-2.165***	-1.830***
	(19.47)	(28.54)	(27.89)	(70.66)	(-10.82)	(-4.41)
其他控制变量	是	是	是	是	是	是
LM 统计量				3.5E+05***	178.553***	29.583***
Wald F 统计量				7.5E+05***	178.579***	29.583***
观察数	123276	201735	197049	668666	1161197	1080619
所有制固定效应	是	是	是	是	是	是
年份固定效应	是	是	是	是	是	是

注：(1) ***、**、* 分别表示在 1%、5% 和 10% 统计水平下显著；(2) 圆括号内是变量回归的 z 值。

资料来源：类同于表 11 - 3 的数据来源。

如表 11 - 12 回归结果所示，无论是企业创新采用专利数量来衡量，还是企业创新采用 ln（专利数量 +1）来度量，在两种因变量情形下，我们对解释变量企业互联网化分别使用滞后一期、2SLS 行业 IV 和 2SLS Bartik IV 方法进行回归发现，企业互联网化都对中国企业创新产生显著的促进作用，且是稳健的和可靠的。并且，LM 统计量和 Wald F 统计量检验的结果也显示，这里选取的工具变量是合适的。

二、现实案例验证

在这里，我们再选取相关案例来支撑理论模型和实证检验的合理性。为此，我们基于中国工业企业数据库中提供的数据以及企业相关文件资料，参照企业异质性回归分析中的主要分类特征来选取案例企业。根据企业异质性分类特征，我们选取海尔集团和杭州弹簧有限公司作为典型的案例来说明之，其企业特征如表 11 - 13 所示。

表 11 - 13　　案例选取的企业异质性匹配的结果①

企业名称	企业规模	企业所有制	高科技行业	市场集中度	是否出口
海尔集团	大型规模	私营企业	否	中等竞争	是
杭州弹簧厂	中等规模	私营企业	否	中等竞争	是

这里表 11 - 13 的企业特征是与前述企业异质性分类特征相恰合的。在企业异质性分类回归时，中等和大规模企业、非国有企业（即私营企业和外资企业）、非高科技行业企业（即低技术行业企业）以及中等竞争企业引入互联网化之后，其创新投入的意愿都会更强。据此，本章关于企业案例的选择是与企业异质性分类特征相恰合的。

具体地，从中国制造业企业尤其是出口制造业企业的互联网转型来看，比较典型的案例是海尔集团。海尔集团上市主体——青岛海尔股份有限公司 2017 年年度报告显示，2017 年该公司海外收入占比达 42%，在全球市场中海尔大型家用电器品牌份额占到 10.6%，实现了九连冠，② 属于典型的大型出口制造业企业。2012 年 12 月，海尔集团宣布进入第五个发展阶段：网络化战略阶段。实际上，2005—2012 年，海尔在全球化战略发展阶段就开始积极进行互联网转型，通过互联网积极整合全球的研发、制造和营销资源，以用户驱动产品和服务的创新。2012—2019 年，海尔在网络化战略阶段，开始进一步持续深入地同互联网进行融合。一个例子是，海尔开放式创新中心于 2013 年在线上搭建了“海尔开放创新平台 HOPE”。通过该平台，全球的用户和资源都可以在线上零距离交互，实现创新的来源和创新转化过程中的资源匹配。海尔的“风洞”天樽空调在研发之初即与 67 万消费者在互联网平台上积极交互，真正做到跨领域、网络化的协同创新。这验证了本章假说 1 的结论，即企业通过互联网整合企业内部和外部的创新资源，能够极大地降低企业的信息搜寻成本和信息匹配成本，提高企业各部门以及市场主体的交流效率和协同创新能力，使得企业进行创新投入活动的成本更低，进而促进企业的创新活动。

另一个例子是杭州弹簧有限公司，该公司改制前身是杭州弹簧厂，成立于 1958 年，属于集体小企业。不过，该企业拥有近 60 年专业生产弹簧的历史，

① 企业规模划分是根据国家统计局 2017 年发布的《统计上大中小微型企业划分办法（2017）》所得；高科技行业划分是根据国家统计局《技术产业（制造业）分类（2013）》所得；海尔集团在中国工业企业数据库中存在多个实体法人，这些法人大多分类为大型企业、私营企业和非高科技行业企业。

② 青岛海尔股份有限公司：《青岛海尔股份有限公司 2017 年年度报告》。

2011 年出口交货值达到 2131 万元①，属于典型的中小型出口企业。自 2016 年起，杭州弹簧有限公司开始引进物联网和工业互联网技术，以改造现有生产线，实现生产线数字化、网络化和智能化升级。生产管理人员通过生产指挥中心的监控系统就能对产品从订单开始到产品交付结算进行实时管控。这验证了企业互联网化对提升企业生产率的直接影响。杭州弹簧有限公司还建成了兰菱科创园，依托互联网技术整合资源，汇聚人才，大大降低企业的信息搜寻成本和匹配成本，加速工业新产品技术的开发和孵化，实现科技成果的产业化，提高了企业的生产效率，促进出口。这很好地验证了本章假说 2 的结论，即企业互联网化能够帮助初始生产率水平较低的企业（甚至集体小企业）通过创新投入提高企业进行出口。

这些案例充分说明，在数字经济贸易时代，传统制造业企业通过积极进行互联网转型，尤其是将产品创新过程积极同互联网进行融合，整合多方面的资源，以用户需求来驱动创新，通过提高企业创新活动的效率，加快产品和技术的迭代，进而提升企业进行出口。

第七节 主要结论及政策建议

数字经济的蓬勃发展已给全球经济增长带来了新动能。在国际贸易保护主义重新抬头、贸易摩擦加剧不确定背景下，中国传统制造业企业与互联网的融合对企业创新及其出口产生怎样的影响？本章拓展了 Bustos（2011）的技术选择模型，使用中国工业企业数据库、新浪微博数据、谷歌专利数据等微观数据，匹配到企业层面，揭示出企业互联网化对中国企业创新能力及其出口的影响。研究表明：

第一，从基准回归及其扩展来看，无论是出口企业还是非出口企业，几种方法回归显示，企业进行互联网转型都对中国企业创新能力有着显著的提升作用。进一步地，企业在互联网化前后的创新能力存在着明显的差异，且随着时间的推移，企业互联网化对其创新能力的促进作用越强。这说明制造业企业同互联网融合是提高企业创新能力的一个重要渠道。

① 国家统计局：《中国工业企业数据库（2011 年）》。

第二，企业异质性回归表明，企业互联网化对中国企业创新能力的促进作用，虽然随所有制的不同而存在差异，但是其促进效应的确具有明显的普遍性。从企业性质来看，在非国有企业中，企业互联网化对企业创新能力的提升作用更为显著。同时，低生产率企业和中、小企业也能够通过企业互联网化来增强企业创新投入活动。从行业来看，不论是高科技行业还是低科技行业、不论行业的竞争程度高低，企业互联网化均能够发挥对企业创新的促进作用。

第三，三种方式的企业互联网化不仅对企业创新产生显著的促进作用，而且也对企业出口活动产生显著的直接促进效应。也就是，企业互联网化能在一定程度上降低企业进入出口市场的门槛，直接推动企业积极进行出口活动。三种方式的企业互联网化通过企业创新选择行为这一中介渠道间接地促进了中国企业进行出口。这说明制造业企业同互联网的融合需要以企业自身的创新能动性为桥梁，企业互联网化能够更多地激发企业进行出口的积极性。对于积极参与互联网化的低生产率企业表现得也很明显。

基于上述企业互联网化对中国企业创新及其出口的影响研究结论，我们拟提出政策建议是：

1. 鼓励和支持传统制造业企业加强对互联网的应用。制造业企业与互联网的深度融合可以降低企业的信息搜寻和匹配成本，整合各方面的创新资源。一方面互联网化的企业同市场的信息交互更加便利，能够同外部建立起持续有效的双向联系，减少企业创新活动的盲目性，提高企业创新主体进行产品创新的效率。另一方面，企业同外部之间信息不对称程度的降低也促进了企业对有限创新资源的利用效率，降低了企业创新的风险和成本。企业互联网化是物质资本投资和人力资本投入之外另一个可以有效提高企业创新能力的手段。

2. 传统制造业企业应根据自身条件，积极同互联网进行融合，发挥其促进效应。政府可积极鼓励传统制造业企业进行互联网转型。具体来说，传统制造业企业在利用互联网拓展商业渠道的同时更多是提高有效获取外部信息的能力。一些大企业还可以利用互联网整合资源部署互联网创新平台，而中小企业则可以积极参与开放的互联网创新社区，把互联网作为一种手段提高创新的能力。此外，在数字经济蓬勃发展的背景下，不论企业规模、技术水平高低，也不论行业的垄断程度高低，传统企业都可以通过互联网化活动来促进创新活动，形成产品的核心竞争力。

3. 制造业企业同互联网融合在提高企业创新能力的同时还有助于企业进行出口。互联网化活动能够降低供求双方的信息不对称、提高企业获取市场有效信息的能力，有助于传统制造业企业进行出口活动。而互联网化降低企业信息交流成本和学习成本，提升企业交流效率和学习效率，是促进传统制造业企业特别是生产率水平较低的企业进入出口市场的重要途径之一。借助互联网平台，企业可以通过降低信息交流成本、提升创新投入意愿，不断开发出多样化的产品以满足外贸市场需求。从这个角度来看，企业互联网化不仅是数字经济时代传统制造业企业提高创新能力的重要推动力，也是推动企业积极进行出口活动的重要催化剂。

第十二章

企业互联网化、创新保护与中国企业出口产品质量提升[①]

通过引入管理产品能力和差异化的中间投入品，本章对 Kugler 和 Verhoogen (2012) 模型进行了扩展，认为加强创新保护通过提高中间投入品质量促进了企业出口产品质量提升，且互联网化带来的管理产品能力提高能够强化创新保护对企业出口产品质量的促进作用。在此基础上，本章使用中国工业企业数据库和海关数据库相匹配的数据，探究了企业互联网化、创新保护对中国企业出口产品质量提升的影响。

第一节 问题提出及文献综述

2001 年入世后，中国对国内知识产权法律法规对标 TRIPS 协定进行了大幅修改和完善，发出对标国际营商规则的明确信号，这为中国深度融入世界贸易体系奠定了坚实的基础。正是由于对标国际营商规则、进入世界统一的大市场给中国带来了前所未有的发展机遇。入世后，中国外贸快速增长带来中国经济增长和外汇储备规模迅速增加就是强有力的证据（沈国兵，2020）。经过入世后 20 年

① 本章主要内容参见沈国兵、袁征宇："互联网化、创新保护与中国企业出口产品质量提升"，《世界经济》2020 年第 11 期。本章已对其做出了修改和完善。

的发展，中国经济已由高速增长阶段转向高质量发展阶段。中共十九大报告提出，“推进贸易强国建设”。由此，我国对外贸易发展已从粗放型数量增长转向集约型质量提升。2020 年 11 月 9 日，国家印发《关于推进对外贸易创新发展的实施意见》提出，“创新发展模式，优化贸易方式。做强一般贸易，提升加工贸易”“加快贸易数字化发展”。我国对外贸易已从劳动密集型、低技术制造品为主，转向中、高技术高质量制造品为主。据中国商务部统计数据显示[①]，“2019 年我国机电产品出口占比达 58.4%，集成电路、汽车整车等高质量高技术高附加值产品出口分别增长 25.3% 和 8.2%。一般贸易贡献增强，出口占比提高至 57.8%，增强了产业链价值和贸易竞争力”。这表明我国企业的出口产品正向内涵式高质量发展转变。由此，发掘提升我国企业出口产品质量的路径和影响因素就凸显重要。

值得注意的是，制度环境和技术环境的转变在推动我国企业出口产品质量提升的过程中发挥着重要作用。一方面，以创新保护为代表的营商环境的优化，不断重塑企业的贸易和投资行为。适宜的创新保护强度不仅激励本国企业积极从事研发创新活动，同时也促进了国际贸易和 FDI 活动背后的研发溢出。本国企业通过不断参与知识密集型产品的制造活动，即使缺乏研发创新的能力，也可能从专用性中间投入品的使用中获得生产率的提高（毛其淋和许家云，2015）。2019 年 11 月 24 日，我国印发了《关于强化知识产权保护的意见》提出，“牢固树立保护知识产权就是保护创新的理念”。加强知识产权保护，是提高我国经济竞争力的最大激励。另一方面，以互联网为代表的数字经济为传统制造业企业注入了新的动力。据中国信息化百人会统计，2017 年中国数字经济规模达 27.2 万亿元，占国内生产总值比重达 32.9%。传统产业与互联网的深度融合改变了企业在生产销售中的经营模式，建设以客户需求为导向的内部工作流程，将不断提高企业生产效率和管理效率，促进了企业进行创新和产品质量升级。《2019 年政府工作报告》提出，全面推进“互联网 +”，运用新技术新模式改造传统产业；打造工业互联网平台，为制造业转型升级赋能。2020 年 10 月 29 日，中国“十四五”规划建议提出，“推动互联网、大数据、人工智能等同各产业深度融合”。由此，在国家加强创新保护、推进互联网化的新形势下，我国外贸企业能否借此提升其出口产品质量（即提高其对外贸易竞争力）就具有很强的现实价值。

就现有文献来看，与本章关注的问题密切相关的研究主要有：

---

① 资料来源：《商务部外贸司负责人谈 2019 年全年我国对外贸易情况》，商务部新闻办公室，2020 年 1 月 15 日，http：//www.mofcom.gov.cn/article/ae/sjjd/202001/20200102930414.shtml。

第一，聚焦创新保护对企业绩效的影响研究。一是加强创新保护对企业创新行为的影响研究。Furukawa（2010）认为，知识产权保护和创新之间存在“倒U形”关系，取决于技术进步是由学习驱动主导还是研发驱动主导。Ang等（2014）研究发现，更好地执行知识产权会积极影响企业获得新外债的能力，并允许企业投资更多的研发活动，产生更多的创新专利，并从新产品中产生更多的销售。类似地，吴超鹏和唐菂（2016）研究发现，模仿成本的提高和资金约束的缓解是加强知识产权执法实践、提高企业创新投入的最主要途径。二是加强创新保护对国际分工下生产率溢出效应的影响研究。苏为华和孔伟杰（2010）证实，加强知识产权保护有利于提高对外贸易和FDI技术溢出的吸收水平。类似地，余长林（2011）研究发现，知识产权保护是影响国际贸易与FDI技术溢出效应的重要因素，它显著地促进了中国的技术进步。Smeets和De Vaal（2016）认为，加强知识产权保护有利于增加本地供应商与跨国企业子公司之间的知识共享，增强生产率溢出效应。

第二，聚焦互联网对企业组织管理能力的影响研究。一是互联网化有助于降低企业供应链管理中的沟通成本和物流成本，提高生产管理能力。Lancioni等（2000）讨论了互联网在企业供应链管理中可能扮演的角色，认为互联网可以有效加快企业与供应商之间的沟通，提高服务水平并降低物流成本。Litan和Rivlin（2001）分析了互联网发展可能对经济产生的影响，认为除了生产效率方面的影响外，互联网对企业在产品开发、供应链管理和商业运作方面的效率都有极大提升。二是互联网化有助于加强企业和客户之间双向沟通，加强产品设计、培育口碑和品牌，提高企业管理产品能力。Dewan等（2003）认为，互联网带来信息搜寻成本的下降，允许厂商能更好地理解消费者的需求，弥合了产品定制成本和消费者定制偏好之间的鸿沟，促进企业以特殊价格提供定制化的产品。Dellarocas（2003）发现，互联网在线反馈机制培育的市场信任和合作对企业的品牌建设、客户获取、产品开发以及质量管理等潜在的管理活动有着重要的潜在影响。Luo等（2013）认为，企业越来越多提倡使用社交媒体等互联网技术来管理产品和进行企业转型。基于企业社交媒体活动的相关指标是反映企业股权价值的重要指标，两者存在显著的正向关系。三是互联网化有助于加强企业内部不同部门之间沟通协作，提高组织管理能力。Lu和Ramamurthy（2004）探讨了ICT技术应用和企业组织管理之间联系，发现互联网技术的运用有助于提高企业运营调整的敏捷性，但对企业市场资本化敏捷性没有影响。Liang等（2010）从资源管理角度研究发现，互联网等信息技术能够加强企业的组织能力和财务能力，进而提高企业的绩效。

第三，聚焦出口产品质量的影响因素研究。出口产品质量会受到企业自身能力和外部环境的影响。一是使用进口中间投入品有助于出口产品质量升级。Amit 和 Khandelwal（2013）认为，低关税有利于较高质量的产品追赶世界先进水平，但会阻碍较低质量产品的升级。Bas 和 Strauss - Kahn（2015）发现，进口投入品关税的下降会促使企业使用更高质量的投入品，从而提高出口产品质量和出口产品价格。进一步地，Fan 等（2018）发现，关税降低引致的出口产品质量提升主要集中在生产率较低的企业当中。这些企业积极地提高投入品和产出品的质量并转向高收入国家进行出口。二是信贷约束过紧或财务杠杆过高不利于出口产品质量升级。Fan 等（2015）研究发现，信贷约束会迫使出口企业生产较低质量的产品。类似地，Bernini 等（2015）指出，过高的财务杠杆不利于企业出口质量的提升。张杰（2015）发现，政府干预和金融抑制带来的扭曲造成融资约束和企业出口产品质量之间呈现显著的“倒 U 形”关系。三是规模大、生产能力强的企业会选择生产质量高的出口产品。Kugler 和 Verhoogen（2012）认为，企业生产能力和投入品在决定产品质量时存在互补关系，生产能力更强的企业会选择更好的投入品并提高产出定价。Hallak 和 Sivadasan（2013）也认为，规模更大的企业通常会支付更高的工资和投入品价格，从而选择更高质量的产品，并提高产品价格。

第四，聚焦互联网化对企业出口和出口产品质量影响研究。在数字经济时代，互联网已经融入企业生产生活的方方面面。Abouzeedan 和 Busler（2007）、Abouzeedan 等（2013）认为，企业互联网化是组织管理上的创新，其实质是服务化投入的一种具体形式，包括强化企业进行经营、生产、创新等活动所需资源的获取能力以及节约相关支出的能力。Goldfarb 和 Tucker（2019）认为，互联网等数字技术能够降低五个方面的成本，包括搜寻成本、复制成本、运输成本、追踪成本和验证成本。其中，搜寻成本降低能够提高双方信息匹配的效率（Dana 和 Orlov，2014；Ellison 和 Ellison，2018）和信息沟通及组织的效率（Agrawal 和 Goldfarb，2008）。岳云嵩和李兵（2018）发现，电子商务平台主要通过提高生产效率、交易匹配效率和降低出口门槛三条路径促进出口。沈国兵和袁征宇（2020a）认为，在数字经济正成为全球经济增长的新动力背景下，传统企业的生产、运营和销售越来越依赖于互联网。通过将企业内部的业务流程同外部的商务活动结合起来，企业互联网化可降低企业内部沟通和企业同外部沟通的信息交流成本，提高企业组织协调和生产活动效率，进而提升企业创新及其出口。

基于文献所述，我们将企业互联网化界定为企业应用互联网同外界（包括客户、同行及其他主体等）进行双向信息交流，以市场需求为导向，降低企业内部沟通信息管理成本和企业同外部沟通信息交流成本，提升企业管理产品能力的过程。Etemad 等（2010）认为，企业互联网化使得几乎全部有影响力的主体参与度越来越高，它们通过互联网链接的参与和连接对于获取、传输和处理信息是至关重要的。企业将通过互联网化交流的各种信息来提升企业产品质量。相比先前文献，本章边际贡献有：（1）我们拓展了 Kugler 和 Verhoogen（2012）模型，将中间投入品区分为高质量中间投入品和普通中间投入品，揭示出加强创新保护通过影响企业选择高质量的中间投入品，进而影响到企业出口产品质量的机制；同时，揭示出通过改进企业管理产品能力，企业互联网化影响到企业出口产品质量的机制。（2）证实了加强创新保护能够促进中国企业出口产品质量的提升，并且加强创新保护通过激励企业使用高质量的进口中间投入品这一中介渠道提升了中国企业出口产品质量。区分企业异质性研究表明，加强创新保护对一般贸易企业、高竞争行业企业、东部地区企业的出口产品质量的提升作用更加显著。（3）揭示出企业互联网化与创新保护之间存在协调效应，发现企业互联网化增强了创新保护对企业出口产品质量的提升作用。

第二节 理论模型

Baldwin 和 Harrigan（2011）在异质性企业模型中引入了产品质量，Kugler 和 Verhoogen（2012）进一步考虑了中间投入品和企业能力对产品质量的影响，我们在其模型基础上进行了扩展，做出了两个改进：（1）我们在 K—V 模型基础上将中间投入品进一步区分为高质量中间投入品和普通中间投入品，以探究加强创新保护通过选择中间投入品质量对企业出口产品质量的影响差异；（2）我们细化了企业能力，对企业生产率和管理产品能力进行了区分，并引入企业互联网化活动，以探究企业互联网化活动与创新保护的交互作用对企业出口产品质量的协调效应。

一、消费者

依据 Baldwin 和 Harrigan（2011）、Khandelwal 等（2013）的需求框架，出口目的地国消费者的效用不仅依赖于所消费物品的数量，同时依赖于所消费物品的质量。具体地，消费者效用函数可表示为：

$$U = \left[\int_{j \in \Omega} [x(j)Q(j)]^{\alpha} dj\right]^{\frac{1}{\alpha}}, \alpha = \frac{\sigma - 1}{\sigma}, \sigma > 1 \tag{12-1}$$

其中，U 表示消费者的效用函数；x(j) 表示产品 j 的消费量；Q(j) 表示产品 j 的质量；Ω 表示消费者购买的商品集合；σ 表示产品 j 的替代弹性。

同样地，我们将经过质量调整的价格指数设定为：

$$P \equiv \left[\int_{j \in \Omega} \left(\frac{p(j)}{Q(j)}\right)^{1-\sigma} dj\right]^{\frac{1}{1-\sigma}} \tag{12-2}$$

出口目的地国的总收入 R 设定为：

$$R = \int_{j \in \Omega} x(j)p(j)dj \tag{12-3}$$

由消费者效用函数最大化的一阶条件可以得到：

$$x(j) = RP^{\sigma-1}Q(j)^{\sigma-1}p(j)^{-\sigma} \tag{12-4}$$

二、厂商

第一，对企业生产函数的界定。在本章模型中，企业使用普通中间投入品和高质量中间投入品来进行最终产品的生产。我们设定企业的生产函数满足如下形式：

$$F(I_o, I_h) = \varphi I_o^{\theta} I_h^{1-\theta}, 0 < \theta < 1, \varphi > 0 \tag{12-5}$$

其中，I_o 表示普通中间投入品的量；I_h 表示高质量中间投入品的量；φ 表示企业生产率水平；θ 和 1 − θ 分别刻画了普通中间投入品和高质量中间投入品的产出弹性。

进一步地，根据生产函数和成本最小化条件：$MinL(x) = p_o I_o + p_h I_h, s.t\ x = \varphi I_o^{\theta} I_h^{1-\theta}$，我们可以得到企业的边际成本函数①为：

$$MC = \frac{\omega \cdot p_o^{\theta} p_h^{1-\theta}}{\varphi}, \omega = \left(\frac{\theta}{1-\theta}\right)^{1-\theta} + \left(\frac{1-\theta}{\theta}\right)^{\theta} \tag{12-6}$$

其中，p_o 表示普通中间投入品的价格；p_h 表示高质量中间投入品的价格；ω 是常数。

第二，对企业最终产品质量决定函数的界定。在 Kugler 和 Verhoogen (2012) 模型中，企业最终产品质量是由企业的生产能力和中间品投入量所决定。Bloom 等（2018）认为，管理能力对于提高出口的生产效率和产品质量十分重要，管理不善可能会阻碍贸易和增长。因此，我们在模型中将企业的生产能力

① 关于企业的成本函数囿于文中阅读的连贯性，具体推导过程省略，若需要可向作者索取。

区分为生产效率和管理产品能力两个部分，并且将企业最终产品质量的决定函数设定为①：

$$Q = (IPP \times \varphi^{\delta\rho} + q^{\gamma\rho})^{\frac{1}{\rho}}, IPP > 0, \delta > 1, \gamma > 1 \tag{12-7}$$

其中，Q 表示企业最终产品质量；IPP 表示企业所在行业的创新保护水平；φ 表示企业的生产率水平；q 表示企业选择的高质量中间投入品的质量水平（在这里，我们将普通中间投入品的质量单位化为 1，因而 $q > 1$）；δ 表示企业管理产品能力；γ 刻画了最终产品对中间投入品质量的吸收能力；ρ 度量企业生产效率与中间投入品之间的耦合效应。

第三，对中间投入品生产函数的界定。参考 Kugler 和 Verhoogen（2012）的研究，我们设定中间投入品市场是完全竞争的，由劳动力（l）这一要素生产，且忽略中间投入品的进口关税。我们将单位劳动力的成本定义为：$w = 1$。这里，普通中间投入品的质量是外生给定的，将其单位化为 1。这样，普通中间投入品的生产函数可设定为：

$$F_o(l) = l \tag{12-8}$$

同时，高质量中间投入品的质量（q）是变化的，可将高质量中间投入品的生产函数设定为：

$$F_h(l, q) = \frac{l}{q}, q > 1 \tag{12-9}$$

据此，我们分别对普通中间投入品和高质量中间投入品的利润最大化函数：$\pi = Max[F_o(l) p_o - l \cdot w]$；$\pi = Max[F_h(l, q) p_h - l \cdot w]$，求解关于 l 的偏导数。根据利润最大化规则，求解得到普通中间投入品、高质量中间投入品的价格分别为：

$$p_o = 1, p_h = q \tag{12-10}$$

将式（12-10）代入式（12-6），则考虑中间投入品后，生产单位最终产品的边际成本可以表示为：

---

① 我们将 IPP 直接引入到最终产品质量的决定方程之中。在这里，我们没有将企业最终产品质量函数设为：$Q = (\varphi^{\delta\rho} + IPP \times q^{\gamma\rho})^{\frac{1}{\rho}}$，而是将其设为：$Q = (IPP \times \varphi^{\delta\rho} + q^{\gamma\rho})^{\frac{1}{\rho}}$。究其原因，本章关于最终产品质量函数的设定遵循了 Kugler 和 Verhoogen（2012）模型中的范式：$Q = (\varphi^{\delta\rho} + q^{\gamma\rho})^{\frac{1}{\rho}}$，即假设企业生产能力（φ）和中间投入品质量（q）在决定最终产品质量时存在互补关系。若我们将最终产品质量函数设为：$Q = (\varphi^{\delta\rho} + IPP \times q^{\gamma\rho})^{\frac{1}{\rho}}$，那么 IPP 越大，反映了 q 和 φ 的互补关系越弱（φ 是外生给定的），导致中间投入品质量 q 对最终产品质量的贡献反而会降低。据此，我们采用了 $Q = (IPP \times \varphi^{\delta\rho} + q^{\gamma\rho})^{\frac{1}{\rho}}$ 的假设条件。

$$MC = \frac{\omega \cdot q^{1-\theta}}{\varphi} \tag{12-11}$$

三、互联网化和企业管理产品能力

互联网化极大地提高了企业同外界市场（包括客户、同行及其他主体等）的信息匹配和信息交互能力，有助于企业转向以客户市场需求为导向的运营模式，不断降低企业内部沟通信息管理成本和企业同外部沟通信息交流成本，提高了企业管理产品能力。在数字经济高速发展的背景下，企业面临的商务活动的经营环境、主体行为以及产品创造过程与以往截然不同，企业管理能力面临从提升效率到价值创造的重要挑战（陈剑等，2020）。典型地，随着企业同产品、企业同消费者之间的连接更加持久和紧密，企业会更多地基于这些连接带来的反馈信息进行商务活动决策。进一步地，企业在进行产品创新和业务流程调整时，也会更多地吸纳市场的观点和知识。余传鹏等（2020）认为，知识搜寻是企业进行管理创新的重要驱动力，包括科学型、市场型以及供应链知识搜寻三个方面。互联网作为信息传播的重要媒介，大幅降低了信息的搜寻成本、匹配成本、复制成本等（Goldfarb 和 Tucker，2019），对于企业的知识搜寻活动存在促进作用。具体来看，消费端的知识和数据有助于企业降低市场决策成本，更敏捷地对消费者需求变化作出反应，在需求预测和产品迭代方面起着重要作用；生产端的知识和数据有助于企业优化生产体系，提高运输采购、库存管理的运营决策效率，在供应链管理方面起着重要作用。从这个意义上说，互联网化为企业管理创新活动提供了充分获取外部信息和知识的重要条件。本章互联网化重点关注的是提升企业同外部市场环境交换信息的能力，以提高企业管理产品能力。

现有文献的一些调查研究已提供了互联网化对企业管理产品能力影响的佐证。Dewan 等（2003）认为，互联网带来信息搜寻成本的下降，允许企业能更好地理解消费者的需求，弥合了产品定制成本和消费者定制偏好之间的鸿沟，促进企业以特殊价格提供定制化的产品。Dellarocas（2003）发现，互联网在线反馈机制培育的市场信任和合作对企业的品牌建设、客户获取、产品开发以及质量管理等潜在的管理活动有着重要的潜在影响。Luo 等（2013）认为，企业越来越多提倡使用社交媒体等互联网技术来管理产品和进行企业转型。据此，我们认为企业管理产品能力（δ）与企业互联网化程度相关，具体设定为：

$$\delta = \delta_0 \cdot e(INT), INT > 0, \delta_0 > 0, e'(\cdots) > 0 \tag{12-12}$$

其中，δ_0 表示企业初始管理产品能力，由企业的人力资本水平外生决定；$e(INT)$ 表示企业互联网化的函数；INT 表示企业互联网化程度；$e'(\cdots) > 0$ 意味着企业的互联网化程度越高，其获取外部信息的能力越强，这将降低企业信息管理成本和信息交流成本，提高企业管理产品能力。

进一步地，我们假设企业进行互联网化活动的边际成本是不变的：

$$MC_{INT} = c_{INT} \tag{12-13}$$

四、引入互联网化的企业出口产品质量的决定函数和出口产品质量选择

在这里，企业出口产品质量的决定方程可由利润最大化条件得到，具体推导如下：

在模型中，我们仅考虑单一出口目的地国的情形，这样，引入互联网化的企业的利润函数可表示为：

$$\pi = p \times x - MC \times x - f - f_e - c_{INT} \times INT \tag{12-14}$$

依据 Baldwin 和 Harrigan（2011）、Khandelwal 等（2013）的需求框架，由消费者效用函数最大化的一阶条件可以得到：$x = RP^{\sigma-1}Q^{\sigma-1}p^{-\sigma}$

据此，对该利润函数求解关于产品价格 p 的一阶最大化条件，可得：

$$\frac{\partial\pi}{\partial p} = RP^{\sigma-1}Q^{\sigma-1}(1-\sigma)p^{-\sigma} + \frac{\omega \cdot q^{1-\theta}}{\varphi}RP^{\sigma-1}Q^{\sigma-1}\sigma p^{-\sigma-1} = 0 \tag{12-15}$$

据此，求解得到：

$$p = \frac{\sigma}{\sigma-1}\frac{\omega \cdot q^{1-\theta}}{\varphi} \tag{12-16}$$

同时，将该利润函数求解关于中间投入品质量 q 的一阶最大化条件，可得：

$$\begin{aligned}\frac{\partial\pi}{\partial q} &= RP^{\sigma-1}p^{1-\sigma}(\sigma-1)Q^{\sigma-2}\frac{\partial Q}{\partial q} - RP^{\sigma-1}Q^{\sigma-1}p^{-\sigma}\frac{\omega \cdot (1-\theta)q^{-\theta}}{\varphi} \\ &- \frac{\omega \cdot q^{1-\theta}}{\varphi}RP^{\sigma-1}p^{-\sigma}(\sigma-1)Q^{\sigma-2}\frac{\partial Q}{\partial q} = 0\end{aligned} \tag{12-17}$$

将 $p = \frac{\sigma}{\sigma-1}\frac{\omega \cdot q^{1-\theta}}{\varphi}$ 和由式（12-7）求偏导得到的 $\frac{\partial Q}{\partial q} = \frac{Q\gamma q^{\gamma\rho-1}}{IPP \cdot \varphi^{\delta\rho} + q^{\gamma\rho}}$ 代入式（12-17），整理得到：

$$q = \left[\frac{(1-\theta)IPP}{\gamma-1+\theta}\right]^{\frac{1}{\gamma\rho}} \times \varphi^{\frac{\delta}{\gamma}} \tag{12-18}$$

再将式（12-18）和式（12-12）代入式（12-7），得到引入互联网化的企业出口产品质量的决定式为：

$$Q = (IPP \times \varphi^{\delta\rho} + q^{\gamma\rho})^{\frac{1}{\rho}} = \left(\frac{IPP \cdot \gamma}{\gamma-1+\theta}\right)^{\frac{1}{\rho}} \times \varphi^{\delta_0 \cdot e(INT)} \tag{12-19}$$

据此，在本章模型中，创新保护水平（IPP）直接影响到企业对高质量中间

投入品的质量水平（q）的选择，进而决定了企业出口产品质量（Q）。此外，Q还受到企业生产率水平（φ）、企业管理产品能力（δ）、企业互联网化程度（INT）、最终产品对中间投入品质量的吸收能力（γ）、高质量中间投入品的产出弹性（1 - θ），以及企业生产效率与中间投入品之间耦合效应（ρ）的影响。

这样，依据式（12 - 19），将企业出口产品质量关于创新保护水平（IPP）求偏导数。由于 $IPP > 0$，$\varphi > 0$，$0 < \theta < 1$，$\delta > 1$ 及 $\gamma > 1$，可得：

$$\frac{\partial Q}{\partial IPP} = \left(\frac{\gamma}{\gamma - 1 + \theta}\right)^{\frac{1}{\rho}} \times \varphi^{\delta} \times \frac{IPP^{\frac{1}{\rho}-1}}{\rho} > 0 \qquad (12-20)$$

由此，我们可以得到：

命题1：加强创新保护水平会促进企业出口产品质量的提升。

进一步地，依据式（12 - 12）和式（12 - 19），考虑到企业因互联网化程度不同会导致企业管理产品能力（δ）相异，进而影响到企业的出口产品质量（Q）。据此，将式（12 - 20）的企业出口产品质量再关于企业互联网化程度（INT）求偏导数，由于 $IPP > 0$，$\varphi > 0$，$0 < \theta < 1$，$\delta > 1$，$\gamma > 1$ 及 $e'(\cdots) > 0$，可得：

$$\frac{\partial^2 Q}{\partial IPP \partial INT} = \frac{\partial^2 Q}{\partial IPP \partial \delta} \times \frac{\partial \delta}{\partial INT} = \left(\frac{\gamma}{\gamma - 1 + \theta}\right)^{\frac{1}{\rho}} \times \frac{IPP^{\frac{1}{\rho}-1}}{\rho} \times \varphi^{\delta} \times \ln\varphi \times \delta_0 \times e'(INT) > 0 \qquad (12-21)$$

据此，我们可以得到：

命题2：互联网化带来的企业管理产品能力的提高，能够强化创新保护对企业出口产品质量的促进作用。

综上所述，我们从理论上揭示了互联网化和创新保护对企业出口产品质量的影响，通过这里的数理模型严格地推导并阐明了互联网化和创新保护对企业出口产品质量的内在影响机制。

第三节 模型构建及变量数据说明

一、计量模型构建

根据上述命题1和式（12 - 20），我们将创新保护对企业出口产品质量影响的模型设定为计量模型一：

$$Q_{ift} = \beta_0 + \beta_1 IPP_{it} + X_{ift}v + \xi_i + \xi_f + \xi_t + \epsilon_{ift} \quad (12-22)$$

其中，i 代表行业（CIC 2 分位）；f 代表企业；t 代表年份；Q_{ift} 表示企业的出口产品质量；IPP_{it} 表示创新保护强度；X_{ift} 表示相关控制变量向量，包括企业规模、企业全要素生产率、企业工资、企业所有制等变量；β_0 是常数项；β_1 是变量系数；v 是控制变量向量的系数；ξ_i 、ξ_f 和 ξ_t 分别表示行业、企业和年份的固定效应；ϵ_{ift} 表示随机扰动项。

进一步地，根据式（12－18）、式（12－19），为了验证创新保护水平影响了企业选择高质量中间投入品的质量，进而影响到企业最终出口产品质量，我们将进口中间投入品的质量作为中介变量，进行中介效应检验。该中介渠道检验设定的计量模型二为：

$$\begin{cases} IIQ_{ift} = z_{11} + z_{12} IPP_{it} + X_{ift}\mu + \xi_i + \xi_f + \xi_t + \epsilon_{ift} \\ Q_{ift} = z_{21} + z_{22}\, IIQ_{ift} + z_{23}\, \beta_1 IPP_{it} + X_{ift}\mu + \xi_i + \xi_f + \xi_t + \epsilon_{ift} \end{cases} \quad (12-23)$$

其中，i 表示行业（CIC 2 分位）；f 表示企业；t 表示年份；Q_{ift} 表示第 t 年行业 i 企业 f 的出口产品质量；IIQ_{ift} 表示第 t 年行业 i 企业 f 进口中间品质量；IPP_{it} 表示第 t 年行业 i 创新保护强度；X_{ift} 表示相关控制变量向量，包括企业规模、企业全要素生产率、企业工资、企业所有制等变量；z_{11} 、z_{21} 是常数项；z_{12} 、z_{22} 、z_{23} 是变量系数；μ 是控制变量向量的系数；ξ_i 、ξ_f 和 ξ_t 分别表示行业、企业和年份的固定效应；ϵ_{ift} 表示随机扰动项。参考温忠麟和叶宝娟（2014）的研究，若 z_{12} 和 z_{22} 均显著，则证实存在中介效应。否则，需要进一步进行 bootstrap 检验。

根据上述命题 2 和式（12－21），为了进一步识别企业互联网化活动同知识产权保护实践的相互影响以及互联网化活动对出口产品质量的间接影响，我们通过交互项作用设定计量模型三：

$$Q_{ift} = \phi_0 + \phi_1 IPP_{it} + \phi_2 IPP_{it} \times INT_{ft} + \phi_3 INT_{ft} + X_{ift}\eta + \xi_i + \xi_f + \xi_t + \epsilon_{ift} \quad (12-24)$$

其中，i 代表行业（CIC 2 分位）；f 代表企业；t 代表年份；Q_{ift} 表示企业出口产品质量；IPP_{it} 表示创新保护强度；INT_{ft} 代表企业互联网化程度；$IPP_{it} \times INT_{ft}$ 捕捉了企业互联网化程度与行业创新保护的交互作用；X_{ift} 表示相关控制变量向量，包括企业规模、企业全要素生产率、企业工资、企业所有制等变量；ϕ_0 是常数项；ϕ_1 、ϕ_2 和 ϕ_3 是变量系数；η 是控制变量向量的系数；ξ_i 、ξ_f 和 ξ_t 分别表示行业、企业和年份的固定效应；ϵ_{ift} 表示随机扰动项。

二、数据来源和匹配

本章主要变量的数据来源主要有三个：

第一，企业互联网化程度（INT_{ft}），我们使用企业所在地区的互联网发展水平来度量企业的互联网化强度。具体地，我们以企业所处省份的互联网普及率来进行度量，数据来自2020—2013年《中国互联网络发展状况调查统计报告》。

第二，衡量行业层面创新保护强度的数据，主要来自2000—2017年的《中国统计年鉴》和《国家知识产权局统计年报》等数据。《中国统计年鉴》提供了包括文化、生产、教育等多方面的相关年度统计数据，《国家知识产权局统计年报》提供了知识产权违法侵权案件相关的统计数据，利用这些数据我们计算得到2000—2017年中国实际知识产权保护强度以及2007—2014年国民经济行业层面的创新保护强度。

第三，衡量企业出口产品质量的数据以及相关控制变量指标，主要数据来源于2000—2014年的《中国海关数据库》和2011—2013年的《中国工业企业数据库》。我们在Khandelwal等（2013）的框架上利用《中国海关数据库》分别测度了2000—2014年的进口和出口产品质量。《中国工业企业数据库》提供了规模以上企业的微观指标集合，我们按照Brandt等（2012）的方法将原始的工业企业数据进行匹配，形成面板数据结构。进一步地，我们还参考聂辉华等（2012）的方法剔除明显无效的观测数据。在此基础上，我们再将2011—2013年《中国工业企业数据库》和《中国海关数据库》按照田巍和余淼杰（2013）的方法逐年进行匹配，最终形成实证回归所需的面板数据，具体如表12-1所示。

表12-1　2011—2013年工业企业与海关数据匹配情况　单位：个

年份	当年未匹配观察数	当年匹配观察数	观察数合计	观察数匹配率
2011	215367	49602	264969	18.7%
2012	251814	49411	301225	16.4%
2013	243325	47462	290787	16.3%

资料来源：2011—2013年《中国工业企业数据库》和《中国海关数据库》以及作者的匹配结果。

三、核心变量测度

（一）因变量：企业出口产品质量（Q_{ift}）

由于出口产品质量无法直接观察得到，早期文献多采用产品单位价值作为出口产品质量的替代指标（Schott，2004）。但这种方法较为粗糙，此后许多文献发展出了从产品的需求或供给信息中剥离出产品质量的估计策略（Khandelwal，2010；Feenstra 和 Romalis，2014）。这些方法适用于各个层面对出口产品质量的研究，结合本章的研究需要以及样本期的考虑，我们参考 Baldwin 和 Harrigan（2011）、Khandelwal 等（2013）的方法估计企业—产品层面出口产品质量，并加权到企业层面进入回归方程。具体估计策略如下：

具体地，消费者的效用函数如前面的式（12－1）所示：

$$U = \left[\int_{j \in \Omega} [x(j)Q(j)]^{\alpha} dj\right]^{\frac{1}{\alpha}}, \alpha = \frac{\sigma - 1}{\sigma}, \sigma > 1 \quad (12-25)$$

其中，U 表示消费者的效用函数；x(j) 表示产品 j 的消费量；Q(j) 表示产品 j 的质量；Ω 表示消费者购买的商品集合；σ 表示产品 j 的替代弹性。

求解消费者效用函数最大化条件时，满足下式：

$$x(j) = RP^{\sigma-1} Q(j)^{\sigma-1} p(j)^{-\sigma} \quad (12-26)$$

其中，R 表示出口目的地国的总收入；P 是经过质量调整的价格指数；p(j) 表示产品 j 的价格。

我们将等式两边取自然对数，得到：

$$\ln x_{jcft} + \sigma \ln p_{jcft} = \alpha_c + \alpha_{jt} + \varepsilon_{jcft} \quad (12-27)$$

其中，x 代表产品 j 消费量；p 代表产品 j 单位价格；j 代表产品（HS 6 分位）；c 代表出口目的地国；f 代表企业；t 代表年份；α_j 捕捉了不同种类产品间的组间差异；α_{ct} 控制了国家—年份层面的固定效应。

选取合适的弹性，然后在每个产品类别内回归得到残差项 ε_{jcft} 并进行相关运算，可以到企业—产品—国家—年份层面的出口产品质量：

$$Q_{jcft} = \frac{\varepsilon_{jcft}}{\sigma - 1} \quad (12-28)$$

需要指出的是，方程中相关指标均可以由《中国海关数据库》得到，而产品需求弹性需要人为选取和计算。余森杰和张睿（2017）指出，利用残差法进行出口产品质量的估计时对需求设定较为敏感。已有文献一般使用 Broda 和 Weinstein（2006）在 HS2 分位测定的产品弹性值（Fan 等，2018）。Soderbery（2018）认为，传统的估计方法（Feenstra，1994；Broda 和 Weinstain，2006）测算得到的弹性既不稳健也不准确，他在供给弹性异质性的假设下重新进行了测算。本章使用 Soderbery（2018）所估算的产品需求弹性进入方程，以求得出口产品质量的准确估计。

考虑到回归残差计算得到的同一企业不同行业的出口产品质量，其数值大小不能直接进行比较。因此，我们参考施炳展等（2013）的方法将其进行标准化处理：

$$QLY_{jcft} = \frac{Q_{jcft} - \min(Q_{jcft})}{\max(Q_{jcft}) - \min(Q_{jcft})} \quad (12-29)$$

在此基础上，我们将标准化后的企业—产品—国家层面的出口产品质量分别以出口金额占企业总出口额的比值为权重进行加权，最终得到企业层面出口产品质量，以符号 Q1 表示：

$$Q1 = \Sigma_{\Omega} \frac{value_{jcft}}{\Sigma_{c \in \Omega} value_{jcft}} \times QLY_{jcft} \quad (12-30)$$

其中，Ω 表示产品集合；$value_{jcft}$ 表示第 t 年企业 f 向国家 c 出口产品 j 的出口额。

进一步地，考虑到低质量产品由于价格相对便宜、销路广，我们以出口金额占比为权重进行加权可能会削弱高质量产品的贡献。据此，我们选取多产品出口企业标准化质量最高产品的质量作为企业层面的出口产品质量的代理变量，以衡量企业生产工艺和生产能力的上限，以符号 Q2 表示。

（二）核心解释变量：创新保护强度（IPP_{it}）

创新保护强度是本章的核心解释变量之一。已有文献对知识产权实际保护强度的测度主要集中于国家或区域层面（韩玉雄和李怀祖，2005；Ang 等，2014），也有一部分文献探讨了行业层面的知识产权保护产权强度（Hu 和 Png，2013；沈国兵和张学健，2018）。本章着眼于探讨知识产权保护引致的中间品质量提升效应，聚焦行业层面的创新保护强度变化，因而参考沈国兵和张学健（2018）的方法来构建相关指数。我们首先测算出 2000—2017 年中国知识产权实际保护强度。考虑到信息技术的快速发展在近年来推动了知识产权保护在数字版权领域的发展，我们在构建 G—P 指数时增加了对《世界知识产权组织版权条约》和《商标法新加坡条约》的考察。此外，在计算知识产权实际保护强度的执法力度中以小学及以上学历人数除以 6 岁以上人口总数来测度社会保护意识。进一步地，我们将计算得到的中国知识产权实际保护强度与行业专利授权数占申请数之比与全国专利授权数占申请数之比的比值相乘得到行业层面创新保护强度指标，以符号 $IPP1_{it}$ 表示。考虑到国内专利和国际专利申请存在一定差异，我们还以行业国内专利授权数占申请数之比与全国国内专利授权数占申请数之比来刻画行业特征，再与中国知识产权实际保护强度相乘得到另一个行业层面的创新保护强度指标，以符号 $IPP2_{it}$ 表示。图 12-1 显示了 2000—2017 年中国知识产权实际保护强度的变化，从图中我们可以看到，2000—2014 年中国知识产权实际保护强度处于逐步加强的态势，从 2015 年开始中国知识产权实际保护强度基本保持平

稳并且处于相对较高的水平①。

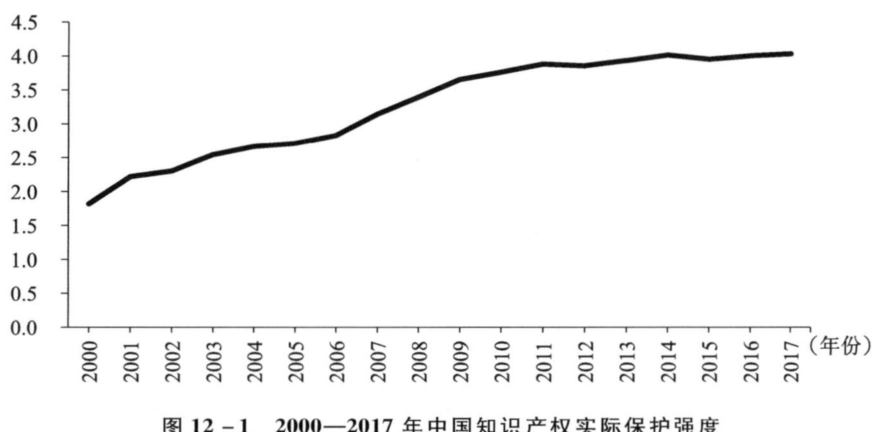

图 12－1　2000—2017 年中国知识产权实际保护强度

资料来源：2000—2017 年《中国统计年鉴》以及作者相关测算的结果。

（三）核心解释变量：企业互联网化指标（INT_{ft}）

企业互联网化程度是本章的另一个核心解释变量。企业所处的互联网环境很大程度上决定了其互联网化的水平，进而影响企业获取外部信息和知识的能力。据此，我们以企业所在省份的互联网普及率作为企业互联网化程度的代理变量②。

（四）控制变量测度（X_{ift}）

本章还控制了同出口产品质量相关的变量指标：

（1）企业规模（SIZ_{ft}）。一般来说，规模越大的企业其技术储备、资金储备和人才储备可能越充足，提升产品质量时面对的约束相对越少。我们将企业员工人数取对数后计算得到。

---

① 国家知识产权局公布的数据显示，2017 年我国知识产权侵权纠纷立案数 27305 件，结案数 26987 件。不论从知识产权纠纷立案数还是结案率来看，当前我国的知识产权实际保护强度并不低。

② 我们还以企业拥有电子邮箱与否作为度量企业互联网化程度的指标，回归结果表明，以企业拥有电子邮箱与否代表的企业互联网化程度与两种测度下的创新保护强度的交互项都不显著，不过其影响系数符号都为正。究其原因，我们认为企业是否拥有电子邮箱，这是一个不太变化的解释变量，在长时间的跨度里，所有企业都会有电子邮箱的，因而这个变量可能无法很好地反映企业互联网化程度的变化。据此，本章使用企业所在省份的互联网普及率（INT）来度量企业互联网化程度，认为企业所处的互联网环境很大程度上决定了其互联网化水平，进而影响企业获取外部信息和知识的能力。因此，我们使用企业所在省份的互联网普及率作为度量企业互联网化程度的指标。

（2）企业全要素生产率水平（TFP_{ift}）。企业的生产效率是企业产品质量的决定性因素之一。我们基于 OP 法（Olley 和 Pakes，1996）来测算企业的全要素生产率水平。

（3）企业平均工资水平（AWG_{ft}），间接地反映了企业的劳动力质量，我们以 2010 年为基期对名义平均工资进行价格平减。

（4）企业所有制（OWP_{ft}）。参照聂辉华等（2012），我们定义国有及集体资本金占比大于等于 50% 的企业是国有企业，法人及个人资本金占比大于等于 50% 的企业是民营企业，港澳台资本金占比大于等于 50% 是港澳台企业，外商资本金占比大于等于 25% 是外资企业。

（5）政府补贴（SUB_{ft}）。政府补贴可以改善企业进行产品质量提升的资金约束，我们以企业受到政府补贴金额同其销售额之比加 1 的对数衡量。

相关指标的描述性统计如表 12 - 2 所示。

表 12 - 2　　主要变量描述性统计

变量	观察数	均值	标准差	最小值	最大值
企业出口产品质量					
——Q1	148026	0.6467	0.0867	0	1
——Q2	148026	0.7105	0.1037	0	1
行业创新保护强度					
——IPP1	148026	3.8122	0.4358	1.5718	4.9103
——IPP2	148026	3.7005	0.4736	1.5127	5.0087
互联网化指标					
——INT	148026	0.5374	0.1095	0.214	0.752
控制变量指标					
SIZ	148026	5.7492	0.9831	2.0794	12.3159
TFP	103644	6.2294	1.3858	-3.1781	13.6187
AWG	122612	3.2287	0.8932	0	11.6199
OWP	148026	2.7476	0.8700	1	4
SUB	148021	0.0011	0.0099	0	1.2770

资料来源：作者根据 2010—2013 年中国工业企业数据库等数据、2000—2014 年中国海关数据库以及 2007—2014 年《国家知识产权局统计年报》等数据计算和整理得到。为简化起见，相关变量均省略了下标，以下类同。

第四节 创新保护对企业出口产品质量的影响：基准回归分析

一、对命题1进行的回归检验

依据计量模型一和式（12－22），我们使用2011—2013年[①]的非平衡面板数据对命题1进行回归检验。与前文一致，在回归中我们将IPP分别以IPP1和IPP2来代表。这里IPP1是以行业总体专利申请授予特征测算的创新保护强度，IPP2是以行业国内专利申请授予特征测算的创新保护强度，基准回归结果如表12－3所示。

表12－3　　基准回归结果

变量	因变量：Q1（企业出口产品质量）			
	（1）IPP1	（2）IPP1	（3）IPP2	（4）IPP2
IPP	0.002**	0.001*	0.002**	0.002**
	(0.001)	(0.001)	(0.001)	(0.001)
SIZ		0.003***		0.003***
		(0.001)		(0.001)
TFP		0.008***		0.008***
		(0.001)		(0.001)
AWG		0.002***		0.002***
		(0.001)		(0.001)
OWP		0.002		0.002
		(0.002)		(0.002)
SUB		0.007		0.007
		(0.019)		(0.019)
行业固定效应	是	是	是	是

① 由于2010年的工业企业数据指标存在缺失，包括缺少构建相关控制变量的数据（政府补贴、工资支出等），因而我们使用2011—2013年的非平衡面板数据。

续表

变量	因变量：Q1（企业出口产品质量）			
	（1）IPP1	（2）IPP1	（3）IPP2	（4）IPP2
企业固定效应	是	是	是	是
年份固定效应	是	是	是	是
观察数	122714	103581	122714	103581

注：(1) ***、**、* 分别表示在1%、5%和10%统计水平下显著；(2) 圆括号内是变量回归的标准误；(3) 回归过程中均对企业进行聚类。

如表12-3所示，列（1）和列（3）是仅控制相关固定效应的情况下就企业出口产品质量（加权法）对创新保护强度进行回归的结果。结果显示，不论是以IPP1还是以IPP2度量的创新保护强度，均对企业出口产品质量产生显著的正向影响。具体是，创新保护水平每提升1单位强度，企业出口产品质量就提高0.002单位水平。列（2）和列（4）是进一步控制了相关控制变量后对核心变量进行回归的结果。我们发现回归的结果仍旧显著为正，这一结果支撑了命题1的结论。这说明加强创新保护引致的高质量进口和FDI流入降低了制造业企业进行工艺改进和产品设计的中间品投入约束和资本约束，促进了制造业企业出口产品质量的提高。

二、对命题1进行内生性问题处理的回归结果分析

行业层面的创新保护水平同企业的出口产品质量之间存在一定的内生性问题。一方面，创新保护水平的提高可能促进企业出口产品质量的提升；另一方面，出口产品质量较高、发展较好的行业更可能去实施有效的创新保护政策和制度。据此，我们采用两种方法来解决内生性问题。

第一种方法，我们采用创新保护水平的滞后三期变量替代当期变量进入方程进行滞后回归。我们认为在控制了行业、企业以及时间固定效应之后，滞后三期可以有效地解决反向同时性的内生性问题。

第二种方法，参考Hu和Png（2013）的研究，我们采用美国的行业研发密度来构建行业层面的创新保护水平。Hu和Png（2013）使用行业研发密度与知识产权实际保护强度的乘积来刻画行业层面的知识产权保护水平。根据Hu和Png（2013）计算出的美国行业层面的研发密度，以及本章测算的中国知识产权实际保护强度，我们计算两者的乘积得到行业层面的创新保护水平。我们认为，中美在细分行业层面的研发特征是类似的，同时美国的行业研发密度可以看作是外生的。因此，以美国行业层面研发密度与中国知识产权实际保护强度乘积计算

得到的指标是可以作为工具变量来消除可能存在的内生性问题。考虑到 Hu 和 Png（2013）提供的是 ISIC（Rev3）层面的数据，我们将 ISIC（Rev3）行业代码和 GB2002 标准下的行业代码进行手动匹配。

两种方法下的回归结果如表 12－4 所示。列（1）和列（2）方法 1 是采用自变量滞后三期对企业出口产品质量进行回归的结果，证实了加强创新保护水平，的确会提升中国企业出口产品质量。列（3）和列（4）方法 2 是采用美国行业研发密度与中国知识产权实际保护强度乘积计算得到的指标作为工具变量对企业出口产品质量进行两阶段最小二乘回归的结果，发现加强创新保护水平，仍会提升中国企业出口产品质量。因此，在消除了内生性问题之后，回归结果证实，加强创新保护水平确实会显著地促进中国企业出口产品质量的提升。这进一步支撑了本章命题 1 的结论。同时，回归中 Kleibergen－Paap rk LM 统计量分别为 58.235 和 41.568，因而显著拒绝了识别不足的原假设；Kleibergen－Paap rk Wald F 值分别为 55.526 和 40.157，且 Stock－Yogo 弱工具变量识别检验 10% 的临界值为 16.38，因而该检验结果显著拒绝了弱工具变量的原假设。因此，LM 统计量和 Wald F 值的检验结果说明我们选取的工具变量是适当的。

表 12－4　内生性分析的回归结果

变量	因变量：Q1（企业出口产品质量）			
	（1）IPP1—方法 1	（2）IIP2—方法 1	（3）IPP1—方法 2	（4）IPP2—方法 2
IPP	0.002*	0.003**	0.377*	0.422*
	(0.001)	(0.001)	(0.230)	(0.260)
SIZ	0.003***	0.003***	0.011***	0.011***
	(0.001)	(0.001)	(0.001)	(0.001)
TFP	0.008***	0.008***	0.004***	0.004***
	(0.001)	(0.001)	(0.001)	(0.001)
AWG	0.002***	0.002***	0.012***	0.012***
	(0.001)	(0.001)	(0.001)	(0.001)
OWP	0.002	0.002	0.010***	0.010***
	(0.002)	(0.002)	(0.001)	(0.001)
SUB	0.007	0.006	0.030	0.032
	(0.019)	(0.019)	(0.040)	(0.043)
Kleibergen－Paap rk LM statistic			58.235	41.568
			[0.0000]	[0.0000]

续表

变量	因变量：Q1（企业出口产品质量）			
	（1）IPP1—方法1	（2）IIP2—方法1	（3）IPP1—方法2	（4）IPP2—方法2
Kleibergen - Paap rk Wald F			55.526 {16.38}	40.157 {16.38}
行业固定效应	是	是	是	是
企业固定效应	是	是	是	是
年份固定效应	是	是	是	是
观察数	103581	103581	94724	94724

注：(1) ***、**、* 分别表示在1%、5%和10%统计水平下显著；(2) 圆括号内是变量回归的标准误，方括号内是P值，大括号内是Stock - Yogo弱工具变量识别检验10%的临界值；(3) 回归过程中均对企业进行了聚类。

第五节 中介效应检验和企业异质性检验分析

一、对命题1进行中介效应检验的回归结果分析

在上述模型中，我们假设创新保护通过影响企业的中间投入品质量选择这一渠道来影响企业出口产品质量。为了验证这一假说，我们依据计量模型二的式(12 -23)，以进口中间投入品质量作为中介变量，对命题1进行中介效应检验。企业进口中间投入品质量的测算方法是与企业出口产品质量的测算方法相类似的，我们采用海关数据库中的进口数据进行测算①，这里不再赘述。

① 进口中间投入品质量的测度同样基于Khandelwal等（2013）的方法计算。在加权到企业层面时，我们首先利用BEC分类与HS分类代码进行匹配，筛选出属于中间品类别的进口产品。在此基础上，我们将归一化后的中间投入品质量按照企业进口额作为权重加权到企业层面，就可计算出企业进口中间投入品质量。

表 12 - 5　　中介效应的回归结果

变量	模型二：IIQ	模型二：Q1	模型二：IIQ	模型二：Q1
	（1）IPP1	（2）IPP1	（3）IPP2	（4）IPP2
IPP	0.005**	0.002*	0.006***	0.002*
	(0.002)	(0.001)	(0.002)	(0.001)
IIQ		0.018***		0.018***
		(0.003)		(0.003)
SIZ	0.005**	0.003***	0.005**	0.003***
	(0.002)	(0.001)	(0.002)	(0.001)
TFP	0.014***	0.010***	0.014***	0.010***
	(0.002)	(0.001)	(0.002)	(0.001)
AWG	0.004***	0.003***	0.004***	0.003***
	(0.001)	(0.001)	(0.001)	(0.001)
OWP	0.002	0.002	0.002	0.002
	(0.004)	(0.002)	(0.004)	(0.002)
SUB	-0.019	0.035	-0.019	0.035
	(0.052)	(0.026)	(0.052)	(0.026)
行业固定效应	是	是	是	是
企业固定效应	是	是	是	是
年份固定效应	是	是	是	是
观察数	52208	52208	52208	52208

注：（1）***、**、* 分别表示在 1%、5% 和 10% 统计水平下显著；（2）圆括号内是变量回归的标准误；（3）回归过程中均对企业进行了聚类。

表 12 - 5 是中介效应的回归结果。列（1）和列（2）是以 IPP1 作为核心解释变量依据模型二的式（12 - 23）进行回归的结果，列（3）和列（4）是以 IPP2 作为核心解释变量依据模型二的式（12 - 23）进行回归的结果。结果表明，加强创新保护水平在 10% 统计水平下显著地促进了中国企业出口产品质量提升。同时，增强的创新保护还通过提升中国企业进口中间投入品质量这一中介渠道，间接促进了中国企业出口产品质量的提升。这进一步支撑了我们理论模型推论出的命题 1 的结论，也说明本章理论模型的相关假设是可靠的，具有较强的现实基础。

二、对命题1进行企业异质性检验的回归结果分析

为了进一步研究创新保护对企业出口产品质量的影响，我们从三个角度对企业的异质性进行区分：一是企业贸易方式。一般来说，加工贸易企业会更加依赖于中间投入品的质量。因此，我们参考 Tang 和 Zhang（2012）的方法①定义企业贸易类型的虚拟变量，因为本章主要关注加强创新保护引致中间品质量提升的渠道，且加工贸易企业对中间投入品更为敏感，因而我们将一般贸易赋值为0，作为基准回归；将加工贸易赋值为1，以符号 PT 表示。在企业贸易方式异质性回归中，我们加入了交互变量的单独项进行回归，以避免遗漏变量带来的偏差。二是企业所在行业的竞争程度。企业所处的行业竞争环境是企业的产品生产选择的重要因素。我们利用企业的总产出占企业所在行业的比重作为基础权重计算企业所在行业的赫芬达尔指数，该指标越大，则代表市场集中度越高。我们以企业所处行业的赫芬达尔指数中位数来划分，低于中位数的为高竞争行业，赋值为0，作为基准回归；高于等于中位数的为低竞争行业或高集中度行业，赋值为1，以符号 HHI 表示。据此，创新保护强度与 HHI 交互项的系数反映的是低竞争行业的企业加强创新保护对其出口产品质量的交互影响。三是企业所处的地理区位。企业所处区域的教育、经济、文化特征也会对企业的生产和经营存在一定的影响。我们将企业所处的省份按照地理区位划分为东、中和西部三个区域定义虚拟变量，西部地区赋值为0，作为基准回归；中部地区赋值为1，以符号 MR 表示；东部地区赋值为2，以符号 ER 表示。

如表 12-6 所示，列（1）和列（2）表示以企业贸易方式区分异质性的回归结果。结果显示，创新保护水平每提升1单位强度，一般贸易企业出口产品质量的提升要比加工贸易企业出口产品质量的提升分别高出 0.003 和 0.004 单位水平。这是因为相比加工贸易企业，一般贸易企业参与国际市场的方式更为积极主动，提升产品质量的动机更强。并且，加强创新保护会提高国际市场对一般贸易方式的信任，更促进一般贸易企业出口产品质量的提升。列（3）和列（4）表示以企业所处行业竞争强度区分异质性的回归结果。由于回归中该交互项的系数统计上显著为负，表明高竞争行业的企业加强创新保护对其出口产品质量的提升影响要高于低竞争行业的企业。具体是，创新保护水平每提升1单位强度，行业

① 将仅从事一般贸易的企业界定为一般贸易企业（虚拟变量赋值为0），将存在加工贸易行为的企业界定为加工贸易企业（虚拟变量赋值为1），余下类型的企业划分为其他（在本章的回归样本中不存在）。

竞争性强的企业出口产品质量的提升要比行业竞争性弱的企业出口产品质量的提升分别高出 0.005 和 0.002 单位水平。这可能是因为垄断的市场结构削弱了企业改善产品质量的动力，因为企业可以依靠自身对市场的控制力效应来维持利润。列（5）和列（6）是以企业所处地理区位进行异质性回归的结果。IPP1 的回归结果显著为正，IPP2 的结果不显著但符号也为正。这说明在沿海经济发达地区的企业，由于地理位置的优越和市场建设的完善对创新保护强度提升带来的变化（进口和 FDI）更为敏感，改善出口产品质量的动机也更强。

表 12-6　企业异质性回归结果

变量	因变量：Q1（企业出口产品质量）					
	(1) IPP1	(2) IPP2	(3) IPP1	(4) IPP2	(5) IPP1	(6) IPP2
IPP	0.002**	0.003***	0.005***	0.003***	-0.007	-0.004
	(0.001)	(0.001)	(0.001)	(0.001)	(0.006)	(0.005)
IPP × PT	-0.003*	-0.004***				
	(0.002)	(0.001)				
IPP × HHI			-0.005***	-0.002*		
			(0.001)	(0.001)		
IPP × MR					0.011	0.003
					(0.007)	(0.006)
IPP × ER					0.010*	0.006
					(0.006)	(0.005)
PT	0.017***	0.021***				
	(0.006)	(0.005)				
HHI			0.015***	0.003		
			(0.006)	(0.005)		
SIZ	0.003***	0.003***	0.003***	0.003***	0.0001	0.0001
	(0.001)	(0.001)	(0.001)	(0.001)	(0.001)	(0.001)
TFP	0.008***	0.008***	0.008***	0.008***	0.007***	0.007***
	(0.001)	(0.001)	(0.001)	(0.001)	(0.001)	(0.001)
AWG	0.002***	0.002***	0.002***	0.002***	0.002***	0.002***
	(0.001)	(0.001)	(0.001)	(0.001)	(0.001)	(0.001)
OWP	0.002	0.002	0.002	0.002	0.002	0.002
	(0.002)	(0.002)	(0.002)	(0.002)	(0.002)	(0.002)

续表

变量	因变量：Q1（企业出口产品质量）					
	(1) IPP1	(2) IPP2	(3) IPP1	(4) IPP2	(5) IPP1	(6) IPP2
SUB	0.006	0.006	0.007	0.007	0.005	0.005
	(0.018)	(0.018)	(0.019)	(0.019)	(0.018)	(0.018)
行业固定效应	是	是	是	是	是	是
企业固定效应	是	是	是	是	是	是
年份固定效应	是	是	是	是	是	是
观察数	103581	103581	103581	103581	103389	103389

注：(1) ***、**、* 分别表示在1%、5%和10%统计水平下显著；(2) 圆括号内是变量回归的标准误；(3) 回归过程中均对企业进行了聚类；(4) ×号代表变量交互符号。

第六节 创新保护、互联网化对企业出口产品质量的影响：回归分析

依据计量模型三的式（12－24），我们对创新保护、互联网化及其交互作用对企业出口产品质量的影响进行回归检验。同时，考虑到互联网化与企业出口产品质量之间可能存在遗漏变量和内生因果问题，我们通过构建工具变量以消除可能的内生性问题。具体地，参考施炳展和李建桐（2020），我们选取新中国成立初期的各省人均函件数量作为省份层面互联网化水平的工具变量。其逻辑在于该变量反映了不同地区人们对传统通信方式的固有偏好，会影响企业对利用互联网获取信息的接受程度，但不会影响企业对产品质量的选择。此外，与施炳展和李建桐（2020）类似，我们也控制了省份层面的移动电话普及率（MTE）和固定电话普及率（FTE）以强化工具变量的外生性。在实际回归过程中，我们仍然采用两阶段最小二乘估计来进行回归。具体回归结果如表12－7所示。

表 12－7　　命题 2 相关检验的回归结果

变量	因变量：Q1（企业出口产品质量）			
	（1）IPP1	（2）IPP2	（3）IPP1	（4）IPP2
IPP	－0.007	－0.009**	－0.166***	－0.156***
	(0.005)	(0.004)	(0.033)	(0.032)
IPP × INT	0.015*	0.018**	0.284***	0.268***
	(0.009)	(0.007)	(0.057)	(0.054)
INT	－0.098**	－0.116***	－1.064***	－0.986***
	(0.039)	(0.037)	(0.214)	(0.202)
SIZ	0.003***	0.003***	0.013***	0.013***
	(0.001)	(0.001)	(0.000)	(0.000)
TFP	0.008***	0.008***	0.004***	0.004***
	(0.001)	(0.001)	(0.001)	(0.001)
AWG	0.002***	0.002***	0.012***	0.013***
	(0.001)	(0.001)	(0.000)	(0.000)
OWP	0.002	0.002	0.010***	0.010***
	(0.002)	(0.002)	(0.000)	(0.000)
SUB	0.008	0.008	0.022	0.020
	(0.019)	(0.019)	(0.028)	(0.028)
MTE			－0.0003***	－0.0003***
			(0.00005)	(0.00005)
FTE			0.002***	0.001***
			(0.0001)	(0.0001)
Kleibergen－Paap rk LM statistic			732.823 [0.0000]	698.769 [0.0000]
Kleibergen－Paap rk Wald F			884.042 {16.38}	840.388 {16.38}
行业固定效应	是	是	是	是
企业固定效应	是	是	是	是
年份固定效应	是	是	是	是
观察数	103581	103581	97549	97549

注：（1）***、**、* 分别表示在 1%、5% 和 10% 统计水平下显著；（2）圆括号内是变量回归的标准误，方括号内是 P 值，大括号内是 Stock－Yogo 弱工具变量识别检验 10% 的临界值；（3）回归过程中均对企业进行了聚类；（4）×号代表变量交互符号。

如表 12 -7 所示，列（1）和列（2）是使用创新保护强度与企业所在省份互联网普及率（INT）进行交互回归得到的结果。结果表明，企业所在省份的互联网普及率越高，创新保护与其交互作用对中国企业出口产品质量的促进作用就越强，这支撑了本章命题 2 的结论。这是由于在互联网普及率高的地区，企业的互联网化活动更强，获取外部信息和知识的能力大幅提高，提高了企业运作的效率，这样创新保护与其协调作用，显著地推动了企业出口产品质量的提升。列（3）和列（4）是使用企业互联网化程度的工具变量进行回归的结果，发现在使用工具变量消除内生性问题之后，那些进行互联网化活动的企业，加强创新保护水平会显著地提升企业出口产品质量，这进一步证实了本章命题 2 的结论。此外，虽然列（1）至列（4）的回归结果中，IPP 单独项的系数为负，但是 IPP 单独项和交互项的综合效应仍然影响为正，这与命题 1 的基准回归结果是一致的。并且，回归中 Kleibergen - Paap rk LM 统计量分别为 732. 823 和 698. 769，因而显著拒绝了识别不足的原假设；Kleibergen - Paap rk Wald F 值分别为 884. 042 和 840. 388，且 Stock - Yogo 弱工具变量识别检验 10% 的临界值为 16. 38，因而显著拒绝了弱工具变量的原假设。据此，LM 统计量和 Wald F 值的检验结果说明我们选取的工具变量是适当的。

第七节 稳健性检验分析

为了进一步检验本章命题 1 和命题 2，以及相关结论，我们将出口额加权得到的企业出口产品质量替换为最高质量产品代表的企业出口产品质量（Q2），再进行计量模型的回归检验，回归结果如表 12 -8 所示。列（1）至列（6）是对命题 1 所做的稳健性回归，列（7）至列（8）是对命题 2 所做的稳健性回归。从列（1）至列（6）回归结果来看，两种知识产权保护测度下创新保护不仅显著地直接促进了出口产品质量提升，而且通过激励企业使用更高质量的进口中间投入品间接促进了制造业企业出口产品质量的提升。据此，该稳健性检验结果证实了本章命题 1 的结论。从列（7）和列（8）回归结果来看，同等知识产权保护下参与互联网化的企业，其对出口产品质量的提升效应更加明显。据此，该稳健性检验结果也证实了本章命题 2 的结论。

表 12-8　　稳健性回归结果

因变量	Q2	IIQ	Q2	Q2	IIQ	Q2	Q2	Q2
	(1) IPP1	(2) IPP1	(3) IPP1	(4) IPP2	(5) IPP2	(6) IPP2	(7) IPP1	(8) IPP2
IPP	0.002**	0.005**	0.004***	0.002**	0.006***	0.004***	-0.005	-0.009*
	(0.001)	(0.002)	(0.001)	(0.001)	(0.002)	(0.001)	(0.006)	(0.005)
IIQ			0.029***			0.029***		
			(0.004)			(0.004)		
IPP ×INT							0.012	0.020**
							(0.010)	(0.009)
INT							-0.081*	-0.117**
							(0.048)	(0.046)
SIZ	0.005***	0.005**	0.004***	0.005***	0.005**	0.005***	0.005***	0.005***
	(0.001)	(0.002)	(0.001)	(0.001)	(0.002)	(0.001)	(0.001)	(0.001)
TFP	0.010***	0.014***	0.012***	0.010***	0.014***	0.012***	0.010***	0.010***
	(0.001)	(0.002)	(0.001)	(0.001)	(0.002)	(0.001)	(0.001)	(0.001)
AWG	0.004***	0.004***	0.004***	0.004***	0.004***	0.004***	0.004***	0.004***
	(0.001)	(0.001)	(0.001)	(0.001)	(0.001)	(0.001)	(0.001)	(0.001)
OWP	0.004**	0.002	0.005*	0.004**	0.002	0.005*	0.004**	0.004**
	(0.002)	(0.004)	(0.003)	(0.002)	(0.004)	(0.003)	(0.002)	(0.002)
SUB	-0.039	-0.019	-0.015	-0.038	-0.019	-0.015	-0.038	-0.038
	(0.025)	(0.052)	(0.039)	(0.025)	(0.052)	(0.039)	(0.026)	(0.026)
行业固定效应	是	是	是	是	是	是	是	是
企业固定效应	是	是	是	是	是	是	是	是
年份固定效应	是	是	是	是	是	是	是	是
观察数	103581	52208	52208	103581	52208	52208	103581	103581

注：(1) ***、**、* 分别表示在1%、5%和10%统计水平下显著；(2) 圆括号内是变量回归的标准误；(3) 回归过程中均对企业进行了聚类。(4) ×号代表变量交互符号。

第八节 主要结论及政策建议

在数字经济背景下，近年来中国知识产权实际保护强度不断提升。本章扩展了 Kugler 和 Verhoogen（2012）模型，引入了管理产品能力和差异化的中间投入品，并使用中国工业企业数据库、中国海关数据库等匹配数据，揭示出互联网化、创新保护对中国企业出口产品质量提升的影响。研究结果表明：

第一，基准回归结果表明，加强创新保护能够促进中国企业出口产品质量提升。以创新保护为代表的制度环境优化在引导企业使用高质量的中间投入品、促进出口产品质量提升方面发挥了重要作用。中介效应检验表明，加强创新保护有助于激励企业使用高质量的进口中间投入品，进而促进企业出口产品质量的提升。本章采用工具变量进行的回归结果也证实了命题 1 的结论。

第二，区分企业异质性回归显示，加强创新保护对中国企业出口产品质量的提升作用因企业自身的贸易方式、行业竞争程度和所处地理区位不同而存在差异。从企业贸易方式来看，对于一般贸易企业，加强创新保护带来的出口产品质量提升效应更为明显。从企业行业竞争程度来看，加强创新保护给行业竞争性强的企业带来的出口产品质量提升效应更强。从企业地理区位来看，加强创新保护对东部地区企业的出口产品质量提升效应最强，其次是中部地区企业，最后是西部地区企业。

第三，基于创新保护与企业互联网化的交互作用回归结果显示，企业互联网化活动有助于协调发挥创新保护对中国企业出口产品质量的提升作用。由此，传统制造业出口企业需要在巩固主营业务的基础上积极进行互联网转型来提升企业出口产品质量。我们使用互联网化工具变量进行的稳健性检验结果也证实了本章命题 2 的结论。

基于上述实证研究得到的结论，我们提出的政策建议是：

1. 需要加强知识产权保护，促进企业对高技术、高质量进口投入品的使用。由于加强创新保护不仅会激励企业使用高质量的中间投入品，强化生产率获得效应，而且会促进跨国企业将技术含量较高的生产过程转移到东道国进行，使一些缺乏核心竞争力和研发能力的企业能够参与高质量和高技术含量最终品的国际分工当中，形成“干中学”效应，为企业转型和升级打下坚实的基础。据此，依托中国连续举办的进博会，需要加大进口高质量的中间投入品，推动中国制造对接全球生产，更好地融入全球产业链，从而提升中国企业出口产品质量。

2. 需要改善营商环境，促进企业在不同异质情境下有序竞争。加强创新保护引致的产品质量提升效应需要企业所在地政府的支持以及健康的行业竞争机制相配合。一方面，需要鼓励区域间要素的流动，完善省域市场化环境，降低企业使用高质量中间投入品和高质量要素的壁垒，促进企业进行产品质量建设；另一方面，要减少行业内的垄断势力，鼓励行业内的企业进行有序的竞争，避免低端锁定，引导企业提高产品质量和技术水平、增加产品附加值，进而融入更高层次的全球价值链分工体系中。

3. 需要鼓励传统制造业出口企业适度地将生产和业务同互联网进行融合，提升产品质量。一方面，企业可以通过互联网展示个性化产品信息，大大降低市场信息搜寻成本，帮助企业从外部节点获取上游高质量中间投入品，起到优质驱逐劣质、提升企业产品质量的作用；同时通过降低信息交流成本，加强对产品的设计和生产，提高企业管理产品能力，有效促进企业改善产品质量。另一方面，企业互联网化需要同加强创新保护相结合，需要大力优化营商环境，在数字经济背景下提升企业出口产品质量，塑造新的外贸竞争力。

第五部分

调查问卷分析

本部分基于企业调查问卷，探究了行业生产网络下创新保护与中国企业创新发展和企业外贸竞争力提升问题，得出了一些有益的调查研究发现。据此，需要政府、金融机构和企业自身的合力，塑造出国际一流的营商环境来提升中国企业创新能力和企业外贸竞争力。

第十三章

行业生产网络下创新保护与中国企业外贸竞争力提升：调查问卷分析

本章基于调查问卷分析，研究表明：一是问卷企业目前利用互联网水平较低，不利于创新水平和对外出口规模提升；二是行业生产网络下企业创新不仅来源于自身原创性研发活动，更来源于上游、下游和水平行业中其他企业知识溢出以及与这些企业开展的研发合作；三是中国企业已逐渐重视通过申请知识产权来保护创新成果，但在海外知识产权申请上还十分缺乏，司法保护是目前企业最为常用的维权方式；四是中国企业已注重整体外贸竞争力的提升，不再以低廉价格来进行竞争，产品质量是目前中国企业在全球市场竞争中具备的主要核心优势；五是知识产权保护对高科技行业和传统行业企业的外贸竞争力都产生了重要影响，但是需要针对不同行业情况实施行业知识产权保护差别保护。提升中国企业外贸竞争力，需要政府、金融机构和企业自身的合力，为企业研发创新、对外贸易竞争新优势的塑造提供国际一流的营商环境。

第一节 调查问卷背景及统计性描述

为了探究行业生产网络下创新保护与中国企业外贸竞争力提升问题，在复旦大学世界经济研究所沈国兵教授主持的教育部人文社科重点研究基地重大项目“行业生产网络下创新保护与中国企业外贸竞争力提升研究”支持下，本章设计了有关“行业生产网络下创新保护与中国企业外贸竞争力提升研究：调查问卷”，共计100道简答、单选和多选题目，历时1年多走访并向上海、苏州和宁波等地企业发放问卷，共收到412份企业调查问卷。经过细致的统计和严格的核查校对，我们剔除了有问题的36份企业问卷，并对剩下的376份有效调查问卷进行了系统的统计分析，得出了一些有益的调查发现。

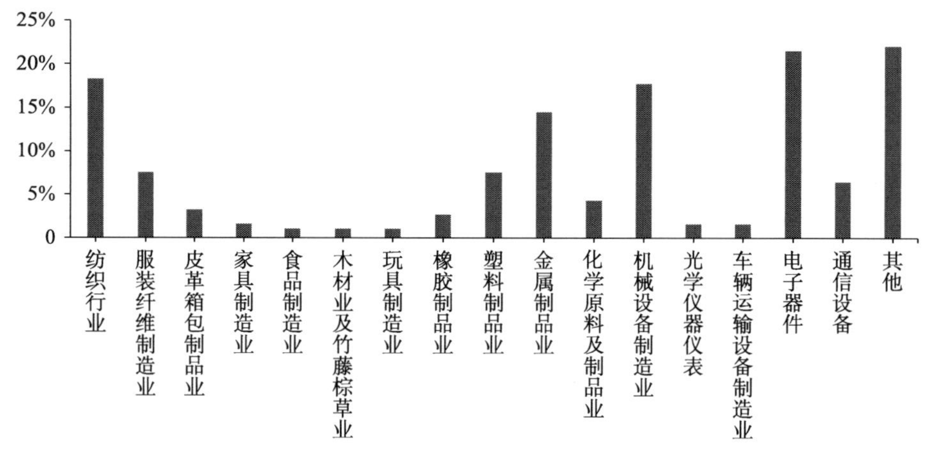

图 13-1 调研问卷企业的行业分类情况

资料来源：根据课题组调查的376份有效问卷整理而得。本章以下图和表中数据来源类同于图13-1。

从调研问卷企业的基本情况来看，在这376家企业中，民营私人企业和外商独资企业所占比重较高，分别为55.9%和25.0%；而国有企业和中外合资企业占比较低，分别为4.3%和9.0%。调研企业中，比较典型的企业事例有：成立时间最早的A企业成立于1980年，从事外贸达39年。员工规模最大的B企业共有员工12000人，其年生产额达到150亿元人民币。C企业的研发支出占其全部投入的80%，在所有调研企业中占比最高。如图13-1所示，此次调研企业所在的行业排序为：电子器件行业（21.5%）、纺织行业（18.3%）、机械设备制造业（17.7%）、金属制品业（14.5%）、服装纤维制造业（7.5%），以及塑料制品业（7.5%）等。可以看出，此次调查问卷的企业广泛分布于各类型行业，既包含新兴的技术密集型行业如电子器件行业和机械设备制造业等，也包含传统的劳动和资源密集型行业如纺织行业和塑料制品业等。这使得我们能深入研究行业生产网络下创新保护对各类型行业企业外贸竞争力提升的影响差异。

第二节

行业生产网络下创新保护与中国企业外贸竞争力提升：横向比较

一、行业生产网络下中国企业从事贸易活动的现状和问题

（一）企业进出口规模、主要出口目的地和进口来源地

行业生产网络下，中国企业积极参与全球产业链和供应链的结构体系中。在我们调研问卷的企业中，83.7%的企业同时从事外销和内销，另有6.5%的企业完全从事外销。此外，41.5%的企业外贸业务收入占其所有业务收入的比重超过50%。这体现出在全球化趋势下，不少国内企业已将海外市场作为贸易结构的主体。但与此同时，仍然有53.8%的企业主要采用国内原材料而不是进口原材料来进行生产。因此，行业生产网络下中国企业主要处于全球产业链和供应链的上游，更多地承担向下游海外企业和消费者供给中间品和消费品的角色。如图13－2所示，有23.0%的企业年出口规模在50万美元以下，同时有24.0%的企业年出口规模在5000万美元以上；而有41.3%的企业年进口规模在50万美元以下，同时只有13.6%的企业年进口规模在5000万美元以上。对比来看，问卷调查企业的总体出口规模明显大于进口规模。这进一步印证了行业生产网络下，中国企业当前参与对外贸易仍以出口为主。

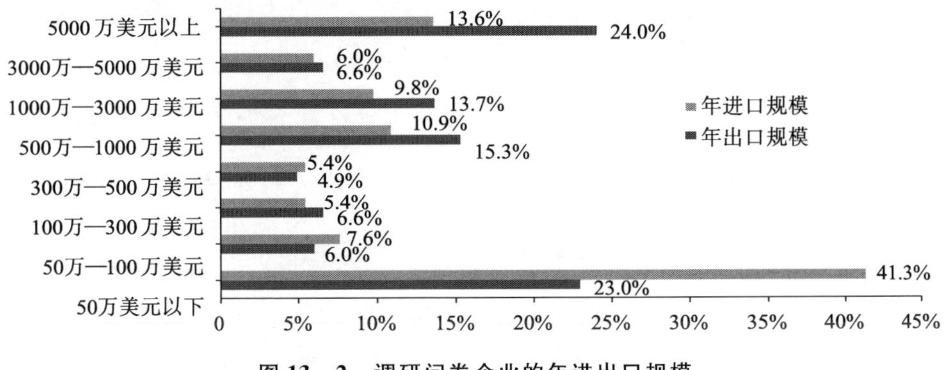

图13－2　调研问卷企业的年进出口规模

行业生产网络下，中国企业主要与哪些海外市场展开贸易往来？如图13－3

所示，从问卷企业主要出口目的地来看，排序为：美国（48.6%）、日本（26.0%）、德国（24.3%）、韩国（22.0%）和中国台湾（20.8%）等。从问卷企业主要进口来源地来看，排序为：美国（29.8%）、日本（26.7%）、中国台湾（23.6%）、德国（19.9%）和韩国（13.7%）等。综合来看，美国、欧盟、日本、韩国和中国台湾等传统市场是调研问卷企业主要的出口目的地和进口来源地。相较之下，调研问卷企业对东盟等新兴市场的重视程度还较小。然而，在我们问卷调查的时间段内（2018—2019 年），新冠肺炎疫情尚未在全球大规模暴发。而在 2020 年新冠肺炎疫情全球蔓延下，美国和欧盟等传统发达市场受疫情影响出现大规模停工停运现象，进而引发显著不利的外贸断崖效应。而东盟作为中国重要的新兴贸易市场在此次疫情中所受的不利影响相对较轻。因此，在新冠肺炎疫情冲击下，东盟有望在未来成为更多中国企业的主要贸易对象。

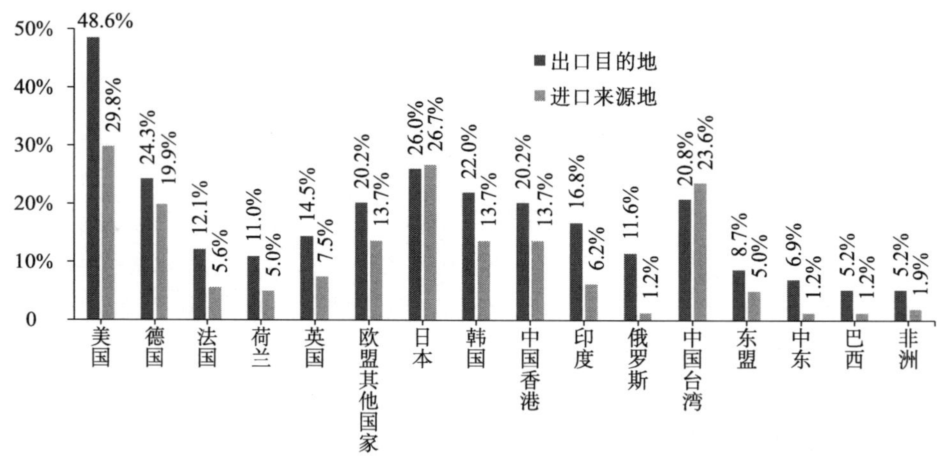

图 13-3 调研问卷企业的主要出口目的地和进口来源地

（二）企业通过互联网平台销售产品和采购原材料情况

随着信息技术的高速发展，互联网已成为企业提升对外贸易规模和创新水平的重要途径（施炳展，2016；李兵和李柔，2017；沈国兵和袁征宇，2020）。在我们调研问卷的企业中，33.5% 的企业已开始利用互联网主动寻找海外贸易伙伴。这些企业利用互联网寻找海外贸易伙伴的主要方式有在搜索引擎上搜索（55.6%）、在各国行业协会网站搜索（54.0%）、在全球性的企业名录网站搜索（39.7%）和利用第三方服务机构提供的名录（38.1%）。但与此同时，也有 66.5% 的企业尚未利用互联网寻找海外贸易伙伴。在这些未利用互联网的企业中，48.7%的企业主要通过国内外会展（如进博会等）进行面对面沟通以寻找贸易伙伴；也有43.7%的企业认为自身已有稳定的海外贸易伙伴，无需通过互联网寻找新的贸易伙伴；还有27.7%的企业对互联网信息准确性存疑。如图13－4所示，74.5%的调研问卷企业通过互联网平台销售产品的比重小于5%，另外有78.3%的企业通过互联网平台采购原材料的比重小于5%。据此，行业生产网络下中国企业利用互联网水平目前仍然较低，存在着较大的提升空间。

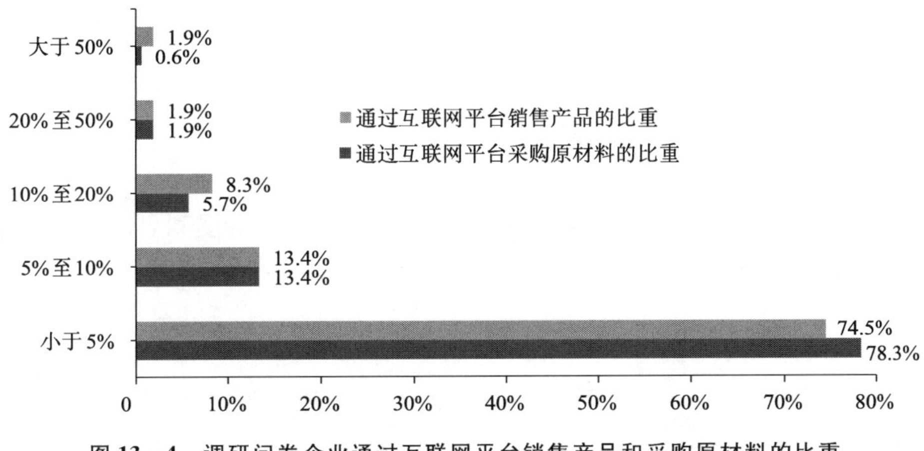

图13－4　调研问卷企业通过互联网平台销售产品和采购原材料的比重

二、行业生产网络下中国企业知识产权保护与研发现状

（一）企业进行自主创新的经济目标

创新是企业提升技术含量、产品质量、品牌和服务水平的动力源泉。一国确立适当的知识产权保护强度可以促进该国企业加大研发投入，进而提升其创新水平和外贸竞争力。中国“十三五”规划纲要强调要“深化知识产权领域改革，强化知识产权司法保护”。据此，这里我们考察行业生产网络下中国企业知识产权保护与研发现状。在我们问卷的企业中，大部分企业的创新能力在行业内处于中上游（39.2%）和一般水平（31.7%），同时也有企业的创新能力处于领先（13.4%）和下游水平（15.1%）。这确保了我们的研究结果具有较大的普遍适用性。如图13－5所示，问卷企业进行自主创新的经济目标主要是对原有业务的改进（降低成本和提升现有产品质量），其次是对贸易市场的拓展（开拓新市场或保持市场），最后是对新业务方向的探索（新产品或新领域）。

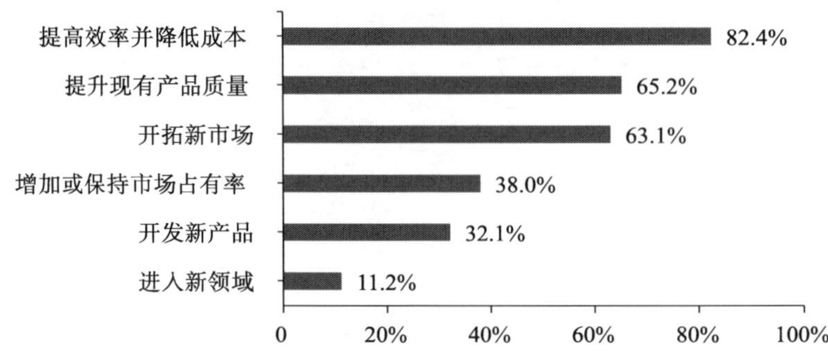

图 13－5　调研问卷企业进行自主创新的经济目标

（二）企业进行创新的来源和合作伙伴

特别地，我们关注行业网络下中国企业的创新行为是否受到生产网络中其他环节的影响。如图 13－6 所示，调研问卷企业进行创新的来源主要是竞争性内资企业（41.9%）、下游企业（39.8%）、上游企业（33.3%）、原创性自主创新（29.6%）和消费者（24.2%）。另一方面，调研问卷企业进行创新的合作伙伴主要是上游企业（45.7%）、下游企业（38.7%）、原创性自主创新（33.3%）、竞争性内资企业（32.8%）和国内大学等研究机构（23.1%）。可以看出，行业生产网络下企业创新不仅来源于自身原创性研发活动，更来源于上游行业、下游行业和竞争性内资水平行业中其他企业的知识溢出以及与这些企业开展的研发合作。因此，在考虑知识产权保护对企业创新的作用时，不仅需要关注企业所处行业本身的知识产权保护强度，还需要协同考虑企业上下游行业的知识产权保护强度（沈国兵和黄铄珺，2019）。

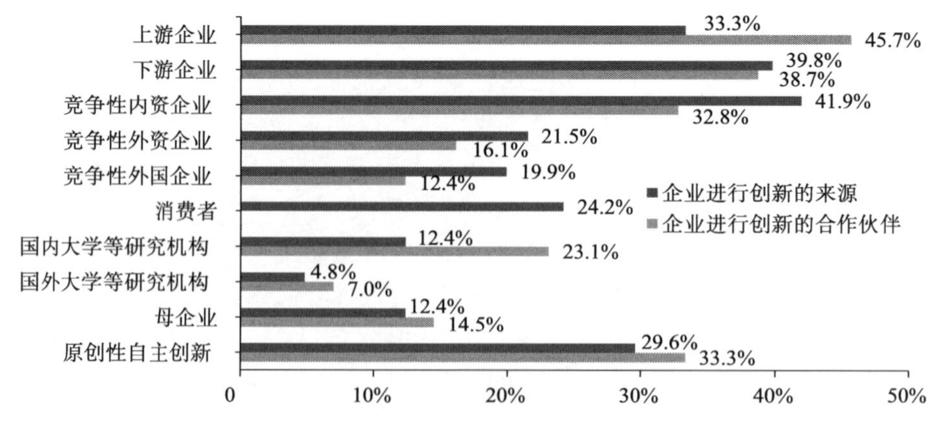

图 13－6　调研问卷企业进行创新的来源和合作伙伴

（三）企业申请知识产权情况和在知识产权维权过程中遭遇的问题

我们进一步关注中国企业申请知识产权的情况。具体地，有 90.3% 的调研问卷企业认为知识产权保护强度与其研发活动密切相关，同时有 66.0% 的企业目前已拥有至少一项知识产权。在拥有知识产权的问卷企业中，82.3% 的企业拥有专利，73.4% 的企业拥有商标，57.3% 的企业拥有商业秘密，43.5% 的企业拥有版权。可以看出，行业生产网络下中国企业已逐渐重视通过申请知识产权来保护创新成果，其中专利和商标是目前企业较为重视的知识产权种类。但与此同时，只有 10.8% 的问卷企业在海外申请了知识产权。海外审查周期过长（57.9%）和对海外申请的流程不了解（52.6%）是中国企业申请海外知识产权时面临的主要困境。据此，未来需要重点协助中国企业获取海外知识产权，保障企业创新成果在海外市场不受侵犯。

最后，我们也关注中国企业在知识产权受到侵犯时的维权情况。在我们的调研问卷企业中，企业主要选择通过法院起诉（70.6%）的方式解决知识产权争端，也有企业通过知识产权行政部门协调处理（60.6%）或自行协商（54.1%）的方式解决知识产权争端。可以看到，中国企业维护知识产权意识普遍较强，其中司法保护是企业目前最为认可的维权方式。龙小宁等（2018）同样发现，中国知识产权司法保护水平对企业专利价值的影响最大。表 13－1 展示了调研问卷企业在知识产权维权过程中遭遇的问题，其中诉讼周期长（86.9%）和维权行为成本高（85.8%）是企业维权过程中遭遇的主要问题。值得注意的是，有 39.2% 的企业将法律制度不够健全作为知识产权维权过程中遇到的首要问题。这反映出尽管近年来我国知识产权保护法律体系日趋完善，但在某些特定环节上仍然存在不足。

表 13－1　　调研问卷企业在知识产权维权过程中遭遇的问题

问题	将其作为首要问题的企业占比	将其作为主要问题的企业占比
法律制度不够健全	39.2%	63.6%
维权行为成本高	34.1%	85.8%
诉讼周期长	19.3%	86.9%
执行力度弱	5.1%	48.9%
其他方面	2.3%	2.8%

三、行业生产网络下创新保护与中国企业外贸竞争力发展情况——基于企业技术含量、产品质量、品牌和服务视角

（一）企业产品在市场中的竞争力要素

实现中国由贸易大国向贸易强国的转变，不仅需要关注中国对外贸易体量的增长，更需要着眼于中国企业外贸竞争力的提升。为此，我们基于技术含量、产品质量、品牌和服务视角，考察行业生产网络下创新保护与中国企业外贸竞争力发展情况。如表 13 – 2 所示，第一，尽管 87.6% 企业仍然将产品价格作为自身贸易竞争力的主要要素，但只有 15.6% 的企业将产品价格作为自身贸易竞争力的首要要素。这证实行业生产网络下中国企业已开始注重整体外贸竞争力的提升，而不再像过往一样单纯依靠低劳动力成本带来的低廉价格进行竞争。第二，96.8% 的企业将产品质量作为自身贸易竞争力的主要要素，同时 48.4% 的企业将产品质量作为自身贸易竞争力的首要要素。据此，行业生产网络下产品质量已成为大部分中国企业在全球市场竞争中具备的核心优势。第三，技术领先、产品品牌、服务水平和销售渠道也是中国企业目前重要的外贸竞争力要素，而产品宣传是中国企业在市场竞争中较为薄弱的环节。

表 13 – 2　调研问卷企业产品在市场中的竞争力要素

要素	将其作为首要要素的企业占比	将其作为主要要素的企业占比
技术领先	5.4%	66.1%
产品质量	48.4%	96.8%
产品品牌	21.0%	72.0%
服务水平	3.2%	66.7%
产品价格	15.6%	87.6%
销售渠道	6.5%	68.3%
产品宣传	0.0%	8.6%

（二）企业外贸竞争力的决定性和重要影响因素

在明晰中国企业当前外贸竞争力要素构成后，我们进一步考察行业生产网络下创新保护与中国企业外贸竞争力提升路径。如表 13 – 3 所示，第一，47.0% 的企业认为产品质量对其外贸竞争力具有决定性影响，同时 86.3% 的企业认为产品质量对其外贸竞争力具有重要影响。结合表 13 – 2 中 48.4% 的企业将产品质

量作为自身贸易竞争力的首要要素，我们认为当前中国企业已充分意识到产品质量对外贸竞争力的重要影响，并且目前在国际市场上具有一定的产品质量优势。第二，36.6%的企业认为技术含量对其外贸竞争力具有决定性影响，同时62.3%的企业认为技术含量对其外贸竞争力具有重要影响。但如表13－2所示，目前只有5.4%的企业将技术领先作为贸易竞争力的首要要素。这一对比证实了尽管技术含量对外贸竞争力具有重要影响，目前大部分中国企业尚未在技术含量上取得显著优势。第三，大部分企业认为品牌建设和服务水平对企业外贸竞争力具有重要影响，但不具有决定性影响。因此，行业生产网络下需要重点提升中国企业产品质量和技术含量，同时协同提升企业的品牌价值和服务水平。

表13－3　技术含量、产品质量、品牌和服务对调研问卷企业外贸竞争力的影响程度

要素	认为其有决定性影响的企业占比	认为其有重要影响的企业占比
技术含量	36.6%	77.6%
产品质量	47.0%	96.2%
品牌建设	9.3%	65.6%
服务水平	7.1%	54.1%

第三节

行业生产网络下创新保护与中国企业外贸竞争力提升：纵向比较

一、高科技行业和传统行业调研问卷企业研发投入对比情况

不同行业企业在生产投入的要素密集度上存在着显著差异。一方面，劳动密集型和资源密集型的传统行业主要依靠劳动和资源的投入，对创新的需求相对较小。另一方面，技术密集型的高科技行业主要依靠新技术的推动，对创新的需求则相对较大。鉴于当前中国各类型行业企业均大量参与对外贸易，我们想要研究行业生产网络下创新保护与企业外贸竞争力提升在高科技行业和传统行业的企业中是否存在差异。参考黎文靖和郑曼妮（2016）以及龙小宁等（2018）的研究，

我们将问卷企业所属行业划分为高科技行业和传统行业。① 这样，在我们的调研问卷企业中，49.5%的企业属于高科技行业，50.5%的企业属于传统行业。如图13-7所示，高科技行业中大部分企业研发投入占全部投入的比重在2%—10%，有18.2%的企业研发投入占全部投入的比重超过15%。另外，传统行业中大部分企业研发投入占全部投入的比重低于2%，只有5.6%的企业研发投入占全部投入的比重超过15%。相较之下，高科技行业企业的研发投入占比显著地大于传统行业企业的研发投入占比。这与我们的预期是一致的，即行业生产网络下，技术密集型的高科技行业对技术创新有着更高的需求，对研发的投入也较多。

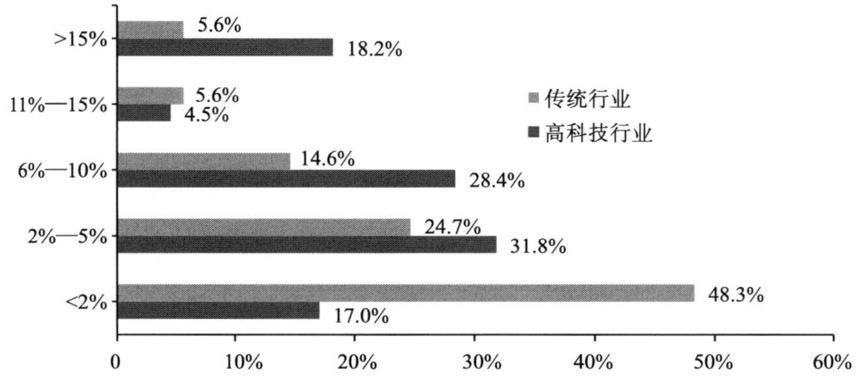

图13-7 高科技行业和传统行业问卷企业研发投入对比

注：纵轴为问卷企业研发投入占其全部投入的比重。

二、高科技行业和传统行业的核心外贸竞争力对比情况

我们再比较高科技行业和传统行业企业在外贸竞争力提升路径上的差异。如图13-8所示，第一，高科技行业中更多企业（43.3%）认为技术含量对外贸竞争力的影响最大，产品质量次之（40.0%）；而传统企业中更多企业（53.8%）认为产品质量对外贸竞争力的影响最大，技术含量次之（30.1%）。据此，行业生产网络下，技术含量和产品质量对中国企业外贸竞争力影响最大。未来需要重点提升高科技行业企业的技术含量和传统行业企业的产品质量。第二，相较而言，品牌建设对高科技行业企业的外贸竞争力影响更大，服务水平对传统行业企业的外贸竞争力影响更大。据此，未来也需要同步提升高科技行业企

① 具体地，我们将金属制品业、机械设备制造业、光学仪器仪表、车辆运输设备制造业、电子器件和通信设备划为高科技行业。

业的品牌建设和传统行业企业的服务水平。

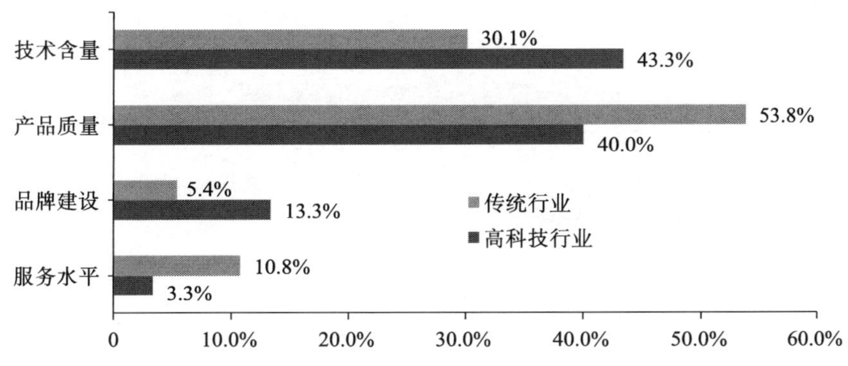

图 13－8　高科技行业和传统行业的核心外贸竞争力对比

注：横轴为问卷企业中认为相应要素对外贸竞争力有决定性影响的企业比重。

三、高科技行业和传统行业的知识产权保护水平对比情况

比较来看，传统行业企业研发投入占比较小，对技术含量的需求也较小。那么这是否意味着传统行业企业的外贸竞争力受知识产权保护的影响较小呢？在我们调查的企业中，只有 20.6% 的传统行业企业认为知识产权保护与其外贸竞争力关系不大或者无关，有 18.3% 的高科技行业企业认为知识产权保护与其外贸竞争力关系不大或者无关。据此，行业生产网络下，知识产权保护对高科技行业和传统行业企业的外贸竞争力都造成了重要影响。知识产权保护对创新的影响呈“倒 U 形”关系，即存在最适宜创新的知识产权保护水平（Furukawa，2010）。如图 13－9 所示，大部分高科技行业和传统行业企业都认为所处行业当前知识产权保护水平适中，既能有效向其他企业模仿学习，也能有效保护本企业创新。但是，也有 31.2% 的高科技行业企业和 28.3% 的传统行业企业认为所处行业当前知识产权保护水平较低，导致本企业自主创新产品得不到很好的保障。同时，还有 10.9% 的传统行业企业认为所处行业当前知识产权保护水平过高，不利于本公司向其他企业的模仿学习。据此，行业生产网络下需要针对不同行业的实际情况分别确定最佳的知识产权保护水平，其中高科技行业可适当提升知识产权保护水平，而传统行业则需要谨慎防范知识产权保护水平过高对创新造成的负面影响。

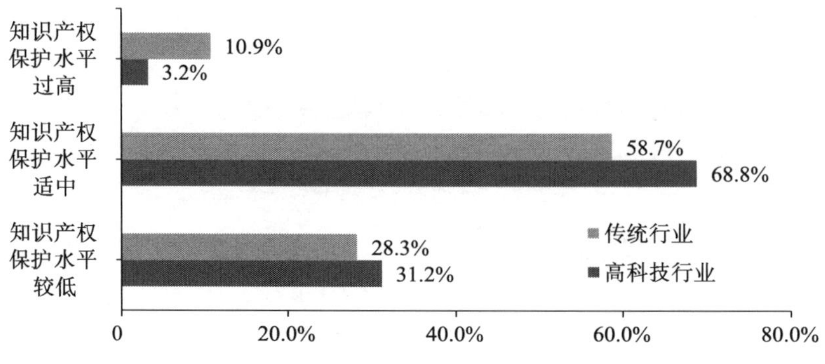

图 13-9 高科技行业和传统行业的知识产权保护水平对比

第四节 行业生产网络下创新保护与提升中国企业外贸竞争力的举措

本章认为，行业生产网络下创新保护与中国企业外贸竞争力提升存在着紧密联结的正反馈机制。一方面，适宜的知识产权保护水平使得企业从技术含量、产品质量、品牌和服务等维度提升外贸竞争力。另一方面，企业通过创新获得的外贸竞争力需要在适当的知识产权水平下来维持。因此，基于上文调研问卷企业层面数据的分析，我们提出，一是要将上下游行业企业的生产关系进行统筹考虑，从整体上确定最适宜的知识产权保护水平；二是要区分高技术行业和传统行业在知识产权保护需求上的差异，从行业层面细化落实知识产权保护。在本部分中，我们主要探讨微观层面上企业如何通过策略调整来提升创新和外贸竞争力，以及宏观层面上政府和金融机构如何通过政策调整来协助企业提升创新和外贸竞争力。

一、企业应对产品转型升级采取的措施

微观层面上，我们考虑行业生产网络下中国企业目前如何提升创新水平、应对产品转型升级。如图 13-10 所示，问卷企业目前应对产品转型升级采取的措施主要是优化生产设备和工艺生产线（64.0%）、研发新产品（46.8%）、进口高端设备（40.9%）、采用新材料替代传统材料（36.0%）和自主研发高端设备（35.5%）。上述策略对中国企业应对产品转型升级均具有一定的积极意义。但与此同时，较少问卷企业利用互联网渠道（13.4%）和改善企业组织结构（13.4%）的方式来应对产品转型升级。这些策略可作为中国企业未来应对产品转型升级的突破点。

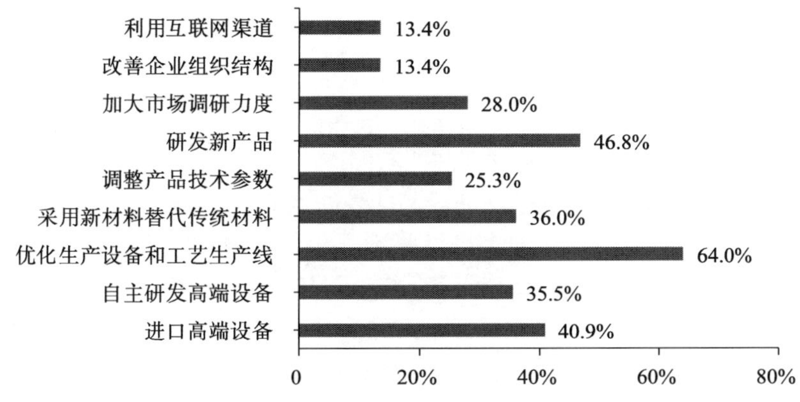

图 13－10 调研问卷企业应对产品转型升级采取的措施

二、企业在发达经济体市场上采取的竞争策略

鉴于中国企业对外贸易市场目前仍集中在发达国家，我们考察了中国企业在发达经济体市场上采取的竞争策略。如图 13－11 所示，调研问卷企业在发达经济体市场上采取的竞争策略主要是提升产品质量（82.8%）、利用价格优势（71.0%）和利用品牌知名度（52.2%）。这进一步证实，行业生产网络下创新保护激励企业改善产品质量、提升了中国企业在发达市场的外贸竞争力。但与此同时，问卷的少量企业采取拥有独有知识产权（11.8%）和与当地政府达成官方合作（4.3%）的策略来提升外贸竞争力。其中，未拥有独有知识产权反映出当前中国企业申请海外知识产权还面临较大困难，未与当地政府达成官方合作可能来源于企业缺少相应的联络渠道。

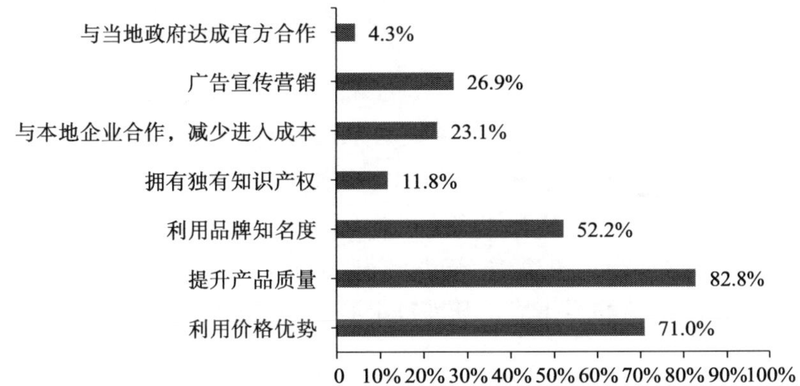

图 13－11 调研问卷企业在发达经济体市场上采取的竞争策略

三、企业在创新、对外贸易上对政府的期待

宏观层面上，中国企业提升创新和外贸竞争力需要政府和金融机构的相应政策支持。如图 13 - 12 所示，在创新方面，81.3% 的调研问卷企业对政府的期待是税收减免政策，79.1% 的企业对政府的期待是财政补贴。在对外贸易方面，74.9% 的企业对政府的期待是加大出口奖励，73.3% 的企业选择提高贸易便利化水平，61.0% 的企业希望提高出口退税率，58.3% 的企业希望降低进口关税。这反映出中国企业在提升创新和外贸竞争力过程中需要更大的经济支持。此外，提高贸易便利化程度也是提升中国企业外贸竞争力的重要途径。

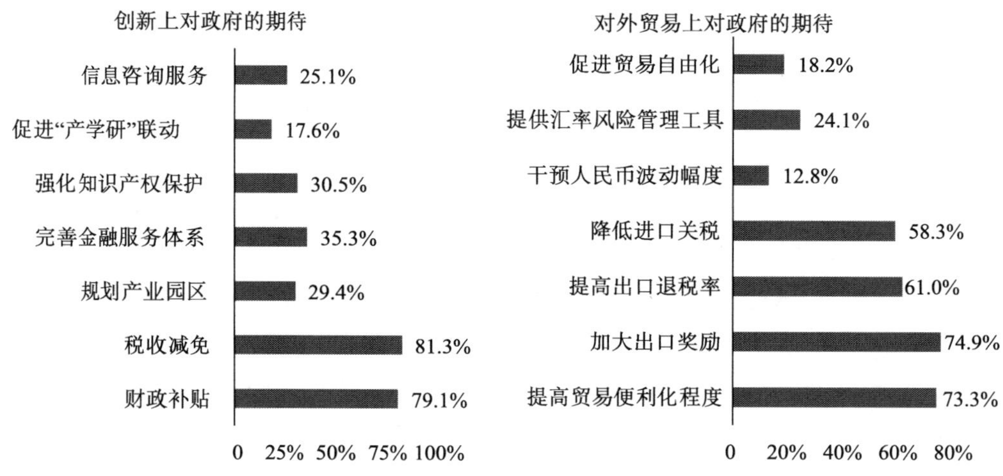

图 13 - 12 调研问卷企业在创新、对外贸易上对政府的期待

四、企业在创新、对外贸易上对金融机构的期待

如图 13 - 13 所示，在创新方面，75.3% 的问卷企业对金融机构的期待是简化贷款程序，67.7% 的企业对金融机构的期待是降低企业贷款门槛。在对外贸易方面，75.7% 的问卷企业对金融机构的期待是便利外汇结算，62.7% 的企业对金融机构的期待是提供进口信贷和担保服务。这反映出当前中国企业在通过投入研发提升创新水平时受到一定的融资约束，面临着资金不足的问题。同时，企业在对外贸易过程中外汇结算不便捷，开展进口贸易时面临较大的不确定风险。

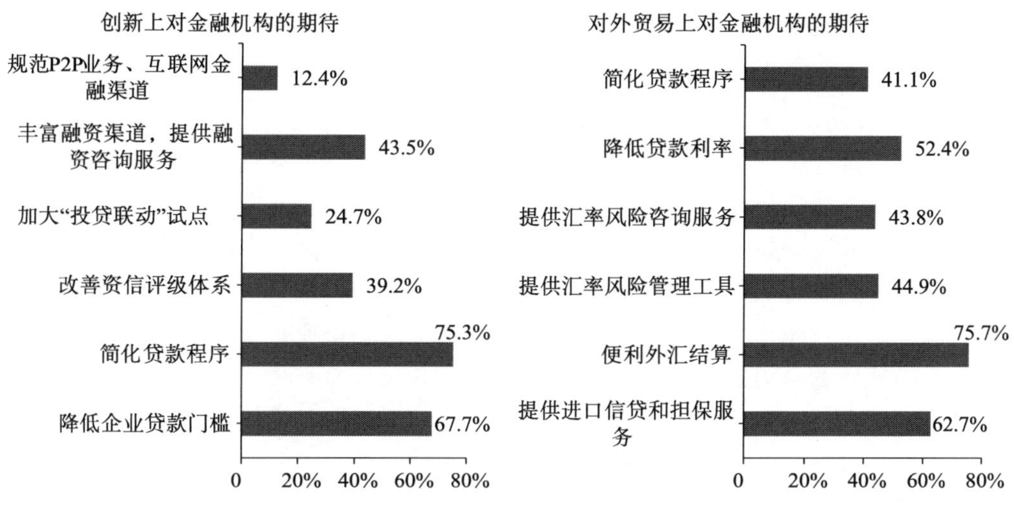

图 13－13　调研问卷企业在创新、对外贸易上对金融机构的期待

第五节 主要结论及政策建议

基于问卷企业的反馈意见，通过对行业生产网络下创新保护与中国企业外贸竞争力提升研究调查问卷的系统统计分析，我们提炼出以下主要结论：

第一，行业生产网络下互联网已成为企业提升对外贸易规模和创新水平的重要途径。但从调研问卷企业的反馈情况来看，目前中国企业利用互联网的水平仍然较低，存在着较大的提升空间。定型地寻找贸易伙伴方式和对互联网信息准确性存疑是企业未利用互联网寻找海外贸易伙伴的主要原因。

第二，行业生产网络下调研问卷企业进行自主创新的经济目标主要是对原有业务的改进，其次是对贸易市场的拓展，最后是对新业务方向的探索。行业生产网络下企业的创新不仅来源于自身原创性研发活动，更来源于上游行业、下游行业和水平行业中其他企业的知识溢出以及与这些企业开展的研发合作。因此，在考虑知识产权保护对企业创新的作用时，不仅需要关注企业所处行业本身的知识产权保护强度，还需要协同考虑企业上下游行业的知识产权保护强度。

第三，行业生产网络下知识产权保护强度与企业研发活动密切相关。中国企业已逐渐重视通过申请知识产权来保护创新成果，但在海外知识产权的申请上还十分缺乏。当前中国企业维护知识产权意识普遍较强，其中司法保护是企业最为认可的维权方式。诉讼周期长和维权行为成本高是中国企业知识产权维权过程中遭遇的主要问题。

第四，行业生产网络下中国企业已开始注重整体外贸竞争力的提升，而不再像过往一样单纯依靠低廉价格来进行竞争。产品质量是目前中国企业在全球市场竞争中具备的主要核心优势。行业生产网络下需要重点提升中国企业产品质量和技术含量，同时协同提升企业的品牌价值和服务水平。

第五，高科技行业企业的研发投入显著高于传统行业企业。技术含量对高科技行业的外贸竞争力影响最大，而产品质量对传统行业的外贸竞争力影响最大。尽管传统行业企业研发投入较少，但其外贸竞争力同高科技行业企业一样受到知识产权保护水平的显著影响。行业生产网络下需要针对不同行业的实际情况分别确定最佳的知识产权保护水平，其中高科技行业可适当提升知识产权保护水平，而传统行业则需要谨慎防范知识产权保护水平过高对创新造成的负面影响。

第六，行业生产网络下提升中国企业创新和外贸竞争力，需要政府、金融机构和企业自身的合力，为企业创新、对外贸易发展提供国际一流的营商环境。企业对政府的期待是税收减免政策、提高贸易便利化水平等；企业对金融机构的期待是简化贷款程序、降低贷款门槛、便利外汇结算、提供进口信贷和担保服务等。尽管如此，企业自身需要在优化生产设备和工艺生产线、研发新产品，以及增强互联网渠道的使用和改善企业组织结构等方面来提升企业创新能力和外贸竞争力。

根据上述统计分析结论，我们给出以下政策建议：

首先，知识产权保护水平与企业研发活动密切相关，对中国企业外贸竞争力具有重要影响。需要将上下游行业企业的生产关系进行统筹考虑，从整体上确定合意的知识产权保护水平；需要区分高技术和传统行业在知识产权保护需求上的差异，区分行业实施知识产权保护强度。对高科技行业而言，需要强化知识产权保护强度，在实践中切实加强保护的执行力度，确保高科技行业企业创新成果不受侵犯。对传统行业而言，需要谨防知识产权保护水平过高，由此限制技术外溢和技术转移，不利于传统行业企业的创新活动。并且，需要缩短知识产权维权的诉讼周期并降低维权成本，同时进一步完善知识产权执行力度，确保企业能够切实维护自身知识产权不受侵犯。

其次，行业生产网络下中国企业外贸竞争力的提升已不能仅凭借低劳动力成本带来的价格优势。企业应树立创新意识，努力提升创新水平，从技术含量、产品质量、品牌和服务等提升外贸竞争力。其中，高科技行业企业应将技术含量作为提升重点，传统行业企业应将产品质量作为提升重点。在提升创新的方式上，企业应积极利用互联网渠道并改善企业组织结构。在外贸竞争方式上，需要加强产品宣传，注重海外知识产权的申请利用，同时加大和外国政府的合作联系。

最后，在创新和对外贸易方面，针对企业对政府、对金融机构的主要期待，我国需要不断地优化营商环境和调整经济结构。中共十九大报告中提出，“加快建设创新型国家。强化知识产权创造、保护、运用”。中国“十四五”规划和2035 年远景目标纲要提出，“坚持创新驱动发展，全面塑造发展新优势”。为此，要提升中国企业外贸竞争力，就需要政府、金融机构和企业自身的合力，为企业研发创新、对外贸易竞争新优势的提升提供国际一流的营商环境。

附录：调查问卷

行业生产网络下创新保护与中国企业外贸竞争力提升研究：调查问卷

您好！感谢您能在百忙之中接受此次教育部人文社会科学重点研究基地复旦大学世界经济研究所课题组的调查问卷。此调查问卷是高等学校人文社科重点研究基地重大项目“行业生产网络下创新保护与中国企业外贸竞争力提升研究（项目号：17JJD790002）”课题问卷的内容。本次问卷调研信息仅用于本项目研究，为国家落实支持企业外贸提供决策参考！我们将对相关调查企业的信息严格保密，并将根据贵企业的需求提供此次调研报告，恳请您能够如实、认真、详细地填写以下问卷内容。谢谢！

企业名称：（企业公章或填写人签名）________________________

一、贵企业的基本情况

1. 贵企业是（　　）。

（A）国有及国有控股企业　　（B）中外合资企业

（C）中外合作企业　　（D）外商独资企业

（E）民营—集体企业　　（F）民营—私人企业

（G）其他类型企业

2. 贵企业建立的时间是哪一年？　（　　年）

从事外贸时间多少年？　（　　年）

企业员工规模是多少人？　（　　人）

企业年生产规模为多少？（　　万元人民币）

研发人员人数、占全部员工比重多少？（　　人）（　　%）

企业全部投入中用于研发投入占多大比例？（　　%）

企业维权知识产权保护（含专利、商标、版权）的事件有多少起（　　起）

3. 贵企业从事贸易类型（　　）。

（A）生产型进出口企业　　（B）服务型专业外贸公司

（C）其他类型________

4. 贵企业所属行业（可多选）（　　）。

（A）纺织行业　　（B）服装纤维制造业

（C）皮革箱包制品业　　（D）家具制造业

（E）食品制造业　　（F）木材业及竹藤棕草业

（G）玩具制造业　　（H）造纸及纸制品业

（I）文教体育用品业　　（J）橡胶制品业

（K）塑料制品业　　（L）金属制品业

（M）化学原料及制品业　　（N）机械设备制造业

（O）光学仪器仪表　　（P）车辆运输设备制造业

（Q）电子器件　　（R）通信设备

（S）其他

5. 贵企业的年出口规模（　　）。

（A）50万美元以下　　（B）50万—100万美元

（C）100万—300万美元　　（D）300万—500万美元

（E）500万—1000万美元　　（F）1000万—3000万美元

（G）3000万—5000万美元　　（H）5000万美元以上

6. 贵企业的年进口规模（　　）。

（A）50万美元以下　　（B）50万—100万美元

（C）100万—300万美元　　（D）300万—500万美元

（E）500万—1000万美元　　（F）1000万—3000万美元

（G）3000万—5000万美元　　（H）5000万美元以上

二、行业生产网络下，贵企业进行生产和从事贸易活动的情况

比如，企业利用互联网、进博会、线上电商销售等。

7. 贵企业进出口的主要销售模式（　　）。

（A）全部外销　　（B）外销为主，内销为辅

(C) 外销为辅，内销为主　　(D) 全部内销

8. 贵企业原材料的主要来源方式（　　）。

(A) 进口为主　　(B) 国内为主

(C) 进口国内兼有

9. 贵企业每年外贸业务收入占所有业务收入的比重约为（　　）。

(A) 小于5%　　(B) 5%—10%

(C) 10%—20%　　(D) 20%—50%

(E) 大于50%

10. 贵企业进出口的主要贸易方式（可多选）（　　）。

(A) 一般贸易　　(B) 加工贸易—来料加工装配贸易

(C) 加工贸易—进料加工贸易　　(D) 外商投资企业进口

(E) 保税区仓储转口贸易　　(F) 出口加工区贸易

11. 贵企业主要出口目的地（可排序多选）（　　）。

(A) 美国　　(B) 德国　　(C) 法国　　(D) 荷兰

(E) 英国　　(F) 欧盟其他国家　　(G) 日本　　(H) 韩国

(I) 中国香港　　(J) 印度　　(K) 俄罗斯　　(L) 中国台湾

(M) 东盟　　(N) 中东　　(O) 巴西　　(P) 其他独联体

(Q) 非洲　　(R) 其他国家

12. 贵企业主要进口来源地（可排序多选）（　　）。

(A) 美国　　(B) 德国　　(C) 法国　　(D) 荷兰

(E) 英国　　(F) 欧盟其他国家　　(G) 日本　　(H) 韩国

(I) 中国香港　　(J) 印度　　(K) 俄罗斯　　(L) 中国台湾

(M) 东盟　　(N) 中东　　(O) 巴西　　(P) 其他独联体

(Q) 非洲　　(R) 其他国家

13. 贵企业选择国内生产地主要考虑（可按重要性多选）（　　）。

(A) 市场导向型　　(B) 靠近主要的供应商

(C) 获取廉价劳动力　　(D) 获得廉价的土地

(E) 获取关键原材料，资源导向型　　(F) 便于研究开发，技术导向型

(G) 便于吸收关键人才　　(H) 获得地方政府优惠招商引资政策

(I) 其他（请注明）＿＿＿＿＿＿＿＿＿＿＿＿

14. 贵企业是否拥有海外分支机构？请填写是或否（　　）。

如果是，请回答问题15—17。

15. 贵企业海外分支机构主要分布在（可多选）（　　）。

(A) 美国　(B) 德国　(C) 法国　(D) 荷兰
(E) 英国　(F) 欧盟其他国家　(G) 日本　(H) 韩国
(I) 中国香港　(J) 印度　(K) 俄罗斯　(L) 中国台湾
(M) 东盟　(N) 中东　(O) 巴西　(P) 其他独联体
(Q) 非洲　(R) 其他国家

16. 贵企业海外分支机构侧重（　　）方面（可多选）。
(A) 销售渠道拓展　(B) 生产基地
(C) 研发机构　(D) 经营范围拓展

17. 贵企业选择海外布局时主要考虑（可按重要性排序多选）（　　）。
(A) 获取海外市场，市场导向型　(B) 靠近主要的供应商
(C) 获取廉价劳动力　(D) 获取廉价土地
(E) 获取关键原材料，资源导向型　(F) 靠近技术前沿，便于研究开发
(G) 便于吸收关键人才　(H) 获得当地政府优惠政策
(I) 多元化生产，降低风险　(J) 我国政府鼓励“走出去”的目的
(K) 其他（请注明）________________

如果否，请回答问题 18。

18. 贵企业认为成立海外分支机构的主要困难有（可排序多选）（　　）。
(A) 缺乏资金　(B) 对海外市场缺乏认识
(C) 缺乏管理团队　(D) 缺乏国家化人才
(E) 本国政府审批程序复杂　(F) 外国政府地方保护主义
(G) 其他（请注明）________________

19. 贵企业是否从事跨境电商活动？请填写是或否（　　）。

如果是，请回答问题 20—22。

20. 贵企业的跨境电商业务大约占比多少（　　%）。

21. 贵企业在哪些国际电商平台投放产品？或自建（可排序多选）（　　）。
(A) 速卖通　(B) 亚马逊　(C) eBay
(D) Wish　(E) 自建网站运营　(F) 其他平台________

22. 贵企业的跨境电商活动主要分布在（可多排序多选）（　　）。
(A) 美国　(B) 德国　(C) 法国　(D) 荷兰
(E) 英国　(F) 欧盟其他国家　(G) 日本　(H) 韩国
(I) 中国香港　(J) 印度　(K) 俄罗斯　(L) 中国台湾
(M) 东盟　(N) 中东　(O) 巴西　(P) 其他独联体
(Q) 非洲　(R) 其他国家

如果否，请回答问题23。

23. 贵企业从事境外电商的主要意向国家或地区是（可排序多选）（ ）。

（A）美国 （B）德国 （C）法国 （D）荷兰
（E）英国 （F）欧盟其他国家 （G）日本 （H）韩国
（I）中国香港 （J）印度 （K）俄罗斯 （L）中国台湾
（M）东盟 （N）中东 （O）巴西 （P）其他独联体
（Q）非洲 （R）其他国家

24. 贵企业是否会利用互联网主动寻找海外贸易伙伴，请填写是或否（ ）。

如果是，请回答问题25。

25. 贵企业利用互联网寻找海外贸易伙伴的途径有（可排序多选）（ ）。

（A）直接在搜索引擎上 （B）在各国行业协会网站搜索
（C）在中国商务部的世界买家网查阅 （D）在全球性的企业名录网站搜索
（E）利用海关数据库查找 （F）利用第三方服务机构提供的名录
（G）利用社交媒体网站搜索 （H）其他途径__________

如果否，请回答问题26。

26. 贵企业未利用互联网寻找海外贸易伙伴的原因有（可多选）（ ）。

（A）企业对互联网信息准确性存疑

（B）企业主要通过国内外会展（如进博会等），进行面对面沟通以寻找贸易伙伴

（C）企业主要通过海外分支机构寻找贸易伙伴

（D）企业有稳定的海外贸易伙伴，无需通过互联网寻找新的贸易伙伴

（E）其他原因

27. 贵企业通过互联网进行营销推广的主要渠道有（可多选）（ ）。

（A）在第三方网站投放广告

（B）建立官方网站或社区

（C）运营社交平台账号（如微博、Twitter、微信公众号等）

（D）开发移动端APP

（E）在自媒体平台发布文章、视频

（F）其他（请注明）__________________

28. 贵企业在哪些国内电商平台投放产品？（可排序多选）（ ）。

（A）天猫 （B）京东商城 （C）苏宁易购 （D）淘宝网
（E）拼多多 （F）唯品会 （G）其他平台________（H）无电商平台

29. 贵企业未通过互联网进行营销推广的主要原因有（可多选）（　　）。
（A）缺乏必要的投入资金　　（B）缺少对应的专业技术人员
（C）互联网营销推广的效果不佳　（D）传统的商业模式已定型
（E）缺乏好的互联网营销思路　　（F）其他（请注明）____________

30. 贵企业通过互联网进行营销推广的主要目的有（可多选）（　　）。
（A）进一步开拓市场，提升产品销量
（B）增强与供应商、分销商的联系
（C）密切与消费者的沟通，了解市场需求
（D）提升企业知名度，助力品牌建设
（E）扩展新业务
（F）其他（请注明）____________

31. 各类互联网平台对贵企业外贸业务的促进作用有多大（　　）。
（A）互联网平台对本公司外贸业务促进作用非常大
（B）互联网平台对本公司外贸业务促进作用比较大
（C）互联网平台对本公司外贸业务促进作用一般
（D）互联网平台对本公司外贸业务几乎没有促进作用

32. 贵企业通过互联网平台采购原材料的费用占贵企业总采购费用比重约（　　）。
（A）小于5%　（B）5%—10%　（C）10%—20%
（D）20%—50%　（E）大于50%　（F）100%

33. 贵企业通过互联网平台销售产品的收入占企业总销售收入的比重约（　　）。
（A）小于5%　（B）5%—10%　（C）10%—20%
（D）20%—50%　（E）大于50%　（F）100%

34. 贵企业认为互联网平台的优势在于（多选题）（　　）。
（A）可以有效减少销售人员和采购人员的数量
（B）拓宽销售和采购渠道，寻找更多优质合作伙伴
（C）有助于精准掌控市场需求，及时了解市场动向
（D）可以更有效的管理小额订单，增加对小额订单的接受度
（E）可以利用大数据更好地分析企业表现和市场状况
（F）其他，请写出____________

35. 贵企业若参加进博会，期待达成的目标有（可排序多选）（　　）。
（A）采购高质量消费品　　（B）进口优质的中间品、资本品和服务

（C）与上下游企业达成战略合作（D）获取行业信息
（E）学习国外企业先进经验　　（F）其他（请注明）________

三、行业生产网络下，中国企业知识产权保护与创新现状

36. 贵企业在进行研发活动时，是否会考虑知识产权保护强度（　　）。
（A）会考虑；保护强度增强，更倾向于进行研发
（B）不会考虑；研发活动对知识产权保护强度不敏感

37. 贵公司的创新能力在行业内处于什么水平？（　　）。
（A）龙头企业，领先地位　　（B）中上游企业，创新能力强
（C）一般水平，技术追随者　　（D）创新能力较弱

38. 影响贵企业研发决策的主要因素有（最重要三项）（　　）。
（A）行业竞争强度　　（B）企业风险承受力
（C）企业风险偏好　　（D）企业贷款能力
（E）消费者需求变化　　（F）行业知识产权保护强度
（G）科研人才储备　　（H）项目投资金额与偿还期
（I）其他（请注明）____________

39. 贵企业进行自主创新的经济目标是（最重要三项）（　　）。
（A）提高效率，降低成本　　（B）提升现有产品质量
（C）开拓新市场　　（D）增加或保持市场占有率
（E）开发新产品　　（F）进入新领域
（G）其他（请注明）____________

40. 贵企业进行创新的来源主要有（可排序多选）（　　）。
（A）上游企业　　（B）下游企业　　（C）竞争性内资企业
（D）竞争性外资企业　　（E）竞争性外国企业　　（F）消费者
（G）国内大学等研究机构（H）国外大学等研究机构（I）母企业
（J）原创性自主创新　　（K）其他（请注明）________

41. 贵企业进行创新的合作伙伴主要有（可排序多选）（　　）。
（A）上游企业　　（B）下游企业　　（C）竞争性内资企业
（D）竞争性外资企业　　（E）竞争性外国企业　　（F）国内大学等研究机构
（G）国外大学等研究机构（H）母企业　　（I）原创性自主创新
（J）其他（请注明）____________

42. 贵企业认为参与跨国生产合作促进了企业哪方面的创新（　　）。
（A）自主创新　　（B）模仿创新

（C）前述两项均有利　　（D）均无明显影响

43. 贵企业现有研发人员约____人，占比为（　　）。其中：

（A）高级职称及以上____人，占____%

（B）中级职称和博士____人，占____%

（C）大专及本科以上____人，占____%

44. 贵企业研发投入占全部投入比例为（　　）。

（A）<2%　　（B）2%—5%　　（C）6%—10%

（D）11%—15%　　（E）>15%

45. 贵企业技术创新的资金来源有（可排序多选）（　　）。

（A）银行贷款　　（B）股票融资　　（C）债券融资

（D）风险投资　　（E）政府资助　　（F）企业自筹

（G）其他（请注明）________________________

46. 贵企业过去三年累计申请的发明专利有几件？（　　）

贵企业过去三年累计申请的实用新型有几件？（　　）

贵企业过去三年累计申请的外观设计有几件？（　　）

贵企业过去三年累计授权的发明专利有几件？（　　）

贵企业过去三年累计授权的实用新型有几件？（　　）

贵企业过去三年累计授权的外观设计有几件？（　　）

贵企业过去三年累计遭受的侵权调查有几件？（　　）

其中，确定侵权的有几件？（　　）

贵企业过去三年累计对其他企业发起的侵权调查有几件？（　　）

其中，有几件成功？（　　）

47. 贵企业申请知识产权保护的主要目的有（可排序多选）（　　）。

（A）抢占或拓展市场　　（B）防止本企业技术被模仿盗用

（C）技术储备，技术出售　　（D）建立自己的产品标准

（E）为完成专利考核指标　　（F）满足政府资格认定的需要

（G）获得相关资助与补贴　　（H）塑造企业形象，形成宣传效用

（I）抢注，竞争策略　　（J）其他（请注明）________

48. 贵企业知识产权争端的解决途径为（可多选）（　　）。

（A）自行协商解决　　（B）知识产权行政部门协调处理

（C）法院起诉　　（D）行业协会调解

（E）其他方式____________

49. 贵企业在选择知识产权纠纷处理方式时，首先考虑的因素是（　　）。

(A) 维权解决方式的费用　　　　(B) 维权解决的时间成本
(C) 维权解决纠纷的专业性　　　(D) 维权结果能否得到有效执行
(E) 其他（请注明）____________

50. 贵企业认为在知识产权维权过程中存在问题的重要次序为（　、　、　、　、　）。

(A) 法律制度不够健全　　　　(B) 维权行为成本高
(C) 诉讼周期长　　　　　　　(D) 执行力度弱
(E) 其他方面____________

51. 贵企业是否有在海外申请知识产权，请填写是或否（　　）。

如果是，海外申请知识产权，贵企业认为主要的困难在于（可多选）（　　）。

(A) 对海外申请的流程不了解　　(B) 海外审查周期过长
(C) 海外申请费用过高　　　　　(D) 代理机构能力相对不足
(E) 要求提供全部现有技术文件　(F) 获取后维权成本过高
(G) 其他____________

52. 贵企业认为所在行业的知识产权保护强度在国内处于什么水平？（　　）。

(A) 领先水平　　　　(B) 保护强度较强
(C) 平均水平　　　　(D) 保护强度较弱

53. 贵企业拥有以下知识产权（可多选，按数量由大到小排列）（　、　、　、　）。

(A) 专利　　　　(B) 版权
(C) 商标　　　　(D) 商业秘密
(E) 其他类型知识产权（请注明）____________

54. 贵企业独立知识产权管理部门的主要工作有（可多选）（　　）。

(A) 制定企业知识产权方针、目标、制度等，并形成文件
(B) 负责企业知识产权的获取、使用、保护、转让和许可等日常管理工作
(C) 在企业内培育知识产权保护意识，组织员工进行相关知识的教育和培训
(D) 建立知识产权管理评估体系，负责其运行及分析改进
(E) 评估和应对知识产权风险，处理和协调知识产权纠纷

55. 贵企业是否关注潜在商标和专利的抢注行为？（　　）。

(A) 会尽可能地及时注册商标和专利
(B) 会定期关注商标和专利的注册情况
(C) 受到其他企业的侵权通知才意识到商标和专利被抢注了

56. 贵企业认为国内知识产权保护目前存在的问题主要有（可多选）（　　）。

（A）对知识产权的认定保护范围较窄

（B）行政机关执法力度不足

（C）与知识产权保护配套的制度尚不健全

（D）缺乏对滥用保护行为的限制措施

（E）缺少宣传教育，企业知识产权意识淡薄

（F）其他（请注明）____________

57. 贵企业举办知识产权培训的培训对象为（　　）。

（A）全体员工　　（B）研发人员

（C）管理人员　　（D）若不举办知识产权培训，原因是________

四、行业生产网络下创新保护与中国企业外贸竞争力发展情况——从企业技术含量、产品质量、品牌和服务视角

58. 贵企业在出口国市场的产品占有率平均约为（　　）。

（A）0—5%　　（B）6%—10%　　（C）11%—15%

（D）16%—20%　　（E）21%—25%　　（F）26%—30%

（G）>31%

59. 按照贵企业的重视程度，对下列指标进行排序（　　）。

（A）市场占有率　　（B）利润率　　（C）销售额

（D）品牌建设　　（E）专利拥有量　　（F）用户满意度

（G）企业声誉

60. 贵企业核心出口竞争力包括（最多三项）（　　）。

（A）创新型技术，独占性　　（B）改善型技术，提高效率

（C）产品高质量　　（D）低廉价格

（E）性价比　　（F）产品服务

（G）品牌认知度　　（H）其他（请注明）________

61. 贵企业认为以下因素对外贸竞争力的影响从大到小依次排序为（　、　、　、　）。

（A）技术含量　　（B）产品质量　　（C）品牌建设

（D）服务水平　　（E）其他方面

62. 现阶段贵企业产品在市场中最具竞争力的主要要素排序是（　、　、　、　）。

（A）产品品牌　　（B）产品质量　　（C）产品价格

(D) 技术领先　　(E) 销售渠道　　(F) 服务水平
(G) 产品宣传

63. 技术水平对贵企业出口具有(　　)。
(A) 决定作用　　(B) 重要作用　　(C) 一般作用
(D) 较少作用　　(E) 没有作用

64. 贵企业技术主要来源(可多选)(　　)。
(A) 主要由海外母公司提供　　(B) 主要从国际市场购买
(C) 主要从国内市场购买　　(D) 自主开发
(E) 联合开发　　(F) 通过产品进行反向工程
(G) 其他(请注明) ____________

65. 与贵企业发展相适应的技术水平，可多选排序是(　　)。
(A) 国际领先　　(B) 国际先进　　(C) 国内领先
(D) 国内先进　　(E) 一般水平

66. 产品质量对贵企业出口具有(　　)。
(A) 决定作用　　(B) 重要作用　　(C) 一般作用
(D) 较少作用　　(E) 没有作用

67. 贵企业主要出口产品是否获得质量认证(　　)。
(A) 是，获得国际质检机构认证　　(B) 是，获得出口国质检机构认证
(C) 是，获得本国质检机构认证　　(D) 否，未获得质量认证

68. 贵企业提供的保修时长平均为(　　)年。
(A) <1　　(B) 1—2　　(C) 3—4　　(D) 5—6
(E) >6

69. 近五年，与贵企业保持三年以上合作关系的客户有(　　)家。
(A) 1—5　　(B) 6—10　　(C) 11—15　　(D) >15

70. 您认为品牌建设对贵企业出口具有(　　)。
(A) 决定作用　　(B) 重要作用　　(C) 一般作用
(D) 较少作用　　(E) 没有作用　　(F) 没有品牌建设

71. 近三年，贵企业用于品牌建设的费用占生产成本的(　　)。
(A) 0—5%　　(B) 6%—10%　　(C) 11%—15%
(D) 16%—20%　　(E) 21%—30%　　(F) >30%

72. 贵企业是否有自主品牌或注册商标(　　)。
(A) 有自主品牌并推向市场，行业内具有知名度
(B) 有自主品牌并推向市场，但行业知名度不足

（C）有自主品牌，但未推向市场

（D）无自主品牌或商标（贴牌生产）

73. 近三年来，贵企业在品牌建设中投入最高的是（ ）。

（A）研究开发 （B）生产设备 （C）广告宣传

（D）销售渠道 （E）销售服务 （F）其他（请注明）

74. 贵企业主要通过哪些方式进行品牌宣传（可排序多选）（ ）。

（A）通过明星代言进行宣传

（B）通过电视、互联网线上广告等进行宣传

（C）通过节目冠名进行宣传

（D）通过影视作品植入进行宣传

（E）通过社交媒体（如微博、微信、小红书和抖音等）平台进行宣传

（F）通过会展（如进博会，行业会展等）进行推广

75. 贵企业在推动品牌国际化的过程中，遇到的困难主要有（可多选）（ ）。

（A）产品在国际市场上占有率较低，影响力不足

（B）企业商标遭到抢注、专利遭到侵占

（C）文化差异阻碍了品牌内涵的传递

（D）无法制定有效的海外营销策略

（E）产品缺乏创新点，品牌特色不明确

（F）其他（请注明）____________

76. 服务对贵企业出口具有（ ）。

（A）决定作用 （B）重要作用 （C）一般作用

（D）较少作用 （E）没有作用 （F）很少提供服务

77. 近三年，贵企业用于构建服务体系的费用占生产成本的（ ）。

（A）0—5% （B）6%—10% （C）11%—15%

（D）16—20% （E）21%—25% （F）26%—30%

（G）>30%

78. 贵企业对客户的服务集中在（可多选）（ ）。

（A）销售前详细的咨询服务 （B）产品销售后的配套服务

（C）客户使用过程中的咨询服务 （D）客户使用过程中的维护服务

（E）其他（请注明）____________

79. 贵企业目前有哪些服务方式提升客户体验（可排序多选）（ ）。

（A）实体服务门店 （B）网络在线咨询

（C）电话服务咨询　　　　　　　　（D）定期客户免费体验活动

（E）移动端 APP、微信公众号　　　（F）其他（请注明）________

80. 贵企业通过哪些方式进行售后服务及客户维护（可排序多选）（　　）。

（A）设立专门售后服务部门，负责售后服务管理

（B）对客户信息建档，并进行分类管理

（C）对客户进行跟进和回访，及时记录并积极解决客户的问题

（D）对售后服务部门员工进行定期培训，从而提升他们的专业技术水平和服务水平

（E）当出现问题，客户寻求售后服务时，企业能提供专业、高效的服务

（F）其他（请注明）____________

五、行业生产网络下创新保护与提升中国企业外贸竞争力的举措

81. 贵企业对本国知识产权保护的诉求是（　　）。

（A）加强知识产权保护有利于提升自身外贸竞争力

（B）减弱知识产权保护有利于提升自身外贸竞争力

（C）知识产权保护与企业自身外贸竞争力关系不大

（D）知识产权保护与企业自身外贸竞争力无关

82. 在全球生产网络下，贵企业所在行业的知识产权保护水平对于贵企业模仿与创新有何影响（　　）。

（A）知识产权保护水平较低，本企业自主创新产品得不到很好的保障

（B）知识产权保护水平适中，既能有效模仿上下游企业，也能有效保护本企业创新

（C）知识产品保护水平过高，不利于本公司向上下游企业的模仿学习

（D）其他（请注明）____________

83. 贵企业主要出口国知识产权保护程度高/低及其对产品竞争力的影响是（　　）。

（A）出口的产品是高技术产品，出口国高知识产权保护提高产品竞争力

（B）出口的产品是低技术产品，出口国高知识产权保护不影响产品竞争力

（C）出口的产品是高技术产品，出口国低知识产权保护降低产品竞争力

（D）出口的产品是低技术产品，出口国低知识产权保护有利于产品竞争力

84. 贵企业目前的知识产权管理体系包括（可多选）（　　）。

（A）明确的战略目标　　　　　　　（B）独立的知识产权管理机构

（C）明确的知识产权管理人员分工　（D）有效的沟通机制

（E）注重知识产权的企业文化　　　　（F）有效的员工激励机制

85. 贵企业采取了何种人力资源管理方式以强化企业知识产权保护、提高企业创新（可多选）（　　）。

（A）对 R&D 人员进行知识产权知识培训

（B）对 R&D 人员进行绩效奖励

（C）对 R&D 人员进行股权激励

（D）合同明确知识产权所有权和使用权

（E）其他（请注明）____________

86. 为提升外贸竞争力，贵企业认为现阶段最紧迫的是（　　）。

（A）技术创新，开发新产品　　　　（B）技术改善，降低成本

（C）提升产品质量　　　　（D）打造自主品牌

（E）提升产品服务　　　　（F）其他（请注明）________

87. 贵企业认为提升企业产品技术研发投入、改善产品质量、塑造自主品牌面临的风险主要来自哪方面（可排序多选）（　　）。

（A）国家知识产权保护立法缺失

（B）国家知识产权保护执法不力

（C）同行业/企业恶意进行知识产权侵权诉讼，应诉成本高

（D）遭受同行业企业知识产权侵权，维权成本高

88. 全球生产网络下贵企业采取哪些措施应对产品转型升级（可多选）（　　）。

（A）进口高端设备　　　　（B）自主研发高端设备

（C）优化生产设备和工艺生产线　　　　（D）采用新材料替代传统材料

（E）调整产品技术参数　　　　（F）研发新产品

（G）加大市场调研力度，了解消费者需求　　（H）改善企业组织结构

（I）利用互联网渠道　　　　（J）其他（请注明）________

89. 贵企业在发达经济体市场上面对的竞争者主要是（　　）。

（A）出口国本土企业　　　　（B）来自发达国家的其他企业

（C）中国的其他出口企业　　　　（D）来自其他发展中国家的企业

90. 贵企业在发达经济体市场上采取的竞争策略主要有（最重要三项）（　　）。

（A）定价策略，利用价格优势进行竞争

（B）质量策略，同等价格下提升产品质量

（C）品牌策略，利用良好的品牌知名度和优良品质取胜

（D）垄断优势，拥有独有知识产权

（E）本地合作，和当地知名企业进行合作，减少进入成本

（F）营销策略，多种宣传方式进行广告宣传，提高知名度

（G）官方合作，利用和当地政府的良好关系进行贸易

91. 全球生产网络、知识产权保护下，贵企业已采取何种措施提升外贸竞争力，可按照重要程度从大到小排序（可多选）（　　）。

（A）加快技术升级　（B）建设研发团队，重视知识产权保护

（C）降低劳动力成本　（D）降低原材料、生产成本

（E）主动寻求全球合作伙伴　（F）加大人员培训，储备企业人力资源

（G）树立品牌意识，建设自主品牌（H）建立质量管理体系，提升产品质量

（I）加大国际市场营销力度　（J）积极应对贸易摩擦

（K）国外并购或投资建厂　（L）合理使用金融工具，规避汇率风险

（M）提升售后服务效率和水平　（N）其他（请注明）________

92. 贵企业在创新过程中对政府有何期待（可排序多选）（　　）。

（A）财政补贴　（B）税收减免

（C）规划产业园区，形成集成效应　（D）完善金融服务体系

（E）强化知识产权保护　（F）促进“产学研”联动

（G）信息咨询服务　（H）其他（请注明）________

93. 贵企业在创新过程中对行业协会有何期待（可多选）（　　）。

（A）分享行业内优质企业经验　（B）提供行业动态信息

（C）促进行业内企业合作　（D）帮助企业进行产业内升级

（E）建立行业规范　（F）其他（请注明）________

94. 贵企业在创新过程中对金融机构（包括监管机构）有何期待（可多选）（　　）。

（A）降低企业贷款门槛　（B）简化贷款程序

（C）改善资信评级体系　（D）加大“投贷联动”试点

（E）丰富融资渠道，提供融资咨询服务（F）规范 P2P 业务、互联网金融渠道

（G）其他（请注明）________

95. 贵企业在对外贸易活动中对政府有何期待（可多选）（　　）。

（A）提高贸易便利化程度　（B）加大出口奖励

（C）提高出口退税率　（D）降低进口关税

（E）干预人民币波动幅度　（F）提供汇率风险管理工具

（G）促进贸易自由化，要求发达国家放松高科技产品出口管制

96. 贵企业在对外贸易活动中对行业协会有何期待（可多选）（　　）。

（A）提供行业贸易数据　（B）定期组织行业贸易会展

（C）进行行业贸易法律法规知识培训（D）进行汇率风险管理培训

（E）进行行业发展分析　（F）促进外国客户与本国企业交流

97. 贵企业在对外贸易活动中对金融机构有何期待（可多选）（　　）。

（A）提供出口信贷和担保服务　（B）便利外汇结算

（C）提供汇率风险管理工具　（D）提供汇率风险咨询服务

（E）降低贷款利率　（F）简化贷款程序

98. 当前，贵企业认为提升外贸竞争力的最大困境，排序是（　　）。

（A）全球贸易摩擦加剧，贸易不确定性增大

（B）汇率波动增大

（C）出口国提高关税，产品价格竞争力下降

（D）劳动力成本上升，产品价格竞争力下降

（E）企业生产的产品同质性强，容易被替代

（F）企业创新能力不足，难以应对快速变化的市场

99. 和竞争对手相比，贵公司的优势排序是什么（多选题）（　　）。

（A）领先的专业技术

（B）广泛的市场人脉关系及良好的客户基础

（C）完整的加工链

（D）较低的生产成本

（E）高素质的人才

（F）领导班子团结一致、锐意进取

（G）管理科学、效率较高

（H）对市场的需求变化敏感及灵活的市场营销方式

（I）其他，请具体描述：____________

100. 您认为公司在竞争力提升过程中可能产生哪些风险？排序（　　）。

（A）产品质量不过关

（B）市场开发能力不足

（C）行业竞争太激烈

（D）各部门间不能很好地互相配合

（E）外部环境影响（如汇率、价格等）

（F）关键技术人才缺乏，技术力量薄弱

（G）公司的分配制度不合理

(H) 公司的创新能力不足，无法满足需求

(I) 资金紧缺，财务风险大

(J) 技术更新得太快，公司没有明显的技术优势

(K) 生产成本过高，缺乏竞争力

(L) 其他，请具体描述：____________

最后，我们由衷地感谢贵企业负责人认真地填写以上相关问卷，对于您的帮助，我们在此表示最诚挚的感谢！我们将严格保密贵企业的具体信息。谢谢！

教育部人文社会科学重点研究基地重大项目（17JJD790002）

复旦大学世界经济研究所课题组团队

参考文献

CANKAOWENXIAN

一、中/译文部分（按拼音排序）

安同良、魏婕和舒欣：“中国制造业企业创新测度——基于微观创新调查的跨期比较”，《中国社会科学》2020年第3期。

波特：《国家竞争优势》，中信出版社2007年版，第125—153页。

辰昕：“以创新的方式保护创新（短评）”，《人民日报》2019年1月3日第11版。

陈爱贞、刘志彪：“决定我国装备制造业在全球价值链中地位的因素——基于各细分行业投入产出实证分析”，《国际贸易问题》2011年第4期。

陈佳贵、张金昌：“实现利润优势——中美具有国际竞争力产业的比较”，《国际贸易》2002年第5期。

陈剑、黄朔、刘运辉：“从赋能到使能——数字化环境下的企业运营管理”，《管理世界》2020年第2期。

陈一孚：“知识产权助推产业发展的国际比较与中国选择”，《管理世界》2018年第3期。

陈勇兵、陈宇媚和周世民：“贸易成本、企业出口动态与出口增长的二元边际——基于中国出口企业微观数据：2000—2005”，《经济学（季刊）》2012年第4期。

陈玉荣：“德国社会市场经济体制述评”，《世界经济》1996年第1期。

陈媛媛：“市场分割与出口竞争力：基于中国数据的经验研究”，《世界经济研究》2013年第11期。

陈志列：“用工业互联网推进制造业高质量发展”，《人民邮电》2019年12月10日第1版。

程大中：“中国增加值贸易隐含的要素流向扭曲程度分析”，《经济研究》

2014 年第 9 期。

程鉴冰：“政府技术标准规制对经济增长的实证研究”，《数量经济技术经济研究》2008 年第 12 期。

代中强：“知识产权保护提高了出口技术复杂度吗？——来自中国省际层面的经验研究”，《科学学研究》2014 年第 12 期。

戴魁早：“要素市场扭曲如何影响出口技术复杂度？——中国高技术产业的经验证据”，《经济学（季刊）》2018 年第 1 期。

戴觅、余淼杰：“中国出口企业生产率之谜：加工贸易的作用”，《经济学（季刊）》2014 年第 1 期。

戴臻：“中英中间品贸易要素构成分析”，《国际贸易问题》2010 年第 1 期。

董敏杰、梁泳梅和李钢：“环境规制对中国出口竞争力的影响——基于投入产出表的分析”，《中国工业经济》2011 年第 3 期。

董雪兵、朱慧、康继军和宋顺锋：“转型期知识产权保护制度的增长效应研究”，《经济研究》2012 年第 8 期。

董钰、孙赫：“知识产权保护对产业创新影响的定量分析——以高技术产业为例”，《世界经济研究》2012 年第 4 期。

樊纲、王小鲁和朱恒鹏：《中国市场化指数——各地区市场化相对进程 2011 年报告》，经济科学出版社 2011 年版。

范承泽、胡一帆和郑红亮：“FDI 对国内企业技术创新影响的理论与实证研究”，《经济研究》2008 年第 1 期。

冯雪、刘芳：“技术标准化与中国经济增长的关系研究”，《北方经济》2011 年第 6 期。

葛京、王益谊：“标准对国际贸易影响效应的研究及政策借鉴”，《国际经贸探索》2009 年第 2 期。

郭小东、吴宗书：“创意产品出口、模仿威胁与知识产权保护”，《经济学（季刊）》2014 年第 3 期。

韩玉雄、李怀祖：“关于中国知识产权保护水平的定量分析，《科学学研究》2005 年第 3 期。

韩兆洲、程学伟：“中国省域 R&D 投入及创新效率测度分析”，《数量经济技术经济研究》2020 年第 5 期。

贺灿飞、陈航航：“参与全球生产网络与中国出口产品升级”，《地理学报》2017 年第 8 期。

侯高岚：“台湾地区科技创新的‘制度陷阱’”，《亚太经济》2011 年第

4 期。

黄先海、胡馨月和陈航宇："知识产权保护、创新模式选择与我国贸易扩展边际"，《国际贸易问题》2016 年第 9 期。

黄先海、诸竹君和宋学印："中国中间品进口企业'低加成率之谜'"，《管理世界》2016 年第 7 期。

金碚：《中国工业国际竞争力——理论、方法和实证研究》，经济管理出版社 1997 年版。

金碚、胥和平和谢晓霞："中国工业国际竞争力报告"，《管理世界》1997 年第 4 期。

黎峰："全球生产网络下的贸易收益及核算——基于中国的实证"，《国际贸易问题》2014 年第 6 期。

黎文靖、郑曼妮："实质性创新还是策略性创新？——宏观产业政策对微观企业创新的影响"，《经济研究》2016 年第 4 期。

李兵、李柔："互联网与企业出口：来自中国工业企业的微观经验证据"，《世界经济》2017 年第 7 期。

李春顶："中国出口企业是否存在'生产率悖论'：基于中国制造业企业数据的检验"，《世界经济》2010 年第 7 期。

李静、楠玉："垂直专业化'挤出效应'与技术进步迟滞"，《国际贸易问题》2016 年第 11 期。

李平、姜丽："贸易自由化、中间品进口与中国技术创新——1998—2012 年省级面板数据的实证研究"，《国际贸易问题》2015 年第 7 期。

李小平、周记顺、王树柏："中国制造业出口复杂度的提升和制造业增长"，《世界经济》2015 年第 2 期。

李向阳、刘小平："我国医药产业技术创新与基础研究关系的专利计量分析"，《现代情报》2015 年第 12 期。

李燕："推动工业互联网平台成为经济高质量发展新引擎"，《经济日报》2019 年 11 月 27 日第 12 版。

李玉平："略论法国市场经济的宏观管理"，《世界经济》1993 年第 9 期。

林伯强、杜克锐："要素市场扭曲对能源效率的影响"，《经济研究》2013 年第 9 期。

林毅夫、张鹏飞："后发优势、技术引进和落后国家的经济增长"，《经济学（季刊）》2005 年第 1 期。

刘冰、侯俊军："轻工行业标准：出口与经济增长关系的实证分析"，《国际经贸探索》2008 年第 9 期。

刘国光："改革开放前的中国的经济发展和经济体制"，《中共党史研究》2002 年第 4 期。

刘洪涛、汪应洛："中国创新模式及其演进的实证研究"，《科学学与科学技术管理》1999 年第 6 期。

马倩倩、陈玉文和张天骄："国有与私营医药上市公司创新能力比较"，《中国药业》2016 年第 2 期。

刘艳："生产性服务进口与高技术制成品出口复杂度——基于跨国面板数据的实证分析"，《产业经济研究》2014 年第 4 期。

龙小宁、易巍和林志帆："知识产权保护的价值有多大？——来自中国上市公司专利数据的经验证据"，《金融研究》2018 年第 8 期。

卢福财、胡平波："全球价值网络下中国企业低端锁定的博弈分析"，《中国工业经济》2008 年第 10 期。

鲁晓东："技术升级与中国出口竞争力变迁：从微观向宏观的弥合"，《世界经济》2014 年第 8 期。

鲁晓东、连玉君："中国工业企业全要素生产率估计：1999—2007"，《经济学（季刊）》2012 年第 2 期。

陆文香、何有良："上游垄断如何影响企业出口：来自中国制造业企业的微观证据"，《国际贸易问题》2018 年第 7 期。

罗长远、张军："附加值贸易：基于中国的实证分析"，《经济研究》2014 年第 6 期。

马述忠、吴国杰："中间品进口、贸易类型与企业出口产品质量——基于中国企业微观数据的研究"，《数量经济技术经济研究》2016 年第 11 期。

茅锐、张斌："中国的出口竞争力：事实、原因与变化趋势"，《世界经济》2013 年第 12 期。

美国总统经济报告（Economic Report of the President, 2020），February 20, 2020, https://www.whitehouse.gov/wp-content/uploads/2020/02/2020-Economic-Report-of-the-President-WHCEA.pdf.

聂辉华、江艇、杨汝岱："中国工业企业数据库的使用现状和潜在问题"，《世界经济》2012 年第 5 期。

潘士远："最优专利制度研究"，《经济研究》2005 年第 12 期。

钱学锋、王胜、陈勇兵："中国的多产品出口企业及其产品范围：事实与解释"，《管理世界》2013 年第 1 期。

钱雪松、杜立和马文涛："中国货币政策利率传导有效性研究：中介效应和体制内外差异"，《管理世界》2015 年第 11 期。

邱斌、闫志俊："异质性出口固定成本、生产率与企业出口决策"，《经济研究》2015 年第 9 期。

邱斌、叶龙凤和孙少勤："参与全球生产网络对我国制造业价值链提升影响的实证研究——基于出口复杂度的分析"，《中国工业经济》2012 年第 1 期。

尚洪涛、黄晓硕："中国医药制造业企业政府创新补贴绩效研究"，《科研管理》2019 年第 8 期。

沈国兵：《与贸易有关知识产权协定下强化中国知识产权保护的经济分析》，中国财政经济出版社 2011 年版。

沈国兵："显性比较优势与美国对中国产品反倾销的贸易效应"，《世界经济》2012 年第 12 期。

沈国兵："影响中国企业创新发展因素的比较分析"，《人民论坛》2019 年第 34 期。

沈国兵："构建要素市场化配置的统一大市场"，《广州日报（理论周刊）》2020 年 12 月 7 日 A8 版。

沈国兵、黄铄珺："汇率变化如何影响中国对美国一般贸易品出口技术结构"，《世界经济》2017 年第 11 期。

沈国兵、黄铄珺："行业生产网络中知识产权保护与中国企业出口技术含量"，《世界经济》2019 年第 9 期。

沈国兵、李伟汉："行业价值链治理模式与我国行业增加值外贸竞争力提升"，载"中国高校人文社会科学信息网"，2020，https://www.sinoss.net/show.php?contentid=99172。

沈国兵、李韵："全球生产网络下中国出口竞争力的变化及其成因——基于增加值市场渗透率的分析"，《财经研究》2017 年第 3 期。

沈国兵、刘佳："TRIPS 协定下中国知识产权保护水平和实际保护强度"，《财贸经济》2009 年第 11 期。

沈国兵、姚白羽："知识产权保护与中国外贸发展：以高技术产品进口贸易为例"，《南开经济研究》2010 年第 3 期。

沈国兵、于欢："中国企业参与垂直分工会促进其技术创新吗?"，《数量经济技术经济研究》2017 年第 12 期。

沈国兵、于欢："企业参与垂直分工、创新与中国企业出口产品质量提升"，《广东社会科学》2019 年第 6 期。

沈国兵、袁征宇："企业互联网化对中国企业创新及出口的影响"，《经济研究》2020 年第 1 期。

沈国兵、袁征宇："互联网化、创新保护与中国企业出口产品质量提升"，《世界经济》2020 年第 11 期。

沈国兵、张学建："行业知识产权保护对中国出口竞争力的影响：基于行业增加值市场渗透率的分析"，《浙江学刊》2018 年第 2 期。

沈国兵、张勋："全球生产网络下国家间零部件贸易强度演进及其主要影响因素分析"，《世界经济研究》2016 年第 7 期。

沈国兵、张勋："行业生产网络下进口中间品对中国企业创新的影响"，《广东社会科学》2018 年第 3 期。

盛斌、毛其淋："进口贸易自由化是否影响了中国制造业出口技术复杂度"，《世界经济》2017 年第 12 期。

施炳展："互联网与国际贸易——基于双边双向网址链接数据的经验分析"，《经济研究》2016 年第 5 期。

施炳展、李建桐："互联网是否促进了分工：来自中国制造业企业的证据"，《管理世界》2020 年第 4 期。

施炳展、邵文波："中国企业出口产品质量测算及其决定因素——培育出口竞争新优势的微观视角"，《管理世界》2014 年第 9 期。

施炳展、王有鑫和李坤望："中国出口产品品质测度及其决定因素"，《世界经济》2013 年第 9 期。

史宇鹏、顾全林："知识产权保护、异质性企业与创新：来自中国制造业的证据"，《金融研究》2013 年第 8 期。

苏为华、孔伟杰："基于知识产权保护的国际贸易和 FDI 技术溢出效应研究"，《统计研究》2010 年第 2 期。

苏依依、周长辉："企业创新的集群驱动"，《管理世界》2008 年第 3 期。

孙楚仁、于欢和赵瑞丽："城市出口产品质量能从集聚经济中获得提升吗?"，《国际贸易问题》2014 年第 7 期。

孙少勤、邱斌："全球生产网络条件下 FDI 的技术溢出渠道研究——基于中国制造业行业面板数据的经验分析"，《南开经济研究》2011 年第 4 期。

孙铮、刘凤委、李增泉："市场化程度、政府干预与企业债务期限结构——来自我国上市公司的经验证据"，《经济研究》2005 年第 5 期。

唐东波："垂直专业化贸易如何影响了中国的就业结构?"，《经济研究》2012 年第 8 期。

唐海燕："中国在全球生产网络中的角色变迁"，《华东师范大学学报：哲学社科版》2013 年第 5 期。

唐跃军："供应商、经销商议价能力与公司业绩——来自 2005—2007 年中国制造业上市公司的经验证据"，《中国工业经济》2009 年第 10 期。

田巍、余淼杰："企业出口强度与进口中间品贸易自由化：来自中国企业的实证研究"，《管理世界》2013 年第 1 期。

王海成、吕铁："知识产权司法保护与企业创新——基于广东省知识产权案件"三审合一"的准自然实验"，《管理世界》2016 年第 10 期。

王红领、李稻葵和冯俊新："FDI 与自主研发：基于行业数据的经验研究"，《经济研究》2006 年第 2 期。

王克敏、刘静和李晓溪："产业政策、政府支持与公司投资效率研究"，《管理世界》2017 年第 3 期。

王然、燕波和邓伟根："FDI 对我国工业自主创新能力的影响及机制——基于产业关联的视角"，《中国工业经济》2010 年第 11 期。

王耀中、陈文娟："行业标准与中国机械行业进出口贸易：基于 1985—2005 年数据的协整分析和 granger 因果检验"，《国际贸易问题》2009 年第 3 期。

王永进、施炳展："上游垄断与中国企业产品质量升级"，《经济研究》2014 年第 4 期。

王玉燕、林汉川和吕臣："全球价值链嵌入的技术进步效应——来自中国工业面板数据的经验研究"，《中国工业经济》2014 年第 9 期。

王直、魏尚进和祝坤福："总贸易核算法：官方贸易统计与全球价值链的度量"，《中国社会科学》2015 年第 9 期。

温忠麟、叶宝娟："中介效应分析：方法和模型发展"，《心理科学进展》2014 年第 5 期。

文东伟："经济规模、技术创新与垂直专业化分工"，《数量经济技术经济研究》2011 年第 8 期。

文东伟、冼国明和马静："FDI、产业结构变迁与中国的出口竞争力"，《管理世界》2009 年第 4 期。

吴超鹏、唐菂："知识产权保护执法力度、技术创新与企业绩效——来自中国上市公司的证据"，《经济研究》2016 年第 11 期。

信春华、赵金煜："基于内生经济增长理论的高技术标准促进经济增长作用机理分析"，《科技进步与对策》2009 年第 13 期。

熊俊、于津平："资本积累、贸易规模与出口商品技术含量"，《世界经济与政治论坛》2012 年第 4 期。

徐婉漪："创新统计的基本规范——《奥斯陆手册》简介"，《中国统计》2013 年第 3 期。

徐细雄、李万利："儒家传统与企业创新：文化的力量"，《金融研究》2019 年第 9 期。

徐晓兰："加快发展工业互联网 推动制造业高质量发展"，《学习时报》2019 年 3 月 22 日第 3 版。

许春明、陈敏："中国知识产权保护强度的测定及验证"，《知识产权》2008 年第 1 期。

许春明、单晓光："中国知识产权保护强度指标体系的构建及验证"，《科学研究》2008 年第 4 期。

许家云、毛其淋和胡鞍钢："中间品进口与企业出口产品质量升级：基于中国证据的研究"，《世界经济》2017 年第 3 期。

许治、王思卉："中国各省份出口商品技术复杂度的动态演进"，《中国工业经济》2013 年第 8 期。

杨丹辉、侯民军："中国工业制成品出口竞争力的实证分析"，《河北经贸大学学报》2003 年第 6 期。

杨连星、刘晓光："中国 OFDI 逆向技术溢出与出口技术复杂度提升"，《财贸经济》2016 年第 6 期。

杨汝岱："中国制造业企业全要素生产率研究"，《经济研究》2015 年第 2 期。

杨珍增："知识产权保护与跨国公司全球生产网络布局——基于垂直专业化比率的研究"，《世界经济文汇》2016 年第 5 期。

易先忠、张亚斌和刘智勇："自主创新、国外模仿与后发国知识产权保护"，《世界经济》2007 年第 3 期。

殷德生："中国入世以来出口产品质量升级的决定因素与变动趋势"，《财贸经济》2011 年第 11 期。

尹志锋、叶静怡、黄阳华和秦雪征："知识产权保护与企业创新：传导机制及其检验"，《世界经济》2013 年第 12 期。

于光远："有关'市场经济条件下政府作用'的一个哲理"，《经济研究》1997 年第 5 期。

于欣丽：《标准化与经济增长：理论，实证与案例》，中国标准出版社 2008 年版，第 22—24 页。

余传鹏、林春培、张振刚和叶宝升："专业化知识搜寻、管理创新与企业绩效：认知评价的调节作用"，《管理世界》2020 年第 1 期。

余东华、孙婷："环境规制、技能溢价与制造业国际竞争力"，《中国工业经济》2017 年第 5 期。

余淼杰、李晋："进口类型、行业差异化程度与企业生产率提升"，《经济研究》2015 年第 8 期。

余淼杰、张睿："中国制造业出口质量的准确衡量：挑战与解决方法"，《经济学（季刊）》2017 年第 2 期。

余长林："知识产权保护与我国的进口贸易增长：基于扩展贸易引力模型的经验分析"，《管理世界》2011 年第 6 期。

余长林："知识产权保护与中国出口比较优势"，《管理世界》2016 年第 6 期。

岳云嵩、李兵："电子商务平台应用与中国制造业企业出口绩效——基于'阿里巴巴'大数据的经验研究"，《中国工业经济》2018 年第 8 期。

岳云嵩、李兵和李柔："互联网会提高企业进口技术复杂度吗——基于倍差匹配的经验研究"，《国际贸易问题》2016 年第 12 期。

张建忠、刘志彪："知识产权保护与"赶超陷阱"——基于 GVC 治理者控制的视角"，《中国工业经济》2011 年第 6 期。

张杰："金融抑制、融资约束与出口产品质量"，《金融研究》2015 年第 6 期。

张杰、陈志远和刘元春："中国出口国内附加值的测算与变化机制"，《经济研究》2013 年第 10 期。

张杰、芦哲："知识产权保护、研发投入与企业利润"，《中国人民大学学报》2012 年第 5 期。

张杰、翟福昕和周晓艳："政府补贴、市场竞争与出口产品质量"，《数量经济技术经济研究》2015 年第 4 期。

张杰、张帆和陈志远："出口与企业生产率关系的新检验：中国经验"，《世界经济》2016 年第 6 期。

张杰、郑文平："全球价值链下中国本土企业的创新效应"，《经济研究》2017 年第 3 期。

张杰、郑文平和翟福昕："中国出口产品质量得到提升了吗?"，《经济研究》2014 年第 10 期。

张金昌："国际竞争力评价的理论和方法研究"，中国社会科学院研究生院博士学位论文 2001 年。

张金艳："竞争性国企核心竞争力的提升：现状，探源及反垄断法制完善——由中美贸易战中兴事件说起"，《税务与经济》2018 年第 6 期。

张世贤："阀值效应：技术创新的低产业化分析——以中国医药技术产业化为例"，《中国工业经济》2005 年第 4 期。

张亚峰、刘海波、陈光华和靳宗振："专利是一个好的创新测量指标吗？"，《外国经济与管理》2018 年第 6 期。

甄红线、张先治和迟国泰："制度环境、终极控制权对公司绩效的影响——基于代理成本的中介效应检验"，《金融研究》2015 年第 12 期。

钟高峥："行业标准化对中国进出口贸易的影响研究"，《财经理论与实践》2010 年第 3 期。

周茂、陆毅和李雨浓："地区产业升级与劳动收入份额：基于合成工具变量的估计"，《经济研究》2018 年第 11 期。

朱恒鹏："企业规模、市场力量与民营企业创新行为"，《世界经济》2006 年第 12 期。

朱诗娥、杨汝岱："中国本土企业出口竞争力研究"，《世界经济研究》2009 年第 1 期。

诸竹君、黄先海和王煌："产品创新提升了出口企业加成率吗？"，《国际贸易问题》2017 年第 7 期。

庄子银："企业家精神、持续技术创新和长期经济增长的微观机制"，《世界经济》2005 年第 12 期。

宗庆庆、黄娅娜和钟鸿钧："行业异质性、知识产权保护与企业研发投入"，《产业经济研究》2015 年第 2 期。

二、英文部分

Aaltonen, A. and S. Seiler (2015), "Cumulative Growth in User - Generated Content Production: Evidence from Wikipedia", *Management Science*, Vol. 62, Issue 7, pp. 2054 - 2069.

Abouzeedan, A. and M. Busler (2007), "'Internetization Management' the Way to Run the Strategic Alliances in the E - globalization Age", *Global Business Review*, Vol. 8, Issue 2, pp. 303 - 321.

Abouzeedan, A.; M. Klofsten and T. Hedner (2013), "Internetization Management as a Facilitator for Managing Innovation in High - technology Smaller Firms",

Global Business Review, Vol. 14, Issue 1, pp. 121 – 136.

Acharya, R. C., and W. Keller (2009), "Technology Transfer Through Imports", *Canadian Journal of Economics*, Vol. 42, Issue 4, pp. 1411 – 1448.

Ackerberg, D.; K. Caves and G. Frazer (2015), "Identification Properties of Recent Production Function Estimators", *Econometrica*, Vol. 83, Issue 6, pp. 2411 – 2451.

Aghion, P. and P. Howitt (1992), "A Model of Growth through Creative Destruction", *Econometrica*, Vol. 60, Issue 2, pp. 323 – 351.

Aghion, P.; A. Bergeaud, M. Lequien and M. J. Melitz (2018), "The Impact of Exports on Innovation: Theory and Evidence", *NBER Working Paper* No. 24600, pp. 1 – 42.

Aghion, P.; J. Van Reenen and L. Zingales (2013), "Innovation and Institutional Ownership", *American Economic Review*, Vol. 103, No. 1, pp. 277 – 304.

Aghion, P.; N. Bloom, R. Blundell, R. Griffith and P. Howitt (2005), "Competition and Innovation: An Inverted – U Relationship", *The Quarterly Journal of Economics*, Vol. 120, Issue 2, pp. 701 – 728.

Agrawal, A. and A. Goldfarb (2008), "Restructuring Research: Communication Costs and the Democratization of University Innovation", *American Economic Review*, Vol. 98, Issue 4, pp. 1578 – 1590.

Ahn, B. J. (2004), "The Rise of China and the Future of East – Asian Integration", *Asia – Pacific Review*, Vol. 11, Issue 2, pp. 18 – 35.

Akcigit, U.; S. Caicedo, E. Miguelez, S. Stantcheva and V. Sterzi (2018), "Dancing with the Stars: Innovation Through Interactions", NBER Working Paper No. 24466, pp. 1 – 45.

Akiyama, T., and Y. Furukawa (2006), "Innovation, Standardization, and Imitation in the Product Cycle Model", *Economics Bulletin*, Vol. 6, Issue 12, pp. 1 – 10.

Allred, B. B. and W. G. Park (2007), "Patent Rights and Innovative Activity: Evidence from National and Firm – level Data", *Journal of International Business Studies*, Vol. 38, pp. 878 – 900.

Allred, B. B. and W. G. Park (2007), "The Influence of Patent Protection on Firm Innovation Investment in Manufacturing Industries", *Journal of International Management*, Vol. 13, Issue 2, pp. 91 – 109.

Al – Mubaraki, H. M.; M. Busler, R. Al – Ajmei and M. Aruna (2013), "Incubators Best Practices in Developed and Developing Countries: Qualitative Approaches", *Asian Journal of Empirical Research*, Vol. 3, Issue 7, pp. 895 –910.

Altenburg, T. (2006), "Governance Patterns in Value Chains and Their Development Impact", *European Journal of Development Research*, Vol. 18, Issue 4, pp. 498 –521.

Amighini, A. (2005), "China in the International Fragmentation of Production: Evidence from the ICT Industry", *The European Journal of Comparative Economics*, Vol. 2, Issue 2, pp. 203 –219.

Amighini, A. (2005), "From Global to Regional Production Networks in the Telecom Sector: Implications for Industrial Upgrading in East Asia", *European Journal of East Asian Studies*, Vol. 4, No. 1, pp. 115 –142.

Ang, J. S.; Y. Cheng and C. Wu (2014), "Does Enforcement of Intellectual Property Rights Matter in China? Evidence from Financing and Investment Choices in the High – tech Industry", *Review of Economics and Statistics*, Vol. 96, Issue 2, pp. 332 –348.

Anton, J. J. and D. A. Yao (1994), "Expropriation and Inventions: Appropriable Rents in the Absence of Property Rights", *American Economic Review*, Vol. 84, Issue 1, pp. 190 –209.

Antras, P. (2005), "Incomplete Contracts and the Product Cycle", *American Economic Review*, Vol. 95, Issue 4, pp. 1054 –1073.

Antras, P.; D. Chor, T. Fally and R. Hillberry (2012), "Measuring the Upstreamness of Production and Trade Flows", *American Economic Review: Papers & Proceedings*, Vol. 102, Issue 3, pp. 412 –416.

Arkolakis, C.; N. Ramondo, A. Rodríguez – Clare and S. Yeaple (2018), "Innovation and Production in the Global Economy", *American Economic Review*, Vol. 108, Issue 8, pp. 2128 –2173.

Arkolakis, C.; N. Ramondo, A. Rodríguez – Clare and S. Yeaple (2017), "Innovation and Production in the Global Economy", NBER Working Paper No. 18972.

Auer, R. and T. Chaney (2009), "Exchange Rate Pass – through in a Competitive Model of Pricing – to – Market", *Journal of Money Credit and Banking*, Vol. 41, pp. 151 –175.

Awokuse, T. O. and H. Yin (2010), "Intellectual Property Rights Protection and the Surge in FDI in China", *Journal of Comparative Economics*, Vol. 38, pp. 217 - 224.

Baines, T. S.; H. W. Lightfoot, O. Benedettini and J. M. Kay (2009), "The Servitization of Manufacturing: A Review of Literature and Reflection on Future Challenges", *Journal of Manufacturing Technology Management*, Vol. 20, Issue 5, pp. 547 - 567.

Balassa, B. (1965), "Trade Liberalization and 'Revealed' Comparative Advantage", *The Manchester School*, Vol. 33, Issue 2, pp. 99 - 123.

Balassa, B. (1989), *Comparative Advantage, Trade Policy and Economic Development*, New York: Harvester Wheatsheaf, pp. 41 - 62.

Baldwin, R. and J. Harrigan (2011), "Zeros, Quality, and Space: Trade Theory and Trade Evidence", *American Economic Journal: Microeconomics*, Vol. 3, Issue 2, pp. 60 - 88.

Bas, M. and V. Strauss - Kahn (2015), "Input - Trade Liberalization, Export Prices and Quality Upgrading", *Journal of International Economics*, Vol. 95, Issue 2, pp. 250 - 262.

Bastos, P. and J. Silva (2010), "Identifying Vertically Differentiated Products", *Economics Letters*, Vol. 106, Issue 1, pp. 32 - 34.

Bernard, A. B. and J. B. Jensen (1999), "Exporting and Productivity", NBER Working Paper No. 7135, pp. 1 - 37.

Bernard, A. B.; J. Eaton, J. B. Jensen and S. Kortum (2003), "Plants and Productivity in International Trade", *American Economic Review*, Vol. 93, Issue 4, pp. 1268 - 1290.

Bernini, M.; S. Guillou and F. Bellone (2015), "Financial Leverage and Export Quality: Evidence from France", *Journal of Banking & Finance*, Vol. 59, pp. 280 - 296.

Bertschek, I.; D. Cerquera and G. J. Klein (2013), "More Bits - More Bucks? Measuring the Impact of Broadband Internet on Firm Performance", *Information Economics and Policy*, Vol. 25, Issue 3, pp. 190 - 203.

Bloom, N.; M. Draca and J. Van Reenen (2016), "Trade Induced Technical Change? The Impact of Chinese Imports on Innovation, IT and Productivity", *Review of Economic Studies*, Vol. 83, Issue 1, pp. 87 - 117.

Bloom, N.; K. Manova, J. Van Reenen, S. T. Sun and Z. Yu (2018),

"Managing Trade: Evidence from China and the US", NBER Working Paper No. 24718.

Bloom, N.; R. Sadun and J. Van Reenen (2012), "Americans Do IT Better: US Multinationals and the Productivity Miracle", *American Economic Review*, Vol. 102, Issue 1, pp. 167 - 201.

Blum, B. S. and A. Goldfarb (2006), "Does the Internet Defy the Law of Gravity?", *Journal of International Economics*, Vol. 70, Issue 2, pp. 384 - 405.

Bowen, J. T. (2007), "Global Production Networks, The Developmental State and the Articulation of Asia Pacific Economies in the Commercial Aircraft Industry", *Asia Pacific Viewpoint*, Vol. 48, No. 3, pp. 312 - 329.

Brandl, J. E. (1998), "Pasteur' s Quadrant: Basic Science and Technological Innovation (Book Review)", *Journal of Policy Analysis and Management*, Vol. 17, Issue 4, pp. 734 - 736.

Brandt, L.; J. Van Biesebroeck and Y. Zhang (2012), "Creative Accounting or Creative Destruction? Firm - Level Productivity Growth in Chinese Manufacturing", *Journal of Development Economics*, Vol. 97, Issue 2, pp. 339 - 351.

Branstetter, L.; M. Drev and N. Kwon (2018), "Get with the Program: Software - driven Innovation in Traditional Manufacturing", *Management Science*, Vol. 65, Issue 2, pp. 459 - 954.

Broda, C. and D. E. Weinstein (2006), "Globalization and the Gains from Variety", *The Quarterly Journal of Economics*, Vol. 121, Issue 2, pp. 541 - 585.

Bruce, J. R. and J. M. de Figueiredo (2020), "Innovation in the U. S. Government", NBER Working Paper No. 27181, pp. 1 - 41.

Brüggemann, J.; P. Crosetto, L. Meub and K. Bizer (2016), "Intellectual Property Rights Hinder Sequential Innovation: Experimental Evidence." *Research Policy*, Vol. 45, Issue 10, pp. 2054 - 2068.

Brynjolfsson, E. and L. Hitt (2003), "Computing Productivity: Firm - level Evidence", *Review of Economics and Statistics*, Vol. 85, Issue 4, pp. 793 - 808.

Brynjolfsson, E. and L. M. Hitt (2000), "Beyond Computation: Information Technology, Organizational Transformation and Business Performance", *Journal of Economic Perspectives*, Vol. 14, Issue 4, pp. 23 - 48.

Bryson, P. J. (1992), "The Economics of German Reunification: A Review of the Literature", *Journal of Comparative Economics*, Vol. 16, Issue 1, pp. 118 - 149.

Bustos, P. (2011), "Trade Liberalization, Exports, and Technology Upgrading: Evidence on the Impact of MERCOSUR on Argentinian Firms", *American Economic Review*, Vol. 101, Issue 1, pp. 304 – 340.

Cai, H., and Q. Liu (2009), "Competition and Corporate Tax Avoidance: Evidence from Chinese Industrial Firms", *The Economic Journal*, Vol. 119, Issue 537, pp. 764 – 795.

Camagni, R. P. (1991), "Technological Change, Uncertainty and Innovation Networks: Towards a Dynamic Theory of Economic Space", In: Boyce, D. E., P. Nijkamp and D. Shefer (eds) *Regional Science*, pp. 211 – 249, Springer: Berlin, Heidelberg.

Cameron, A. C. and P. K. Trivedi (2005), *Microeconometrics: Methods and Applications*, Cambridge University Press.

Canals, C. and F. Şener (2014), "Offshoring and Intellectual Property Rights Reform", *Journal of Development Economics*, Vol. 108, pp. 17 – 31.

Carboni, O. A. and P. Russu (2018), "Complementarity in Product, Process, and Organizational Innovation Decisions: Evidence from European Firms", *R&D Management*, Vol. 48, Issue 2, pp. 210 – 222.

Carlaw, K. I. and R. G. Lipsey (2003), "Productivity, Technology and Economic Growth: What is the Relationship?", *Journal of Economic Surveys*, Vol. 17, Issue 3, pp. 457 – 495.

Carvalho, V. M. and N. Voigtländer (2014), "Input Diffusion and the Evolution of Production Networks", *NBER Working Paper* No. 20025, pp. 1 – 54.

Ceglowski, J. (2017), "Assessing Export Competitiveness through the Lens of Value Added", *The World Economy*, Vol. 40, Issue 2, pp. 275 – 296.

Chadee, D. and B. Roxas (2013), "Institutional Environment, Innovation Capacity and Firm Performance in Russia", *Critical Perspectives on International Business*, Vol. 9, Issue 1/2, pp. 19 – 39.

Chen, H. J. (2015), "Innovation and Intellectual Property Rights in a Product – cycle Model of Skills Accumulation", *Review of International Economics*, Vol. 23, Issue 2, pp. 320 – 344.

Chen, L., and L. Xue (2010), "Global Production Network and the Upgrading of China's Integrated Circuit Industry", *China & World Economy*, Vol. 18, No. 6, pp. 109 – 126.

Chen, N. and L. Juvenal (2016), "Quality, Trade, and Exchange Rate Pass - through", *Journal of International Economics*, Vol. 100, pp. 61 - 80.

Chen, Y. and T. Puttitanun (2005), "Intellectual Property Rights and Innovation in Developing Countries", *Journal of Development Economics*, Vol. 78, Issue 2, pp. 474 - 493.

Chen, Z. Y.; J. Zhang and W. P. Zheng (2017), "Import and Innovation: Evidence from Chinese Firms", *European Economic Review*, Vol. 94, pp. 205 - 220.

Choi, D. and Y. Kim (2018), "Market Share and Firms' Patent Exploitation", *Technovation*, Vol. 72 - 73, pp. 13 - 23.

Chu, A. C. (2009), "Effects of Blocking Patents on R&D: A Quantitative DGE Analysis", *Journal of Economic Growth*, Vol. 14, Issue 1, pp. 55 - 78.

Chu, A. C., G. Cozzi, and S. Galli (2012), "Does Intellectual Monopoly Stimulate or Stifle Innovation?", *European Economic Review*, Vol. 56, Issue 4, pp. 727 - 746.

Chu, A. C., G. Cozzi, and S. Galli (2014), "Stage - dependent Intellectual Property Rights", *Journal of Development Economics*, Vol. 106, pp. 239 - 249.

Chu, A. C., G. Cozzi, S. Pan, and M. Zhang (2016), "Do Stronger Patents Stimulate or Stifle Innovation? The Crucial Role of Financial Development", *Working Paper* No. 73630, MPRA.

Chu, A. C.; G. Cozzi and Y. Furukawa (2015), "Effects of Economic Development in China on Skill - biased Technical Change in the US." *Review of Economic Dynamics*, Vol. 18, Issue 2, pp. 227 - 242.

Chu, A. C.; G. Cozzi, and S. Galli (2012), "Does Intellectual Monopoly Stimulate or Stifle Innovation?", *European Economic Review*, Vol. 56, Issue 4, pp. 727 - 746.

Chu, A.; H. Fan, G. Shen and X. Zhang (2018), "Effects of International Trade and Intellectual Property Rights on Innovation in China." *Journal of Macroeconomics*, Vol. 57, pp. 110 - 121.

Ciocanel, A. B. and F. M. Pavelescu (2015), "Innovation and Competitiveness in European Context", *Procedia Economics and Finance*, Vol. 32, pp. 728 - 737.

Cirera, X. and S. Muzi (2020), "Measuring Innovation Using Firm - level Surveys: Evidence from Developing Countries", *Research Policy*, Vol. 49, Issue 3, pp. 1 - 19.

Clarke, G. R. (2008), "Has the Internet Increased Exports for Firms from Low and Middle - income Countries?", *Information Economics and Policy*, Vol. 20, Issue 1, pp. 16 - 37.

Clerides, S. K.; S. Lach and J. R. Tybout (1998), "Is Learning by Exporting Important? Micro - dynamic Evidence from Colombia, Mexico, and Morocco", *Quarterly Journal of Economics*, Vol. 113, No. 3, pp. 903 - 947.

Coe, D. T. and E. Helpman (1995), "International R&D Spillovers", *European Economic Review*, Vol. 39, Issue 5, pp. 859 - 887.

Coe, D. T.; E. Helpman and A. W. Hoffmaister (1997), "North - south R&D Spillovers", *Economic Journal*, Vol. 107, Issue 440, pp. 134 - 149.

Cohen, É. (1992), "Dirigisme, Industrial Policy and Industrialist Rhetoric", *Revue Française de Science Politique*, Vol. 42, Issue 2, pp. 197 - 218.

Cohen, W. M. and S. Klepper (1996), "Firm Size and the Nature of Innovation within Industries: The Case of Process and Product R&D", *Review of Economics and Statistics*, Vol. 78, Issue 2, pp. 232 - 243.

Costa da Silva, G. J. and C. Carmo Hermida (2018), "Industry, Competitiveness, External Trade and Growth Acceleration", *Investigación Económica*, Vol. 77, No. 306, pp. 94 - 124.

Cozzi, G. and S. Galli (2014), "Sequential R&D and Blocking Patents in the Dynamics of Growth", *Journal of Economic Growth*, Vol. 19, Issue 2, pp. 183 - 219.

Crozet, M.; K. Head and T. Mayer (2012), "Quality Sorting and Trade: Firm - level Evidence for French Wine", *Review of Economic Studies*, Vol. 79, Issue 2, pp. 609 - 644.

Dai, M.; M. Maitra and M. Yu (2016), "Unexceptional Exporter Performance in China? The Role of Processing Trade." *Journal of Development Economics*, Vol. 121, pp. 177 - 189.

Damijan, J. P. and Č. Kostevc (2015), "Learning from Trade Through Innovation." *Oxford Bulletin of Economics and Statistics*, Vol. 77, Issue 3, pp. 408 - 436.

Dana Jr, J. D. and E. Orlov (2014), "Internet Penetration and Capacity Utilization in the US Airline Industry", *American Economic Journal: Microeconomics*, Vol. 6, Issue 4, pp. 106 - 137.

Daudin, G.; C. Rifflart and D. Schweisguth (2011), "Who Produces for whom in the World Economy?", *Canadian Journal of Economics*, Vol. 44, Issue 4, pp. 1403 - 1437.

David, P. A. and G. S. Rothwell (1996), "Standardization, Diversity and

Learning: Strategies for the Coevolution of Technology and Industrial Capacity", *International Journal of Industrial Organization*, Vol. 14, Issue 2, pp. 181 – 201.

De Groot, H. L. F.; G. Linders, P. Rietveld and U. Subramanian (2004), "The Institutional Determinants of Bilateral Trade Patterns", *Kyklos*, Vol. 57, Issue 1, pp. 103 – 123.

Dellarocas, C. (2003), "The Digitization of Word of Mouth: Promise and Challenges of Online Feedback Mechanisms", *Management Science*, Vol. 49, Issue 10, pp. 1407 – 1424.

Deng, Z.; H. Guo, W. Zhang and C. Wang (2014), "Innovation and Survival of Exporters: A Contingency Perspective." *International Business Review*, Vol. 23, Issue 2, pp. 396 – 406.

Dewan, R.; B. Jing and A. Seidmann (2003), "Product Customization and Price Competition on the Internet", *Management Science*, Vol. 49, Issue 8, pp. 1055 – 1070.

Dosi, G.; M. Grazzi and D. Moschella (2015), "Technology and Costs in International Competitiveness: From Countries and Sectors to Firms", *Research Policy*, Vol. 44, pp. 1795 – 1814.

Dhanora, M., M. S. Danish, and R. Sharma (2021), "Technological Innovations and Firms' Productivity in New Patent Regime: Evidences from Indian Pharmaceutical Industry". *Journal of Public Affairs*, Vol. 21, Issue 1, e2136, pp. 1 – 11.

DiMasi, J. A. (2001), "Risks in New Drug Development: Approval Success Rates for Investigational Drugs", *Clinical Pharmacology & Therapeutics*, Vol. 69, Issue 5, pp. 297 – 307.

DiMasi, J. A., H. G. Grabowski, and R. W. Hansen (2016), "Innovation in the Pharmaceutical Industry: New Estimates of R&D Costs", *Journal of Health Economics*, Vol. 47, pp. 20 – 33.

Drucker, P. F. (2015), *Innovation and Entrepreneurship: Practice and Principles*, Routledge Press.

Eaton, J. and S. Kortum (1996), "Trade in Ideas: Patenting and Productivity in the OECD", *Journal of International Economics*, Vol. 40, Issue 3 – 4, pp. 251 – 278.

Ellison, G. and S. F. Ellison (2018), "Match Quality, Search, and the Internet Market for Used Books", NBER Working Paper No. 24197, pp. 1 – 57.

Eriksson, K. and S. Chetty (2003), "The Effect of Experience and Absorptive

Capacity on Foreign Market Knowledge." *International Business Review*, Vol. 12, Issue 6, pp. 673 – 695.

Ernst, D. (2000), "Global Production Networks and the Changing Geography of Innovation Systems: Implications for Developing Countries", *East – West Center Working Papers* No. 9, pp. 1 – 41.

Ernst, D. (2002), "Global Production Networks and the Changing Geography of Innovation Systems. Implications for developing countries", *Economics of Innovation and New Technology*, Vol. 11, Issue 6, pp. 497 – 523.

Ernst, D. (2004), "Global Production Networks in East Asia's Electronics Industry and Upgrading Prospects in Malaysia", *Global production networking and technological change in East Asia.*

Ernst, D. and L. Kim (2002), "Global Production Networks, Knowledge Diffusion, and Local Capability Formation", *Research Policy*, Vol. 31, Issues 8 – 9, pp. 1417 – 1429.

Etemad, H.; I. Wilkinson and L. P. Dana (2010), "Internetization as the Necessary Condition for Internationalization in the Newly Emerging Economy", *Journal of International Entrepreneurship*, Vol. 8, Issue 4, pp. 319 – 342.

Fan, H.; Y. A. Li and S. R. Yeaple (2015), "Trade Liberalization, Quality, and Export Prices", *The Review of Economics and Statistics*, Vol. 97, Issue 5, pp. 1033 – 1051.

Fan, H.; Y. A. Li and S. R. Yeaple (2018), "On the Relationship Between Quality and Productivity: Evidence from China's Accession to the WTO", *Journal of International Economics*, Vol. 110, pp. 28 – 49.

Fan, J.; L. Tang, W. Zhu and B. Zou (2018), "The Alibaba Effect: Spatial Consumption Inequality and the Welfare Gains from E – commerce", *Journal of International Economics*, Vol. 114, pp. 203 – 220.

Feenstra, R. C. (1994), "New Product Varieties and the Measurement of International Prices", *American Economic Review*, Vol. 84, Issue 1, pp. 157 – 177.

Feenstra, R. C. and J. Romalis (2014), "International Prices and Endogenous Quality", *The Quarterly Journal of Economics*, Vol. 129, Issue 2, pp. 477 – 527.

Feenstra, R. C.; Z. Li and M. Yu (2014), "Exports and Credit Constraints Under Incomplete Information: Theory and Evidence from China." *Review of Economics and Statistics*, Vol. 96, Issue 4, pp. 729 – 744.

Feng, L., Z. Li and D. L. Swenson (2016), "The Connection Between Imported Intermediate Inputs and Exports: Evidence from Chinese Firms", *Journal of International Economics*, Vol. 101, pp. 86 - 101.

Finger, J. M. and M. E. Kreinin (1979), "A Measure of 'Export Similarity' and Its Possible Users", *Economic Journal*, Vol. 89, pp. 905 - 912.

Fink, C. and K. Maskus (2005), "Why We Study Intellectual Property Rights and What We Have Learned", pp. 17 - 31, from *Intellectual Property and Development: Lessons from Recent Economic Research*, the World Bank and Oxford University Press.

Fisman, R. and J. Svensson (2007), "Are Corruption and Taxation Really Harmful to Growth? Firm Level Evidence", *Journal of Development Economics*, Vol. 83, Issue 1, pp. 63 - 75.

Forman, C. and N. V. Zeebroeck (2012), "From Wires to Partners: How the Internet has Fostered R&D Collaborations within Firms", *Management Science*, Vol. 58, Issue 8, pp. 1549 - 1568.

Fu, X., and Q. G. Yang (2009), "Exploring the Cross - country Gap in Patenting: A Stochastic Frontier Approach", *Research Policy*, Vol. 38, Issue 7, pp. 1203 - 1213.

Fu, X. and Y. Gong (2011), "Indigenous and Foreign Innovation Efforts and Drivers of Technological Upgrading: Evidence from China", *World Development*, Vol. 39, Issue 7, pp. 1213 - 1225.

Furukawa, Y. (2007), "The Protection of Intellectual Property Rights and Endogenous Growth: Is Stronger Always Better?", *Journal of Economic Dynamics and Control*, Vol. 31, Issue 11, pp. 3644 - 3670.

Furukawa, Y. (2010), "Intellectual Property Protection and Innovation: An Inverted - U Relationship", *Economics Letters*, Vol. 109, Issue 2, pp. 99 - 101.

Gamba, S. (2017), "The Effect of Intellectual Property Rights on Domestic Innovation in the Pharmaceutical Sector", *World Development*, Vol. 99, pp. 15 - 27.

Gangnes, B. S.; A. C. Ma and A. Van Assche (2014), "Global Value Chains and Trade Elasticities", *Economics Letters*, Vol. 124, pp. 482 - 486.

Gangopadhyay, K. and D. Mondal (2012), "Does Stronger Protection of Intellectual Property Stimulate Innovation?" *Economics Letters*, Vol. 116, Issue 1, pp. 80 - 82.

Garcia Pires, A. J. (2012), "International Trade and Competitiveness", *Economic Theory*, Vol. 50, No. 3, pp. 727 - 763.

Garicano, L. (2000), "Hierarchies and the Organization of Knowledge in Production", *Journal of Political Economy*, Vol. 108, Issue 5, pp. 874 – 904.

Gereffi, G. (1994), *Commodity Chains and Global Capitalism*, Praeger, pp. 367 – 396.

Gereffi, G.; J. Humphrey and T. Sturgeon (2005), "The Governance of Global Value Chains", *Review of International Political Economy*, Vol. 12, Issue 1, pp. 78 – 104.

Ginarte, J. C. and W. G. Park (1997), "Determinants of Patents Rights: A Cross – national Study", *Research Policy*, Vol. 26, Issue 3, pp. 283 – 301.

Girma, S. (2005), "Absorptive Capacity and Productivity Spillovers from FDI: A Threshold Regression Analysis." *Oxford Bulletin of Economics & Statistics*, Vol. 67, Issue 3, pp. 281 – 306.

Glass, A. J. and K. Saggi (2001), "Innovation and Wage Effects of International Outsourcing.", *European Economic Review*, Vol. 45, Issue 1, pp. 67 – 86.

Godart, O. and H. Görg (2013), "Suppliers of Multinationals and the Forced Linkage Effect: Evidence from Firm Level Data." *Journal of Economic Behavior & Organization*, Vol. 94, pp. 393 – 404.

Goldberg, P. K., A. K. Khandelwal, N. Pavcnik, and P. Topalova (2010), Imported Intermediate Inputs and Domestic Product Growth: Evidence from India", *The Quarterly Journal of Economics*, Vol. 125, Issue 4, pp. 1727 – 1767.

Goldfarb, A. and C. Tucker (2019), "Digital Economics", *Journal of Economic Literature*, Vol. 57, Issue 1, pp. 3 – 43.

Goldsmith – Pinkham, P.; I. Sorkin and H. Swift (2018), "Bartik Instruments: What, When, Why, and How", NBER Working Paper No. 24408, pp. 1 – 66.

Grossman, G and E. Helpman (1991), *Innovation and Growth in the Global Economy*, MIT Press.

Grossman, G. M. and E. Helpman (1991), "Trade, Knowledge Spillovers, and Growth." *European Economic Review*, Vol. 35, pp. 517 – 526.

Guadalupe, M.; O. Kuzmina and C. Thomas (2012), "Innovation and Foreign Ownership", *American Economic Review*, Vol. 102, Issue 7, pp. 3594 – 3627.

Guellec, D. and B. V. Pottelsberghe (2001), "R&D and Productivity Growth: Panel Data Analysis of 16 OECD Countries", *OECD Economic Studies*, Vol. 2, pp. 103 – 126.

Gupta, S. ; N. K. Malhotra, M. Czinkota, and P. Foroudi (2016), "Marketing Innovation: A Consequence of Competitiveness", *Journal of Business Research*, Vol. 69, Issue 12, pp. 5671 – 5681.

Hakobyan, S. (2016), "Export Competitiveness of Developing Countries and US Trade Policy", *The World Economy*, Vol. 40, Issue 7, pp. 1405 – 1429.

Hallak, J. C. and J. Sivadasan (2013), "Product and Process Productivity: Implications for Quality Choice and Conditional Exporter Premia", *Journal of International Economics*, Vol. 91, Issue 1, pp. 53 – 67.

Hallak, J. C. and P. K. Schott (2011), "Estimating Cross – Country Differences in Product Quality", *The Quarterly Journal of Economics*, Vol. 126, Issue 1, pp. 417 – 474.

Harris, G. G. (1989), "Concepts of Individual, Self, and Person in Description and Analysis", *American Anthropologist*, Vol. 91, Issue 3, pp. 599 – 612.

Hausmann, R. ; J. Hwang and D. Rodrik (2005), "What You Export Matters", *NBER Working Paper*, No. 11905.

Hausmann, R. ; J. Hwang and D. Rodrik (2007), "What You Export Matters", *Journal of Economic Growth*, Vol. 12, Issue 1, pp. 1 – 25.

Heckman, J. (1979), "Sample Selection Bias as a Specification Error." *Econometrica*, Vol. 47, Issue 1, pp. 153 – 161.

Hellmanzik, C. and M. Schmitz (2016), "Gravity and International Services Trade: the Impact of Virtual Proximity", Working Paper.

Helpman, E. ; M. Melitz and Y. Rubinstein (2008), "Estimating Trade Flows: Trading Partners and Trading Volumes." *The Quarterly Journal of Economics*, Vol. 123, Issue 2, pp. 441 – 487.

Hidalgo, C. A. ; R. Hausmann and P. Dasgupta (2009), "The Building Blocks of Economic Complexity." *Proceedings of the national academy of sciences*, Vol. 106, Issue 26, pp. 10570 – 10575.

Hortaçsu, A. ; F. Martínez – Jerez and J. Douglas (2009), "The Geography of Trade in Online Transactions: Evidence from eBay and Mercadolibre", *American Economic Journal: Microeconomics*, Vol. 1, No. 1, pp. 53 – 74.

Hove, J. V. (2010), "Variety and Quality in Intra - European Manufacturing Trade: the Impact of Innovation and Technological Spillovers", *Journal of Economic Policy Reform*, Vol. 13, Issue 1, pp. 43 – 59.

Howells, J. , D. Gagliardi, and K. Malik (2008), "The Growth and Management of R&D Outsourcing: Evidence from UK Pharmaceuticals", *R&D Management*, Vol. 38, Issue 2, pp. 205 - 219.

Hu, A. G. Z. and I. P. L. Png (2013), "Patent Rights and Economic Growth: Evidence from Cross - Country Panels of Manufacturing Industries", *Oxford Economic Papers*, Vol. 65, Issue 3, pp. 675 - 698.

Huang, G. and Z. Yin (2010), "Intellectual Property Rights and Multinational Enterprises Entry: Evidence from Cross - Country Data", *School of Economics Peking University Working Paper*.

Hummels, D. and A. Skiba (2004), "Shipping the Good Apples Out? An Empirical Confirmation of the Alchian - Allen Conjecture", *Journal of Political Economy*, Vol. 112, Issue 6, pp. 1384 - 1402.

Hummels, D.; J. Ishii and K. M. Yi (2001), "The Nature and Growth of Vertical Specialization in World Trade", *Journal of International Economics*, Vol. 54, Issue 1, pp. 75 - 96.

Humphrey, J. and H. Schmitz (2002), "How Does Insertion in Global Value Chains Affect Upgrading in Industrial Clusters?" *Regional Studies*, Vol. 36, Issue 9, pp. 1017 - 1027.

Humphrey, J. and Schmitz, H. (2008), "Inter - firm Relationships in Global Value Chains: Trends in Chain Governance and Their Policy Implications", *International Journal of Technological Learning, Innovation and Development*, Vol. 1, Issue 3, pp. 258 - 282.

Hwang, H. , J. Z. Wu and E. S. H. Yu (2016), "Innovation, Imitation and Intellectual Property Rights in Developing Countries", *Review of Development Economics*, Vol. 20, Issue 1, pp. 138 - 151.

Hwang, K. K. (2012), "The Deep Structure of Confucianism", *International and Cultural Psychology*, Vol. 1, pp. 99 - 131.

Iacovone, L.; B. Javorcik, W. Keller and J. Tybout (2015), "Supplier Responses to Wal - Mart's Invasion in Mexico", *Journal of International Economics*, Vol. 95, Issue 1, pp. 1 - 15.

Im, H. J. and J. Shon (2019), "The Effect of Technological Imitation on Corporate Innovation: Evidence from US Patent Data", *Research Policy*, Vol. 48, Issue 9, November 2019, 103802.

Inderst, R and G. Shaffer (2007), "Retail Mergers, Buyer Power, and Product Variety." *The Economic Journal*, Vol. 117, Issue 516, pp. 45 – 67.

Inderst, R. and C. Wey (2007), "Buyer Power and Supplier Incentives", *European Economic Review*, Vol. 51, Issue 3, pp. 647 – 667.

Ivus, O. (2010), "Do Stronger Patent Rights Raise High – tech Exports to the Developing World", *Journal of International Economics*, Vol. 81, Issue 1, pp. 38 – 47.

Jarreau, J. and S. Poncet (2012), "Export Sophistication and Economic Growth: Evidence from China", *Journal of Development Economics*, Vol. 97, Issue 2, pp. 281 – 292.

Javorcik, B. S. (2004), "Does Foreign Direct Investment Increase the Productivity of Domestic Firms? In Search of Spillovers through Backward Linkages", *American Economic Review*, Vol. 94, Issue 3, pp. 605 – 627.

Jiang, Q., and C. Luan (2018), "Diffusion, Convergence and Influence of Pharmaceutical Innovations: A Comparative Study of Chinese and U. S. Patents", *Globalization and Health*, Vol. 14, No. 92, pp. 1 – 9.

Johansson, S. (2007), "R&D Accessibility and Comparative Advantages in Quality Differentiated Goods", Electronic Working Paper Series No. 107.

Johnson, R. C. and G. Noguera (2012), "Accounting for Intermediates: Production Sharing and Trade in Value Added", *Journal of International Economics*, Vol. 86, Issue 2, pp. 224 – 236.

Kano, S. (2000), "Technical Innovations, Standardization and Regional Comparison: A Case Study in Mobile Communications", *Telecommunications Policy*, Vol. 24, Issue 4, pp. 305 – 321.

Kee, H. L. and H. Tang (2016), "Domestic Value Added in Exports: Theory and Firm Evidence from China." *American Economic Review*, Vol. 106, Issue 6, pp. 1402 – 1436.

Khandelwal, A. (2010), "The Long and Short of Quality Ladders", *Review of Economic Studies*, Vol. 77, Issue 4, pp. 1450 – 1476.

Khandelwal, A. K.; P. K, Schott and S. J. Wei (2013), "Trade Liberalization and Embedded Institutional Reform: Evidence from Chinese Exporters", *American Economic Review*, Vol. 103, Issue 6, pp. 2169 – 2195.

Kim, T.; K. Maskus and K. Oh (2014), "Effects of Knowledge Spillovers on

Knowledge Production and Productivity Growth in Korean Manufacturing Firms", *Asian Economic Journal*, Vol. 28, Issue 1, pp. 63 – 79.

Kim, Y. K.; K. Lee and W. G. Park, and K. Choo (2012), "Appropriate Intellectual Property Protection and Economic Growth in Countries at Different Levels of Development", *Research Policy*, Vol. 41, Issue 2, pp. 358 – 375.

Koellinger, P. (2008), "The Relationship Between Technology, Innovation, and Firm Performance—Empirical Evidence from E – business in Europe", *Research Policy*, Vol. 37, No. 8, pp. 1317 – 1328.

Koopman, R.; W. Powers, Z. Wang and S. J. Wei (2010), "Give Credit Where Credit Is Due: Tracing Value Added in Global Production Chains", *NBER Working Paper* No. 16426, pp. 1 – 57.

Koopman, R.; Z. Wang and S. J. Wei (2008), "How Much of Chinese Exports is Really Made in China? Assessing Domestic Value – Added When Processing Trade is Pervasive", *NBER Working Paper* No. 14109.

Koopman, R.; Z. Wang and S. J. Wei (2012a), "Tracing Value – Added and Double Counting in Gross Exports", NBER working paper No. 18579.

Koopman, R.; Z. Wang and S. J. Wei (2012b), "Estimating Domestic Content in Exports When Processing Trade is Pervasive", *Journal of Development Economics*, Vol. 99, Issue 1, pp. 178 – 189.

Koopman, R.; Z. Wang, and S. J. Wei (2014), "Tracing Value – Added and Double Counting in Gross Exports", *American Economic Review*, Vol. 104, Issue 2, pp. 459 – 494.

Kortum, S. S. (1997), "Research, Patenting and Technological Change", *Econometrica*, Vol. 65, Issue 6, pp. 1389 – 1419.

Kraemer, K. L., and J. Dedrick (2002), "Dell Computer: Organization of a Global Production Network", *Personal Computing Industry Center.*

Kugler, M. (2006), "Spillovers from Foreign Direct Investment: Within or Between Industries?" *Journal of Development Economics*, Vol. 80, Issue 2, pp. 444 – 477.

Kugler, M. and E. Verhoogen (2012), "Prices, Plant Size, and Product Quality", *Review of Economic Studies*, Vol. 79, Issue 1, pp. 307 – 339.

Lall, S.; J. Weiss and J. Zhang (2006), "The "Sophistication" of Exports: A New Trade Measure", *World Development*, Vol. 34, No. 2, pp. 222 – 237.

Lancioni, R. A.; M. F. Smith and T. A. Oliva (2000), "The Role of the

Internet in Supply Chain Management", *Industrial Marketing Management*, Vol. 29, Issue 1, pp. 45 – 56.

Lendle, A. and P. L. Vézina (2015), "Internet Technology and the Extensive Margin of Trade: Evidence from ebay in Emerging Economies", *Review of Development Economics*, Vol. 19, Issue 2, pp. 375 – 386.

Lendle, A.; M. Olarreaga, S. Schropp and P. L. Vézina (2016), "There Goes Gravity: eBay and the Death of Distance", *The Economic Journal*, Vol. 126, Issue 591, pp. 406 – 441.

Lerner, J.; P. A. Pathak and J. Tirole (2006), "The Dynamics of Open – Source Contributors", *American Economic Review*, Vol. 96, Issue 2, pp. 114 – 118.

Levinsohn, J. and A. Petrin (2003), "Estimating Production Functions Using Inputs to Control for Unobservables." *The Review of Economic Studies*, Vol. 70, Issue 2, pp. 317 – 341.

Li, J. S. (2003), "Relation – based Versus Rule – based Governance: an Explanation of the East Asian Miracle and Asian Crisis", *Review of International Economics*, Vol. 11, Issue 4, pp. 651 – 673.

Li, Y. Y. (2011), *China's Regulated Pharmaceutical Market*, Principles and Practice of Pharmaceutical Medicine: 535 – 550, Third Edition edited by Lionel D. Edwards, Anthony W. Fox and Peter D. Stonier, Blackwell Publishing Ltd.

Liang, T. P.; J. J. You and C. C. Liu (2010), "A Resource – based Perspective on Information Technology and Firm Performance: A Meta Analysis", *Industrial Management & Data Systems*, Vol. 110, Issue 8, pp. 1138 – 1158.

Liao, J. and W. Wang (2019), "Intermediate Inputs and Cross – Country Productivity Differences." *Economics Letters*, Vol. 176, pp. 64 – 67.

Lileeva, A. and D. Trefler (2010), "Improved Access to Foreign Markets Raises Plant – level Productivity … For Some Plants", *Quarterly Journal of Economics*, Vol. 125, Issue 3, pp. 1051 – 1099.

Lin, C., P. Lin, and F. Song (2010), "Property Rights Protection and Corporate R&D: Evidence from China", *Journal of Development Economics*, Vol. 93, Issue 1, pp. 49 – 62.

Lin, H. L. and E. S. Lin (2010), "FDI, Trade, and Product Innovation: Theory and Evidence", *Southern Economic Journal*, Vol. 77, Issue 2, pp. 434 – 464.

Lin, K. W. and K. P. Huang (2014), "Moral Judgment and Ethical Leadership in Chinese Management: The Role of Confucianism and Collectivism", *Quality & Quantity*, *Vol.* 48, Issue 31, pp. 37 –47.

Litan, R. E. and A. M. Rivlin (2001), "Projecting the Economic Impact of the Internet", *American Economic Review*, Vol. 91, Issue 2, pp. 313 –317.

Liu, Q. and L. D. Qiu (2016), "Intermediate Input Imports and Innovations: Evidence from Chinese Firms' Patent Filings", *Journal of International Economics*, Vol. 103, pp. 166 –183.

Liu, Q.; R. Lu, Y. Lu and T. A. Luong (2016), "Is Free Trade Good or Bad for Innovation?" CiteSeer: *Working Paper*, pp. 1 –43.

López, R. (2008), "Foreign Technology Licensing, Productivity, and Spillovers." *World Development*, Vol. 36, Issue 4, pp. 560 –574.

Lu, Y. and K. Ramamurthy (2004), "Does Information Technology Always Lead to Better Firm Performance? The Role of Environmental Dynamism", ICIS 2004 Proceedings.

Lucas Jr, R. E. (2009), "Ideas and Growth", *Economica*, Vol. 76, pp. 1 –19.

Luo, X.; J. Zhang, and W. Duan (2013), "Social Media and Firm Equity Value", *Information Systems Research*, Vol. 24, Issue 1, pp. 146 –163.

Ma, H.; Z. Wang and K. F. Zhu (2015), "Domestic Value – added in China's Exports and Its Distribution by Firm Ownership", *Journal of Comparative Economics*, Vol. 43, Issue 1, pp. 3 –18.

Maggioni, D.; A. L. Turco and M. Gallegati (2016), "Does Product Complexity Matter for Firms' Output Volatility?", *Journal of Development Economics*, Vol. 121, pp. 94 –109.

Manova, K. and Z. H. Yu (2017), "Multi – Product Firms and Product Quality", *Journal of International Economics*, Vol. 109, pp. 116 –137.

Manova, K. and Z. Zhang (2012), "Multi – Product Firms and Product Quality", *NBER Working Papers*, No. 18637.

Mansfield, E., M. Schwartz and S. Wagner (1981), "Imitation Costs and Patents: An Empirical Study", *The Economic Journal*, Vol. 91, Issue 364, pp. 907 –918.

Marjit, S. and L. Yang (2015), "Does Intellectual Property Right Promote Innovations when Pirates are Innovators?", *International Review of Economics & Finance*, Vol. 37, pp. 203 –207.

Maskus, K. E., and M. Penubarti (1995), "How Trade – Related Are Intellectual Property Rights?", *Journal of International Economics*, Vol. 39, Issue 3 – 4, pp. 227 – 248.

Maskus, K. E. and L. Yang (2013), "The Impacts of Post – TRIPS Patent Reforms on the Structure of Exports", *RIETI Discussion Paper Series*, 13E – 030.

Melitz, M. J. (2003), "The Impact of Trade on Intra – industry Reallocations and Aggregate Industry Productivity", *Econometrica*, Vol. 71, Issue 6, pp. 1695 – 1725.

Michaely, M. (1984), *Trade, Income Levels, and Dependence*, North – Holland, Amsterdam.

Miozzo, M., and P. Dewick (2002), "Building Competitive Advantage: Innovation and Corporate Governance in European Construction", *Research Policy*, Vol. 31, Issue 6, pp. 989 – 1008.

Mody, A. and K. Yilmaz (2002), "Imported Machinery for Export Competitiveness", *The World Bank Economic Review*, Vol. 16, No. 1, pp. 23 – 48.

Montalbano, P. and S. Nenci (2014), "The Trade Competitiveness of Southern Emerging Economies: A Multidimensional Approach Through Cluster Analysis", *The World Economy*, Vol. 37, Issue 6, pp. 783 – 810.

Murray, F. andS. Stern (2007), "Do Formal Intellectual Property Rights Hinder the Free Flow of Scientific Knowledge? An Empirical Test of the Anti – Commons Hypothesis.", *Journal of Economic Behavior & Organization*, Vol. 63, pp. 648 – 687.

Narula, R. and K. Wakelin (1998), "Technological Competitiveness, Trade and Foreign Direct Investment", *Structural Change and Economic Dynamics*, Vol. 9, Issue 3, pp. 373 – 387.

Ng, F. and A. Yeats (2003), "Major Trade Trends in East Asia: What are their Implications for Regional Cooperation and Growth?" *World Bank Policy Research Working Paper* No. 3084, pp. 1 – 93.

Nishioka, S. and M. Ripoll (2012), "Productivity, Trade and the R&D Content of Intermediate Inputs." *European Economic Review*, Vol. 56, Issue 8, pp. 1573 – 1592.

Nordås, H. K. (2003), Vertical Specialization and the Quality of Infrastructure, Staff Working Paper ERSD.

Nordhaus, W. D. (1969), *Invention, Growth, and Welfare: A Theoretical Treat-*

ment of Technological Change, Cambridge, MIT Press.

Oguamanam, C. (2010), "Patents and Pharmaceutical R&D: Consolidating Private – Public Partnership Approach to Global Public Health Crises", *The Journal of World Intellectual Property*, Vol. 13, Issue 4, pp. 556 – 580.

Olley, G. S., and A. Pakes (1996), "The Dynamics of Productivity in the Telecommunications Equipment Industry", *Econometrica*, Vol. 64, Issue 6, pp. 1263 – 1297.

Operti, E. and J. Barthelemy (2014), "Visibility or Quality? The Role of Vertical Specialization in the Video Game Industry (1980 – 2011)", *Academy of Management Annual Meeting Proceedings*, 14195 – 14195.

Park, W. G. (2008), "International Patent Protection: 1960 – 2005", *Research Policy*, Vol. 37, Issue 4, pp. 761 – 766.

Pitelis, C. N., P. Desyllas, and A. Panagopoulos (2018), "Profiting from Innovation through Cross – Border Market Co – creation and Co – opetition: The Case of Global Pharmaceuticals", *European Management Review*, Vo. 15, Issue 4, pp. 491 – 504.

Polder, M., G. V. Leeuwen, P. Mohnen and W. Raymond, 2010, "Product, Process and Organizational Innovation: Drivers, Complementarity and Productivity Effects", *CIRANO Working Paper*.

Poncet, S. and F. S. de Waldemar (2013), "Export Upgrading and Growth: The Prerequisite of Domestic Embeddedness", *World Development*, Vol. 51, pp. 104 – 118.

Ponte, S. and Gibbon, P. (2005), "Quality Standards, Conventions and The Governance of Global Value Chains", *Economy and Society*, Vol. 34, Issue 1, pp. 1 – 31.

Ponte, S. and T. Sturgeon (2004), "Explaining Governance in Global Value Chains: A Modular Theory – building Effort", *Review of International Political Economy*, Vol. 21, Issue 1, pp. 195 – 223.

Porter, M. E. (1979), "How Competitive Forces Shape Strategy." *Harvard Business Review*, Vol. 57, Issue 2, pp. 137 – 145.

Prajogo, D. I. and A. S. Sohal (2006), "The Integration of TQM and Technology/R&D Management in Determining Quality and Innovation Performance", *Omega*, Vol. 34, Issue 3, pp. 296 – 312.

Qiu, L. D. and H. Yu (2010), "Does the Protection of Foreign Intellectual Property Rights Stimulate Innovation in the US?", *Review of International Economics*, Vol. 18, Issue 5, pp. 882 – 895.

Rapp, R. T. and R. P. Rozek (1990), "Benefits and Costs of International Property Protection in Developing Country", *Journal of World Trade*, Vol. 24, Issue 5, pp. 75 – 102.

Raut, L. (1995), "R&D Spillover and Productivity Growth: Evidence from Indian Private Firms." *Journal of Development Economics*, Vol. 48, Issue 1, pp. 1 – 23.

Rodrik, D. (2006), "What's So Special about China's Exports?", *China & World Economy*, Vol. 14, Issue 5, pp. 1 – 19.

Romer, P. (1990), "Endogenous technological change", *Journal of Political Economy*, Vol. 98, Issue 5, pp. 71 – 102.

Salomon, R. M. and J. M. Shaver (2005), "Learning by Exporting: New Insights from Examining Firm Innovation", *Journal of Economics & Management Strategy*, Vol. 14, Issue 2, pp. 431 – 460.

Schmitz, H. (2004), "Local Upgrading Global Chains: Recent Findings", Elsinore: DRUID Summer Conference.

Schneider, P. H. (2005), "International Trade, Economic Growth and Intellectual Property Rights: A Panel Data Study of Developed and Developing Countries", *Journal of Development Economics*, Vol. 78, Issue 2, pp. 529 – 547.

Schott, P. K. (2004), "Across – product Versus Within – product Specialization in International Trade", *Quarterly Journal of Economics*, Vol. 119, Issue 2, pp. 647 – 678.

Schott, P. K. (2008), "The Relative Sophistication of Chinese Exports", *Economic Policy*, Vol. 23, pp. 5 – 49.

Schumpeter, J. (1942), *Capitalism, Socialism and Democracy*, New York: Harper & Row Press.

Seker, M. and J. D. Rodriguez – Delgado (2011), "Imported Intermediate Goods and Product Innovation: Evidence from India", World Bank Working Paper.

Sharif, N. and E. Baark (2005), "The Tamest of Tigers? Understanding Hong Kong's Innovation System and Innovation Policies", *International Journal of Technology & Globalisation*, Vol. 1, Issue 3/4, pp. 462 – 479.

Sharma, G. and H. Kumar (2018), "Intellectual Property Rights and Informal

Sector Innovations: Exploring Grassroots Innovations in India", The Journal of World Intellectual Property, Vol. 21, Issue 3 – 4, pp. 123 – 139.

Shen, G. and A. Gu (2007), "Revealed Comparative Advantage, Intra – industry Trade and the US Manufacturing Trade Deficit with China." *China & World Economy*, Vol. 15, Issue 6, pp. 87 – 103.

Shepherd, B. and S. Stone (2012), "Imported Intermediates, Innovation, and Product Scope: Firm – level Evidence from Developing Countries", *MPRA Working Paper* No. 41704.

Simons, K. L. and J. L. Walls (2015), "USA's National Innovation System", *Technology and Innovation Management*, Vol. 13, pp. 1 – 32.

Smeets, R. and A. De Vaal (2016), "Intellectual Property Rights and the Productivity Effects of MNE Affiliates on Host – Country Firms", *International Business Review*, Vol. 25, Issue 1, pp. 419 – 434.

Smith, P. J. (2001), "How do Foreign Patent Rights Affect U. S. Exports, Affiliate Sales, and Licenses", *Journal of International Economics*, Vol. 55, Issue 2, pp. 411 – 439.

Smith, P. J. (1999), "Are Weak Patent Rights a Barrier to U. S. Exports?", *Journal of International Economics*, Vol. 48, pp. 151 – 177.

Soderbery, A. (2018), "Trade Elasticities, Heterogeneity, and Optimal Tariffs", *Journal of International Economics*, Vol. 114, pp. 44 – 62.

Stehrer, R., N. Foster and G. de Vries (2012), "Value Added and Factors in Trade: A Comprehensive Approach", *WIOD Working Paper* No. 7, pp. 1 – 22.

Sternberg, R. and O. Arndt (2001), "The Firm or the Region: What Determines the Innovation Behavior of European Firms?", *Economic Geography*, Vol. 77, Issue 4, pp. 364 – 382.

Stiglitz, J. E. (2014), "Intellectual Property Rights, the Pool of Knowledge, and Innovation", NBER Working Paper No. 20014, pp. 1 – 29.

Stock, J. H., J. H. Wright, and M. Yogo (2002), "A Survey of Weak Instruments and Weak Identification in Generalized Method of Moments", *Journal of Business & Economic Statistics*, Vol. 20, Issue 4, pp. 518 – 529.

Subrahmanya, M. H. B. (2005), "Pattern of Technological Innovations in Small Enterprises: A Comparative Perspective of Bangalore (India) and Northeast England (UK)", *Technovation*, Vol. 25, Issue 3, pp. 269 – 280.

Sutton, J. (2007), "Quality, Trade and the Moving Window: the Globalisation Process", *The Economic Journal*, Vol. 117, pp. 469 – 498.

Sweet, C. and D. Maggio (2015), "Do Stronger Intellectual Property Rights Increase Innovation?" *World Development*, Vol. 66, pp. 665 – 677.

Tacchella, A.; M. Cristelli, G. Caldarelli, A. Gabrielli and L. Pietronero (2013), "Economic Complexity: Conceptual Grounding of a New Metrics for Global Competitiveness", *Journal of Economic Dynamics & Control*, Vol. 37, pp. 1683 – 1691.

Taggart, J. H. (1991), "Determinants of the Foreign R&D Locational Decision in the Pharmaceutical Industry". *R&D Management*, Vol. 21, Issue 3, pp. 229 – 240.

Tandon, A. (2015), "China – India Merchandise Trade: Opportunities and Challenges", *Working Paper*, 21 Dec. 2015, https://papers.ssrn.com/sol3/papers.cfm?abstract_id=2705340.

Tang, H. and Y. Zhang (2012), "Exchange Rates and the Margins of Trade: Evidence from Chinese Exporters", *CESifo Economic Studies*, Vol. 58, Issue 4, pp. 671 – 702.

Teixeira, A. A. C. and C. Ferreira (2018), "Intellectual Property Rights and the Competitiveness of Academic Spin – Offs." *Journal of Innovation & Knowledge*, Vol. 12, pp. 1 – 8.

Thompson, N., A. Mullins and T. Chongsutakawewong (2020), "Does High E – government Adoption Assure Stronger Security? Results from a Cross – country Analysis of Australia and Thailand", *Government Information Quarterly*, Vol. 37, Issue 1, January 2020, 101408.

Timmer, M., A. Erumban, B. Los, R. Stehrer and G. de Vries (2014), "Slicing Up Global Value Chains", *Journal of Economic Perspectives*, Vol. 28, Issue 2, pp. 99 – 118.

Trefler, D. (2004), "The Long and Short of the Canada – US Free Trade Agreement", *American Economic Review*, Vol. 94, Issue 4, pp. 870 – 895.

Upward, R.; Z. Wang and J. Zheng (2013), "Weighing China's Export Basket: The Domestic Content and Technology Intensity of Chinese Exports", *Journal of Comparative Economics*, Vol. 41, Issue 2, pp. 527 – 543.

Van Biesebroeck, J. (2005), "Exporting Raises Productivity in Sub – Saharan African Manufacturing Firms." *Journal of International Economics*, Vol. 67, Issue 2, pp. 373 – 391.

Vandermerwe, S. and J. Rada (1988), "Servitization of Business: Adding Value by Adding Services", *European Management Journal*, Vol. 6, Issue 4, pp. 314 – 324.

Veugelers, R. and B. Cassiman (1999), "Make and Buy in Innovation Strategies: Evidence from Belgian Manufacturing Firms", *Research Policy*, Vol. 28, Issue 1, pp. 63 – 80.

Vichyanond, J. (2009), "Intellectual Property Protection and Patterns of Trade." Working Papers 1201, Princeton University, Center for Economic Policy Studies.

Vollan, B., A. Landmann, Y. Zhou, B. Hu, and C. Herrmann – Pillath (2017), "Cooperation and Authoritarian Values: An Experimental Study in China", *European Economic Review*, Vol. 93, pp. 90 – 105.

Vollrath, T. L. and D. H. Vo (1988), "Investigating the Nature of World Agricultural Competitiveness", US Department of Agriculture, Economic Research Service, Technical Bulletin, No. 1754.

Wang, Y.; Y. Wang and K. Li (2014), "Judicial Quality, Contract Intensity and Exports: Firm – Level Evidence." *China Economic Review*, Vol. 31, pp. 32 – 42.

WIPO (2019), *The Geography of Innovation: Local Hotspots and Global Networks*, World Intellectual Property Report 2019.

Wong, P. K., Y. P. Ho, and E. Autio (2005), "Entrepreneurship, Innovation and Economic Growth: Evidence from GEM data", *Small Business Economics*, Vol. 24, Issue 3, pp. 335 – 350.

Woo, J. (1991), *Race to the Swift: State and Finance in Korean Industrialization*, Columbia University Press.

Woo, S.; P. Jang and Y. Kim (2015), "Effects of Intellectual Property Rights and Patented Knowledge in Innovation and Industry Value Added: A Multinational Empirical Analysis of Different Industries", *Technovation*, Vol. 43 – 44, pp. 49 – 63.

Wooldridge, J. (2006), Introductory Econometrics: A Modern Approach, 3rd ed., Ohio: Thomson/ South – Western, pp. 596 – 597.

Worthington, A. C. and B. L. Lee (2008), "Efficiency, Technology and Productivity Change in Australian Universities, 1998 – 2003", *Economics of Education Review*, Vol. 27, Issue 3, pp. 285 – 298.

WTO (2020), *World Trade Statistical Review* 2020, A Report, 31 July 2020.

Xu, B. (2010), "The Sophistication of Exports: Is China Special?", *China Economic Review*, Vol. 21, Issue 3, pp. 482 – 493.

Yu, M. J. (2015), "Processing Trade, Tariff Reductions and Firms Productivity: Evidence from Chinese Firms." *The Economic Journal*, Vol. 125, Issue 585, pp. 943 – 988.